PROCURANDO ENCRENCA

VIRGINIA COWLES

PROCURANDO ENCRENCA

MEMÓRIAS DE UMA DAS MAIORES CORRESPONDENTES DE GUERRA DE TODOS OS TEMPOS

Tradução de
Alessandra Bonrruquer

1ª edição

RIO DE JANEIRO • SÃO PAULO
2023

CIP-BRASIL. CATALOGAÇÃO NA PUBLICAÇÃO
SINDICATO NACIONAL DOS EDITORES DE LIVROS, RJ

C915p

Cowles, Virginia
 Procurando encrenca : memórias de uma das maiores correspondentes de guerra de todos os tempos / Virginia Cowles ; tradução Alessandra Bonrruquer. - 1. ed. - Rio de Janeiro : Record, 2023.

 Tradução de: Looking for trouble
 Inclui índice
 ISBN 978-65-5587-656-7

 1. Europa - Política e governo - 1918-1945. 2. Europa - História - 1938-. I. Bonrruquer, Alessandra. II. Título.

22-81504

CDD: 940.52
CDU: 94(4)"1918/1945"

Meri Gleice Rodrigues de Souza - Bibliotecária - CRB-7/6439

Título original em inglês: Looking for trouble

Copyright © Virginia Cowles, 1941
Prefácio © Christina Lamb, 2021

Mapa: ML Design

Procurando encrenca foi publicado pela primeira vez em 1941. A linguagem utilizada é um reflexo do período histórico em que o livro foi originalmente escrito.

Todos os direitos reservados. Proibida a reprodução, armazenamento ou transmissão de partes deste livro, através de quaisquer meios, sem prévia autorização por escrito.

Texto revisado segundo o Acordo Ortográfico da Língua Portuguesa de 1990.

Direitos exclusivos de publicação em língua portuguesa para o Brasil
adquiridos pela
EDITORA RECORD LTDA.
Rua Argentina, 171 – 20921-380 – Rio de Janeiro, RJ – Tel.: (21) 2585-2000, que se reserva a propriedade literária desta tradução.

Impresso no Brasil

ISBN 978-65-5587-656-7

Seja um leitor preferencial Record.
Cadastre-se em www.record.com.br
e receba informações sobre nossos
lançamentos e nossas promoções.

Atendimento e venda direta ao leitor:
sac@record.com.br

Para
minha irmã Mary
com todo o meu amor

Sumário

Prefácio, por Christina Lamb	11
Mapa da Europa em 1938	18
Prólogo	21

I. ESPANHA REPUBLICANA

1. Viagem para a guerra	27
2. Explosivos detonadores	37
3. A imprensa	45
4. Vida em Madri	55
5. Exército civil	67
6. Visto de saída	81

II. ESPANHA NACIONALISTA

1. Interlúdio na fronteira	87
2. A queda de Santander	95
3. Salamanca	105
4. Marcha pelo norte	115

III. SOMBRAS NA PRIMAVERA

1. Londres	133
2. A política de apaziguamento	147
3. Ensaio geral na Tchecoslováquia	153
4. Quem quer uma guerra?	161

IV. HORA DA BARGANHA NA EUROPA

1. As velas começam a tremular	169
2. O carrossel alemão	179
3. A guerra que não aconteceu	193
4. Morte por estrangulamento	205
5. Neville Chamberlain	223

V. RÚSSIA SOVIÉTICA

1. Introdução à Rússia	235
2. Sombra sobre o Kremlin	241
3. Água. Água por toda parte	251
4. O leopardo muda suas pintas	257
5. Notas sobre a Ucrânia	265

VI. SEGUNDA GUERRA MUNDIAL

1. A Inglaterra desperta	281
2. Feriado romano	289
3. Últimas horas em Berlim	301
4. A tragédia polonesa — em segunda mão	313
5. A guerra "enfadonha"	319

VII. DAVI E GOLIAS

1. O céu que desabou	329
2. Terra dos mortos	339
3. Os melhores círculos árticos	349
4. O crepúsculo	361
5. Bandeiras a meio mastro	375

VIII. A QUEDA DA FRANÇA

1. A primavera é a estação de Hitler	387
2. As velas romanas queimam rapidamente	395
3. Deus é inglês	409
4. As últimas 24 horas de Paris	419

5. O começo do fim 433
6. Triste separação em Bordeaux 443

IX. A INGLATERRA ENTRA NA LUTA
1. Não havia hora melhor que esta 457
2. *Per Ardua Ad Astra* 465
3. A ponte de Londres ainda está de pé 477
4. Fim de semana da invasão 493
5. Somente unidos venceremos 503

Índice onomástico 511

Prefácio

por Christina Lamb

Uma de minhas anedotas favoritas de Virginia Cowles narra como Lloyd George leu o artigo dela sobre a Guerra Civil Espanhola no *Sunday Times* e ficou tão impressionado que o citou no Parlamento, antes de pedir ao filho de Winston Churchill, Randolph, que convidasse a autora para almoçar no campo. A matéria não tinha crédito e, quando uma jovem e glamourosa americana saiu do carro, ele foi pego de surpresa.

"O velho me encarou com um espanto que beirava o ressentimento", escreveu Cowles mais tarde. "Suponho que tenha sido um choque terrível descobrir que a eminente autoridade que ele citara era somente uma jovem inexperiente."

No fim, ele se recuperou, mostrando a ela suas galinhas, porcos e bois — "chapinhando pelos campos, ele lembrava um antigo profeta, com sua capa verde e seu longo cabelo branco esvoaçando ao vento" — e a enviando para casa com um vidro de mel e uma dúzia de maçãs.

Isto é clássico de Cowles: é autodepreciativa enquanto revela sua impressionante lista de contatos, quase *name-dropping*, com um olho muito atento para os detalhes reveladores.

Como uma correspondente de guerra que cresceu devorando as obras de pioneiras como as de Martha Gellhorn, Lee Miller e Clare Hollingworth, cujos relatos sobre a Segunda Guerra Mundial pavimentaram o caminho para minha geração, tenho que admitir que demorou um pouco para que a contemporânea delas, Virginia Cowles, surgisse em meu radar, muito embora ela tenha trabalhado em meu próprio jornal. Ao ler este livro depois de conhecer sua filha, Harriet, fiquei de queixo caído. Primeiro, com a imagem de Cowles como debutante bostoniana de 26 anos chegando à Guerra Civil Espanhola de chapéu, terninho sob medida, casaco de pele e salto alto, com uma máquina de escrever e uma mala contendo três vestidos de lã. "Eu não tinha nenhuma qualificação como correspondente de guerra, com exceção da curiosidade", escreveu ela.

A curiosidade é importante, claro, assim como é a determinação, que ela tinha em abundância — ela se tornaria uma das únicas jornalistas a cobrir a guerra civil de ambos os lados. O que Cowles também tinha, e este livro revela, era a espantosa habilidade de pintar uma cena e transportar o leitor até ela. É difícil pensar em um relato mais atraente das reuniões de Nuremberg que sua descrição das "enormes urnas incandescentes no topo do estádio, com as chamas alaranjadas lambendo a escuridão [...], o bater constante dos tambores, que soavam como o distante pulsar de gongos [...], um mar cintilante de suásticas" e de sua crescente claustrofobia enquanto observava Hitler levar as pessoas a um frenesi de delírio.

Então há o fato de ela parecer conhecer todo mundo. Alguns dias após essa reunião, ela compareceu a um chá em homenagem a Hitler. Lá, testemunhou a bizarra amizade entre ele e Unity Mitford, uma jovem de 24 anos, que durante o jantar falou sobre o amor de Hitler pela fofoca e suas imitações de Goering, Goebbels e Mussolini, alegando que, se não fosse o Führer, ele teria feito fortuna no vaudeville. Descontraidamente, Unity garantiu que ele não iniciaria uma guerra. "O Führer não quer que seus novos edifícios sejam bombardeados", disse ela.

Ao voltar zangada de uma Tchecoslováquia fadada à ruína após a Conferência de Munique em setembro de 1938, na qual Grã-Bretanha e França permitiram que a Alemanha anexasse as fronteiras sudetas ao país, acreditando que isso evitaria uma guerra maior, ela foi convidada para jantar com um de seus arquitetos, o lorde Chamberlain. Hitler estava "começando a perder seu poder", assegurou ele.

PREFÁCIO

Os encontros de Cowles com todos os principais atores levaram alguns a descrevê-la como a Forrest Gump do jornalismo. Outro almoço de domingo foi com Winston Churchill, que, após esquadrinhar a lagoa em busca de um peixinho dourado perdido, mostrou a ela suas pinturas e iniciou uma diatribe contra Chamberlain por não compreender a ameaça que a Grã-Bretanha enfrentava. Então há uma série de lordes e aristocratas que surgiam convenientemente com aviões exatamente quando ela precisava deles. Talvez não devêssemos ficar surpresos: afinal, Cowles começou como colunista social em Nova York, escrevendo na *Harper's Bazaar* sobre moda, debutantes e a morte do romance.

De fato, sua própria história foi tão notável quanto os temas que cobriu. Foi a morte tragicamente prematura de sua mãe, Florence, em razão de uma apendicite em 1932, quando Cowles tinha somente 22 anos, que a colocou na estrada do jornalismo internacional. Florence deixara um seguro de vida no valor de 2 mil dólares, e Cowles persuadiu a irmã a gastarem o dinheiro juntas viajando pelo mundo em homenagem à memória da mãe.

Ela apresentou a ideia de uma coluna de viagens às Hearst Magazines e, no ano seguinte, escreveu uma série de matérias de Tóquio a Roma, onde, é claro, conseguiu uma entrevista com Mussolini dias antes de ele iniciar a invasão à Abissínia. Ela estava tão nervosa que não conseguiu comer durante o almoço. "Meu conhecimento de relações exteriores era insignificante [...]. Eu não tinha a menor ideia de como conduzir uma entrevista." Não precisava ter se preocupado. Quando ela entrou no medieval Palazzo Venezia, guardado por camisas-negras que a receberam com a saudação fascista, Il Duce fez um discurso sobre o direito da Itália de ter um império.

Ela recebeu um curso rápido de relações exteriores e de jornalismo de linha de frente após persuadir seus editores a deixarem-na ir para a Espanha, à qual chegavam soldados voluntários de todo o mundo a fim de se unirem à batalha contra as forças fascistas de Franco. Sua primeira vez em batalha, enquanto caminhava pela Gran Vía de Madri, captura a guerra de modo primoroso: "Ouvi um som como o de tecido se rasgando

[...] baixo no início, depois se transformando em assobio; houve um segundo de silêncio, seguido por um estrondo quando um projétil atingiu as pedras brancas do Edifício da Telefonia no fim da rua. Tijolos e tábuas caíram no chão e a poeira subiu em uma onda [...]. Todo mundo começou a correr, dispersando-se por vestíbulos e portas como pedaços de papel soprados por uma súbita rajada de vento."

A maioria das guerras tem seus grandes hotéis de jornalistas e, em Madri, era o Hotel Florida, que ela memoravelmente descreveu como povoado por "idealistas e mercenários; patifes e mártires; aventureiros e *embusqués*; fanáticos, traidores e simples sem-teto. Eles eram como uma estranha variedade de miçangas unidas em uma ameaça comum de guerra". Entre os residentes estavam Tom Delmer, do *Daily Express*, cujo quarto se tornou local de reunião, com a *Quinta* de Beethoven retumbando do gramofone para abafar o som da artilharia; e Ernest Hemingway, que concedia audiências em seu quarto no segundo andar, tendo um jovem toureiro americano como acompanhante. Cowles não pareceu muito impressionada, descrevendo suas "calças marrons sujas e camisa azul rasgada". De acordo com os relatos, foi mútuo, com Hemingway demonstrando desdém pela ingênua jornalista de braceletes de ouro e sapatos de salto alto. Mesmo assim, eles almoçaram juntos, encontrando um "homem de aparência meticulosa, vestido de cinza-claro da cabeça aos pés [...] com olhos castanhos e brilhantes" e que era o principal verdugo de Madri. Ele se juntou à dupla para uma garrafa de vinho e, quando foi embora, Hemingway advertiu "Não esqueça que ele é meu", mais tarde citando-o em uma peça.

Ela saiu para ver vitrines com a amante de Hemingway, a americana Martha Gellhorn, admirando peles e perfumes e depois bebendo coquetéis no bar Miami. Eu adoro sua descrição de como, por baixo da camaradagem e das bebidas, os correspondentes "se estudavam como corvos". Cowles era vista como particularmente suspeita, porque, ao contrário da maioria, que era partidária, simpatizando com os republicanos ou com os comunistas, ela reportava de ambos os lados.

PREFÁCIO

Embora pudesse não ter a raiva justa de Gellhorn, ela claramente se importava e, como sua compatriota, focava no custo humano do conflito. Rapidamente demonstrou possuir charme suficiente para obter informações de qualquer um e a sorte de jornalista necessária para estar no lugar certo na hora certa. Em certo momento, ela se perdeu no caminho até um dos fronts onde lutavam as brigadas internacionais e se viu na sede dos russos que treinavam os republicanos, o que devia ser segredo. O general russo foi hostil, mas ficou claramente encantado, enviando seu carro a Madri para trazê-la de volta e lhe oferecendo champanhe e morangos silvestres, além dos princípios do marxismo. Ela foi embora com uma rosa vermelha de presente.

Depois da Espanha, Cowles se assustava com escapamentos e aspiradores de pó, mas isso não a impediu de continuar. Ela viajou por toda a Europa à beira da guerra, com as luzes se apagando em um país após o outro. Embora não se vangloriasse de sua bravura, ela assumia riscos incríveis: para cobrir a destruição da Polônia, ziguezagueou em um barco pelo Canal durante catorze horas, a fim de escapar dos submarinos alemães. Finalmente, chegou à Romênia, onde encontrou seu amigo lorde Forbes, que a levou em seu próprio avião até a fronteira, para um hotel cheio de atordoados refugiados poloneses fugindo das bombas e dos tanques alemães. Entre eles havia três crianças sentadas sobre as malas, esperando por pais que nunca chegariam.

De lá, ela foi para a Finlândia, para a pouco lembrada Guerra de Inverno. Depois que seu país foi invadido pela União Soviética em novembro de 1939, os finlandeses espantaram o mundo com sua bravura, com pequenos números de soldados sobre esquis "deslizando como fantasmas através dos bosques" e rechaçando a ofensiva inicial. Quando as correspondentes femininas foram proibidas de ir à linha de frente após uma alegação de assédio sexual, ela acessou seus contatos e conseguiu chegar à remota cidade de Rovaniemi, perto do Círculo Polar Ártico, dessa vez vestida de forma adequada. E foi levada ao local onde, algumas semanas antes, os finlandeses haviam aniquilado duas divisões russas. Foi "o espetáculo mais medonho que já vi", 6 quilômetros de estradas e bosques repletos de corpos de homens e cavalos, alguns "congelados como madeira petrificada". No entanto, foi tudo em vão, pois a falta de apoio internacional forçou os finlandeses a um acordo de paz que os fez perder mais de 10% de seu território.

Em junho de 1940, as forças alemãs se moviam para Paris. Desesperada para estar presente ao que imaginava ser a prolongada defesa da capital, ela voou para Tours e pegou o que seria o último trem para Paris. Ao chegar, descobriu que todos haviam ido embora. De alguma forma, conseguiu achar um táxi e deu carona a uma jovem que se revelou prostituta, mas descobriu que os hotéis estavam fechados e todos os seus amigos já haviam partido. Finalmente, ficou com Tom Healy, do *Daily Mirror*, que tinha um carro esportivo, e juntos eles dirigiram ao longo do Sena e pelo sul da cidade. Encontraram cenas surpreendentes "de barulho e confusão, do cheiro forte de gasolina, do arranhar das engrenagens dos automóveis, de gritos, lamentos, xingamentos, lágrimas [...]. Qualquer coisa que tivesse quatro rodas e motor era colocada em serviço, não importando o estado de decrepitude; havia táxis, caminhões de sorvete, padarias em vans, perfumarias em peruas, carros esportivos de dois lugares e ônibus parisienses, todos lotados de seres humanos. Vi até um carro funerário carregado de crianças".

Ela acabou voltando para Londres, reportando a blitz e a Batalha da Grã-Bretanha, escrevendo de Dover: "Eu sabia que o destino da civilização estava sendo decidido 4.500 metros acima de minha cabeça, em um mundo de sol, vento e céu." Ela se mudou para o campo a fim de escrever *Procurando encrenca*, ostensivamente um livro de memórias sobre suas façanhas jornalísticas, mas igualmente uma exortação para que seu próprio país se juntasse à guerra.

Sempre fascinada pela Grã-Bretanha, fez dela sua casa e, após a guerra, casou-se com o jornalista e parlamentar Aidan Crawley, com quem teve três filhos. Escreveu uma peça com Martha Gellhorn sobre mulheres jornalistas de guerra, bem como doze livros sobre alguns de seus conhecidos mais ricos, como os Astor e os Rothschild, e várias biografias históricas.

PREFÁCIO

Se hoje há quase tantas mulheres quanto homens cobrindo zonas de guerra, é graças a mulheres como Cowles, que mostraram que isso é possível. É um mistério para mim que ela não receba o mesmo reconhecimento que Gellhorn.

Procurando encrenca foi um best-seller quando publicado em 1941, e espero que seu relançamento a apresente a toda uma nova geração.

Prólogo

"Naquela noite de novembro (noite do armistício), os três homens na liderança da Grã-Bretanha, dos Estados Unidos e da França pareciam ser os mestres do mundo. Atrás deles havia vastas comunidades minuciosamente organizadas, regozijando-se com a vitória e inspiradas pela gratidão e pela confiança nos chefes que as conduziram até ela. Em suas mãos havia Exércitos de irresistível poder e frotas sem as quais nenhum navio cruzava o mar na superfície ou abaixo dela. Não havia nada sábio, certo e necessário que não pudessem decretar juntos. E esses homens haviam sido reunidos, através de diferenças de nacionalidade e interesse e através de distâncias em terra e mar, pela camaradagem do conflito contra um inimigo temido. Juntos, alcançaram seu objetivo. A vitória absoluta e incomparável estava em suas mãos. O que fariam com ela?"

The World Crisis: The Aftermath
Winston S. Churchill, março de 1929

Eis uma lua cheia brilhando sobre Londres e, acima, é possível ouvir o zumbido dos bombardeiros alemães. As ruas estão desertas, mas, de tempos em tempos, a quietude é interrompida pelas angustiantes explosões das armas.

Em noites assim, você se pergunta se os futuros historiadores serão capazes de visualizar a majestade dessa imponente capital, a estranha beleza dos edifícios às escuras sob o luar, o farfalhar do vento e o suspirar das bombas, os longos dedos brancos dos holofotes e o gemido dos projéteis viajando em direção às estrelas. Será que eles entenderão quão violentamente as pessoas morreram e quão calmamente viviam?

Há muito tempo, os britânicos decidiram dominar o mar por medo de que ele os aprisionasse em sua ilha. Hoje, o mesmo mar os mantém seguros contra seus inimigos e, desde que as grandes vias aquáticas permaneçam sob seu controle, suas terras só podem ser atacadas pelo ar.

Até agora, o ar não se provou decisivo. O terror do bombardeio noturno é combatido pelo espírito robusto das pessoas, e a precisão do bombardeio diurno é destruída pelo ataque feroz da Força Aérea Real.

As batalhas aéreas travadas sobre a costa inglesa foram mais espetaculares que qualquer uma que a história já viu. Quando os aviões alemães, em formação maciça, aproximaram-se dos penhascos de Dover, foram recebidos por uma devastadora barragem de fogo antiaéreo e, em seguida, pelo ganido rápido e furioso dos caças. Muitas dessas batalhas foram disputadas sobre o mar. Muitas vezes fiquei ao sol no topo do penhasco de Shakespeare, a quase 2 quilômetros da cidade, e observei os aviões serpentearem e guinarem com uma sensação de irrealidade. Era difícil compreender que aqueles eram os combates dos quais dependia a civilização; que, embora os Exércitos modernos fossem contados em milhões, o mar imobilizara sua força e a questão era decidida por um punhado de homens no céu.

De todos os dias que passei em Dover, lembro-me melhor de 15 de agosto. Nesse dia, a Força Aérea Real derrubou um número recorde de aviões: 180. Saí dirigindo de Londres com Vincent Sheean e, do penhasco, tentamos juntar as peças do drama, como se fosse um quebra-cabeça. Havia ação em quase toda a extensão do céu. À direita, um avião caindo como uma pedra no mar, deixando uma longa pluma preta contra o céu; à esquerda, um dos grandes balões prateados em chamas; diretamente acima, um caça mergulhando sobre um dos bombardeiros e, subitamente, um minúsculo e tremulante paraquedas quando um dos pilotos saltou da cabine; e, o tempo todo, o crepitar das armas antiaéreas e as explosões de fumaça branca contra o céu.

Durante uma dessas batalhas, olhei através do binóculo para um pequeno barco pesqueiro no porto abaixo de nós. A tripulação eviden-

PRÓLOGO

temente aceitara os ferozes encontros no céu como parte da rotina, pois ninguém prestava muita atenção. Um dos homens estava deitado no deque, dormindo profundamente; outro lavava roupa; e um terceiro lia o jornal. Algumas horas depois, o barquinho içou bandeira, acumulou vapor e saiu patinhando despreocupadamente pelo Canal. Ele tinha um ar arrogante, como se dissesse: "Saiam daqui, o mar é nosso."

Observamos a batalha por algum tempo, então Vincent se virou para mim e disse:

— É engraçado pensar que todo esse negócio começou lá embaixo. — E indicou a névoa com a cabeça.

— Lá embaixo?

— Na Espanha.

Sem dúvida, os futuros historiadores ficarão intrigados com as lições que jamais aprendemos com a Primeira Guerra Mundial e sacudirão a cabeça ao perceber que as três grandes democracias se recusaram a dar as mãos e aceitar sua responsabilidade como guardiãs da paz mundial. Eles traçarão as causas da presente conflagração ao colapso da Liga das Nações, apontando para a Manchúria em 1931 e a Abissínia em 1935. Mas terão que se voltar para a Espanha em 1936 em busca do primeiro ressoar de armas de fogo a romper a quietude do continente europeu; e é na Espanha que minha história começa.

Vi os vilarejos da Espanha queimarem e segui as chamas pelo mapa da Europa. Elas se espalharam para cima, queimando os bosques da Boêmia, destruindo as planícies da Polônia e chamuscando até mesmo as florestas cercadas de gelo do Ártico. Então os ventos maléficos da conquista as sopraram para a Noruega. Elas varreram a Holanda e a Bélgica e queimaram os ricos campos da França até virarem carvão, de modo que agora não há vida por lá.

A parte que vi é pequena no retrato que a história registrará, mas me mostrou que a guerra de hoje não é somente uma questão entre nações. Ela é um conflito para manter a justiça e a misericórdia na Terra e preservar a dignidade do homem.

Londres, maio de 1941

PARTE I

Espanha republicana

1. Viagem para a guerra

Se der uma olhada nos jornais de março de 1937, você se lembrará de várias coisas: que o *Normandie* bateu o recorde de travessia do Atlântico; que o rei Leopoldo visitou Londres; que Neville Chamberlain sucedeu Stanley Baldwin como primeiro-ministro da Inglaterra; que o diário perdido do dr. Samuel Johnson foi encontrado; que a rainha Maria da Romênia estava gravemente doente; e que Noël Coward fazia repouso.

Também lerá que o general Franco iniciou uma ofensiva. Em 10 de março, os jornais relataram que ele rompera as defesas de Madri e, no dia seguinte, o correspondente do *Daily Telegraph* londrino escreveu:

Os nacionalistas avançaram 30 quilômetros em dois dias. Agora estão a 25 quilômetros de Guadalajara. Os defensores de Madri sabem que a batalha de Guadalajara decidirá o destino da capital.

Alguns dias depois, a história começou a se espalhar e o mundo descobriu não somente que Madri ainda estava de pé, como também que os legionários italianos de Franco haviam rompido formação e fugido, e a ofensiva nacionalista se transformara na primeira (e última) grande vitória da república.

Foi uma semana após a batalha de Guadalajara que fiz minha primeira viagem à Espanha. Às 5h30, eu estava no aeródromo de Toulouse, esperando que um avião me levasse a Valência. Estava escuro como breu e terrivelmente frio. A geada no chão cintilava na escuridão como uma mortalha fantasmagórica, e as pequenas lâmpadas vermelhas que delineavam o aeródromo tinham um brilho sinistro. Meu coração ficou apertado com a perspectiva da viagem.

Eu não tinha qualificações como correspondente de guerra, com exceção da curiosidade. Embora tivesse viajado bastante pela Europa e pelo Extremo Oriente e escrito vários artigos, principalmente para a seção "Marcha dos eventos" dos jornais Hearst, minhas aventuras haviam sido de natureza pacífica. Na verdade, após uma viagem de doze meses de Londres a Tóquio em 1934, eu escrevera um artigo para a *Harper's Bazaar* que logo se mostrara tristemente datado. Ele era intitulado "Um mundo muito seguro".

Quando a guerra estourou na Espanha, vi a oportunidade para matérias mais vigorosas; achei interessante cobrir os dois lados e escrever uma série de artigos contrastando-os. Convenci o sr. T. V. Ranck, dos jornais Hearst, de que essa era uma boa proposta e parti alegremente para a Europa. Eu não conhecia ninguém na Espanha e não tinha a menor ideia de como cumprir minha missão, então esperei até chegar a Paris para traçar um plano de campanha. E então ocorreu a batalha de Guadalajara. Li sobre a heroica resistência da sitiada Madri e decidi que aquele obviamente era o lugar para onde deveria ir.

Meus amigos em Paris não foram encorajadores. Eles me avisaram que, se não me vestisse mal, seria assaltada nas ruas: alguns sugeriram roupas masculinas, outros trapos e farrapos. Finalmente escolhi três vestidos de lã e um casaco de pele.

Eles também deram relatos atrozes e previram sombriamente que, se eu não fosse abatida no voo para Valência, certamente seria bombardeada na estrada para Madri. Eu não dera atenção a seus pressentimentos, mas, no aeródromo, uma procissão de imagens terríveis começou a se infiltrar em minha mente. Entrei na sala de espera para tomar um café e me confortei com o fato de que ninguém parecia impressionado com a partida iminente de um avião para os perigos da Espanha "destruída pela guerra". Havia apenas uma meia dúzia de pessoas na sala; algumas liam os jornais da noite anterior, outras dormiam com a cabeça apoiada na mesa. Estava tão frio que os mecânicos franceses andavam de um lado para o outro, parando de vez em quando para esquentar as mãos sobre um pequeno fogareiro.

Finalmente, a porta se abriu e um homem anunciou que o avião estava pronto para partir. Paguei minha conta e, ao me levantar, um velho de boina preta que estivera sentado em silêncio ao lado do fogo caminhou até mim, segurou minhas mãos e, em uma voz tremendo de emoção, disse: *"Bonne chance, mademoiselle, bonne chance."* Entrei no avião com uma sensação de tragédia.

Levamos somente uma hora para chegar a Barcelona. A maior parte foi passada sobre os Pirineus. As montanhas estavam cobertas de neve e, a princípio, pareciam cinzentas e remotas; então a aurora chegou e elas foram pintadas de um cor-de-rosa intenso. Quando fizemos a volta para aterrissar e eu caminhei até a sala de espera do aeroporto, lembro da surpresa que senti com meu primeiro retrato da Espanha. A cena era tão pacífica que parecia quase incongruente. A mulher sentada atrás do balcão tricotava um suéter, dois cavalheiros idosos em ternos de veludo cotelê preto bebiam brandy à mesa, e uma garotinha deitada no chão brincava com um gato. Eles saudaram os pilotos franceses cordialmente, mas, quando esses últimos comentaram sobre a guerra e pediram notícias, um dos velhos deu de ombros desinteressadamente e respondeu:

— A guerra não tem nenhuma relação com a Catalunha. Não queremos tomar partido, só queremos ser deixados em paz.

Bebemos uma xícara de café, nossa bagagem foi inspecionada por um fiscal alfandegário indiferente e, uma hora depois, estávamos em Valência.

Valência era uma massa fervilhante de humanidade. A cidade era sede temporária do governo e sua população de 400 mil inchara para mais de 1 milhão. As pessoas se derramavam pelas ruas, lotavam as praças, aglomeravam-se nas portas, enchiam as praias e circulavam incessantemente pelos mercados, lojas e cafés. Tudo era barulho e confusão. Charretes puxadas por cavalos chocalhavam sobre os paralelepípedos e automóveis com decalques oficiais no para-brisa corriam perigosamente pelas vias principais, buzinando alucinadamente. Os edifícios estavam cobertos por cartazes espalhafatosos mostrando os corpos dilacerados de mulheres e crianças e contendo uma única palavra: "Fascismo!" No fim da rua, um gramofone retumbava alegremente: "I can't give you anything but love, Baby."

Fui deixada no escritório da Air France na rua principal e observei a cena com perplexidade. Perguntei qual era o caminho até o melhor hotel e o funcionário me disse que ele ficava a 1,5 quilômetro "rua abaixo". Era impossível conseguir um carregador ou um táxi. Eu só tinha uma mala e uma máquina de escrever, então comecei a andar. Todas as pessoas nas ruas eram da classe operária e todo mundo vestia preto: as mulheres usavam vestidos de algodão e xales sobre a cabeça, e os homens usavam ternos e boinas. Alguns deles pararam para me encarar sombriamente e, no início, achei que era por eu ser a única usando chapéu; então percebi que as listras vermelhas e amarelas pintadas inadvertidamente em minha mala eram as cores do general Franco.

Um bonde passou e eu subi nervosamente, mas tive de descer na parada seguinte, pois não tinha dinheiro espanhol e não consegui fazer o condutor entender que, ao aceitar uma nota de 10 francos, ele estava conseguindo uma boa barganha.

Finalmente cheguei ao Hotel Bristol e o encontrei lotado. Havia pessoas dormindo até mesmo nas poltronas do saguão. Deixei minhas malas e fui almoçar. O restaurante estava lotado de uma estranha mistura de personagens: alguns poucos pareciam espanhóis e, mais tarde, descobri que eram o refluxo de Valência: homens de negócios, *agents provocateurs*, assistentes sociais, espiões e escroques. Perguntei ao garçom se havia algum correspondente americano ou inglês no hotel e ele me disse que o sr. Kennedy, da Associated Press, estava em uma mesa do outro lado do restaurante. Enviei um bilhete explicando meu dilema e pedindo para que ele me ajudasse.

O sr. Kennedy era um repórter americano jovem e robusto, com uma eficiência pela qual me senti profundamente grata. Em uma hora, ele coagiu o gerente do hotel a conseguir um quarto para mim e me apresentou ao chefe de imprensa estrangeira, que providenciou para que eu fosse levada de carro até Madri dali a dois dias.

Eu me lembro de fazer a Kennedy muitas perguntas sobre a guerra e, para podermos conversar, pegamos uma charrete dilapidada e andamos pela cidade. Estava agradável no subúrbio: havia menos gente, o Medi-

VIAGEM PARA A GUERRA

terrâneo se estendia pacificamente diante de nós e, nos campos a nossas costas, longas fileiras de laranjeiras brilhavam ao sol. Eu não conseguia entender o quanto da confusão geral em Valência se devia à guerra, o quanto à revolução e o quanto à própria Espanha.

— Todas as três — respondeu Kennedy. — Meu Deus, eu queria voltar aos Estados Unidos.

Eu disse a ele que achava a Espanha excitante e ele deu um sorriso amargo.

— Ouça, irmã, estou de saco cheio demais da burocracia, dos problemas com a censura e de não ter nem mesmo um saudável cigarro americano para fumar ou uma dama de aparência decente para convidar para jantar para continuar pensando nisso como algum tipo de grande aventura. Você verá.

Devo ter parecido abatida, pois, um momento depois, ele acrescentou:

— Claro que Madri não é tão ruim. Você é bombardeado todos os dias e a comida é podre, mas, ao menos, há algo para fazer além de discutir com um bando de pessoas que só sabem dizer *mañana*. Há muitos correspondentes lá e você pode ir ao front quando quiser, ver alguma ação. Não é como aqui, onde metade das pessoas nem sequer sabe que há uma guerra em andamento.

Eu notara que as praças de Valência estavam cheias de jovens em idade militar que pareciam não ter nada melhor para fazer que ficar ao sol palitando os dentes. Com a guerra em um estágio crítico, isso parecia estranho, e Kennedy respondeu que, como Valência ainda não fora atacada (o porto havia sido bombardeado ocasionalmente a partir do mar, mas isso fora tudo), muitas pessoas viam a guerra como um assunto local confinado exclusivamente a Madri. Passamos pela praia e vimos três policiais abrindo caminho pela multidão; de vez em quando, eles paravam, questionavam um grupo e faziam anotações. Kennedy explicou que esse era o método usual de convocar vagabundos para o Exército.

Naquela noite, jantamos no hotel com o capitão "Pinky" Griffiss, o adido do Ar americano, e dois aviadores franceses conhecidos somente como "Jean" e "Henri". Eles eram os renegados de respeitáveis famílias francesas.

Pilotos profissionais eram muito bem pagos pelo governo espanhol, e eles haviam se alistado a fim de conseguir dinheiro suficiente para pagar dívidas de jogo. Os dois passaram a noite nos regalando com suas façanhas durante a batalha de Guadalajara. Mais tarde descobri que suas atividades haviam se confinado à patrulha sobre Valência e as histórias eram puramente imaginárias. Mesmo assim, eles eram boa companhia e, no dia seguinte, fomos todos ver uma tourada.

A arena ficava no centro da cidade e brilhava ao sol como a metade de uma grande toranja. Havia muito barulho, a arena estava lotada e o ar parecia pesado de suor e do intenso cheiro de tabaco. Nada havia da pitoresca elegância dos dias de outrora, pois a multidão era uma mancha descorada de preto, polvilhada pelo cáqui da milícia.

O matador, no entanto, usava o tradicional chapéu de três pontas, meias cor-de-rosa, sapatos de fivela e um elaborado, embora gasto, uniforme de brocado azul. Ele recebeu uma ovação estrondosa e o espetáculo começou.

Eu nunca assistira a uma tourada, e a visão do touro escavando a terra com sangue escorrendo pelos flancos foi nauseante para mim. Na maior parte do tempo, não consegui olhar. O espanhol baixo e moreno a meu lado reclamou em voz alta, mas não pela mesma razão. Ele explicou que a luta não era boa porque os grandes touros eram criados no sul, e o sul pertencia a Franco.

— Maldita seja a guerra — resmungou ele —, e olhe só aquele matador. Ele devia estar lutando contra uma vaca.

O matador era desajeitado e a multidão o vaiou; chapéus e cascas de laranja chegaram ao anel central. Então um miliciano bêbado escalou a cerca, entrou correndo na arena e arrancou a capa de suas mãos. O matador gritou com ele, furioso, e oficiais indignados entraram correndo para tirar o companheiro de lá. Mas, antes que conseguissem agarrá-lo, ele virou habilmente a capa e mandou o touro atrás deles. Eles fugiram para a segurança da barreira e a multidão gritou, deliciada.

Durante vinte minutos, o miliciano lutou contra o touro. Cinco vezes os oficiais tentaram tirá-lo de lá, e cinco vezes ele mandou o animal bufando atrás deles. Subitamente, o touro atacou. O chifre direito se enroscou no cinto do soldado e o ergueu no ar. A multidão ficou de pé, prendendo a respiração, mas o homem não se feriu. O cinto arrebentou e ele se estatelou no chão, enquanto o touro trovejava pelo anel. Isso deu aos oficiais a chance de arrastá-lo para fora. Ele segurou as calças com uma mão e protestou comicamente com a outra, mas foi levado de volta a seu assento em meio a aplausos delirantes. Até mesmo o espanhol insatisfeito à minha direita sentiu que seu dinheiro fora bem gasto.

* * *

Na segunda-feira bem cedo, parti para Madri em um pequeno carro cheio de caixas de alimentos, doces e cigarros. O motorista era um anarquista espanhol, e os outros passageiros eram Mellie Bennett (uma americana que trabalhava no departamento de Propaganda) e um padre católico.

Fiquei atônita com a presença de um padre em uma comunidade amargamente hostil à Igreja, e me perguntei por que ele ainda estava livre. Ele era um homem idoso, com um rosto dissimulado e dedos amarelados de nicotina. Não havíamos percorrido uma distância muito grande quando ele iniciou uma polida conversa em francês ruim.

— Você, eu presumo, é uma anarquista?

— Não — respondi.

— Comunista?

— Não.

— Trotskista?

Nesse ponto, Mellie Bennett interferiu:

— Diga ao diabo velho para calar a boca.

Fiquei com medo de que ele entendesse, mas ela disse que já o encontrara antes e ele não falava nada de inglês.

— Eu conheço esse bobalhão, ele é uma peça de exibição. Viaja pela França para fazer propaganda, dizendo que padres são bem tratados na Espanha republicana. Ele fez muito dinheiro com isso.

Mellie Bennett tinha feições simiescas e usava óculos grossos com armação de chifre. Sua personalidade era forte e provocativa e gostei dela

34 ESPANHA REPUBLICANA

de primeira. Ela viera de Moscou, onde trabalhara por vários anos no *Moscow Daily News*. Tinha convicções de esquerda, mas, naquela manhã particular, sua perspectiva era amarga e ela criticou livremente a situação.

— Olhe para essa estrada — disse ela. — Ela deveria estar lotada de caminhões levando comida para Madri, mas os políticos não dão a mínima.

A estreita estrada de asfalto serpenteava por quilômetros de terras áridas e montanhosas. As ferrovias que iam da costa até Madri haviam sido bombardeadas, e agora aquela era a única linha de comunicação entre a capital e o mundo externo. Havia poucos carros na estrada e, durante os 320 quilômetros até Madri, contamos somente vinte caminhões. Isso se devia parcialmente à falta de gasolina, mas, como descobri mais tarde, também à falta de organização.

A cerca de 160 quilômetros de Valência, paramos em um pequeno vilarejo e fomos almoçar em um restaurante. O interior estava escuro, e uma mulher desleixada de vestido azul usou um pano para varrer moscas mortas e farelos da mesa. Ela nos serviu omelete, pão e vinho.

O motorista anarquista se sentou à nossa mesa; o padre católico lhe deu um tapinha nas costas e disse que ele era um bom homem e que fora ferido lutando no front em Aragão. Ele tinha um buraco de bala na coxa que ainda não cicatrizara, mas, assim que se recuperasse, voltaria para lá. Mellie Bennett explicou (no inglês que nenhum deles entendia) que ele lutara com um regimento anarquista que fora para a guerra sem oficiais. A maioria morrera.

Os anarquistas se opunham a qualquer tipo de organização. Eles acreditavam que, por si mesmas, as pessoas eram instintivamente boas, mas que a sociedade organizada sempre resultava no mal. Consequentemente, haviam ido para a batalha sem líderes. Logo tivemos um exemplo desse credo idealista, mas impraticável, pois, alguns quilômetros depois, passamos por um carro que ficara sem gasolina. Nosso motorista parou e obedeceu a seus bons instintos cedendo parte de nosso combustível. O resultado foi que, uma hora depois, nosso carro deu uma engasgada feia e nos vimos na mesma situação. Mellie disse:

— Agora você entende a filosofia? Nós simplesmente esperamos que outro anarquista apareça.

Ficamos sentados ao lado da estrada, sob o sol quente, por quase uma hora. Um "camarada" finalmente apareceu e nos deu um pouco de gasolina. Seguimos caminho.

O padre estava tomado de curiosidade sobre minha convicção política e, novamente, tentou tabular minhas visões. Dessa vez, tentou ser persuasivo:

— Talvez você tenha, digamos, *tendências* trotskistas? É impossível nada ser; ninguém vem para a Espanha sem uma *idée fixe*...

Mellie mais uma vez interrompeu a conversa e ele finalmente se calou.

A 65 quilômetros de Madri, fomos parados por sentinelas que nos disseram que teríamos que sair da estrada principal e pegar um desvio através do vilarejo de Alcalá de Henares. A estrada para Madri estava sob fogo inimigo daquele ponto em diante. Anoitecia e fomos avisados para ter cuidado com os faróis do carro. As estradas do interior eram ruins, mas, felizmente, estávamos na lua nova, o que ajudou um pouco.

Às 21 horas, entramos na Gran Vía, a principal avenida de Madri. A cidade estava às escuras e as ruas pareciam desertas e imóveis. O silêncio era pesado e havia uma estranha atmosfera de mau presságio. Subitamente, a quietude foi rompida pelo ronco distante da artilharia. Eu jamais ouvira o som da guerra antes, e meu coração acelerou.

Os outros não se perturbaram e, quando chegamos ao Hotel Florida, Mellie entrou a fim de conseguir um portador para trazer comida. Em sua ausência, o padre se abaixou rapidamente, abriu um dos pacotes com um canivete e roubou três maços de cigarros Chesterfield. Ele sorriu para mim, colocou um dedo amarelado sobre os lábios e disse:

— Xiu!

2. Explosivos detonadores

Meu quarto, no quinto andar do Hotel Florida, marcava-me como amadora; as pessoas bem-informadas viviam o mais perto possível do solo, como precaução contra as bombas aéreas. Mas o hotel estava lotado, e o melhor que o gerente pôde fazer foi me transferir para um grande quarto com varanda no quarto andar, o que também tinha desvantagens. Ele ficava de frente para uma praça ampla e acima de uma confusão de telhados cinzentos que iam diminuindo até chegar a um cenário distante de colinas verdejantes. E essas colinas pertenciam ao inimigo. Embora isso me colocasse na linha direta do fogo de artilharia, o recepcionista se recusou a trocar. Ele disse que os quartos internos eram escuros e abafados e, além disso, o hotel não era um alvo militar; se um projétil chegasse a meu quarto, seria por engano.

Madri, escura e sombria à noite, transformou-se em um novo mundo à luz do dia. O sol brilhava e o ar retinia com os assuntos cotidianos. Eu me inclinei sobre a janela e descobri que a praça estava lotada. Milicianos vestidos de cáqui com gravatas vermelhas no pescoço abriam caminho até o café do outro lado da rua, enquanto donas de casa de xales pretos, puxando os filhos atrás de si, apressavam-se para chegar à feira. Um trio de loiras oxigenadas usando salto alto rebolava pelo calçamento irregular, para grande interesse de um grupo de jovens de boinas azul-escuras que tomavam sol e mastigavam palitos de dentes. Carroças puxadas por burros ressoavam pelos paralelepípedos, vendedores de jornal gritavam suas manchetes e, de um cinema a meio quarteirão de distância, vinha a animada melodia de *Casino de Paris*, com Al Jolson. Para uma cidade sujeitada a bombardeios diários, Madri parecia tão irreal quando o set de um filme, fervilhando de figurantes prontos para interpretar sua parte.

O telefone tocou com uma mensagem de Sefton (Tom) Delmer, do *Daily Express* londrino, que se ofereceu para me mostrar as principais atrações de Madri. Eu frequentemente ouvira falar de Tom, conhecido por seu raciocínio rápido e com a reputação de ser um dos jornalistas mais astutos da Europa. Ele era um homem grandalhão e sorridente. E me saudou perguntando, esperançoso, se eu trouxera comida da França. Rapidamente percebi que o fato de não ter feito isso fora uma negligência imperdoável.

Caminhamos pelas ruas e Tom me disse que cobrira a guerra do lado nacionalista até cometer o erro de escrever uma matéria sobre a viagem de Knickerbocker a Burgos. O avião fora confundido com uma aeronave inimiga e alvejado por armas antiaéreas. Tom dissera em sua matéria que Knickerbocker não soubera do episódio até ser informado pelas autoridades do aeródromo. Os nacionalistas afirmaram que isso era uma tentativa de responsabilizar suas defesas antiaéreas e, assim, Tom fora expulso. Desde então, cobria as notícias de Madri.

— Todos os espanhóis são malucos — disse ele —, mas as pessoas aqui são menos perigosas para a Inglaterra.

Caminhamos pelas ruas principais e passamos por dezenas de buracos nas calçadas, onde projéteis haviam caído; muitos edifícios tinham feridas irregulares e, na avenida Castellana, um grande leão de pedra olhava sombriamente para o nada, como se soubesse que seu nariz fora arrancado por um estilhaço.

Havia muito trânsito. Carros do Ministério da Guerra, caminhões de evacuação, bicicletas e ambulâncias passavam correndo por nós e, em certa hora, um despachante de motocicleta rugiu em direção ao front. Estacionado em uma transversal, vimos um caminhão camuflado de marrom e verde, com letras brancas que diziam orgulhosamente: "Capturado do inimigo em Guadalajara."

Em muitas esquinas, barricadas de pedra haviam sido construídas — em novembro, quando Franco dissera que em breve seus generais estariam bebendo na Puerta del Sol. "Se Franco quiser Madri", haviam dito as pessoas, "terá que lutar por cada centímetro".

EXPLOSIVOS DETONADORES

39

E, mesmo assim, a atmosfera da cidade não era de guerra. Embora tivesse se transformado em um vilarejo atrás da linha de frente, bombas e projéteis haviam sido incapazes de apagar a rotina cotidiana da vida. Era isso que dava à cidade seu curioso ar teatral. Bondes de um amarelo brilhante chocalhavam pacificamente pelas avenidas; vitrines exibiam perfumes Schiaparelli, peles de raposa-prateada, joias, luvas e sapatos femininos feitos a mão; cinemas anunciavam Greta Garbo em *Anna Karenina* e os Irmãos Marx em *Uma noite na ópera*. Uma loja na Gran Vía fazia uma exposição de cartazes de guerra; ultramodernos, eles gritavam em vermelho, alaranjado e azul para que as pessoas da Espanha defendessem a república contra o fascismo. Havia um pequeno buraco irregular no teto, onde um projétil atravessara; ao lado dele, um cartão fora preso com tachinhas: "A arte praticada pelo general Franco."

Os buracos de balas, os caminhões camuflados e as barricadas de pedra pareciam tão irreais quanto acessórios de palco; o sol estava quente demais, e as pessoas despreocupadas demais, para uma guerra. Somente as filas carregavam um senso de tragédia. Em uma rua transversal, uma procissão de mulheres e crianças se enfileirava diante de uma loja, com cestas vazias nos braços. Algumas se apoiavam cansadamente nos edifícios, outras estavam sentadas no meio-fio, olhando para o vazio com uma estranha impassividade oriental. Em toda Madri, havia filas como aquela. A dieta principal da cidade consistia em feijão, pão e arroz, mas a comida era tão escassa que somente um número limitado de refeições podia ser servido. Tom disse que, frequentemente, as pessoas aguardavam na fila da meia-noite até o meio-dia seguinte.

Cruzamos a Puerta del Sol e Tom parou em uma lojinha para ver umas capas de cavalaria que pensava em levar para a Inglaterra como presente. Tivemos que passar por cima de uma mascate idosa que vendia gravatas anarquistas vermelhas e pretas e pequenos ornamentos de estanho, na forma de tanques e aviões, que distribuíra cuidadosamente pela calçada.

O proprietário cumprimentou Tom calorosamente e trouxe capas de diferentes cortes e comprimentos, com forros de cores variadas e brilhantes. Eles as avaliaram por algum tempo e Tom decidiu retornar mais tarde.

Quando nos despedimos, ele perguntou ao proprietário como andavam os negócios. O homem suspirou e balançou a cabeça:

— Muito difíceis, *señor*. Restam tão poucos cavalheiros em Madri...

Do lado de fora, Tom comentou:

— Está óbvio de que lado está a lealdade *dele*.

Quando descíamos a Gran Vía de volta ao hotel, perguntei a Tom quão frequentemente a cidade era bombardeada. Ele parou e olhou para o relógio com ar pensativo:

— Já passamos do meio-dia. Eles normalmente lançam algumas antes do almoço.

Um instante depois, ouvi um som como o de tecido se rasgando. Era baixo no início, depois se transformou em assobio; houve um segundo de silêncio, seguido por um estrondo quando um projétil atingiu as pedras brancas do Edifício da Telefonia no fim da rua. Tijolos e tábuas caíram no chão e a poeira subiu em uma onda. Um segundo projétil mergulhou na calçada a 30 metros e um terceiro atingiu um prédio residencial de madeira na esquina. Todo mundo começou a correr, dispersando-se por vestíbulos e portas como pedaços de papel soprados por uma súbita rajada de vento.

Tom e eu nos protegemos em uma loja de perfumes e as explosões continuaram a cada minuto. Meu coração batia incerto; o estrondo de tijolos caindo e vidros se quebrando e a poeira espessa que escondeu a luz do sol pareciam alguma assustadora praga bíblica ajustada e mecanizada para o paladar do século XX. A dona da loja, porém, parecia muito mais preocupada com a preservação de sua propriedade que com a possibilidade de morrer.

Ela removia apressadamente os vidros de perfume da vitrine e os depositava em fileiras ordenadas no chão. A cada explosão, emitia um novo fluxo de palavrões. Tom explicou que ela temia que as vitrines quebrassem. E vidro, disse ela, era muito caro.

O bombardeio durou cerca de meia hora. Quando acabou, fomos para a rua: as calçadas estavam cobertas de tijolos e estilhaços e um poste telefônico pendia bêbado sobre um dos prédios, com os fios pendurados como serpentinas. O segundo andar de uma loja de chapéus tinha um buraco enorme e, na esquina, um automóvel era uma massa retorcida de aço. Ali perto, a calçada estava coberta de sangue onde duas mulheres haviam morrido.

A desolação pairava sobre a via, mas o alto-falante ainda gritava uma melodia da trilha de *Casino de Paris*. Caminhões chegaram; homens desceram e começaram a limpar os detritos, com a música ressoando em seus ouvidos enquanto trabalhavam. Grupos se reuniram nas esquinas, garotinhos começaram a coletar estilhaços para guardar como lembrança, vendedores de jornais retornaram a suas caixas, engraxates voltaram a chamar clientes e lojistas rearranjaram suas mercadorias. Duas horas depois, os escombros estavam empilhados de forma ordeira ao longo do meio-fio. Automóveis buzinavam sobre os paralelepípedos e, mais uma vez, as pessoas passeavam de braços dados ao sol. Isso, descobri, era Madri. O sr. Hyde desaparecera e o dr. Jekyll estava novamente no controle da cidade.

Eu nunca havia sentido o tipo de medo que faz com que o sangue dispare nas veias. Por mais intensa que fosse, fiquei surpresa ao descobrir que, com o fim do perigo, a sensação desapareceu tão completamente que era difícil me lembrar dela. Ainda mais curioso, ela não deixou nenhum rastro. Entre os bombardeios, você literalmente se esquece deles. Não sei por que é assim; suponho que seja a natureza seguindo seu curso. De qualquer modo, o ganido de um projétil nunca deixou de ser uma surpresa total e, a meu ver, muito desagradável. Eu admirava grandemente a indiferença, muitas vezes beirando o descaso, com que os espanhóis aceitavam esses bombardeios.

Em termos estratégicos, Madri era uma trincheira de terceira linha, e a população recebera treinamento. Os ouvidos civis haviam se tornado tão afiados que o homem ou mulher comum podia julgar a proximidade de um projétil por seu assobio. Quando os projéteis caíam em intervalos de quatro ou cinco minutos, isso indicava que somente uma bateria estava atirando e havia um "lado seguro" na rua. Mas, se as explosões fossem rápidas, isso significava fogo cruzado — então não havia nada a fazer senão se esconder e confiar na sorte. Durante inumeráveis bombardeios, jamais vi um único sinal de pânico. As pessoas se comportavam tão friamente quanto soldados treinados; escapar por pouco se tornara uma parte tão comum da vida cotidiana que sequer era um dos principais tópicos das conversas.

Logo descobri que a comida causava muito mais preocupação que o perigo. Ocasionalmente, quando uma carroça de burros cheia de alface ou pão se movia pelas ruas, uma multidão se reunia e a seguia incansavelmente até seu destino. A despeito da terrível escassez de alimentos essenciais, o fornecimento de conhaque e gim se manteve e, todas as tardes, os cafés ficavam lotados. Um dos mais populares era o Puerta del Sol. Uma bomba atravessara o topo do edifício e era possível ver pedaços do céu através do telhado, mas o térreo ainda abrigava um negócio de sucesso.

Os dois pontos de encontro mais animados, todavia, eram os outrora refinados Chicote e Molinero. Embora ficassem na Gran Vía, a rua mais frequentemente bombardeada de Madri, todas as tardes eles ficavam lotados de soldados com as armas penduradas nos quadris e loiras platinadas cujo cabelo crescia muito preto porque toda a água oxigenada fora confiscada pelos hospitais.

No Molinero, era possível encontrar os últimos remanescentes de uma Espanha com consciência de classe. Os garçons eram os mesmos que costumavam servir os madrilenhos ricos e ainda usavam os uniformes convencionais: terno preto e camisa branca. Alguns abriam caminho entre a multidão barulhenta e cantante com óbvio desdém; outros tiravam vantagem do espírito *camarada* e trabalhavam com o rosto por barbear e um cigarro no canto da boca.

Os proprietários do Chicote, do Molinero e da maioria das grandes lojas e hotéis haviam sido fuzilados, estavam na prisão ou tinham fugido. Seus negócios haviam sido assumidos pelos sindicatos e muitos eram dirigidos pelos antigos funcionários. Palácios e casas de campo eram usados como ministérios e sedes administrativas. Frequentemente, os jornalistas apanhavam suas licenças com oficiais de suéter e jaqueta de couro, reclinados em poltronas do século XVI em salões com paredes esculpidas e tapeçarias de valor inestimável. Mais de uma vez, entrevistas foram interrompidas enquanto o "camarada" orgulhosamente insistia para que eu inspecionasse os livros, as pinturas e até mesmo as estátuas no jardim.

Durante aqueles primeiros dias em Madri, tudo me parecia um estranho festival. Era somente à noite, quando a capital era engolida pela escuridão sufocante, que a atmosfera adquiria um tom de soturna realidade. Os edifícios se projetavam de modo tão sombrio que o céu parecia quase branco e, quando eu caminhava pelas calçadas, guardas saíam silenciosamente dos pórticos e pediam minhas credenciais.

Tudo estava deserto e imóvel. O único barulho era distante: o ruído da batalha em Casa del Campo, a 2,5 quilômetros. Era possível ouvir o baque surdo dos morteiros de trincheira, como trovões à distância, e o estampido fino dos rifles, como lençóis estalando ao vento. E, conforme caminhava pela noite, tropeçando nos buracos de projéteis, eu me perguntava se aquele era apenas o começo e quanto tempo se passaria antes que as luzes se apagassem em outro lugar.

3. A imprensa

Os jornalistas estrangeiros se reuniam para almoçar e jantar em um restaurante de porão na Gran Vía, o único aberto em toda Madri. Era dirigido pelo governo e tinha uma clientela restrita, composta majoritariamente por funcionários públicos, agentes da polícia, oficiais do Exército e prostitutas.

O interior era sempre barulhento, lotado e azulado por causa da fumaça. Certa vez, durante um bombardeio, um grupo de milicianos ergueu as taças e brindou cada explosão com gritos e trechos de canções. Quando um projétil de 15 centímetros atravessou a calçada em frente à porta, retorcendo a estrutura de aço do toldo, o garçom causou um estrondo de aplausos ao oferecer a todos um drinque por conta da casa.

A porta do restaurante era pesadamente guardada por sentinelas armadas e, muitas vezes, vi mulheres chorando e implorando para entrar, mas ninguém entrava sem um passe oficial.

Do lado de dentro, a comida era escassa e, às vezes, quase impossível de ingerir. O cardápio rotineiro era salame e um prato de arroz para o almoço, mais salame e um prato de feijão para o jantar. Certa vez, tivemos ovos durante três dias, mas eles tinham um gosto estranho e rapidamente se espalhou a notícia de que eram ovos bombardeados de Córdoba. Nunca descobri qual era exatamente a aparência de um ovo bombardeado.

Sempre saíamos do restaurante com fome e, embora eu nunca tivesse sentido desconforto por falta de comida antes, nossa sorte era tão melhor que a do espanhol médio que raramente passávamos pelos guardas da porta sem nos sentirmos culpados, como se não tivéssemos o direito de estar lá.

Alguns jornalistas haviam trazido alimentos da França, e a sala de estar de Tom Delmer no Hotel Florida se tornou um ponto de encontro popular. Tom equipara o quarto com fogareiros elétricos e réchauds. Um pernil estava pendurado em um cabide na porta do armário e a mesa estava coberta de biscoitos de água e sal e latas de sardinha. Toda noite, das 23 horas em diante, a imprensa se reunia: lá estavam Herbert Matthews, do *New York Times*; Ernest Hemingway, da North American Newspaper Alliance; "Hank" Gorrell, da United Press; Thomas Loyetha, da International News Service; Martha Gellhorn, da *Collier's*; George e Helen Seldes, Josephine Herbst e muitos outros. Embora a comida fosse distribuída cautelosamente, sempre havia muita cerveja e uísque, e as reuniões raramente terminavam antes da madrugada.

Quando o quarto ficava quente, Tom apagava as luzes e abria as janelas. Ele costumava ligar o gramofone e tocar a *Quinta sinfonia* de Beethoven. Entre os acordes da música, podíamos ouvir o ressoar distante da artilharia; era sempre uma mistura estranha.

As festas de Tom chegaram a um fim abrupto quando um projétil entrou em seu quarto e transformou os réchauds e a mobília em detritos pulverizados. Felizmente, ninguém estava lá naquela hora. Entrei no saguão do hotel logo depois e encontrei o gerente sentado a sua mesa, analisando documentos, como se nada tivesse acontecido. Quando perguntei quais haviam sido os danos, ele me olhou friamente e negou que o hotel tivesse sido atingido. Fora somente uma tubulação de gás quebrada, disse ele. Embora o buraco no quarto de Tom estivesse lá para todos verem, ele teimosamente se agarrou a sua história, por medo de que os hóspedes ficassem alarmados e partissem.

Um hóspede de fato partiu. Tratava-se de um aviador americano anônimo que chegara a Madri para passar uns poucos dias de licença. Ele estava no corredor quando o quarto foi alvejado e a explosão o derrubou no chão. Estava meio bêbado, de qualquer forma, e desceu as escadas cambaleando e gritando:

— Que excelente relaxamento. Por diversão, farei meu próprio bombardeio!

A IMPRENSA

* * *

Os jornalistas entregavam suas matérias todas as noites no Edifício de Telefonia na Gran Vía. Aquele era o edifício mais alto de Madri e, do último andar, era possível ver os campos de batalha de Casa del Campo e da cidade universitária. Como o local era frequentemente usado como posto de observação, tratava-se de um objetivo militar legítimo e, durante o tempo que fiquei em Madri, foi atingido diretamente mais de oitenta vezes. Todavia, era feito de concreto e aço, e as paredes se provaram sólidas demais para os explosivos de 15 centímetros, então pouco dano foi causado. Certa vez, um projétil de quase 8 centímetros fez um buraco no teto do salão telefônico, mas nenhum dos operadores foi ferido.

Todas as matérias eram enviadas por telefone a Londres e Paris e, de lá, seguiam por telégrafo para várias partes do mundo. Havia muita competição entre as agências para ver quem recebia o primeiro telefonema. Como havia somente duas linhas internacionais, às vezes eram necessárias quatro ou cinco horas para estabelecer uma conexão. A maioria dos correspondentes especiais trabalhava para jornais matutinos, o que significava que a grande correria acontecia às 21 horas; havia várias camas de campanha no salão, e alguns deles dormiam até que suas chamadas "urgentes" fossem completadas.

Todas as matérias tinham que ser submetidas ao censor e cada página precisava receber o carimbo oficial de aprovação. Quando eram lidas ao telefone, um operador se sentava ao lado do jornalista, pronto para cortar a linha se ele dissesse algo não incluído na cópia aprovada. Houve frequentes tentativas de "enganar o censor" empregando gírias americanas, mas isso acabou quando uma canadense se uniu à equipe. As brigadas internacionais não podiam ser divulgadas; nenhuma referência podia ser feita a armamentos russos; e os edifícios e ruas que haviam sofrido bombardeios não podiam ser identificados.

Era somente no domínio das matérias de interesse humano que os jornalistas tinham liberdade. Eles podiam descrever os bombardeios como bem quisessem. Era dramático ficar sentada em um cômodo escuro, à noite, e ouvir versões dos eventos do dia sendo transmitidas em alemão, francês, espanhol e inglês, a fim de serem enviadas aos cantos mais remotos do planeta. As matérias eram sempre variadas, pois alguns descreviam os bombardeios com indiferença e outros, com intensidade febril. Comecei a perceber que muito dependia de onde o escritor estivera quando os projéteis haviam caído. Na escuridão da sitiada capital, parecia estranho pensar nos cabos telefônicos correndo da miséria da Espanha para os campos livres da França e, do outro lado do Canal, para a paz sonolenta de Londres. Após ouvir alguns relatos particularmente comoventes, eu costumava ser puxada de volta para a realidade por um jornalista gritando: "*Ne coupez pas, madame.* Escute, Eddie, que tal você me mandar um pouco mais de dinheiro...?"

* * *

Eu não cobria as notícias diárias, então criei um esboço para uma série de artigos. Uma das primeiras coisas que queria fazer era ir ao front. Isso não era difícil. Embora os jornalistas precisassem de autorização, poucos guardas espanhóis sabiam ler e quase qualquer pedaço de papel (por mais antigo que fosse) servia. Quando queria ir ao front, você simplesmente entrava no carro e ia.

Mas a frente de batalha mais conveniente atravessava Casa del Campo e a cidade universitária, a pouco mais de 3 quilômetros do distrito comercial de Madri. Você pegava um bonde até metade do caminho, caminhava a outra metade e pronto, chegava. Os dois Exércitos estavam em um impasse desde novembro, quando as brigadas internacionais republicanas haviam impedido o avanço de Franco e, na última hora, salvado Madri. Nenhum lado fora capaz de desalojar o outro e, durante os últimos cinco meses, os soldados haviam se sentado em trincheiras opostas, rompendo a monotonia metralhando-se mutuamente e jogando granadas e morteiros de um lado para o outro.

Não tive que esperar muito pela oportunidade de visitar Casa del Campo. Alguns dias depois de chegar a Madri, conheci J. B. S. Haldane, um cientista inglês e ex-professor da Universidade de Cambridge, que almoçava no restaurante da Gran Vía.

— Acho que vou dar um pulo no campo de batalha para dar uma olhada nas coisas — disse ele casualmente. — Quer ir junto?

Uma hora depois, eu caminhava por uma rua da periferia. O professor era uma figura excêntrica, de calças justas demais e um capacete de estanho com a tira de queixo arrebentada, um remanescente da Primeira Guerra Mundial que ele trouxera da Inglaterra. Como aquele era o único capacete de estanho em toda a Espanha republicana, atraía muita atenção, e por duas vezes os guardas nos saudaram respeitosamente, obviamente impressionados. Embora Haldane tivesse ido à Espanha para aconselhar o governo sobre antídotos para o gás, ele gostava de se passar por um personagem de piada. Quando alguém perguntava o que estava fazendo em Madri, ele sempre respondia: "Sou somente um espectador da Inglaterra. Gostei tanto da última guerra que decidi passar férias aqui na Espanha."

Caminhamos por uma longa avenida com barricadas de pedra nas intersecções. Guardas de suéter e calças de veludo cotelê, com rifles apoiados ao lado do corpo, disseram *Salud* e pediram para ver nossos passes. A maioria não sabia ler, e alguns até mesmo seguraram o papel de cabeça para baixo, mas todos o estudaram de sobrancelhas franzidas, ergueram o punho fechado na saudação da Frente Popular e nos deixaram passar.

Ao fim da avenida, as ruas ficaram desoladas, com os quarteirões residenciais destruídos e vazios. De algumas casas, atingidas em cheio pelas bombas, só restavam as estruturas; outras pareciam cenários cujas fachadas haviam sido arrancadas. No segundo andar de uma delas havia uma mesa posta para o jantar, com os guardanapos no lugar e as cadeiras afastadas, mas a única parede era um pedaço de céu azul.

Era tudo fantasmagórico e triste, com o vento assobiando entre os batentes das janelas e as portas do andar de cima batendo de um lado para o outro sobre cavernas vazias, mas o professor estava animado. Ele comentava o clima agradável quando ouvimos um assobio alto. Um projétil atingiu a casa de tijolos na esquina e outro mergulhou na calçada. Entramos tropeçando por uma porta e nos apoiamos contra uma parede escura enquanto vários outros passavam acima de nós. Alguns minutos depois, o professor decidiu que era seguro continuar.

— De qualquer modo — disse ele, com todo o desdém de um veterano da Primeira Guerra Mundial —, são somente projéteis pequenos, então vamos em frente.

Minha confiança ficou abalada. Achei que ele não levava a situação a sério, e a perspectiva do front me parecia mais alarmante a cada minuto. No entanto, àquela altura havia pouco a fazer senão segui-lo.

As trincheiras de comunicação começavam no parque ao fim da rua. Eram estreitas e sujas, com uma fileira de sacos de areia no topo. Como tinham somente 1,5 metro de altura, tivemos que nos curvar para nos manter protegidos. As linhas se retorciam e se curvavam através dos campos e, conforme nos arrastávamos para a frente com lama escorrendo dos sapatos, o som das armas ficou mais alto. Balas passavam sobre nossas cabeças com um sibilo raivoso, algumas atingindo os lados do parapeito com estampidos em staccato. De algum lugar à direita vinham o ressoar da artilharia e os baques surdos dos morteiros.

O professor chamou meu nome alegremente e perguntou o que eu estava achando. Respondi que não estava gostando muito, e ele pareceu se ressentir, pois gritou que, na última guerra, as mulheres não podiam chegar a 10 quilômetros das linhas de frente.

— Você deveria se sentir grata pelo privilégio — gritou ele.

Subitamente, a trincheira fez uma curva e nos vimos na linha de frente. Longas fileiras de soldados atiravam através das aberturas nos sacos de areia. Suas barbas estavam por fazer e suas jaquetas e calças cáqui estavam manchadas de gordura e lama. Alguns pareciam não ter mais que 16 ou 17 anos.

Imagino que formássemos um par estranho, mas eles não pareceram surpresos em nos ver. Sorriram calorosamente e a saudação *Salud* ecoou pela fileira. Um deles baixou o rifle e puxou uma caixa de madeira para eu me sentar. Outro, com a mão envolvida em uma bandagem suja, ofereceu um maço de cigarros marrom-escuros; então todos começaram a falar ao mesmo tempo, em um espanhol rápido. Eu não conseguia entender, mas não importava, pois alguém subitamente iniciou uma rajada ensurdecedora de metralhadora. Coloquei as mãos sobre os ouvidos e me perguntei como alguém podia se acostumar àquele barulho.

Um dos soldados me entregou um rifle e perguntou se eu não queria atirar em *los facciosos*, e então um jovem de bochechas rosadas e grandes olhos castanhos se aproximou e segurou um periscópio sobre a trincheira, a fim de que eu pudesse ver as linhas inimigas. Elas eram uma selva de pedras e relva a apenas 45 metros. Na terra de ninguém entre as trincheiras, jaziam três corpos contorcidos.

— *Los muertos nuestros* — disse o jovem em voz baixa.

O professor espiou por entre os sacos de areia, mas disse não gostar do que estava vendo. Ele explicou que queria dar uma olhada no Clinico (um edifício no qual o inimigo estava entrincheirado) e que provavelmente o veríamos melhor de outra posição, então voltamos a nos arrastar pelas linhas. Havia bifurcações à direita e à esquerda, e novamente ele gritou que não tinha a menor ideia de onde estávamos.

— Espero que não acabemos do lado dos fascistas — disse ele alegremente, e nesse momento a trincheira chegou a um fim abrupto. Diretamente à frente havia uma pequena encosta verde.

Haldane esticou a cabeça e disse que, em sua opinião, o outro lado da colina se provaria um local melhor, mas ele não sabia o que havia lá e, portanto, podia estar errado. Balas perdidas passavam por cima de nossas cabeças e eu me recusei a me mexer até ele saber para onde estávamos indo. Como não havia ninguém à vista, admito que isso oferecia um problema; mesmo assim, eu estava despreparada para a rápida solução oferecida por ele.

— Espere aqui — disse ele, e antes que eu pudesse impedi-lo, correu encosta acima e desapareceu do outro lado.

Fiquei sozinha na trincheira e me perguntei por que fora para a Espanha. Eu podia ouvir o longo sibilar dos projéteis e as explosões quando caíam à distância. As balas ganiam e eu abaixava a cabeça uma vez após a outra, embora tivesse sido cuidadosamente instruída de que, se fosse possível ouvir o ganido, eu estaria segura.

O sol se escondera atrás de uma nuvem e o tempo começou a esfriar. Olhei para um lado e outro da linha deserta e me perguntei se o professor conseguiria encontrar o caminho de volta. Subitamente, houve uma explosão e, uns 20 metros à minha frente, a terra explodiu em uma fonte. Deitei-me no chão para fugir do borrifo de terra e pedras. Quando descobri que estava intacta, levantei e tentei limpar a lama das roupas com um lenço. Foi então que ouvi alguém assobiando uma canção e, ao olhar para cima, vi um oficial se aproximando. Tratava-se de um homenzinho garboso com o casquete inclinado sobre um dos olhos. Ele falou em espanhol, mas, quando eu disse que não entendia, começou a falar em um francês confuso.

— Este não é um bom lugar, *mademoiselle*. Eles estão atirando morteiros de trincheira.

Eu disse a ele que ninguém jamais dissera uma verdade tão grande e expliquei meu problema. Ele riu e me disse para segui-lo:

— Não se preocupe, encontrarei seu amigo. Vivo ou morto.

Ele me ajudou a passar pelos lugares escorregadios com ares de grande cavalheiro e segurou minha mão quando nos arrastamos por dois túneis escuros; finalmente, chegamos a uma clareira. À direita havia uma cabana branca cercada por árvores e arbustos e protegida por uma pequena colina.

O interior estava lotado de soldados. As cortinas estavam fechadas e a única luz vinha de uma lâmpada fraca pendurada no teto. O tenente explicou que eu era uma escritora americana que se perdera nas trincheiras e pediu que cuidassem de mim enquanto ele tentava encontrar meu amigo. Os soldados sorriram e começaram a falar todos ao mesmo tempo, no espanhol que eu não entendia. Havia um pequeno fogareiro no meio da sala, e um deles puxou uma cadeira e fez sinal para que eu me secasse ao lado do fogo. Tirei os sapatos e alguém os limpou com um pano. Outro soldado abriu caminho entre o grupo e me ofereceu um pedaço de pão velho; os outros riram e explicaram, com gestos das mãos vazias, que era tudo que tinham a oferecer.

Meia hora mais tarde, o tenente reapareceu e disse ter encontrado o professor. Enquanto eu apertava as mãos de todos, eles pediram que o tenente se desculpasse pela pobre hospitalidade, e um deles perguntou se

A IMPRENSA   53

eu escreveria sobre eles em um artigo. Quando assenti, um soldado alto perto da porta, obviamente o espirituoso do grupo, disse-me para escrever que eles gostavam muito mais de lutar contra os fascistas do que seus avós haviam gostado de lutar contra os americanos. E será que os Estados Unidos pretendiam enviar armas e aviões para demonstrar quão sólida era essa nova amizade? Todo mundo riu e eu segui o tenente para fora da porta em meio a despedidas de *Salud*.

Novamente, nos arrastamos pelas trincheiras e, finalmente, chegamos a um pequeno abrigo escavado. Do lado de dentro, dois soldados estavam deitados em uma cama de campanha no canto, comendo arroz em um prato de estanho amassado; um operador de rádio usando fones de ouvido estava à mesa; e, sentado em um banquinho baixo de madeira e bebendo uma garrafa de vinho, estava o professor.

— Olá — disse ele afavelmente —, onde você se escondeu?

Ele pareceu não se surpreender com meu reaparecimento e descreveu entusiasticamente a esplêndida visão que tivera do Clinico. Aparentemente, ao menos para ele, a viagem fora um grande sucesso.

O tenente nos conduziu pelas linhas de comunicação e, finalmente, chegamos à avenida. Antes de se despedir, ele tirou uma garrafa de gim do bolso, deu um gole ao professor e tomou outro. Com uma saudação final, desapareceu nas trincheiras, assobiando enquanto caminhava.

4. Vida em Madri

Em retrocesso, suponho que Madri estava mais perto de estar "animada" naquele abril que em qualquer outro período da guerra. Os republicanos estavam entusiasmados com sua vitória em Guadalajara e viam o futuro com robusto otimismo. Eles falavam em ofensivas de grande escala e da paz que imporiam ao fim da guerra. Mesmo para uma observadora militar inexperiente como eu, isso parecia prematuro, mas a fé na vitória se tornara uma feroz necessidade para soldados e civis que haviam sofrido tanto durante os frios meses de inverno.

Agora a primavera chegara para secar a terra e aquecer as casas, e as pessoas haviam reunido novas forças. Os bombardeios diários haviam se tornado parte da rotina; era sempre silencioso na hora da sesta e a capital raramente era alvejada à noite. (Por alguma razão desconhecida, após os primeiros sete ou oito meses de guerra, Madri jamais foi bombardeada novamente pelo ar.) Havia uma média de cinquenta ou sessenta baixas ao dia, mas, como havia quase 1 milhão de habitantes, proporcionalmente a taxa de mortalidade não era alta.

Como já disse, a pior parte da vida em Madri era a escassez de comida. Embora muitos vilarejos circundantes estivessem bem supridos de vegetais, ovos e leite, não havia uma organização adequada para transportá-los até a capital. Várias vezes vi multidões correndo atrás de caminhões de alimentos, gritando com os motoristas e implorando para que parassem. E mais de uma vez as pessoas tentaram entrar à força pelas portas pesadamente guardadas do restaurante da Gran Vía.

Eu me lembro de uma cena no restaurante quando a duquesa de Atholl, membro da Câmara dos Comuns, visitou Madri. O gerente de alguma maneira conseguiu um frango, que serviu a Sua Graça no almoço. Depois que ela saiu, um dos anarquistas o censurou ferozmente por mostrar "distinção de classe". Um grupo se reuniu e a discussão se tornou multifacetada.

— Enquanto as pessoas passam fome, a duquesa come frango.

— Mas, camarada, ela é poderosa na Inglaterra e amiga da república.

— Então deixe-a passar fome para que possa contar melhor como vivemos. Se ela não fosse duquesa, você teria servido arroz.

O gerente corria o risco de ser denunciado como quinta-colunista e insistiu acaloradamente:

— Não estou interessado se ela é ou não duquesa. Ela é uma amiga. Não há nada errado em causar boa impressão em prol da causa.

A discussão continuou por algum tempo até que um dos jornalistas interveio como mediador e o grupo se dispersou. Mas, naquela noite, a duquesa comeu a refeição comunal de salame e arroz.

* * *

A atmosfera de guerra em Madri era confusa para o recém-chegado. Embora toda a propaganda se concentrasse na invasão alemã e italiana da Espanha, e não na questão de classe, o caráter de Madri era claramente revolucionário. Para além de um punhado de funcionários públicos, Madri era furiosamente proletária. Quase sem exceção, membros das classes alta e média haviam ficado do lado do general Franco. Muitos, é claro, não conseguiram escapar do território republicano e estavam escondidos; outros estavam presos ou haviam sido fuzilados. Hotéis e cafés eram administrados por garçons e outros funcionários. Todas as empresas e lojas haviam sido assumidas pelo governo e seus lucros confiscados para financiar a guerra. Somente alguns proprietários tiveram permissão para continuar na direção de suas empresas em troca de um salário semanal. Naturalmente, essa revolta causara grande desorganização, e o problema da reorientação interna era quase tão grande quanto o da condução da guerra.

VIDA EM MADRI

Os comunistas eram, de longe, o partido mais poderosamente organizado da Espanha, e sua influência era muito sentida. Embora tivessem declarado veementemente que lutavam para restabelecer a república, acho difícil acreditar nisso. Qualquer um que realmente acreditasse na república e fosse hostil à ditadura do proletariado era instantaneamente rotulado de fascista. O fato de eu não ser comunista imediatamente me marcou como suspeita. Embora, na época, eles tivessem ordens de Moscou para apoiar as democracias contra os fascistas, seus esforços eram inteiramente dedicados à disseminação da doutrina marxista. Por essa razão, insistiam ferozmente em um sistema de comissários políticos no Exército, a fim de que pudessem converter muitos de seus homens.

Muitos espanhóis certamente não simpatizavam com a extrema esquerda. Os pequeno-burgueses, cujas pequenas propriedades haviam sido confiscadas, não podiam ser considerados leais apoiadores; nem tampouco as pessoas profundamente religiosas, mesmo entre os pobres. Eu me lembro de quando eu e Tom Delmer fomos convidados por Thomas Loyetha, o correspondente da International News Service, para almoçar em um pequeno apartamento mantido por uma espanhola de meia-idade que, antes da guerra, fora cafetina. Como todos os jovens abastados estavam do lado de Franco, sua fonte de renda desaparecera e ela agora ganhava algumas pesetas como cozinheira. De algum modo, conseguira algumas galinhas e, uma vez por semana, Loyetha ia até lá para uma refeição realmente boa. Durante o almoço, ela nos mostrou um pequeno armário no qual vários crucifixos estavam escondidos. Ela disse que, quando havia bombardeios, ela os tirava do armário e rezava. Havia pouca dúvida sobre onde estavam suas simpatias e, se os crucifixos fossem descobertos pela polícia, ela seria presa ou fuzilada.

Também me lembro da surpresa que senti quando visitei uma das prisões de Madri. Ela ficava no interior de um monastério apressadamente convertido. Quando entrei, descobri o carcereiro anarquista sentado atrás de uma grande mesa de carvalho, tendo ao fundo tapeçarias vermelho-escuras representando a Virgem. Ele me conduziu pelos longos corredores, com quartinhos de ambos os lados, lotados de homens. Alguns prisioneiros esfregavam o chão, outros caminhavam a esmo pelos corredores e outros ainda conversavam e fumavam em pequenos grupos. A maioria era composta de pessoas comuns da classe operária, e foi então que percebi quão profunda era a clivagem política. De fato, aquelas pessoas e os pequenos proprietários de classe média haviam sido a seção à qual o carrasco impusera o fardo mais pesado, pois os aristocratas, com seu dinheiro e influência, haviam pagado propinas e a maioria escapara.

Por essa razão, a propaganda republicana era dirigida quase inteiramente contra o invasor estrangeiro, e muitos espanhóis, com opiniões diversas sobre a questão de classe, respondiam ao chamado dos grandes cartazes retratando o pé de um camponês esmagando a suástica de ferro, com as palavras: "Madri será a tumba do fascismo."

Madri estava sob lei marcial estrita e, de modo geral, a vida era ordeira. Às vezes, um dos soldados que se reuniam no bar Chicote bebia demais e o ar ressoava com tiros de revólver, e ocasionalmente a polícia lembrava às pessoas sobre as restrições do apagão atirando nos quartos cujas luzes eram visíveis. Martha Gellhorn voltou ao hotel certa noite e encontrou um buraco de bala perfeitamente redondo em sua janela porque a camareira se esquecera de fechar as cortinas.

As ruas da cidade ficavam desertas à noite e guardas eram postados nas barricadas nas esquinas. Era possível caminhar sem ser molestado, mas, se estivesse em um carro, você precisava de uma senha. Quando Tom Delmer chegou, ele não estava familiarizado com esse regulamento e dirigiu pelas ruas com outro jornalista. Um guarda o abordou: "Alto! Quem vem lá?" e pediu pela senha com a frase "Para onde estamos indo?". A resposta era "Para a vitória". Mas Tom respondeu "Para a embaixada britânica", e o resultado foi que não conseguiu nenhuma das duas, pois os dois foram prontamente levados à sede a fim de serem interrogados.

Madri estava repleta de quinta-colunistas e espiões, e os republicanos tinham uma grande polícia secreta trabalhando para combater o vazamento de informações. Havia dossiês sobre milhares de suspeitos, incluindo toda a imprensa estrangeira, e cartazes espalhafatosos nos edifícios avisavam à população sobre o perigo de espiões entre os amigos. Um de meus favoritos mostrava um homem de rosto verde com a mão em concha sobre o ouvido e, em frente a ele, uma *señorita* com os dedos sobre os lábios vermelhos, dizendo: "Xiu! Camaradas, nem uma palavra para irmãos, amigos ou amantes!"

Nenhum de nós conhecia todas as atividades da polícia secreta ou o que acontecia por trás dos muros das prisões de Madri. Mas não há dúvida de que o governo estava em um conflito desesperado contra os quinta-colunistas que forneciam ao inimigo um fluxo constante de informações por rádio e mensageiros. Tampouco há dúvida de que muitos milhares de inocentes foram arrancados de suas camas e fuzilados sem julgamento.

Embora eu jamais tenha testemunhado qualquer "atrocidade", um episódio se destaca em minha mente. Eu almoçava no restaurante da Gran Vía com Ernest Hemingway e Josephine Herbst quando começou um bombardeio. Projéteis caíam na rua do lado de fora e era impossível ir embora, então nos mantivemos sentados lá com nossos cafés. Na mesa ao lado, notei um homem de aparência meticulosa, vestido de cinza-claro da cabeça aos pés. Ele tinha a testa alta e os dedos longos dos intelectuais e usava óculos com aros de chifre que contribuíam para sua aparência pensativa.

— Aquele — disse Hemingway — é o carrasco-chefe de Madri.

Ernest o convidou para se unir a nós e ele aceitou, com a condição de nos pagar uma garrafa de vinho. Seus modos eram obsequiosos ao ponto da bajulação, mas nunca me esquecerei da expressão em seus olhos castanhos e brilhantes. Talvez fosse minha imaginação, mas, para mim, eles espelhavam todo o tradicional sadismo da Espanha. Hemingway estava passionalmente interessado nos detalhes das mortes e cobriu o homem de perguntas:

— Quantas pessoas morreram em Madri?

— Uma revolução é sempre precipitada.

— E houve muitos enganos?

— Enganos? Errar é humano.

— E os enganos, como eles morreram?

— No geral, considerando-se que eram enganos — disse ele meditativamente —, morreram muito bem. De fato, magnificamente!

60   ESPANHA REPUBLICANA

Foi a maneira como ele disse isso que me causou calafrios. Sua voz subiu na última palavra, atingindo uma nota de êxtase, e seus olhos brilharam de satisfação. Ele pegou a garrafa e encheu minha taça. O vinho gorgolejou, espesso e vermelho, e eu só conseguia pensar em sangue.

Quando saímos do restaurante, Hemingway disse:

— Um sujeito *chic*, não acha? Mas lembre-se: ele é meu.

Quando li sua peça *A quinta coluna*, muitos meses depois, não fiquei surpresa ao encontrar as seguintes linhas:

Philip: Antônio, às vezes, deve ter havido enganos, não? Talvez quando você tinha que trabalhar depressa. Ou, você sabe, somente erros, todos erramos às vezes. Cometi um errinho desses ainda ontem. Diga, Antônio, houve enganos?

Antônio: Ah, sim. Certamente. Enganos. Ah, sim. Enganos. Sim. Sim. Enganos muito lamentáveis. Muito poucos.

Philip: E como os enganos morreram?

Antônio (orgulhosamente): Todos muito bem.

Hemingway era muito admirado na Espanha e conhecido por todo mundo como "Pop". Ele era um homem enorme, de bochechas vermelhas, que andava por Madri de calças marrons sujas e uma camisa azul rasgada.

— Foi tudo que eu trouxe — resmungava ele apologeticamente. — Até os anarquistas estão desdenhando.

Embora tivesse sido ferido quatro vezes na Primeira Guerra Mundial, as trincheiras exerciam fascinação sobre ele. Nos dias em que o front estava quieto, ele costumava rondar por lá, tentando pegar emprestados cartuchos para ir ao interior caçar coelhos.

Seu quarto no segundo andar do Florida partilhava as honras com a suíte de Tom Delmer como ponto de encontro de uma estranha variedade de personagens. Não imagino que qualquer outro hotel do mundo já tenha atraído um grupo mais diversificado de estrangeiros. Eles vinham de todas as partes do globo e seus backgrounds pareciam uma série de improváveis aventuras. Havia idealistas e mercenários; patifes e mártires; aventureiros e *embusqués*; fanáticos, traidores e simples sem-teto. Eles eram como uma curiosa coleção de contas unidas pelo fio comum da guerra. Em qualquer noite você os encontraria no Florida: fotógrafos holandeses, aviadores americanos, refugiados alemães, motoristas de ambulância ingleses, picadores espanhóis e comunistas de todo tipo e nacionalidade.

O quarto de Hemingway era presidido por Sydney Franklin, um toureiro americano jovem e robusto. Ele lutara frequentemente nas arenas da Espanha e tinha uma coleção de anéis e caixas de cigarro com detalhes em alto-relevo, presenteados por vários fãs. Quando perguntei como chegara a Madri, ele respondeu:

— Um dia Ernest me telefonou e disse: "Ei, garoto, quer ir para a guerra na Espanha?", e eu respondi: "Claro, Pop. De que lado estamos?"

E então havia Lolita, uma prostituta espanhola de rosto redondo e inocente que, ao menos temporariamente, era amante de um membro da polícia secreta. Sempre que brigavam, ele a enviava para a prisão por alguns dias, o que resultava em uma temerosa agitação para libertá-la. E havia Kajsa, uma sueca que vestia roupas masculinas e usava o corte de cabelo de Greta Garbo. Ela tivera empregos por toda a Europa, de governanta a guia de turismo, e finalmente terminara em Barcelona como dançarina de maratona. No décimo segundo dia de maratona, a guerra começara e ela fora para o front como enfermeira. Falava sete línguas fluentemente e seus talentos finalmente haviam sido empregados pelo gabinete de imprensa, que a nomeara intérprete semioficial dos jornalistas estrangeiros.

As extraordinárias personalidades que se tornaram parte de nossa vida cotidiana tinham opiniões muito firmes, e sempre havia ferozes e intermináveis discussões sobre as questões do dia. Os "intelectuais" comunistas forneciam uma atmosfera cosmopolita, pois suas atividades não estavam confinadas à Espanha. O mundo era seu campo de batalha, e as evoluções políticas de Léon Blum, Neville Chamberlain e Franklin Roosevelt eram mais interessantes para eles que a liderança imediata de Largo Caballero.

De todos os comunistas, Claud Cockburn, que escrevia sob o pseudônimo Frank Pitcairn para o *Daily Worker* londrino, era o melhor contador de histórias. Ele tinha um verdadeiro tesouro de histórias "internas" que incluíam escândalos bancários, conspirações internacionais e políticos corruptos. O mundo que eu sempre achara tão inocente subitamente ganhou vida com melodramas hediondos, e eu o ouvia falar, fascinada, durante horas. A panaceia para todos os problemas estava, é claro, na teoria do materialismo dialético. Fiquei surpresa por um defensor tão ardoroso de Marx nunca ter visitado a União Soviética, mas Claud explicou:

— A Rússia já foi consertada. Não estou interessado em observar revoluções, meu trabalho é *fazê-las*.

A maioria dos comunistas acreditava que o levante mundial não estava distante. O fascismo, declaravam eles, colocaria a questão à prova e, do caos da conflagração mundial, os trabalhadores se ergueriam.

Poucos de nós iam para a cama antes das primeiras horas da madrugada. Acordávamos tarde e fazíamos a maior parte de nosso trabalho após o almoço. Martha Gellhorn escrevia artigos para a *Collier's*, então frequentemente visitávamos prisões e hospitais juntas, coletando dados e entrevistando oficiais. Lendo as poucas notas que fiz, encontrei alguns parágrafos sob o título "Domingo, 11 de abril", que talvez tenha sido um dia rotineiro. Aqui estão eles:

Acordei às 8 horas faminta, por causa da falta de comida. Desci para o saguão e encontrei George e Helen Seldes conversando com um jornalista recém-chegado que tinha um pacote de manteiga e mel. George tinha um pouco de chá, então rapidamente me uni ao grupo; fomos para o andar de cima e tivemos um café da manhã luxuoso.

Por volta das 11 horas, caminhei até Puerta del Sol com Tom Delmer, que queria comprar vinho, mas fomos pegos em um bombardeio. Achei que eram nossas armas atirando até que todos começaram a correr para se proteger. As únicas pessoas que se recusaram a se mover foram as mulheres em fila na frente de uma padaria. Suponho que uma morte rápida seja preferível a morrer de fome.

Decidimos voltar para o hotel, mas meu pé estava doendo e, em vez de irmos pelo caminho mais longo, pegamos a Gran Vía, o que foi uma decisão muito tola, porque os projéteis assobiavam sobre nossas cabeças a cada poucos segundos. Tom disse que escrevera tão frequentemente sobre a falta de precisão do fogo rebelde que seria irônico se um deles pusesse fim a sua promissora carreira.

No hotel, encontramos Martha Gellhorn e Hemingway e combinamos de nos encontrar ao meio-dia para ir a um festival em benefício da FAI e ouvir as Pastoras. As Pastoras não cantaram e o espetáculo foi ruim: um sapateador de fraque e cartola, um cantor de flamenco muito idoso e um esquete entre um padre e uma dona de casa, que se mantiveram o tempo todo de costas para a plateia, de modo que ninguém conseguia ouvir o que diziam. Todos aplaudiram muito, então evidentemente a apresentação foi um sucesso.

À tarde, fui com Herbert Matthews e Hemingway a Old Homestead, para assistir à batalha em Casa del Campo. Os republicanos tentaram tomar três casas nas quais os rebeldes estavam entrincheirados. Nós os vimos atirar nas casas, e então dois tanques se aproximarem por um caminho estreito. Um deles pegou fogo e se transformou em uma parede de chamas e o outro deu meia-volta. Herbert achou que poderíamos ver uma grande ofensiva, mas nada aconteceu, então voltamos ao hotel.

A batalha a que assistimos foi uma ofensiva iniciada pelos republicanos que se estendeu de Las Rozas, na estrada Escorial, a Carabanchel, passando por Casa del Campo. Durou três dias e, no fim, foi rechaçada com muitas perdas. Old Homestead era uma casa que Hemingway encontrara na periferia da capital. A frente fora arrancada por uma bomba, então ela fornecia um excelente local para observar a batalha. Fiquei surpresa ao descobrir quão banal a guerra se torna à distância. Contra o panorama das colinas, as nuvens de fumaça eram bolas de algodão e os tanques pareciam de brinquedo. Quando um deles pegou fogo, as chamas não pareciam maiores que a de um fósforo. Contra as pinceladas amplas da natureza, os conflitos humanos se tornam tão diminutos que são quase absurdos.

Hemingway, todavia, seguiu os movimentos com avidez.

— Essa é a pior coisa que os seres humanos podem fazer uns aos outros — pronunciou ele solenemente —, mas também a mais excitante.

Ouvimos passos e, quando viramos para olhar, nos deparamos com o professor J. B. S. Haldane subindo a escada. Ele nos saudou com a habitual cordialidade e procurou um lugar para se sentar. A casa estava coberta de mobília pulverizada, roupas velhas e porta-retratos quebrados. Em meio aos destroços, ele encontrou uma dilapidada cadeira de veludo vermelho, que arrastou até o meio da sala, sentando-se bem de frente para o campo de batalha. Ele apoiou os cotovelos nos joelhos e ajustou o binóculo. Hemingway avisou que era perigoso permanecer exposto, mas Haldane o ignorou com um aceno. Alguns minutos depois, Hemingway falou novamente:

— Seus binóculos brilham ao sol, eles vão achar que somos observadores militares.

— Meu caro, asseguro que não há perigo algum nesta casa.

Dez minutos depois, houve um assobio alto quando um projétil mergulhou no apartamento ao lado. Dois outros gritaram sobre nossas cabeças e nos jogamos no chão — com exceção de Haldane, que desceu a escada correndo e desapareceu. Fomos alvejados por quinze ou vinte minutos e, quando finalmente voltamos ao Florida, o encontramos no saguão, bebendo cerveja.

— Olá — saudou ele amigavelmente —, vamos tomar um drinque?

Tomamos mais de um.

Quando a batalha acabou, os republicanos tinham quase 3 mil mortos e feridos. Os dois maiores hotéis de Madri, o Palace e o Ritz, que haviam sido transformados em hospitais, estavam lotados. Fui até o Palace e jamais me esquecerei do que vi. Os degraus estavam cobertos de sangue e o saguão estava lotado de homens feridos em macas, esperando para serem operados. Por engano, entrei pela porta errada e me vi na sala de cirurgia. As enfermeiras não usavam uniforme e entravam e saíam da sala como se estivessem no salão de fumar. A maioria era composta de loiras oxigenadas com mãos sujas e unhas pintadas de vermelho. Aprendi que a enfermagem era quase inteiramente restrita às freiras; como elas estavam do lado de Franco, os médicos haviam sido forçados a aceitar qualquer ajuda que pudessem encontrar.

VIDA EM MADRI

* * *

Não pense que as dificuldades e o sofrimento diminuíram a animação natural do espanhol. As amargas provações os uniram, e a atmosfera era vivaz e amigável. Todo mundo era *camarada* e todo mundo lutava contra os fascistas. Passei a gostar muito do povo espanhol; em termos de temperamento, eles eram tão vivazes e mutáveis quanto o país em que viviam, com suas grandes montanhas e seus áridos platôs, seu frio intenso e seu calor tropical. Se choravam em um dia, eles riam no seguinte.

Mesmo em suas horas mais escuras, eles retinham o senso de humor e o gosto pela vida. Qualquer um que viajasse pelo interior ficaria chocado com as miseráveis condições dos vilarejos. As casas eram dilapidadas e sujas e, frequentemente, não havia arranjos sanitários de nenhum tipo. As crianças tinham feridas no rosto e se deitavam na poeira como animais. Logo comecei a entender as queixas contra a Igreja, pois, em muitos desses vilarejos, os pináculos das catedrais se erguiam esplendorosamente sobre cenas de imperdoável miséria — pináculos criados com o dinheiro dos camponeses.

A hospitalidade dos pobres era tocante. Eles recebiam os visitantes com entusiasmo e insistiam em partilhar qualquer comida e vinho que tivessem em casa. Se você oferecesse algum pagamento a eles, ficavam ofendidos. Seus espíritos eram exuberantes e eles tinham passional interesse pelo lado mais leve da vida. Certo dia, visitei um pequeno vilarejo a 65 quilômetros de Madri com Sydney Franklin, o toureiro americano. Um dos camponeses o vira lutar em Sevilha e a notícia se espalhou como fogo pelo vilarejo. As pessoas o olhavam com admiração, as crianças o seguiam pelas ruas e o prefeito veio apertar sua mão e o fez prometer que, quando a guerra acabasse, ele voltaria e faria uma exibição para elas.

Acho que foi esse natural dinamismo que manteve o moral em Madri tão alto durante os longos meses de bombardeio e semi-inanição. A coragem não consistia em suportar pacientemente o fardo, mas em ignorá-lo. A indiferença ao perigo era quase uma questão de honra para uma nação que havia muito venerava a coragem dos toureiros. Certa vez, fiquei sentada em um café durante um bombardeio. Um dos jornalistas deixara carro e motorista esperando por ele e, quando saímos, encontramos o motorista caído sobre o volante. Corremos até ele, achando que fora ferido, mas ele se endireitou, esfregou os olhos e pediu desculpas por ter adormecido.

Para o espanhol médio, a luta pelo pão diário era muito mais preocupante que o fogo de artilharia. Alguns dias depois de a suíte de Tom Delmer ser destruída, o hotel foi atingido novamente. Dessa vez, encontrei o gerente histérico no saguão, negando que alguma coisa acontecera.

— Mentiras, mentiras, mentiras! — gritava ele, enérgico. — Vocês vão manchar o nome do hotel e arruinar meu negócio!

Pobre homem. Temo que tenha acontecido exatamente isso, pois, depois que parti da Espanha, ouvi que o Florida fora atingido novamente e, se você fosse a Madri, o lugar a se ficar era o Palace Hospital.

5. Exército civil

Durante maio de 1937, os dois Exércitos espanhóis se viram em um impasse em um front vagamente definido de 1.500 quilômetros. A teimosa defesa republicana forçara Franco a abandonar sua intenção de avançar imediatamente sobre a capital, e agora ele se preparava para uma grande ofensiva no norte. Em muitos pontos ao longo da frente de batalha no norte, batalhões opostos se enfrentavam de trincheiras separadas por apenas algumas centenas de metros. Durante os períodos de inatividade, eles arremessavam granadas e morteiros de um lado para o outro e quebravam a monotonia gritando insultos pela estreita terra de ninguém; de outras vezes, cantavam canções de amor flamencas e, ocasionalmente, no silêncio da noite, o inimigo repetia o refrão.

Ninguém que visse as tropas republicanas deixaria de se comover com as chances contra as quais lutavam. Elas eram esfarrapadas e despenteadas. Seu Exército contava com 600 mil soldados, mas poucos tinham experiência militar. Eles eram destreinados, pobremente equipados e mal alimentados. Muitos haviam aprendido a atirar com rifle na linha de frente e pagado por isso com a vida. Poucos tinham uniforme; eles usavam uma estranha mistura de suéteres e jaquetas, calças de veludo cotelê e sapatos com sola de borracha. Eram camponeses retirados dos vilarejos espanhóis para lutar na primeira guerra europeia contra o totalitarismo.

Fiz muitas viagens ao front. Vi soldados nas trincheiras em Escorial, nas montanhas de Guadarrama e nos campos ondulados de Guadalajara. Como havia somente um punhado de oficiais para treinar os homens, tornou-se necessário recrutá-los entre os soldados. Como poucos camponeses sabiam ler e escrever, uma habilidade essencial para os oficiais, havia escolas em muitos quartéis-generais, e a educação se tornou uma parte febril da vida militar. Em um dos quartéis em Casa del Campo, vi uma sala cheia de adultos se esforçando para entender uma cartilha infantil intitulada *Canuto el soldado bruto* ("Canuto, o soldado estúpido"). Na parede, um cartaz dizia: "Vença o fascismo aprendendo a ler e escrever."

Embora as tropas republicanas tivessem enfrentado grandes dificuldades, seu ânimo geralmente era bom. Os estrangeiros que iam ao front eram recebidos com hospitalidade, e os soldados mostravam suas armas e tanques com prazer infantil. O visitante azarado frequentemente era submetido a experiências aterrorizantes. Quando fui ao front de Guadarrama com Ernest Hemingway, o gesto amigável que nos foi oferecido foi uma volta em um carro blindado sob fogo inimigo, a fim de que pudéssemos ouvir as balas estourando contra as laterais de aço.

Aquele front particular consistia em uma série de posições de defesa espalhadas pelas montanhas e florestas. Uma das posições ficava no topo de uma colina, e jamais esquecerei da cena que vimos. Atrás de uma rocha irregular que se projetava contra o céu, havia um grupo de soldados esfarrapados. Um deles tocava violão sentado em uma caixa de madeira, e os outros batiam palmas no ritmo da música. O violeiro jogou a cabeça para trás e iniciou uma canção de amor; sua voz cortou o ar em um grito pesaroso e passional. Subitamente, veio a áspera resposta de uma metralhadora. Algumas balas explodiram contra a rocha e outras passaram sobre nossas cabeças com um gemido cantado. Mas os soldados continuaram a bater palmas no ritmo da música.

Quando chegamos ao topo da colina, eles apertaram nossas mãos calorosamente e nos ofereceram queijo e vinho. Fizeram com que olhássemos por uma abertura nos sacos de areia e disseram que a casa branca a 50 metros dali, no pé da colina, pertencia ao inimigo. À direita havia outra casa, que pertencia ao coronel da brigada republicana.

Então um dos soldados se adiantou e disse ter certeza de que a dama gostaria de ver um morteiro de trincheira em operação. Foi impossível impedi-lo e, rapidamente, ele e vários outros iniciaram uma ofensiva menor contra a posição inimiga. Parecia lógico que o inimigo retaliasse, e eu esperei, aterrorizada, pelo início da batalha. Um momento depois, ouvimos o estouro de uma metralhadora, mas não em nossa direção — o inimigo confundira nossa posição e abrira fogo contra a casa do coronel. Os soldados acharam isso uma grande piada e muitos riram até sentirem pontadas nos flancos.

O comandante daquele batalhão particular, de botas, calças de montaria e suéter verde de gola alta, tinha um casquete inclinado garbosamente sobre um dos olhos. Em tempos de paz, ele dirigia um caminhão em Madri, mas sua postura e bravata haviam lhe valido o nome de El Guerrero. Ele lutara durante todo o inverno nos passes das montanhas de Guadarrama e, embora seu batalhão tivesse sido dizimado em várias ocasiões, conseguira substitutos e, em um desesperado combate de guerrilha, impedira que o inimigo movesse suas colunas pelas estradas estreitas. No quartel-general, ele nos apresentou a uma jovem que lutara com eles durante os meses de inverno. Ela tinha sobrancelhas depiladas e lábios vermelhos e usava um uniforme masculino. El Guerrero orgulhosamente disse que sua esposa também lutara, mas ele tivera que enviá-la de volta a Madri algumas semanas antes, porque ela estava grávida.

Os homens de El Guerrero eram durões como ele. Eram poucos contra muitos, e suas chances de sobrevivência eram limitadas. A maior parte de seu trabalho consistia em cercar posições inimigas e iniciar desesperados ataques-surpresa. Para além do perigo da guerra, eles tinham de suportar o rigoroso clima da montanha, inadequadamente vestidos e mal alimentados. Sabendo disso, fiquei surpresa ao descobrir que tantos soldados nesse rijo bando de *desperados* eram jovens gentis de olhar melancólico. Um camponês de 19 anos, que jogara uma granada no meio de doze homens adormecidos na noite passada, corou ao me entregar um ramalhete de flores do campo; outro, que defendera sozinho uma estação de metralhadora durante 48 horas, mostrou-me um poema que escrevera exaltando as belezas naturais. Eles falavam da guerra com grande otimismo, dizendo que em breve seu Exército seria forte o bastante para assumir a ofensiva e, antes do Natal, a bandeira republicana tremularia em cada vilarejo espanhol.

ESPANHA REPUBLICANA

Cintilantes visões de vitória e de uma paz duradoura haviam mantido o moral alto durante os longos meses de inverno. Fui embora pensando na estranha mistura de emoções produzida pela guerra: quanto mais exaltados são os ideais do homem, mais selvagem se torna a batalha.

* * *

Uma das viagens mais interessantes que fiz foi ao front no qual lutavam as brigadas internacionais. Foi em Morata, onde eles defendiam a estrada Madri-Valência, a última ligação entre a capital e o mundo externo. Embora Franco tivesse iniciado ataques repetidos e ferozes e os republicanos tivessem sofrido pesadas perdas, as linhas foram mantidas. Em maio, esse front era visto como o mais importante da Espanha e era comandado por um general soviético.

A despeito de ser de conhecimento comum que os russos haviam enviado quase 2 mil oficiais, técnicos, aviadores e especialistas em tanques para treinar o Exército republicano, o assunto era tabu. Os jornalistas não tinham permissão para contatá-los e os quartéis-generais nos quais operavam eram mantidos em segredo. Por acidente, visitei o quartel-general de Morata e fui "detida" durante três dias pelo general soviético.

Aconteceu em um dia estranho. Certa tarde, dirigi para Morata com Kajsa, a sueca, e Jerome Willis, da Agence d'Espagne. Nós nos perdemos e, em vez de chegar ao quartel-general da brigada, terminamos diante de um velho moinho em ruínas que, como descobrimos, servia como sede da divisão. O guarda nos levou ao jardim, onde fomos confrontados pelo oficial no comando, um homem de meia-idade com um amplo rosto eslavo e olhos verdes e sombrios. Ele tinha um intérprete e falava uma língua que achei ser húngaro. Suas maneiras eram frias e hostis e ele rapidamente interrompeu nossas tentativas de conversação.

— Muitos aviões fascistas passaram por aqui? — perguntou Jerome.

— Eles voam por aí.

— O senhor acha que o inimigo fará outro ataque em breve?

— Quem pode saber?

EXÉRCITO CIVIL

Explicamos que desejávamos conversar com soldados americanos e ingleses lutando na brigada, mas recebemos uma recusa seca:

— Nenhum visitante é permitido no front.

Embora argumentássemos que vários jornalistas haviam sido levados à linha de frente alguns dias antes, de nada adiantou. Quando estávamos de partida, ele foi até uma das roseiras, arrancou algumas rosas e me entregou, dizendo, com um sarcasmo estudado que ficou aparente mesmo nas palavras do intérprete:

— Você pode escrever sua história do jardim. Ninguém saberá a diferença, e aqui está uma lembrança de suas aventuras no front.

Respondi passando as flores para um guarda surpreso e caminhando furiosamente até o carro. No caminho para o hotel, perguntei a Kajsa se o oficial era húngaro e ela assentiu, mas, durante o restante da viagem, permaneceu estranhamente calada.

Não pensei mais no incidente até uma semana depois, quando almoçava no restaurante da Gran Vía. Um soldado alto e de rosto sério me abordou em inglês, apresentou-se como "Santiago" e perguntou se eu visitara Morata alguns dias antes. Quando assenti, ele disse:

— O comandante deseja se desculpar e perguntou se você gostaria de almoçar com ele.

Fiquei surpresa com o convite e curiosa sobre essa súbita mudança de atitude. Eu não estava particularmente ansiosa para ir, mas aquela seria minha única chance de visitar as linhas da brigada, então aceitei. No dia seguinte, Santiago chegou sob chuva torrencial e me levou de carro até lá.

Santiago era um húngaro quieto e melancólico. Mais tarde, descobri que era a ovelha negra de uma poderosa família que o deserdara quando ele se unira aos comunistas e participara do levante de Bela Kun; desde então, ele vagava pelo mundo como agitador. Durante a viagem, ele contou que o comandante também era húngaro, mas vivia na Rússia desde criança. Ele participara da revolução, continuara na carreira militar e agora era general do Exército soviético. Chegara à Espanha em janeiro e, embora isso não fosse oficialmente admitido, estava na liderança de todo o comando central. Eu disse a Santiago que me irritara com ele, e ele respondeu:

— Você não deve julgá-lo tão rapidamente. Ele nunca saiu da Rússia antes e suas maneiras são bruscas, mas ele é um bom soldado.

As maneiras do general não foram muito mais gentis que da primeira vez. Ele me recebeu com um sorriso à guisa de saudação e me conduziu à cantina. A sala era velha, a pintura descascava das paredes e havia um vazamento no teto, do qual gotas de chuva pingavam lentamente em uma grande lata posicionada no chão. Em pé em torno da mesa comprida no centro havia doze oficiais: oito russos de cabelo loiro, dois húngaros e dois espanhóis, além de um americano nascido na Rússia, David Jarrett, que atuava como intérprete. Fui apresentada a todos, mas, como somente Santiago e David falavam inglês, a conversa foi limitada.

O almoço consistiu em perdizes, vegetais frescos, pão, manteiga e morangos silvestres. Havia um ar de grande formalidade, e tive a sensação de que tudo fora cuidadosamente arranjado, incluindo o jarro de flores no centro da mesa. Sentei-me ao lado de David Jarrett, um homem de aparência limpa e sorriso agradável. Ele falava oito línguas fluentemente e me disse que desistira de um emprego como intérprete judiciário em Nova York para ir à Espanha. O general Gal (não sei se era ou não um pseudônimo) só me dirigiu a palavra no fim do almoço, instruindo David a traduzir a seguinte observação:

— Posso levá-la ao front hoje à tarde, mas, primeiro, você precisa tirar os braceletes de ouro que está usando. O inimigo certamente os verá.

Todos riram, e aproveitei a oportunidade para insistir sobre a questão do front.

— Você é muito fraca — respondeu ele. Então olhou com desaprovação para meus sapatos pretos de camurça. — Vai se cansar e querer que alguém a carregue.

Ele estava sendo deliberadamente provocativo, mas consegui segurar a língua e, uma hora depois, para minha grande surpresa, meu pedido foi atendido. O general, David e eu entramos em um carro e partimos em direção ao front.

O front ficava a cerca de 5 quilômetros, chovia muito e, quando nos aproximamos da linha de frente, a floresta de ambos os lados da estrada

EXÉRCITO CIVIL

revelou tanques semiocultos entre as árvores molhadas. Cozinhas de campanha e estações de primeiros socorros haviam sido montadas nas clareiras e, ao fazermos uma curva, passamos por um grande caminhão com um contêiner no topo, parecido com um tanque de gasolina; aquele era o "caminhão do banho", que ia para a linha de frente uma vez por semana com litros e litros de água quente.

O barulho de tiros ficou mais alto e, de tempos em tempos, o céu cinzento se iluminava com um flash quando um projétil viajava pela chuva até algum ponto à distância. Ao fim de um longo declive, nosso carro parou. As linhas corriam pelo topo da colina e o terreno estava coberto de buracos causados por projéteis e morteiros. O espocar dos rifles era constante e as balas voavam sobre nossas cabeças como vespas enfurecidas. O general explicou que escalar a colina era arriscado e nos disse para andarmos o mais depressa possível. Certamente foi uma das experiências mais desconfortáveis que já tive; vários projéteis explodiram perto de nós, e a única coisa que me impediu de fugir na direção oposta foi o desdém do general.

Quando finalmente chegamos às trincheiras, ficamos com lama até os tornozelos. Elas consistiam em linhas profundas e cuidadosamente construídas que serpenteavam por quase 7 quilômetros dos campos ondulados. Homens estavam postados a intervalos regulares, atirando através de aberturas nos sacos de areia. Nenhum estava equipado com capa de chuva ou capacete de estanho, e todos usavam suéteres e jaquetas, com cachecóis em torno do pescoço. A maioria estava encharcada. O general liderou o caminho pela lama, e passamos soldados de todo credo e nacionalidade: alemães, eslavos, judeus, franceses, italianos, ingleses e americanos. Eles tinham suas próprias companhias e, ao passarmos, o general apertava suas mãos, dava tapinhas em suas costas e fazia comentários leves que David traduzia em meia dúzia de línguas.

Os homens pareciam cansados e doentes, e descobri que estavam na linha de frente havia 72 dias, sem pausa. A maioria fora recrutada pelos partidos comunistas do mundo, e me pareceram um grupo lastimável. Não tinham nada da postura do legionário tradicional, que luta pela alegria da aventura; eram idealistas e sem-teto, muitos inadequados para a vida militar. Haviam lutado bravamente, mas metade de seus 30 mil companheiros já fora enterrada nas planícies e platôs de Castela.

Quando chegamos à seção americana, os homens se amontoaram avidamente e me encheram de perguntas sobre os Estados Unidos. Um deles era um negro que chegara ao front somente um ou dois dias antes. Quando o general perguntou como ele estava se saindo, seu rosto escuro se abriu em um sorriso amplo:

— Eu aprecio a glória, senhor, mas, para dizer a verdade, estava perfeitamente satisfeito na retaguarda.

Havia operários de Massachusetts, mineiros da Pensilvânia e fazendeiros do Mississippi. Suas atitudes pareciam despreocupadas, mas seus rostos estavam cansados e cheios de rugas.

— Você pode sugerir ao general que nos dê férias — disse um deles. — Não que eu tenha qualquer reclamação da vizinhança, mas a vista está ficando monótona.

Fui embora me perguntando quantos deles veriam o continente americano novamente e, algumas semanas depois, ouvi que três quartos haviam sido dizimados em um novo ataque.

Quando chegamos ao quartel-general, tentei secar os sapatos e tirar a lama das roupas, então procurei Santiago para organizar meu retorno a Madri. Ele pareceu constrangido e disse:

— Acho que você não pode voltar hoje à noite.

Eu disse que partiria para Valência em alguns dias, mas ele respondeu que o general ordenara que eu ficasse. Pensei que essa era somente uma maneira polida de estender o convite, mas Santiago explicou:

— Quando você veio até aqui no outro dia, com Kajsa e Willis, as autoridades telefonaram de Madri para avisar que vocês estavam a caminho das linhas da brigada e disseram para tomarmos cuidado com o que nós lhes mostrávamos. Você não é comunista, então é suspeita. É por isso que o general a recebeu daquela maneira. Ele agora diz que, já que está aqui, você deve ficar três dias e aprender pelo que estamos lutando.

Argumentei acaloradamente, mas Santiago disse que era inútil, pois o general já decidira.

— Ele quer convertê-la — explicou ele.

Eu não tinha como contatar ninguém em Madri, então aceitei a situação com a máxima elegância possível. Recebi um quartinho sem janela, uma cama de campanha dura e alguns cobertores sujos. David me trouxe pasta de dentes e Santiago providenciou um pente e uma garrafa de água de colônia. Eu partira de Madri com tanta pressa que não dissera a ninguém aonde estava indo e me perguntei o que pensariam de meu súbito desaparecimento.

Minha educação começou durante o jantar. O ambiente era estranho, com as velas na comprida mesa de madeira desenhando um padrão nas paredes dilapidadas e o balbucio das vozes falando em quatro línguas ao mesmo tempo. Os oficiais me olhavam com curiosidade, sem dúvida se perguntando por quanto tempo eu planejava ficar, mas o general parecia se divertir muito com a situação. Uma ou duas vezes o flagrei me encarando, e David explicou que eu era a primeira americana que ele conhecia. No meio do jantar, ele fez ao garçom uma observação que causou surpresa a todos. Houve uma onda de excitação quando taças pesadas foram distribuídas em torno da mesa e, finalmente, três garrafas de champanhe foram apresentadas. Quando as taças estavam cheias, o general fez um brinde:

— À burguesia! Que possamos cortar suas gargantas e viver como eles vivem!

Ele me observou enquanto David traduzia e pareceu decepcionado quando ergui minha taça. Então perguntou, com súbita infantilidade:

— Você algum dia imaginou que beberia champanhe com um general do Exército Vermelho?

Neguei com a cabeça e ele disse:

— Suponho que, em seu mundo burguês, você tenha aprendido que os bolcheviques são incultos. Isso não é verdade. Frequentemente bebemos champanhe em Moscou.

Os oficiais russos sorriram e um deles fez um comentário do qual todo mundo riu. David traduziu:

— Ele disse que champanhe é bom, mas a vodca é mais rápida.

Café foi servido e o general fez sinal para que o garçom puxasse uma cadeira e se unisse a nós. Ele encheu a taça do soldado com champanhe e se virou para mim:

— No Exército soviético, todos os homens são iguais. O camarada aqui não é de modo algum inferior por causa de sua patente. Não acreditamos no rígido sistema de castas que as democracias impõem a suas Forças Armadas.

Os oficiais russos assentiram, e David explicou que dois deles eram comissários políticos com a função de interpretar para os homens as ordens dadas pelos oficiais.

Eles eram jovens loiros e fortes de vinte e poucos anos e, após o jantar, um deles tirou uma fotografia do bolso. Ela retratava uma mulher deitada em um tapete com uma rosa na boca. A mulher tinha cachos pretos e pesados e usava uma saia na altura dos joelhos. Tratava-se de uma caricatura tão óbvia da vampe da década de 1920 que achei que devia ser piada, mas David explicou que aquela era a esposa do oficial. O general examinou a fotografia sobre meu ombro e disse que a União Soviética não precisava se envergonhar de suas mulheres. O oficial pareceu satisfeito e guardou a foto de volta no bolso.

Após o jantar, fomos para o jardim. Estava quente e o perfume das flores era intenso. Um dos soldados tocou ukulele, e os russos ficaram sob as árvores, cantarolando baixinho. De vez em quando, o céu se iluminava e o silêncio era rompido pelo estrondo da artilharia. Às vezes, podíamos ouvir os projéteis como um suspiro profundo e distante. Ouvimos passos no caminho para o jardim e um soldado saiu das trevas e saudou o general. Ele falou em espanhol e, quando David traduziu, todo mundo riu:

— O inimigo quer alguns livros e revistas emprestados.

O general negou com a cabeça, e David explicou que eles jamais atendiam qualquer pedido à noite, pois podia ser um truque. À luz do dia, no entanto, frequentemente enviavam livros e papel para o outro lado. Eles acenavam com uma bandeira branca enquanto um oficial e um soldado de cada lado se encontravam no meio da terra de ninguém. Às vezes, eles conversavam por dez ou quinze minutos, mas geralmente acabavam trocando insultos. Na última ocasião, o soldado republicano tirara uma nota de 50 pesetas do bolso e a entregara ao rebelde, dizendo-lhe para comprar comida para seus irmãos famintos, que lutavam para manter o restante da Espanha na mesma condição esfarrapada que eles.

Durante os dois dias seguintes, passei o tempo no estande de tiro, enquanto os homens praticavam com a metralhadora, e conversando com os soldados da brigada alojados no moinho. Um dos soldados era inglês, um trabalhador das docas de Newcastle, e me disse que sua principal razão para ir à Espanha fora o amor pelas viagens:

— Fiquei entediado com minha mulher, só isso — contou ele alegremente.

Desde que chegara, no entanto, ele passara a ter grande admiração pelos espanhóis e me mostrou o diário que estava escrevendo. O incidente que mais o impressionara fora o espanhol que ficara no meio da rua durante um bombardeio, despreocupadamente limpando os dentes com um palito.

À tarde, eu passeava pelo vilarejo enquanto Santiago ordenava mantimentos para a cantina. A cidadezinha estava sempre fervilhando de atividade, uma mistura de soldados, caminhões e carroças de burros. O depósito de suprimentos ficava em uma grande igreja no meio da cidade. O chão de pedra estava coberto de comida enlatada, açúcar, farinha, laranjas e enormes cestos de pão. As paredes eram cinzentas e estavam vazias, pois as pinturas haviam sido removidas, assim como as estátuas dos nichos, e o altar, com seu brocado branco e dourado, era usado para pesar manteiga.

À noite, o general gostava de conversar e, depois que os outros saíam da mesa, eu e David ouvíamos enquanto, depois de encher nossas taças de champanhe, ele dava lições de marxismo. Ele me disse que, até então, considerara pecado conversar com qualquer um que não partilhasse suas visões, mas sentia que talvez eu tivesse sido desencaminhada pela educação burguesa e ainda pudesse ser capaz de compreender meu erro. Ele gostava de frases de impacto e me contou que jurara eterna inimizade às classes privilegiadas do mundo.

— Minha vida foi dedicada à revolução e meu destino me levará às partes mais distantes do mundo. Antes que ela acabe, eu a verei crescer no esplêndido despertar das classes operárias.

Ele me perguntou se eu já lera algum dos grandes escritores russos e, quando mencionei Tolstoi, Dostoievski e Tchekhov, respondeu indignado:

— Não os escritores ultrapassados. Nossos grandes escritores revolucionários.

E citou uma série de jornalistas bolcheviques dos quais fui obrigada a admitir que jamais ouvira falar. Deduzi que ele levava uma vida bastante confortável em Moscou, pois falou orgulhosamente do carro que estava "constantemente a sua disposição". Sua família se mudara para a Ucrânia quando ele era criança e ele fora criado em condições miseráveis. Quando falou dos dias anteriores à revolução, comentou amargamente:

— Eu costumava viver como um animal. Agora vivo como ser humano.

Ele não perdia nenhuma oportunidade de me impressionar com suas visões e profetizar que a revolução se espalhava tão rapidamente que, em um ano, estaria nos Estados Unidos. E me aconselhou a estar do lado certo quando ela chegasse. David traduzia essas longas conversas, mas, em certa ocasião, abandonou-me por quase meia hora, durante a qual só pude olhar desamparadamente para o general. O silêncio se tornou tão desconfortável que remexi minha bolsa e peguei o amuleto de marfim que comprara na Índia. Tratava-se de uma escultura de Ganesh, o deus elefante da sorte, e uma de minhas mais valiosas posses. Eu o mostrei ao general, na esperança de que o achasse divertido.

Ele sorriu e o colocou no bolso e, subitamente, percebi que ele achara ser um presente. Contei a David o que acontecera e ele disse que tentaria recuperá-lo. Ele foi atrás do general, mas o encontrou mostrando orgulhosamente o ornamento aos oficiais e não teve coragem de explicar o erro. Ouso dizer que o general o tem até hoje.

O general evidentemente achou que suas instruções sobre o marxismo haviam sido efetivas, pois, quando os três dias finalmente se passaram e fui me despedir, ele me deu um conselho final:

EXÉRCITO CIVIL

— Leia as palavras de Lênin, todos os 37 volumes. Quando estiver bem instruída, filie-se ao partido, mas esconda suas visões de sua família. Você será útil como agente infiltrada.

Ele caminhou até o jarro de flores e escolheu uma rosa vermelha, que estendeu em minha direção.

— Essa flor foi manchada pelo sangue da revolução. Seja leal a ela.

Eu agradeci e, quando me virei na direção da porta, ele fez um comentário traduzido por David:

— Ele disse estar pesaroso por você estar indo embora. Você pode voltar quando quiser.

Eu agradeci novamente e, quando estávamos descendo os degraus, ele fez um comentário final, causando risos em David:

— Ele diz que entende as mulheres. Você não voltará, mas dirá a suas amigas que um general do Exército Vermelho se apaixonou por você.

Alguns meses depois, ouvi que ele retornara a Moscou. Jamais soube se escapou das muitas purgas que continuaram a varrer o Exército soviético.

6. Visto de saída

Quando voltei a Madri, descobri que meu desaparecimento causara muita excitação. O gabinete de imprensa só fora capaz de descobrir meu paradeiro algumas horas antes de meu retorno, quando alguém casualmente comentara que eu fora vista saindo de Madri em um carro com Santiago. Como os quartéis-generais russos eram proibidos para jornalistas, o alarme se transformou em profunda suspeita e, quando cheguei ao hotel, encontrei uma mensagem pedindo que telefonasse para Ilse Kulczak, uma das censoras. Ela me perguntou onde eu estivera e, quando respondi, sua voz se tornou ameaçadora:

— As autoridades estão muito insatisfeitas. Falaremos com você novamente.

E então houve um clique abrupto do outro lado da linha.

Repeti a breve conversa para Tom Delmer e fiquei surpresa quando ele a levou a sério.

— Independente de qualquer coisa — avisou ele —, não dirija sozinha até Valência. Eles acham que você é espiã e, se pensam isso, não hesitarão em agir. Acidentes nas estradas muitas vezes são a melhor maneira de acertar as contas.

Achei que Tom estava sendo excessivamente pessimista e, como já combinara de dirigir até Valência com Sydney Franklin, não pensei mais no assunto. Na manhã de nossa partida, um jornalista dinamarquês perguntou se podia ir conosco e concordamos.

Jamais soube o nome do jornalista, pois ele era conhecido em Madri como "o dinamarquês trêmulo". Embora fizesse somente três dias, que estava na capital, o bombardeio o deixara em pânico. Ele não tivera sorte, pois, aonde quer que fosse, um projétil parecia cair e, certa vez, uma dúzia de pessoas morrera a alguns metros dele na praça principal. Ele se trancara em seu quarto no Florida e se recusara a sair até que Kajsa o persuadira de que as coisas não eram assim tão ruins. Ela o levara ao bar do Chicote para melhorar seu humor, mas ele estava lá dentro havia menos de dez minutos quando dois soldados discutiram e um deles puxou uma arma e atirou no outro. Após esse incidente, sua única ideia era ir embora de Madri o mais rapidamente possível. Ao nos aproximarmos de Valência, ele suspirou aliviado à ideia de uma noite pacífica. E se sentiu tão grato pela carona que se ofereceu para me levar junto a uma entrevista que conseguira com Del Vayo, o ministro do Exterior.

Não me lembro de muita coisa daquela entrevista; ela aconteceu às 8 horas no Ministério da Guerra, e Del Vayo fez seu apelo usual por mais apoio das democracias. Mas, quando ela acabou e descíamos os amplos degraus de pedra, ouvimos um assobio e um baque. O edifício estremeceu, as luzes se apagaram e vidro se quebrou ao cair no chão. Houve vários outros baques e as pessoas saíram correndo de seus escritórios e se amontoaram na escada. Inicialmente, não entendi o que estava acontecendo, mas o dinamarquês agarrou meu braço e gritou:

— *Les avions!*

Sua voz viajou pelo hall e causou pânico considerável. Tentei acalmá-lo, mas ele continuou a gritar em francês, perguntando onde era o porão e tentando abrir caminho pela multidão. Como aquele era o primeiro ataque aéreo sério sofrido por Valência e não havia abrigos, ninguém sabia o que fazer. A maioria conseguiu chegar ao térreo e ficou parada no corredor. O dinamarquês trêmulo se espremeu em um canto e, quando acendeu um cigarro, vi que seu rosto estava coberto de suor.

O bombardeio durou somente sete ou oito minutos. Houve alguns outros baques e então silêncio. Sugeri ao dinamarquês que tentássemos chegar ao gabinete de imprensa, a alguns quarteirões dali, mas ele se encostou na parede, gemendo, e se recusou a deixar o edifício. Finalmente, parti sozinha.

A cena era estranha e assustadora: formas escuras agrupadas nas portas, o som de mulheres chorando e a poeira ainda se erguendo na escuridão onde uma bomba caíra, em frente à embaixada britânica, a dois quarteirões dali. As ruas desertas começavam a ressoar com o clangor das ambulâncias e das sirenes estridentes das viaturas, e homens com sinalizadores já começavam a remover os corpos dos detritos.

A despeito da atmosfera de terror e destruição, a vida rapidamente retornou ao normal, pois, mesmo enquanto eu tropeçava pelas ruas desoladas, um espanhol baixo se aproximou e perguntou esperançosamente:

— Boa noite. A *señorita* quer um namorado?

Quando disse que meu amigo esperava por mim no gabinete de imprensa, ele suspirou e galantemente me escoltou pelo restante do caminho, curvou-se para beijar minha mão e me desejou boa noite com um floreio.

No dia seguinte, descobrimos que as perdas haviam chegado a cem mortos e feridos; Valência finalmente fora batizada na guerra que varria o restante da Espanha. Pela manhã, o dinamarquês trêmulo veio se despedir. Ele parecia muito abalado e disse que passara a noite no corredor do Ministério.

Meu avião só partiria no dia seguinte. Com toda a excitação, eu me esquecera completamente do aviso de Tom Delmer. Naquela tarde, no entanto, recebi a mensagem de que alguém no saguão desejava falar comigo. Tratava-se de um homem que eu jamais vira, um comunista alemão que trabalhava para a polícia secreta. Ele me convidou a tomar um drinque do outro lado da rua, e eu o segui com o coração apertado, perguntando-me se seria presa. A conversa foi desarticulada, pois ele me disse que meu dossiê chegara de Madri naquela manhã e mostrava que eu passara muito tempo em quartéis-generais do Exército.

— O que quero saber — disse ele — é por que você está partindo da Espanha logo depois dessas visitas.

Eu disse que só pretendera passar alguns meses em Madri, pois tinha uma série de artigos para escrever em Paris.

— Temos uma prisão muito agradável em Albacete — disse ele, mostrando os dentes brancos em um sorriso. — Você pode escrever os artigos de lá.

Respondi com leveza, como se ele estivesse brincando, e, quando me levantei, ele não tentou me impedir. Na manhã seguinte, voei para a França.

Foi só no ano seguinte, quando retornei a Barcelona, que descobri, conversando com Ilse Kulczak, que quase fora presa; a polícia secreta fora instruída a me seguir em Valência enquanto as autoridades madrilenhas discutiam se deviam ou não me deter. Embora o gabinete de imprensa estivesse convencido de que eu era espiã, eles haviam decidido que a publicidade causada pela prisão de uma jornalista americana faria mais mal que bem. Eu não sabia disso na época; mesmo assim, com um suspiro de alívio, pisei no aeródromo de Toulouse e novamente respirei o ar de um país em paz.

PARTE II

Espanha nacionalista

1. Interlúdio na fronteira

É estranho como o inconsciente reage ao perigo muito depois de ele ter passado. Durante semanas em Paris, o som de canos de escape ou aspiradores de pó me causava um tolo sobressalto. Escrevi meus artigos em um apartamento na Champs-Élysées pertencente à baronesa X, uma francesa que eu conhecia havia vários anos. Era pacífico por lá, com o sol brilhando pelas janelas da varanda e o único som sendo a conversa matutina da concierge barganhando com o padeiro. A Espanha deixara uma marca mais profunda do que eu me dera conta; à distância, a guerra parecia mais trágica do que quando eu estivera no meio dela. Em Madri, a vida se movia tão rapidamente que havia pouco tempo para pensar. Agora, as memórias eram mais vívidas que os acontecimentos que as haviam gerado. Cenas passageiras e não totalmente formadas lotavam minha mente: certa expressão no rosto de alguém, determinado tom de voz ou uma frase casual que, na época, pareciam ter causado pouca impressão.

Eu não tinha uma "linha" em relação à Espanha porque aquela ainda não se tornara uma história política para mim. Estava muito mais interessada no lado humano: as forças que haviam urgido as pessoas a tal teste de resistência e a paradoxal mistura de qualidades ferozes e gentis que seu sofrimento produzira. Eu ainda estava surpresa com quão impessoal era a guerra. Todos os antigos clichês sobre a guerra começar quando as batidas de tambores soavam e as pessoas assumiam lados em uma onda emocional de ódio não me pareciam verdadeiros. Os homens matavam em função da convicção, não da paixão; mesmo na Espanha, um homem atirava em seu irmão não porque não gostava dele, mas porque discordava dele.

Escrevi sobre as coisas que vira e ouvira, mas não tentei interpretá-las. Embora aquela não fosse minha guerra, eu temia a ideia de visitar o lado de Franco e mergulhar em uma atmosfera na qual o triunfo significaria um desastre para as pessoas que conhecera. Em contrapartida, estava curiosa para ouvir o ponto de vista nacionalista e sentia que, até fazer isso, não teria uma perspectiva adequada.

Disseram-me que eu não tinha a menor chance de conseguir um visto para a Espanha nacionalista; a censura da imprensa era muito estrita, e nenhum jornalista conspurcado pela república jamais recebera permissão para cruzar para o lado de Franco. Mesmo assim, decidi tentar e ouvi que minha melhor chance era ir à fronteira francesa e fazer uma solicitação de visto de lá.

Minha irmã viera passar o verão na Europa. Após viajar pela Holanda, Alemanha e Tchecoslováquia, ela me encontrou em Paris e partimos para algumas semanas de descanso na Itália e, depois, em Saint Jean-de-Luz, uma cidadezinha na costa basca francesa, a 20 quilômetros da fronteira espanhola. O embaixador britânico na Espanha, Sir Henry Chilton, tinha uma casa a alguns quilômetros dali. Conhecêramos sua filha Anne em Nova York e, através deles, fui apresentada a um agente de Franco, o conde de Mamblas. Em retrospectiva, suponho que tirei vantagem do conde, pois ele era um aristocrata da velha guarda cuja visão sobre a guerra se resumia à filosofia simples de que o general Franco tinha o apoio de "damas e cavalheiros". Tendo me conhecido de forma tão auspiciosa, suspeito que ele tenha me considerado "segura". Ele não respondeu que meu pedido estava fora de questão, dizendo pensativamente:

— Após o caos da Espanha vermelha, o contraste lhe daria material valioso para os artigos.

Ele afirmou que teria uma resposta em duas semanas.

Minha irmã e eu decidimos aproveitar a companhia uma da outra. Embora Saint Jean-de-Luz já tivesse sido um balneário popular, no verão de 1937 estava perto demais da fronteira franco-espanhola e tinha um ar de abandono. Os turistas haviam partido, os hotéis estavam praticamente vazios e as lojas tinham tábuas pregadas nas vitrines. A praia, normalmente

INTERLÚDIO NA FRONTEIRA

lotada de alegres guarda-sóis, era frequentada por poucas pessoas, e a atmosfera frívola de verão fora substituída por doze brilhantes navios de guerra britânicos ancorados no porto, encarregados de patrulhar a costa espanhola. A despeito dessa atmosfera externamente quieta, a vida não era tediosa. O Bar Basque, um pequeno restaurante na rua principal de Saint Jean-de-Luz, era um ponto de encontro popular, e todas as tardes e noites ficava lotado de jornalistas, oficiais navais, diplomatas, agentes espanhóis e aristocratas que suspiravam pela restauração do antigo regime. Minha irmã e eu fizemos amizade com Geoffrey (Tommy) Thompson, o primeiro-secretário britânico, e frequentemente encontrávamos Anne Chilton e seu noivo, Tom Dupree, um adido honorário da embaixada, em festas no Bar Basque. Nas noites de sábado, havia uma orquestra de três músicos, e todo mundo dançava nos salões lotados até as primeiras horas da madrugada. À meia-noite, era hora das notícias, e uma nítida voz espanhola interrompia o burburinho: *"Arriba, España!"* O boletim se seguia, sempre consistindo em uma série de brilhantes sucessos por *nuestros gloriosos soldados.* Ao fim dessas transmissões, o hino nacionalista era tocado, e os apoiadores de Franco ficavam rigidamente em posição de atenção, com os braços estendidos na saudação fascista. Certa noite, após o boletim de notícias, um dos jornalistas persuadiu a orquestra francesa a tocar "Valência". Eles dançaram com gosto: metade das pessoas deu as mãos e saiu brincando pelo salão, enquanto a outra metade sacudia os punhos e protestava furiosamente. Finalmente, o gerente interrompeu a música. Alguém o acusou de ser pró-Franco, mas ele respondeu que não estava interessado na guerra.

— Só quero manter minha clientela — disse ele. — As visões das pessoas não me dizem respeito.

Essa era a atitude geral em relação à Espanha naquele verão. Com exceção dos extremistas (apoiadores do bolchevismo e do fascismo), a maioria das pessoas se recusava a tomar partido em um conflito que lhes parecia puramente interno. "Só um bando de malditos espanhóis cortando a garganta uns dos outros" era um resumo popular; o fato de que a Alemanha afiava suas garras em solo espanhol ainda não causara alarme em muitos ingleses e franceses, que viam a guerra principalmente como cruzada contra a ameaça bolchevique.

Uma das poucas exceções era Tommy Thompson. Acho que sua antipatia original pelos apoiadores de Franco começara com a instintiva aversão inglesa por uniformes e exibições militares. O bater de calcanhares, a saudação fascista na Espanha nacionalista e os onipresentes cartazes de Hitler, Mussolini e Franco lhe causavam particular irritação, sem mencionar as conversas grandiloquentes sobre futuras conquistas. Muito antes de qualquer outro levar a situação a sério, ele emitiu um grave alerta; para ele, a Guerra Civil Espanhola tomava a forma de um conflito contra a Inglaterra.

A chancelaria da embaixada britânica fora estabelecida em uma pequena mercearia em Hendaye, com vista para a ponte Internacional. Em uma extremidade, as três cores francesas tremulavam na brisa e, na outra, ficavam as listras vermelhas e amarelas da Espanha de Franco. As barreiras de ambos os lados estavam fechadas e poucos carros passavam, mas havia sempre um ar de drama. Os guardas franceses andavam de um lado para o outro com ares importantes, enquanto a Guardia Civil espanhola, com brilhantes chapéus de couro envernizado, fumava e olhava curiosamente para o mundo externo. Observar os soldados do Exército de Franco me causava uma sensação estranha. Aquelas eram as pessoas nas quais eu pensara durante três meses como "o inimigo". Aquelas eram as pessoas cujos tiros de metralhadora havíamos evitado, cujos projéteis havíamos amaldiçoado e de cujos aviões havíamos fugido.

As embaixadas americana e francesa também ficavam perto da fronteira. Elas haviam seguido o exemplo da embaixada britânica, e agora as três estavam na peculiar posição de serem acreditadas na Espanha republicana, mas estarem firmemente estabelecidas na França, com sua principal fonte de informações vindo da oposição. Não sei o quanto o fato de as três democracias não terem contato diplomático direto com a república afetou o curso da guerra espanhola; durante dois anos, no entanto, a maioria do trabalho dos embaixadores se limitou a fúteis representações sobre o tema da não intervenção e a tentativas malsucedidas de realizar trocas de prisioneiros.

INTERLÚDIO NA FRONTEIRA

Tommy Thompson se recusou a ser vencido pela situação e conseguiu reunir muitas informações de jornalistas vindos do front. Mesmo restrito, ele tinha uma apreciação precisa da situação e fez a seu governo uma previsão sobre os futuros eventos que acabou se provando verdadeira.

Durante as três semanas seguintes, não recebi notícias do quartel-general nacionalista. A campanha de Franco no norte estava no auge. Suas tropas haviam destruído o cinturão de ferro de Bilbao em junho e os rumores diziam que em breve iniciariam um cerco a Santander. A Marinha britânica evacuara milhares de refugiados das áreas atingidas, e os oficiais voltavam com histórias lastimáveis de miséria e confusão. Um dos navios de guerra recolhera um homem em um barco a remo; ele estivera se escondendo nas montanhas havia mais de um ano e construíra o barquinho para fugir do território de Franco. Eles o haviam mantido a bordo até cruzarem com o *Jupiter*, um navio de guerra nacionalista, e então o entregaram. Como recebiam a maior parte das notícias sobre a guerra interceptando textos de jornalistas enviados por rádio da Espanha para Londres, os tripulantes do *Royal Oak* (que mais tarde foi afundado pelos alemães) estavam indignados por terem sido descritos pelo repórter do *Daily Express* como "babás" dos refugiados.

Eu começara a achar que meu visto para a Espanha nacionalista jamais chegaria. Certa noite, dirigi até Biarritz para jantar com Tommy Thompson. Fomos ao Sonny e, enquanto tomávamos um coquetel, um jovem inglês, Rupert Bellville, chegou ao bar. Rupert passara vários anos na Espanha, onde se interessara por touradas e, no início da guerra, unira-se ao Exército de Franco e lutara por alguns meses com um regimento falangista. Eu o conhecera em Londres e, quando contei que esperava permissão para ir à Espanha, sugeriu que eu fosse com ele. Ele tinha seu próprio avião e planejava voar para San Sebastián no dia seguinte. Respondi que não tinha visto para a Espanha, mas ele disse que essa era uma formalidade desnecessária. Ele conhecia bem as autoridades e podia garantir que não haveria problemas. E acrescentou que me levaria de avião a diferentes partes do país, a fim de que eu pudesse ver o quanto os italianos e os alemães haviam progredido em termos de construção de aeródromos.

A proposta soava ligeiramente maluca, pois parecia estranho que um indivíduo tivesse permissão para voar aleatoriamente por um país em guerra. Em contrapartida, a Espanha *era* ligeiramente maluca. Tendo desistido da esperança de conseguir um visto, decidi que aquela poderia ser minha única chance de ver o lado nacionalista. Sir Henry Chilton e Tommy Thompson foram enfaticamente contrários à viagem, mas, no fim, eu a fiz.

Tony Mackeson, um empresário inglês e amigo de Rupert, era o outro passageiro, e nós três deixamos o aeródromo de Biarritz na tarde seguinte. Quando saímos do chão e assumimos a direção de San Sebastian, Rupert pegou uma garrafa de gim, tomou um gole e disse:

— Podemos ser atingidos pelas baterias antiaéreas. Devo voar alto ou baixo?

— Baixo — respondeu Tony. — A queda será menor.

A despeito desse início, o voo foi pacífico e durou pouco mais de vinte minutos. Rupert, um piloto experiente, passou apenas alguns metros acima das montanhas que cercavam San Sebastian. Não querendo atrair fogo antiaéreo ao circular o aeródromo, ele desligou o motor e planou sobre o campo até fazer uma aterrissagem notável, embora precária.

Tony e eu suspiramos aliviados, mas, ao sair do avião, encontramos meia dúzia de oficiais correndo em nossa direção. Rupert se adiantou e mostrou seus documentos, mas, em vez de ser recebido por um fluxo hospitaleiro de espanhol (*"Ruperto, mi amigo!"*), foi informado de que o avião seria confiscado e nós seríamos presos. O comandante do aeródromo disse que não tínhamos o direito de entrar em uma zona militar sem as credenciais apropriadas e que o caso teria que ser investigado. Rupert finalmente o convenceu a nos deixar ficar no Hotel Maria Cristina, em San Sebastian, até que a questão fosse esclarecida.

Pelas 24 horas seguintes, fomos mantidos sob vigilância estrita da polícia secreta. Rupert telefonou para vários amigos em Salamanca, mas nenhum deles tinha autoridade suficiente para intervir. Dirigimos até a ponte Internacional e tentamos voltar à França, mas descobrimos que, nas últimas doze horas, todo o tráfego fora suspenso, pois o cerco a Santander começara. Através de um amigo americano que encontrei por acaso,

INTERLÚDIO NA FRONTEIRA

enviei uma mensagem a Tommy Thompson, sem muita esperança de que ele a recebesse.

Não posso dizer que me diverti. Os únicos vistos em meu passaporte eram de Madri, Valência e Barcelona; percebi que, se fôssemos presos, seria difícil me explicar. Embora Rupert tenha encontrado vários toureiros no bar Chicote e parecesse estar se divertindo, passei a maior parte do tempo no hotel. O pouco que vi de San Sebastian oferecia um surpreendente contraste com a decadência de Valência. O Maria Cristina era ocupado por espanhóis abastados: jovens com suas *dueñas* e sorridentes oficiais usando uniformes bem-cortados e botas caprichosamente engraxadas. Havia carros luxuosos nas ruas e os restaurantes estavam lotados de mulheres elegantes e bem-vestidas. O retrato do general Franco estava pendurado em todos os cafés, com as bandeiras monarquistas cruzadas sobre ele. Música e dança eram proibidas pela Igreja, então havia pouco a fazer a não ser frequentar os cafés. Parecia não haver falta de comida, pois, com exceção de dois dias sem carne por semana, os cardápios do hotel eram abundantes e elaborados.

Na maior parte do tempo, eu estava preocupada demais para me interessar pelo que me cercava e, quando finalmente recebi uma mensagem do carregador dizendo que o *señor* Thompson estava no saguão, senti-me como um condenado com a vaga esperança de escapar. Tommy, acompanhado por certo sr. Goodman, o vice-cônsul britânico de Saint Jean-de-Luz, estava de mau humor e agradeceu a Deus pelo fato de a Europa não estar cheia de mulheres jornalistas. Ele disse que ele e o sr. Goodman haviam passado trinta minutos muito desagradáveis com o governador militar em Irun, mas finalmente o haviam persuadido a nos deixar partir. Rupert, no entanto, ainda estava otimista; ele não queria partir sem seu avião, e Tony decidiu ficar com ele. Isso deixou Tommy ainda mais furioso.

Quando voltamos a Saint Jean-de-Luz, procurei minha irmã para contar sobre a viagem. Mas ela não quis ouvir, pois acabara de voltar de uma tourada em Bayonne com o major Yeats-Brown, o autor de *Bengal Lancer* [As vidas de um lanceiro de Bengala]. Ela ficara muito abalada com a experiência, tomara três aspirinas e fora para a cama. Os cavalos não usavam proteção e suas entranhas haviam se espalhado pelo anel central.

— E você sabe o que o major disse? — perguntou ela, indignada. — "Não se preocupe, minha cara, os cavalos não estão sofrendo. Suas orelhas ainda estão em pé!"

Alguns dias depois, minha irmã voltou para os Estados Unidos e eu para a Espanha. Dessa vez, tudo foi feito da maneira apropriada: uma longa inspeção pelos funcionários da alfândega na ponte de Irun, que tiraram fotografias e recolheram minhas digitais. Às 10 horas, eu estava em um vagão-dormitório com destino a Salamanca.

2. A queda de Santander

Bandeiras alemãs e italianas tremulavam de uma ponta a outra da Espanha insurgente. Embora estivesse aparente que a polida troca de mensagens entre Londres, Berlim e Roma sobre a não intervenção era uma farsa, eu não estava preparada para uma exibição tão descarada da aliança fascista. Em Salamanca, uma antiga e silenciosa cidade universitária que o general Franco escolhera como sede, hotéis, bares e restaurantes exibiam suásticas e as cores de Savoia. As lojas tinham cartazes que diziam *Mann spricht Deutsch* e muitos edifícios estavam grafitados com *Viva il Duce*. O Gran Hotel estava decorado com fotografias dos ditadores, estranhas pelo contraste que ofereciam: Mussolini, de capacete de aço e com o queixo empinado, parecia austero e beligerante, ao passo que Hitler olhava melancolicamente para o vazio, chamando a Europa a se defender contra o bolchevismo.

A cena no saguão do hotel era cosmopolita. Coronéis alemães de ar solene bebiam café com leite, enquanto oficiais de Estado-Maior espanhóis, com brilhantes faixas azuis na cintura, caminhavam com ar importante pelo piso de mármore. Os italianos, de botas com esporas, geralmente com uma companheira em cada braço, desciam tilintando as escadas, e legionários estrangeiros de camisas verdes, com as capas puxadas garbosamente para o lado, argumentavam com os recepcionistas. Era difícil conseguir quartos no Gran Hotel, pois a maioria estava ocupada por alemães. O último andar era usado como quartel-general alemão e protegido pela Guardia Civil, com chapéus brilhantes e longos rifles. Acabei lá por engano e um oficial alemão me encaminhou rapidamente para as escadas, dizendo que minha presença era estritamente *verboten*.

A atmosfera era de tédio e suspeita. Os recém-chegados eram observados cautelosamente e, em uma das paredes, havia um cartaz dizendo "Xiu! Espiões!" O cartaz acrescentava que, se qualquer um tentasse discutir a situação militar, você deveria denunciá-lo imediatamente e, desse modo, salvar o país. A situação militar, todavia, era discutida 24 horas por dia; passionalmente pelos espanhóis, jactanciosamente pelos italianos e ponderadamente pelos alemães. Todos os dias à meia-noite, multidões se reuniam na grande praça onde alto-falantes divulgavam notícias do front em meia dúzia de línguas. O espetáculo era variado, pois havia requetés com boinas vermelhas; falangistas de uniforme azul-escuro com borlas vermelhas penduradas no chapéu; e mouros, alguns usando grevas sujas e turbantes, outros barretes vermelhos e mantos azuis-celestes que varriam o chão conforme andavam. A calma se instalava na praça quando o boletim era lido e, no fim, o hino nacionalista era tocado, com a multidão em posição de atenção e as mãos erguidas na saudação fascista. Havia total confiança na vitória de Franco. Tanta que a notícia, em um dos jornais ingleses, declarando que as chances estavam "ligeiramente" a favor de Franco causou grande diversão.

Nesse período, agosto de 1937, havia muitas razões para o júbilo nacionalista. A campanha de Franco no norte ia bem e, quando terminasse, 100 mil homens e um grande suprimento de artilharia, tanques e aviões seria liberado para fortalecer o Exército em Aragão. Com essas novas forças, previa-se que ele seria capaz de atravessar a Catalunha, separar Barcelona de Valência e, com toda a probabilidade, encerrar a guerra na primavera.

Mas as forças italianas e o auxílio da Força Aérea e dos oficiais alemães eram indispensáveis para ele e, por essa razão, as tentativas de não intervenção da Grã-Bretanha eram consideradas a mais negra traição. Paradoxalmente, os espanhóis gostavam de falar cinicamente das habilidades bélicas da Itália, mas o fato era que aviões italianos e alemães haviam destruído o cinturão de ferro em Bilbao e três divisões regulares do Exército italiano agora encerravam a campanha no norte.

O general Franco estava muito consciente desses fatos, e os diplomatas italianos e alemães eram tratados com grande consideração. Cheguei a

Salamanca no mesmo dia em que o novo embaixador italiano apresentou suas credenciais e, naquela noite, houve uma grande manifestação na praça. Os edifícios foram iluminados com tochas, imitando a Piazza Venezia em Roma, e centenas de soldados falangistas de camisa azul formaram um cordão de isolamento para manter a multidão afastada. O embaixador, no uniforme preto dos fascistas e quepe com borla, fez um discurso do balcão central; o clímax foi uma surpreendente exibição da cavalaria moura, que veio trovejando pela praça, com os mantos brancos voando ao luar.

Como a campanha contra Santander fora o primeiro grande papel que os italianos haviam desempenhado desde sua ignominiosa derrota em Guadalajara, eles estavam jubilantes com o sucesso. Três dias depois de eu chegar a Salamanca, Pablo Merry del Val, chefe do gabinete de imprensa estrangeira, telefonou e disse que a cidade cairia em 24 horas. A maioria dos jornalistas já estava no norte, e ele conseguiu que eu fosse levada até eles para cobrir a entrada triunfal.

Parti de Salamanca à tarde, em um carro dirigido por Ignacio Rosalles, um milionário de Barcelona que falava inglês fluentemente e se voluntariara para trabalhar como oficial de imprensa. Esperávamos chegar a Santander nas primeiras horas da manhã, mas, depois de percorrer 160 quilômetros, fomos parados por guardas, que nos disseram haver um relato não confirmado de batalha na estrada principal, em algum lugar perto de Reinosa. Eles nos aconselharam a dar a volta por Bilbao e viajar ao longo da costa. Como isso significava que só chegaríamos a Santander na tarde seguinte, sugeri nos arriscarmos pela outra estrada, mas Rosalles se recusou, dizendo não poder colocar minha vida em risco. Quando argumentei, ele respondeu acusadoramente:

— Esse é o problema com os correspondentes americanos. Se você for capturada, nada acontecerá, mas eu sou espanhol. Se eu for pego, serei fuzilado.

Isso me deixou em uma má posição para discutir, e chegamos a Bilbao na manhã seguinte, descobrindo que os carros da imprensa haviam partido para Santander várias horas antes. Ninguém estava autorizado a fornecer os necessários documentos de salvo-conduto, mas, após uma longa conversa com a polícia, disseram-nos que a permissão seria emitida em mais ou menos uma hora. Preciosos minutos se passavam, mas eu estava suficientemente familiarizada com as barreiras burocráticas espanholas para saber que não havia nada a fazer, além de esperar.

Rosalles estava irritado, pois jamais fora oficial de imprensa e parecia que sua primeira missão seria um fracasso. Ele quebrou a cabeça tentando me dar algo sobre o que escrever e, finalmente, teve a ideia de dirigir até Guernica, a alguns quilômetros de Bilbao. A cidade fora destruída vários meses antes e era tema de amarga controvérsia: os republicanos afirmavam que os nacionalistas a haviam bombardeado, e os nacionalistas alegavam que os republicanos a haviam queimado. Ambos os lados afirmavam que aquela fora uma das maiores atrocidades da guerra. Rosalles me perguntou se eu fora submetida à propaganda mentirosa de Valência e disse:

— Agora você pode ver por si mesma.

Chegamos a Guernica e encontramos um caos solitário de madeira e tijolos, como uma antiga civilização sendo escavada. Havia somente três ou quatro pessoas nas ruas. Um velho estava de pé dentro de um prédio residencial que tinha quatro lados, mas cujo interior era somente um mar de tijolos. Sua função era limpar os detritos, o que parecia trabalho para uma vida inteira, pois, a cada tijolo que jogava sobre o ombro, ele parava e secava a testa. Acompanhada por Rosalles, subi até lá e perguntei se ele estivera na cidade durante a destruição. Ele assentiu e, quando perguntei o que acontecera, sacudiu os braços no ar e declarou que o céu ficara negro de aviões.

— *Aviones* — disse ele. — *Italianos y alemanes.*

Rosalles ficou atônito.

— Guernica foi queimada — contradisse ele acaloradamente. Mas o velho manteve sua versão, insistindo que, após um bombardeio de quatro horas, restara pouco para queimar. Rosalles me levou para longe.

— Ele é um Vermelho — explicou ele, indignado.

Retornamos a Bilbao e, para nossa surpresa, descobrimos que a permissão estava pronta. Disseram-nos que as tropas de Franco entravam na cidade naquele exato momento. Como ela ficava a somente 115 quilômetros,

A QUEDA DE SANTANDER

com sorte chegaríamos a tempo de ver a "celebração". O Exército de Franco no norte tinha 30 mil homens, cuja ponta de lança eram as divisões italianas (Chamas Negras, Flechas Negras e Divisão 31 de Março), com cerca de 18 mil homens; o restante era composto por dois batalhões de mouros, dois batalhões de requetés e seis ou sete esquadrões mistos da cavalaria espanhola e moura. O grosso das tropas entraria em Santander pelo sul, de modo que, durante a primeira metade da viagem, a estrada estava bastante livre. No entanto, o Exército em retirada explodira a maioria das pontes, e várias vezes fizemos travessias precárias sobre estruturas temporárias montadas apressadamente sobre os rios.

O cenário era desolado e árido. Passamos por inúmeras fazendas destruídas por bombas e projéteis e por fluxos isolados de refugiados indo para destinos desconhecidos. Uma família empilhara todas as suas posses no lombo de uma vaca; outras tinham carrinhos de mão e carroças de burros, e outras ainda caminhavam cansadamente com sacos amarrados a pedaços de pau sobre os ombros. Muitos vilarejos haviam sido abandonados: as portas estavam trancadas e as venezianas fechadas, e o único sinal de vida eram cães famintos. Rosalles explicou que os Vermelhos haviam forçado as pessoas a evacuar, a fim de imobilizar os vilarejos para as tropas nacionalistas. Encarei isso com ceticismo, pois ouvira o suficiente do lado republicano para saber do terror com que as pessoas comuns viam a ocupação fascista ou moura.

Mais adiante, tivemos uma pequena ilustração da disciplina moura quando desviamos para uma cidadezinha fora da estrada principal e encontramos trinta ou quarenta deles saqueando um vilarejo abandonado. Eles saíam das casas com os braços cheios de uma estranha variedade de bugigangas: um soldado tinha um banquinho de cozinha sobre o ombro e um batedor de ovos no bolso; outro, uma boneca e um velho par de sapatos. Vários estavam sentados no meio-fio, inclinados sobre um baralho e admirando as rainhas e os valetes coloridos e brilhantes.

Um pouco à frente, a estrada principal ficou mais congestionada. Passamos por uma longa fila de caminhões do Exército italiano e um tanque destruído de cabeça para baixo. Um dos motoristas estava em pé no estribo, virando uma garrafa de vinho. Ao passarmos, ele ergueu a garrafa e gritou:

— *Viva il Duce!*

Rosalles corou e disse, irritado:

— Eles não têm muitas chances de celebrar.

A uns 30 quilômetros de Santander, fizemos uma curva e encontramos várias centenas de prisioneiros do Exército republicano amontoados em uma clareira ao lado da estrada. Seus rostos estavam sujos e com a barba por fazer, e suas roupas eram farrapos. Eles pareciam famintos e muitos tinham os braços e as pernas envoltos em bandagens sujas. Um caminhão fascista estava parado ao lado e os oficiais começaram a distribuir pão e latas de carne e de sardinha. Houve uma correria para apanhar a comida; os homens abriram as latas com as facas e começaram a comer com voracidade. Eles ofereciam um lamentável contraste com os últimos soldados republicanos que eu vira. Desaparecidos estavam o espírito exuberante e o ódio viril pelo fascismo; agora havia somente exaustão, subserviência e um futuro sombrio nos campos de prisioneiros.

Finalmente chegamos a Santander e descobrimos que os italianos faziam seu desfile da vitória. Embora o desfile tivesse começado três horas antes e a maior parte tivesse terminado, tanques, caminhões e carros blindados ainda trovejavam pelas praças. Uma confusa população se enfileirava pelas ruas e observava boquiaberta enquanto fotografias de Mussolini eram coladas nos edifícios e italianos vestindo plumas negras e pilotando motocicletas que rugiam pelas ruas, seguidos por vários batalhões de soldados com capacetes de aço.

Santander oferecia um espetáculo incrível. As principais praças haviam sido pesadamente bombardeadas e os escombros haviam transformado muitas ruas em depósitos de lixo. Estava quente e seco e, quando os caminhões passavam, pilares de poeira se erguiam no ar e pairavam sobre a multidão como um manto cinzento. Todas as variações das emoções humanas pareciam ter sido reunidas em uma louca conglomeração: havia refugiados famintos, italianos vociferantes, prisioneiros miseráveis, quinta-colunistas jubilosos, crianças agitadas e mulheres chorosas. A cidade estava em condições deploráveis. Fazia mais de dez dias que as tubulações de água haviam sido destruídas e a maior parte do suprimento de alimentos havia sido exaurida.

A QUEDA DE SANTANDER

Lojas e restaurantes tinham tábuas pregadas nas fachadas e a população sobrevivia de uma limitada ração de arroz. A entrada do Exército conquistador, com suas armas e motocicletas alegremente decoradas com flores, fornecia uma nota quase sinistra.

Em cada esquina, havia um nítido e quase horripilante contraste. Os soldados de Franco já vagueavam pela cidade, removendo bandeiras republicanas. Centenas de apoiadores nacionalistas que haviam ficado presos na cidade por mais de um ano lotavam as ruas, rindo e chorando. Dezenas de balcões foram enfeitados com mantilhas vermelhas e amarelas, as cores monarquistas; cartazes gritando *Viva Franco* substituíam os já desbotados chamados republicanos às armas. Grupos de garotas corriam pelas ruas e abraçavam os oficiais nacionalistas, e um bando de crianças de rua gritava com os pedestres e fazia a saudação fascista.

Mas o outro lado da história era desolador. Você só precisava caminhar ao longo do cais para ver milhares de refugiados sentados sobre os destroços, com trouxas e malas empilhadas ao lado, observando a celebração com lágrimas escorrendo pelo rosto; pelos mercados vazios e hotéis desertos para ver os olhares hostis de vendedores de rua ou garçonetes; ou pelas prisões para ver longas colunas de mulheres e crianças esperando pacientemente por notícias dos prisioneiros. Uma das visões mais irônicas era o hospital que ficava na praça principal: nas janelas, havia dezenas de soldados republicanos feridos assistindo à celebração de camarote.

Suponho que muitas centenas de pessoas só desejavam ser deixadas em paz e mudavam de lealdade da noite para o dia, dependendo do lado que estava no poder. Quando estávamos na calçada lotada, assistindo ao desfile, Rosalles se afastou para conversar com um amigo e eu me virei para um espanhol a meu lado, que celebrava aos gritos, e perguntei, hesitante:

— *Cómo le gustan los italianos?* [O que você acha dos italianos?]

— Gostamos deles — respondeu ele.

Então piscou e continuou:

— *De otra manera...* [Caso contrário...] — e passou o dedo sugestivamente pela garganta.

Tivemos outra ilustração disso quando dirigimos até uma oficina para conseguir gasolina. Quando o tanque estava cheio, o atendente distraidamente fez a saudação de punho fechado da Frente Popular. No meio da saudação, seu rosto ficou vermelho de constrangimento, ele esticou o braço e abriu a mão, iniciando a saudação fascista.

Rosalles tinha uma casa de verão na periferia da cidade, que não via havia um ano. Após caminharmos pelas ruas por várias horas, ele sugeriu que dirigíssemos até lá e tentássemos encontrar algo para comer. A casa era uma grande vila de frente para o mar; quando chegamos, a esposa do zelador reconheceu Rosalles e, empolgada, chamou o marido. Ambos correram para fora e o abraçaram com alegria. Eles nos contaram que, no último mês, a casa fora ocupada por Aguirre, o presidente basco, que a usara como sede. Ele só saíra de Santander no dia anterior, em um avião particular, e doze horas depois o general Davilla, comandante do Exército do norte, a ocupara com sua equipe.

A única comida na casa era meio pão e algumas latas de carne russa que Aguirre deixara para trás. Enquanto a esposa do zelador preparava a refeição, entramos e conversamos com os oficiais de Estado-Maior de Davilla. Eram espanhóis altos e de boa aparência, que falaram entusiasticamente da vitória e previram o fim da guerra na primavera. Um deles contou que ouvira dizer que os americanos eram contrários a Franco e profetizou que, a menos que os Estados Unidos se corrigissem, a foice e o martelo em breve estariam na Casa Branca.

— Só há uma maneira de tratar os Vermelhos — disse ele. — Atirando neles.

Rosalles descreveu nossa viagem pela costa e contou sobre o incidente em Guernica.

— A cidade estava cheia de Vermelhos — disse ele. — Eles tentaram nos dizer que ela foi bombardeada, não queimada.

O alto oficial de Estado-Maior respondeu:

— Mas é claro que foi bombardeada. Nós a bombardeamos, e bombardeamos, e bombardeamos e, *bueno*, por que não?

Rosalles pareceu atônito e, quando entramos no carro para voltar a Bilbao, disse:

— Eu não escreveria isso se fosse você.

A viagem para casa foi mais acidentada que a ida, e novamente tivemos de fazer incontáveis desvios. Em uma ponte, ficamos parados por mais de uma hora. Naquele local particular, a ponte principal fora destruída, e a estreita estrada de terra que levava à margem do rio, onde havia uma estrutura temporária, estava bloqueada por um grande caminhão. O motorista não conseguia fazer a curva. Com um íngreme penhasco à frente, ele não tinha alternativa a não ser subir a colina de ré. Um bando de prisioneiros foi enviado para ajudá-lo, mas o motor afogou, os pneus patinaram na lama e o único resultado foram muitos palavrões.

Após esperar vinte minutos, um grande carro preto, precedido por uma escolta de motocicletas, parou a nosso lado, e o embaixador italiano saiu do carro para observar as operações. Vestindo um magnífico uniforme preto com fileiras de medalhas no peito, sua aparência causou muita excitação entre os espanhóis. As ordens se tornaram mais altas e violentas, mas os pneus continuaram a patinar na lama.

Mas era considerado tão descortês manter um embaixador italiano esperando que o oficial encarregado finalmente resolveu o problema ordenando que o bando de prisioneiros empurrasse o caminhão penhasco abaixo. Com o motor ainda ligado, os homens empurraram e, com um ronco ensurdecedor, o caminhão caiu 90 metros até a ravina; o embaixador fez a saudação fascista e voltou para seu carro.

Um espanhol baixo parado a meu lado empalideceu de indignação.

— Cem mil pesetas — resmungou ele. — Quem está dirigindo este país, afinal?

Essa, claro, era a questão.

Quando cruzamos a ponte e entramos na estrada principal, Rosalles disse novamente:

— Acho que é melhor você não escrever sobre isso.

O dia teve seu clímax quando chegamos a Bilbao e fomos jantar em um café. Rosalles encontrou um amigo que acabara de ouvir uma história engraçada. Ele ria tanto que teve dificuldade para contá-la, mas a essência era que dois ingleses haviam voado para Santander em um avião particular, a fim de saudar o Exército vitorioso. Mas haviam chegado cedo demais e, quando saíram do avião gritando *Viva, Franco! Arriba, España!*, os oficiais Vermelhos ainda no comando do aeródromo os prenderam imediatamente. Eles forçaram o dono do avião a levar vários oficiais do governo para a cidade de Gijón e depois o jogaram na prisão.

— Você sabe o nome do inglês? — perguntei.

O espanhol negou com a cabeça, mas eu já sabia a resposta: Rupert Bellville.

3. Salamanca

Sobre o balcão dos mensageiros, na parede do Gran Hotel de Salamanca, havia um desbotado cartaz de viagem que dizia: "Visite Madri." Era estranho que ninguém o tivesse arrancado, pois as atrocidades "vermelhas" estavam na boca de todos e o ódio pelos madrilenhos beirava o fanatismo. Espalhou-se rapidamente a informação de que eu "visitara Madri", e eu frequentemente era abordada no saguão por estranhos ávidos por notícias de familiares que se acreditava serem prisioneiros do outro lado.

Cada um tinha sua própria versão das condições de vida na Espanha vermelha, e descobri que era perigoso contradizê-las. Certa mulher, esposa de um oficial do Ministério do Exterior, perguntou como eu ousara caminhar pelas ruas de Madri. Ela ouvira dizer que havia tantos atiradores nas janelas que os corpos se empilhavam no meio-fio e eram deixados para apodrecer na sarjeta. Quando neguei, seu tom se tornou hostil e, mais tarde, descobri que ela me denunciara como suspeita. Outro homem perguntou se eu vira os Vermelhos usando prisioneiros como alimento para os animais do zoológico. Eu disse que o zoológico estava vazio havia meses e suas maneiras se tornaram frias como gelo. Outro ainda, Pablo Merry del Val, chefe da imprensa estrangeira, admirou meu bracelete de ouro:

— Imagino que você não tenha levado isso para Madri — disse ele, sorrindo.

Quando respondi que o comprara em Madri, ele ficou muito ofendido e, dali em diante, passou a me cumprimentar friamente e à distância.

Se eu fosse espanhola, essas observações, por mais inocentes que fossem, teriam me levado à prisão. A objetividade não era tolerada. Durante as semanas que passei em Salamanca, a vilificação do inimigo, mesmo por parte dos oficiais responsáveis, era tão extrema que parecia uma doença mental. Eu conseguia entender e simpatizar com espanhóis amargurados por experiências trágicas. Muitos só haviam conseguido fugir do território republicano após semanas de terror e miséria, e muitos outros estavam de luto. O que eu não conseguia entender era que todo mundo parecia ter esquecido que o general Franco iniciara a guerra. Eles argumentavam que Franco fora forçado a se rebelar a fim de impedir um levante bolchevique programado para uma ou duas semanas mais tarde. Considerando-se que o Partido Comunista tinha apenas algumas centenas de milhares de membros no início da guerra e que as armas e equipamentos do lado republicano ainda eram pateticamente inadequados, isso dificilmente parecia lógico. Eles também alegavam que, se as eleições de 1936 não tivessem sido fraudadas, os partidos de direita teriam vencido em todo o país, mas, tendo em vista que o general Franco precisara de quase dois anos para implementar sua rebelião, era difícil acreditar que a resistência republicana fora inteiramente forçada.

A propaganda de guerra nacionalista se concentrava exclusivamente na luta contra o bolchevismo. Assim como, do lado republicano, as pessoas eram chamadas a resistir à invasão estrangeira, os nacionalistas conclamavam os camponeses contra a dominação de Moscou. Descobri, no entanto, que "bolchevismo" era uma palavra elástica, pois incluía tanto democratas quanto comunistas; de fato, todo mundo que não apoiava o regime totalitário era considerado Vermelho.

Esse ódio pelo governo livre permitiu que eu entendesse as dificuldades com que a república tivera de lidar. Em muitos casos, a alegação de que a república não conseguira manter a disciplina era verdadeira. Em contrapartida, era igualmente verdadeiro que, desde que ela fora estabelecida em 1931, grupos de direita haviam planejado sua queda. Muitos dos atos terroristas na Espanha haviam sido instigados por esses grupos, e em nenhum momento o governo legítimo recebera seu apoio. Prova disso estava no fato de que os oficiais que não haviam pedido demissão quando a república fora estabelecida e mantiveram relações amigáveis, mesmo que por um período limitado, eram vistos como suspeitos. O conde Florida, um proeminente oficial em Salamanca, resumiu a situação em uma única frase:

— Na Espanha, nenhum *cavalheiro* sonharia em apoiar uma república.

A propaganda de Franco chamava muita atenção para os estranhos companheiros que lutavam lado a lado sob a bandeira republicana. Embora a incompatibilidade entre republicanos, anarquistas, comunistas e socialistas na Frente Popular fosse enfatizada repetidamente, descobri em Salamanca que as discórdias nas fileiras de Franco eram igualmente profundas e amargas.

De um lado a outro do território nacionalista, havia dois uniformes predominantes: um era o dos carlistas (ou requetés), com suas camisas cáqui e boinas vermelhas; o outro era o dos fascistas (ou falangistas), vestidos de azul-marinho com borlas carmim penduradas nos quepes. Esses dois grupos, embora unidos em um único partido para vencer a guerra e aproximados pelo ódio comum ao governo parlamentarista, tinham visões teimosa e amargamente opostas.

O Partido Carlista, organizado em 1830 para apoiar Don Carlos, pretendente ao trono espanhol, crescera com o apoio do clero e da aristocracia e se tornara uma grande força política, defendendo o que, na Espanha, era conhecido como "tradicionalismo", mas, na realidade, era nada menos que um retorno ao sistema feudal. Com essas visões reacionárias, eles consideravam os fascistas uma organização perigosa e radical. Esse sentimento não era difícil de entender, pois o programa fascista ameaçava o poder de bispos e nobres. Ele favorecia um governo supremo centralizado, a reforma agrária e a separação entre Igreja e Estado.

Ouvi carlistas argumentarem que os camponeses deviam permanecer nas terras em que haviam nascido; que sua felicidade não estava na educação, mas na segurança que um grande proprietário podia lhes oferecer. Um líder fascista, ao comentar essas observações, sacudiu a cabeça enfaticamente:

— Eles falam assim. Mas, quando a guerra acabar, não haverá nenhum grande proprietário de terra.

Os carlistas eram inflexíveis em relação aos prisioneiros republicanos, exigindo que fossem colocados para construir estradas e restaurar as pontes e cidadezinhas que haviam destruído. Os fascistas, em contrapartida, insistiam que era preciso converter o inimigo a sua maneira de pensar. Lembro do caminhão fascista enviado para alimentar prisioneiros na estrada para Santander. Mais tarde, descobri que milhares de homens haviam recebido uniformes e sido convocados para as fileiras do Exército. A despeito do apelo humanitário, isso fazia parte de um obstinado programa para expandir o poder fascista. Quando discuti o assunto com o conde Florida, ele respondeu veementemente que metade dos fascistas era nada mais que Vermelhos. Indignado, acrescentou que, no norte, muitos faziam a saudação da Frente Popular e falavam sobre seus irmãos em Barcelona.

Embora Franco tivesse feito persistentes esforços para unir os dois partidos, cada um deles continuava a manter sua própria bandeira e seu próprio hino. Às vezes, as hostilidades se tornavam tão amargas que havia brigas nas ruas em Saragoça e San Sebastian. Mas estava aparente, mesmo então, que os fascistas tinham a vantagem. Eles já eram cerca de 3 milhões, comparados aos 800 mil tradicionalistas.

É desnecessário dizer que os assuntos internos espanhóis eram cuidadosamente manipulados pelos nazistas, através de táticas que agora se tornaram familiares em todo o mundo. Embora os italianos desempenhassem papel mais proeminente no campo de batalha, havia mais de 10 mil alemães na Espanha, inocuamente descritos como "técnicos". Seu objetivo, sob o manto do antibolchevismo, era construir um partido fascista que, um dia, faria parte do grandioso esquema de Hitler para conquistar o mundo. Muitos desses alemães eram treinados como pilotos, oficiais de artilharia e engenheiros; outros dirigiam ferrovias, operavam rádios e telégrafos e organizavam o recém-conquistado território. O mais importante de tudo, no entanto, era a infiltração alemã em quase todos os departamentos da administração estatal. Através de sua influência, eles eram capazes de garantir que os simpatizantes fascistas conseguissem importantes empregos burocráticos, estabelecendo homens-chave no tecido do governo.

Eles conduziam uma violenta e intensa campanha de propaganda contra as democracias. De fato, essa campanha frequentemente era muito mais amarga contra a Grã-Bretanha e a França que contra a Espanha republicana. O plano britânico de não intervenção fora condenado pelos comunistas em Madri como tentativa fascista de impedir que armas chegassem à Espanha republicana; em Salamanca, era condenado como complô comunista para enfraquecer Franco ao não lhe oferecer auxílio internacional. O fato de a Grã-Bretanha ser a única grande potência interessada no aspecto humanitário da guerra não inspirava gratidão. Embora a Marinha britânica tivesse evacuado mais de 100 mil refugiados dos dois lados da Espanha e a embaixada trabalhasse incansavelmente para conseguir trocas de prisioneiros, o único resultado era intensificar o ódio de ambos os lados, que achavam que aqueles que não estavam com eles estavam contra eles. Sobre seus caixotes em Salamanca e Burgos, oradores fascistas denunciavam as democracias como decadentes e corruptas e afirmavam que as potências do Eixo estabeleceriam uma nova ordem mundial. Estava claro, mesmo então, que o fascismo não era somente uma filosofia para consumo interno. Ouvi um orador em Salamanca proclamar que, sob o fascismo, a Espanha recuperaria sua antiga glória. Gibraltar e a África do Norte marcariam o início humilde; a América do Sul seria o prêmio resplandecente.

Quanto às condições internas, era difícil fazer uma comparação justa entre os dois lados. Fiz muitas viagens pelo território nacionalista: para Ávila, Talavera, Toledo e para as cercanias de Madri, onde fiquei sobre uma colina e vi quão grande e branco era o Edifício da Telefonia e que alvos fáceis eram as ruas pelas quais havíamos andado tão livremente. Muitos dos vilarejos fora da zona militar tinham mudado muito pouco e, em alguns, parecia duvidoso que as pessoas soubessem que havia uma guerra em curso. Havia muita comida, as feiras estavam lotadas e padres de batina preta caminhavam pelas ruas estreitas e cheias de carroças de burros como se não soubessem que seu destino era determinado nos campos de batalha. A situação alimentar era compreensível, pois os distritos culturais mais ricos estavam sob controle de Franco e ele não tinha nenhuma cidade grande para alimentar. A falta de deslocamento também era compreensível, pois as pessoas não temiam bombardeio da quase insignificante Força Aérea republicana. A sede principal de Franco, Burgos, jamais fora bombardeada. Salamanca, Valladolid, Sevilha e outras cidades nacionalistas só haviam sofrido alguns ataques.

No domínio da brutalidade, provavelmente havia pouca diferença entre os dois lados, mas o espírito de vingança em Salamanca era muito mais virulento que em Madri. Com um sistema que encorajava as pessoas a denunciarem os vizinhos, as suspeitas haviam se tornado tão desequilibradas que observações inofensivas frequentemente eram distorcidas até se tornarem irreconhecíveis. É desnecessário dizer que a atmosfera era reservada: havia sempre o medo de ditafones e bisbilhoteiros, e a conversa geralmente era limitada a banalidades.

As prisões estavam superlotadas e as execuções chegavam a números inacreditáveis. Assim que os nacionalistas ocupavam uma cidade, instauravam tribunais militares e os julgamentos começavam. Tive uma pequena ideia da situação quando dirigi de volta a Santander algumas semanas depois de os nacionalistas terem chegado e visitei um dos tribunais. Havia cinco juízes. Eu conhecera um deles em Bilbao, um divertido capitão do Exército chamado Seraglio, que fora designado especificamente para aquele dever. Fui ao tribunal acompanhada de um oficial de imprensa e ouvi os casos de quatro homens que foram julgados em grupo.

Três eram oficiais do Exército (dois tenentes e um coronel) e o quarto era funcionário público, o secretário do tesoureiro municipal. O julgamento durou cerca de quinze minutos. O promotor pediu pena de morte por traição e a defesa implorou leniência, argumentando que os soldados haviam sido conscritos e o funcionário público não cometera o crime no exercício do cargo. O tribunal foi esvaziado para a leitura do veredito, mas, na hora do almoço, encontrei meu amigo capitão no corredor e perguntei quais haviam sido as sentenças. Ele respondeu que eles haviam sido condenados à morte. Perguntei qual era o padrão para a pena de morte, e ele respondeu:

— Todos os oficiais, todos os funcionários públicos e todos os homens e mulheres que denunciaram Brancos.

Ele disse que o tribunal julgara dezesseis casos naquela manhã, e catorze haviam sido condenados à morte. Várias semanas depois, em Salamanca,

SALAMANCA

um boletim oficial declarou que, de 4 mil prisioneiros julgados, somente 35 haviam recebido a pena de morte. Mas eu não conseguia acreditar que aquela que eu presenciara fora a manhã na qual metade dessas sentenças fora imposta.

Penso frequentemente na cena que presenciei quando eu e o capitão descemos os degraus do tribunal. Em frente ao edifício, havia um caminhão aberto cheio de homens. Quando nos aproximamos, vi que eram os prisioneiros que haviam sido julgados. O céu estava azul e o sol brilhava, o que tornava a pena de morte ainda mais irreal. Alguns estavam sentados de cabeça baixa, mas, quando nos aproximamos, reconheceram o jovem capitão como um dos juízes e, por um breve segundo, suponho que tiveram a esperança de que ele pudesse salvá-los. Eles o encararam como animais confusos, então ficaram em pé atabalhoadamente e o saudaram. Foi uma visão deplorável e terrível, mas o jovem capitão respondeu à saudação casualmente, respirou fundo e disse, em tom jovial:

— Vamos até o café tomar um drinque. As condições melhoraram desde a última vez em que você esteve aqui.

Ao descermos a colina, ouvi o motor do caminhão sendo ligado e me perguntei se eles iriam diretamente para o local de execução. O caminhão passou chocalhando por nós e o capitão disse:

— Que cidadezinha imunda. Quando a guerra acabar, você precisa voltar à Espanha. Eu lhe mostrarei diversão de verdade.

Havia tribunais por toda a Espanha. Mesmo em Salamanca, longe da zona militar, a pequena prisão estava lotada de prisioneiros aguardando julgamento. Um dia, espalhou-se a notícia de que centenas de prisioneiros russos haviam chegado. A história parecia inacreditável, mas abordei um russo Branco que conhecera no hotel, um personagem estranho chamado sr. Petroff, e o persuadi a ir comigo até a prisão. Argumentamos com o carcereiro, o capitão Costello, e ele finalmente nos deu permissão para entrar e conversar com os prisioneiros. O número de russos totalizava três, todos aviadores derrubados durante a batalha de Brunete. Só conversei com dois, e o primeiro era um homem de cerca de 30 anos, magro, com o peito encovado e olhos tristes e melancólicos. Ele disse que fora à

Espanha porque haviam lhe oferecido 1.500 rublos por mês, seis vezes mais que seu salário normal. Ele não fazia ideia de qual era o motivo da guerra, mas sempre desejara viajar e aquela parecera ser sua única oportunidade. Quando perguntei sobre sua experiência como piloto, ele respondeu que voava há seis meses e alegou que a batalha de Brunete fora a primeira operação da qual participara. Tanto mental quanto fisicamente, ele não parecia ter condições de ser piloto da Força Aérea. Era impossível saber se dizia a verdade, mas havia algo genuinamente comovente na ingenuidade de suas respostas. Ele jamais saíra da Rússia antes e, quando perguntei o que mais o impressionara, respondeu:

— Ver as pessoas sorrindo. Nos ensinaram que o mundo fora da Rússia era triste e terrível. Na França, as pessoas estavam rindo. Acho que fomos muito enganados.

A França parecia ter causado profunda impressão; ele disse que, embora em seu vilarejo na Rússia as pessoas jogassem as pontas de cigarro no chão, em Paris eles haviam recebido pequenos cinzeiros de porcelana. Perguntei se seu salário na Rússia permitia algum tipo de luxo.

— Ah, não — respondeu ele, sacudindo a cabeça. — Sempre foi minha ambição ter uma bicicleta, mas nunca consegui.

De algum modo, a ideia de um piloto de bombardeiro desejando ter uma bicicleta me pareceu ligeiramente irracional.

O segundo russo estava no hospital. Ao saltar de paraquedas, ele quebrara a perna, mas não parecia se importar, pois se tornara o centro das atenções. Ele era diferente do primeiro piloto: um camponês grande e loiro que não se abalava com nada e mantinha um fluxo constante de riso e conversa. Ele também alegou ter ido à Espanha somente por causa do dinheiro, mas agora estava com saudades de casa e queria voltar a Moscou. Ele disse que a Rússia era o melhor lugar do mundo. Ele parecia muito à vontade, e o capitão Costello contou que se tornara uma peça de exibição. As enfermeiras espanholas nunca tinham visto um russo antes e, durante todo o dia, um fluxo incessante delas entrava no quarto na ponta dos pés, parava na cabeceira da cama e o encarava com curiosidade. Alguns me-

SALAMANCA

ses depois, ouvi que os russos haviam sido libertados. Se isso era ou não verdade e o que aconteceu com eles depois, jamais soube.

Durante as duas semanas seguintes em Salamanca, conversei com todo mundo que consegui encontrar, recolhendo fragmentos de informação e tentando capturar algum insano padrão. Eu podia compreender a mentalidade dos espanhóis de classe alta que lutavam por suas casas, propriedades e privilégios; também podia compreender os camponeses, que haviam se unido ao Exército de Franco porque seus senhores mandaram; e até mesmo os alemães, que provavelmente não pensavam em nada além do fato de que as ordens do Führer eram sacrossantas. Mas estava curiosa sobre os italianos. Eu me perguntava qual era, em sua opinião, a razão pela qual Mussolini os enviara à Espanha. Conversei com vários na embaixada e no gabinete de imprensa, mas seus comentários eram reservados, e eu queria ouvir o ponto de vista de alguém nas forças de combate. Por acaso, tive uma oportunidade quando fui a um café me encontrar com um amigo; enquanto esperava, um aviador italiano se aproximou e se sentou à minha mesa. Ele era um jovem de mais ou menos 25 anos, com uma fileira de medalhas que conquistara na Abissínia. Começamos a conversar e, quando eu disse ser americana, ele sorriu calorosamente e respondeu:

— Eu amo jazz americano.

Com alguma dificuldade, afastei-o desse assunto e comecei a falar da guerra. Perguntei por que os italianos lutavam na Espanha, e ele respondeu animadamente:

— Precisamos destruir os bolcheviques.

— É realmente por isso que estão aqui?

— Bom — sorriu ele —, as duas coisas coincidem. Veja, a Itália é um país muito pobre. Se pudermos matar Vermelhos e conseguir matéria-prima ao mesmo tempo, essa é uma excelente combinação. Estamos na era da expansão.

Eu perguntei se a Itália não tinha nenhum outro caminho que não a guerra, e ele disse:

— A guerra não é tão ruim; às vezes, é divertido lançar bombas. O problema com vocês americanos é que são sentimentais demais, e são sentimentais porque são orgulhosos demais. Vocês têm tudo que querem. Talvez não tivéssemos entrado na guerra se houvesse novas terras para descobrir. Agora, claro, se Cristóvão Colombo tivesse se agarrado à América...

Meu amigo chegou e jamais tive a chance de ouvir o desenvolvimento desse tema.

4. Marcha pelo norte

Durante o mês de setembro, o Exército de Franco avançou pela rústica província de Astúrias, levando sua campanha no norte para mais perto da conclusão. Embora as tropas republicanas estivessem condenadas nesse lento aperto, elas ofereciam uma resistência teimosa e feroz.

Eu estava em Santander na época, e um oficial espanhol, o capitão Aguilera, décimo sétimo conde de Alba y Yeltes, ofereceu-se para me levar de carro até León, onde ocorria a base do ataque.

O capitão Aguilera (que falava inglês fluentemente) usava botas com esporas e uma borla azul pendurada no quepe; ele tinha um Mercedes amarelo-claro e, no banco de trás, havia dois grandes rifles de repetição e um motorista que dirigia tão mal que costumava ser encorajado a dormir.

Serpenteamos pela costa, mas a viagem se mostrou difícil: a estrada estava lotada de soldados e caminhões do Exército italiano e, em todo o caminho, havia um fluxo constante de refugiados. Eles haviam fugido antes do avanço, mas, cortados pelo outro lado, retornavam a suas casas.

Aguilera gostava de dirigir depressa, então xingava muito as carroças e os animais.

— Nunca se veem garotas bonitas — resmungou ele. — Qualquer garota com um rosto que não se pareça com uma bota consegue carona em um caminhão italiano.

Alguns minutos depois, no entanto, duas garotas com mantilhas vermelhas e azuis amarradas sobre a cabeça acenaram freneticamente, e nós paramos ao lado da estrada. Elas correram até o carro e, em um acelerado fluxo de espanhol, disseram que o Exército que recuava roubara suas vacas.

Alguns animais haviam escapado pelo caminho e elas haviam saído em busca deles, mas não os haviam encontrado, estavam cansadas e queriam uma carona para casa. Demos a elas uma carona de alguns quilômetros e continuamos até Llames.

Llames era um mar de uniformes. Soldados italianos lotavam as calçadas, alguns deles agachados ao lado da estrada, abrindo latas de carne com as baionetas, outros comendo pão com queijo e bebendo vinho tinto direto da garrafa. A rua principal estava bloqueada por caminhões de suprimentos sendo abastecidos e, em uma esquina, uma multidão de crianças e donas de casa espiava curiosamente um grande tanque russo que fora capturado dois dias antes. Fora da cidade, passamos por uma arma de 6 polegadas sendo arrastada por algumas mulas. O capitão gritou com um dos homens do grupo e perguntou se a estrada para Infiesto estava liberada. Um dos soldados respondeu:

— *Ich weiss nicht. Ich bin hier fremd.* ("Não sei. Sou estrangeiro.")

Até mesmo a palavra "estrangeiro" soou amarga.

— Os alemães são bons sujeitos — disse Aguilera —, mas sérios demais. Eles nunca têm nenhuma mulher por perto, mas suponho que não vieram aqui para isso. Se matarem um número suficiente de Vermelhos, nós podemos perdoá-los por qualquer coisa.

Esfriou e continuamos dirigindo, pois estávamos agora na base dos Picos de Europa, umas das mais altas cordilheiras europeias. As montanhas escuras pareceram nos esmagar quando a estrada estreitou e começou a serpentear pelos desfiladeiros. Logo começou a chover, mas o capitão dirigia cada vez mais velozmente, até que pareceu que sairíamos derrapando pelos precipícios. Ao terminarmos uma curva, encontramos uma fieira de soldados montados em mulas. Eles formavam uma longa e silenciosa procissão pelas montanhas; o único ruído vinha dos cascos dos animais espirrando lama e, à frente da procissão, das carroças carregando artilharia leve e armas antiaéreas.

O front estava perto. Havia luta nas montanhas a menos de 2 quilômetros. De vez em quando, ouvíamos um som surdo e retumbante que, em outras circunstâncias, acharíamos ser trovões. Chegando a um minúsculo vilarejo, encontramos a rua principal bloqueada por três canhões compridos e cinzentos, com as pontas enroladas em um tecido preto de algodão. As cores reais da Espanha, guardadas de ambos os lados pelas bandeiras alemã e italiana, haviam sido colocadas sobre a porta de uma dilapidada ferraria, ao passo que lá no alto, lavado pela chuva, um cartaz rasgado dizia: "Vote na Frente Popular."

Várias crianças sujas estavam paradas ao lado da estrada, olhando para a cena com espanto, enquanto uma mulher muito idosa, com os olhos brilhando de interesse, espiava timidamente pela janela de uma cabana dilapidada. Parecia extraordinário que o minúsculo vilarejo, isolado do mundo pela grande barreira montanhosa, estivesse na rota de retirada de um Exército e na rota de avanço de outro.

Uma garota de vestido de algodão chegou à esquina carregando um balde d'água. Perguntei o que ela achava de tudo aquilo. O que ela achava daquilo, repetiu ela, com ar confuso... aquilo, o quê?

— Dos Exércitos — disse eu. — Um Exército saindo, o outro entrando.

— Ah — disse ela. — Bom, não sobrou muita comida.

Comida. Essa era a questão. Era isso que a guerra significava. Falta de comida, vacas desaparecidas e casas com buracos de bomba.

Aguilera desceu do carro para ver qual era o problema e, alguns minutos depois, voltou com a notícia de que a ponte fora derrubada, com poucas chances de ser restaurada antes do dia seguinte. Teríamos que voltar a Torrelavega e tentar outra estrada.

A essa altura, estava frio e escuro. Torrelavega, capturada somente alguns dias antes, tinha um curioso ar de imobilidade. Havia um pequeno hotel na praça principal, mas, quando caminhamos até lá, encontramos tudo deserto. O restaurante estava vazio, com as toalhas de algumas mesas caídas no chão, e a única luz vinha de uma lâmpada fraca. Aguilera bateu os pés e gritou. Alguns minutos depois, uma espanhola muito gorda veio tropeçando sem fôlego pela escada. Quando perguntamos se havia alguma comida, ela jogou os braços para cima e iniciou uma explicação passional. Estavam sem nada, o Exército ficara com tudo, haviam tomado até o moedor de café. Ela podia entender por que tinham levado a comida, mas não o moedor; era um excelente moedor de café que viera lá dos Estados Unidos.

118 ESPANHA NACIONALISTA

Dirigimos até Corrales, onde finalmente jantamos. O restaurante do hotel estava lotado de oficiais alemães e italianos e, inicialmente, o concierge disse que não podia nos servir. Mas Aguilera discutiu com ele e, em breve, serviram-nos uma enorme refeição de sopa, peixe, carne e vegetais. Os alemães presentes eram solenes e polidos e os italianos barulhentos e vorazes, cantando frequentemente. Eram exatamente como italianos e alemães deviam ser, então partimos satisfeitos.

Nosso problema agora era encontrar um lugar para dormir. As estradas do interior eram ruins, mas o capitão passou por elas em alta velocidade, até que cada mola do carro parecia ter quebrado. Na primeira cidade de tamanho médio que encontramos, ele parou diante do hotel e esmurrou a porta. Tudo estava escuro e imóvel, então o som do motor, dos gritos e das batidas à porta fez com que muitas janelas se abrissem, mas, quanto a um lugar para dormir, não tivemos sucesso, pois a voz do concierge veio lá de cima dizendo que as tropas do governo haviam pegado todos os colchões. Ele sugeriu que dirigíssemos até o vilarejo seguinte, a cerca de 30 quilômetros, mas, quando chegamos lá, descobrimos que mais de oitenta pessoas haviam sido recusadas na única hospedaria, que estava lotada de oficiais, dormindo até mesmo em poltronas no saguão.

Era quase meia-noite e o capitão estava ficando mal-humorado. Os sulcos nas estradas eram tão profundos que ele foi forçado a desacelerar e, em uma das pontes temporárias, ficamos parados por quase meia-hora por causa de um caminhão militar encalhado na lama. A ponte principal, que fora explodida pelos asturianos que recuavam, estava iluminada pelos sinalizadores de mais de quinhentos homens trabalhando na reconstrução. Engenheiros alemães de uniforme cáqui e gravata preta orientavam os trabalhadores, a maioria prisioneiros capturados em Santander.

— *Bueno* — disse Aguilera —, é bom vê-los reconstruindo o que destruíram. A única coisa que os Vermelhos gostam de fazer é destruir. Você deve enfatizar isso em um de seus artigos. A alegria da destruição.

— Sim — concordei —, mas o Exército estava recuando. Ao explodirem as pontes, eles retardaram o avanço inimigo, não é?

Aguilera me lançou um olhar hostil.

— Você fala como um Vermelho.

Daí em diante, a atmosfera permaneceu tensa. Felizmente, a viagem logo acabou, pois, uma hora depois, conseguimos abrigo em um pequeno vilarejo chamado Aguilar de Campo.

Na manhã seguinte, o sol brilhava sobre uma área rural serena. Estávamos fora da zona militar e soldados, armas, caminhões e confusão pareciam ter ido embora com a escuridão, como um sonho estranho. Dirigindo na direção de León, não havia bandeiras ou uniformes para sugerir que uma guerra fora travada. Somente burros se arrastando pelas estradas, camponeses cuidando das plantações, vilarejos minúsculos e sonolentos e crianças esfarrapadas brincando na poeira.

— Malditos sejam os Vermelhos! — disse Aguilera subitamente. — Por que eles tinham que colocar ideias na cabeça das pessoas? Todo mundo sabe que as pessoas são tolas e se saem muito melhor obedecendo ordens que tentando pensar por si mesmas. O inferno é pouco para os Vermelhos. Eu gostaria de empalar cada um deles e vê-los se contorcendo nos postes como borboletas...

O capitão fez uma pausa para conferir a impressão que seu discurso causara, mas não respondi, o que pareceu enfurecê-lo.

— Há somente uma coisa que eu odeio mais que um Vermelho — disparou ele.

— E o que é?

— Jornalistas sentimentaloides!

* * *

As tropas de Franco se fechavam sobre o Exército republicano como um quebra-nozes. Elas se aproximavam de Gijón, o último grande porto da costa, e, com sua capitulação, a campanha no norte chegaria ao fim. No hotel em León, havia um grupo de quinze ou vinte jornalistas que faziam viagens diárias ao front. Entre os americanos e ingleses estavam Richard Sheepshanks, da Reuters; Reynolds Packard, da United Press; e, se me lembro corretamente, William Carney, do *The New York Times*; Harold Cardozo, do *Daily Mail*; e "Kim" Philby, do *Times* londrino.

As viagens ao front eram como um chá maluco das páginas de uma versão bélica de *Alice no País das Maravilhas*. Primeiro havia o chefe de imprensa, o major Lombarri (em tempos de paz, um artista da *Vogue*), que voejava por ali como um professor de escola dominical, tentando reunir carros de imprensa, jornalistas e marmitas, tudo ao mesmo tempo. As marmitas eram preparadas pelo hotel e continham omeletes com batata, algumas fatias de carne fria, queijo, frutas e garrafas de vinho tinto. Isso dava às viagens um ar de piquenique, e todo mundo partia com um espírito de feriado.

Fiz a primeira viagem em um carro com Dick Sheepshanks. Seguimos o carro do major Lombarri através das estradas montanhosas por cerca de uma hora, até que o barulho de artilharia ficou muito alto e chegamos a uma clareira onde duas baterias atiravam. De um lado, vinte ou trinta mulas estavam amarradas a estacas enfiadas no chão e, por perto, centenas de soldados estavam deitados na grama, fazendo a sesta da tarde. À direita, havia um pequeno declive, e o major Lombarri decidiu que aquele seria um bom lugar para almoçar. Ele começou a esticar tapetes e abrir marmitas e então disse, graciosamente:

— Agora sentem-se e divirtam-se.

A cena era incongruente. Enquanto os oficiais de imprensa cortavam seus omeletes com batata e bebiam seu vinho, as armas estremeciam e cortavam o ar, tossindo fogo azul quando os projéteis saíam gemendo pela área rural. Os explosivos levavam 25 segundos para chegar à fortaleza republicana, no topo de uma montanha a cerca de 3 quilômetros, então havia um baque abafado e os estilhaços choviam como fuligem pela montanha. Toda vez que as armas disparavam, as mulas zurravam histericamente, mas ninguém parecia se importar com o barulho. Os soldados continuaram dormindo e os oficiais de imprensa continuaram bebendo vinho e contando uns aos outros sobre toda a diversão que teriam em Paris quando a guerra terminasse.

Sentada lá ao sol, senti repulsa; quando o artilheiro puxou o cordão, automaticamente contei 25 segundos e me perguntei para quem a areia da ampulheta estaria acabando. De acordo com um dos oficiais, havia uns mil homens na montanha. Sua munição acabara havia vários dias e era somente uma questão de tempo até que eles se rendessem — se ainda houvesse alguém para se render.

A desigualdade entre os dois Exércitos era impressionante. Além de terem equipamentos melhores, as tropas de Franco eram mais organizadas e disciplinadas. Dos 600 mil soldados da república, menos de 4 mil tinham alguma experiência militar prévia. A maioria dos 20 mil voluntários internacionais não era de soldados treinados, mas de homens comuns da classe operária recrutados pelos partidos comunistas em todo o mundo. Estimava-se que houvesse 2 mil russos, entre pilotos, oficiais de Estado-Maior, artilheiros e técnicos. Para mim, parecia extraordinário que eles tivessem sido capazes de aguentar o tempo que aguentaram contra as forças treinadas dos nacionalistas.

Para além da conscrição civil de Franco, ele tinha 80 mil italianos, incluindo três divisões regulares do Exército, uma Legião Estrangeira experiente, rijos regimentos mouros, a Guardia Civil, o Exército espanhol regular e 10 mil "técnicos" e pilotos alemães.

Sentada lá na montanha, refleti sobre o que os espanhóis achavam do fato de estrangeiros estarem massacrando seus compatriotas. O oficial encarregado das baterias era italiano. Ele estava elegantemente vestido, com um suéter de gola rulê e botas engraxadas, e toda vez que dava o sinal para atirar, erguia a bengala, como se regesse uma orquestra sinfônica. Ele se aproximou para conversar e comentou:

— Diabos teimosos! Eles não sabem quando foram vencidos.

— É claro que não — respondeu o major Lombarri com orgulho. — São espanhóis.

Tudo me pareceu ligeiramente confuso.

Subitamente, vimos uma longa linha de homens com picaretas e pás à distância. O capitão Aguilera nos interrompeu energicamente:

— Prisioneiros Vermelhos capturados em Santander. Ouvi dizer que eles construíram uma das estradas pela montanha em oito dias. Sem muita chance para dormir, não é? É assim que os tratamos. Se não precisássemos de estradas, eu gostaria de pegar um rifle emprestado e abater um ou dois.

O almoço finalmente terminou. O major Lombarri recolheu as marmitas e as jogou do lado mais afastado do declive, então disse que nos levaria até onde o comandante dirigia as operações. Ele fez com que o capitão Aguilera, Dick Sheepshanks e eu entrássemos em seu carro e nos levou por uma estrada que espiralava por vários quilômetros através das montanhas. Nas curvas, o motorista buzinava várias vezes, mas, em uma delas, enfiou o pé no freio ao encontrar subitamente um grande caminhão italiano. Todo mundo saiu e começou a discutir sobre se havia ou não espaço para passarmos. Os italianos disseram que seria fácil, mas, quando passaram, bateram em um de nossos para-lamas. Estávamos do lado externo e nosso pneu traseiro saiu da estrada. O motorista acelerou e, felizmente, o carro saltou de volta para a frente. O major ficou furioso e gritou para os italianos:

— Tentem matar o inimigo, para variar.

Deixamos o carro em uma clareira e percorremos o restante do caminho a pé. Centenas de soldados estavam espalhados pelo chão, de ambos os lados da trilha estreita. Alguns consertavam metralhadoras, alguns escovavam mulas e outros simplesmente dormiam. Quando chegamos ao topo da montanha, encontramos o comandante almoçando com dois oficiais em um pequeno abrigo escavado. Ele era um homem gordo de meia-idade que nos saudou calorosamente e insistiu que nos amontoássemos no espaço apertado. Embora disséssemos ter acabado de almoçar, produziu uma garrafa de vinho de Málaga, alguns biscoitos e um prato de abacaxi enlatado vindo dos Estados Unidos. Ele piscou e disse sentir simpatia pelos americanos, porque não esquecera que os Estados Unidos tinham um bom pedaço da Espanha. Seu nome era Pablo ou Paul, ele disse, e o meu? Quando ouviu que era Virginia, ficou deliciado.

— Paul e Virginia — repetiu ele. — Você já leu o livro?

Nesse momento, um dos soldados se aproximou e disse ter recebido a mensagem de que uma esquadrilha estava a caminho para metralhar as posições inimigas. Fomos para o lado de fora e, em breve, vimos seis pontos mergulhando sobre a montanha como aves de rapina. Eles voaram de um lado para o outro por quase uma hora e, ocasionalmente, quando o vento soprava do lado certo, ouvíamos o matraquear distante das balas

MARCHA PELO NORTE

Finalmente pegamos o caminho de volta para o hotel. Quando descíamos a montanha, passando por homens, mulas e metralhadoras, perguntei ao major Lombarri o que o soldado comum diria se lhe perguntassem pelo que lutava.

— Ah, eles sabem — respondeu ele. — Vamos parar e perguntar para alguém.

Questionamos um garoto de uns 19 anos que estava deitado na grama comendo um sanduíche de queijo. Ele era um camponês de Sevilha e, quando o major apresentou minha pergunta, respondeu:

— Estamos lutando contra os Vermelhos.

Eu perguntei o que ele queria dizer com Vermelhos.

— As pessoas que foram enganadas por Moscou.

Por que ele achava que haviam sido enganadas?

— Elas são muito pobres. Na Espanha, é fácil ser enganado.

O capitão Aguilera, em pé a meu lado, interrompeu:

— Então você acha que as pessoas não estão satisfeitas?

O soldado pareceu assustado:

— Eu não disse isso, *señor*.

— Você disse que elas eram pobres. Parece que você também está cheio de ideias vermelhas.

Dick e eu nos afastamos e o capitão Aguilera e o major nos seguiram.

— Precisamos cortar esse tipo de coisa pela raiz — disse Aguilera.

— Bem — suspirou o major —, é tudo muito confuso. Quando a guerra acabar, voltarei para a *Vogue*.

* * *

Decidi que tivera o bastante da Espanha. Pedi ao major Lombarri um carro para retornar a Salamanca, mas ele disse que não haveria nenhum disponível durante vários dias. Enquanto isso, sugeriu que eu fosse até Oviedo, uma cidade nas Astúrias, que fora capturada pelo general Franco nos primeiros dias da guerra. As montanhas em torno ainda estavam ocupadas pelos republicanos e, durante mais de um ano, a cidade fora alvo constante da artilharia e dos bombardeios aéreos.

Eu estava ansiosa para compará-la a Madri, mas, quando ouvi que o grupo (que consistia em dois fotógrafos, um alemão e outro russo) seria conduzido pelo capitão Aguilera, hesitei. Desde meu infeliz comentário sobre os republicanos explodirem as pontes não somente pela alegria da destruição, mas para retardar o avanço inimigo, Aguilera me via como Vermelha, e nosso relacionamento não era amigável. Finalmente decidi que seria tolo deixar que a animosidade pessoal interferisse e concordei em ir, determinada a manter com ele o relacionamento mais polido possível. Antes de a viagem terminar, percebi que cometera um erro.

Levamos cinco ou seis horas para chegar a Oviedo, já que a maior parte da viagem foi pelas montanhas. A estrada levando à antiga cidade, que ficava em um vale, estava sob contínuo ataque; como era a única estrada aberta, caminhões com alimentos e carros oficiais eram forçados a se expor diariamente. O motorista acelerou e disparamos montanha abaixo — a meu ver, correndo um risco muito maior de quebrar um eixo nos buracos dos projéteis que de sermos atingidos. Do topo da montanha, Oviedo parecera ordinária, mas, quando chegamos, ficou difícil acreditar que alguém ainda vivia lá. Parecia que a cidade fora atingida por um furacão. Nenhum edifício ou casa escapara; alguns pareciam cenários com as paredes arrancadas; outros, bolos de aniversário com buracos escavados no meio.

Embora a população normal de 30 mil pessoas tivesse sido evacuada, havia cerca de 1.500 civis que insistiam em permanecer em suas casas. A maioria vivia nos porões dos prédios arruinados, correndo para dentro e para fora dos refúgios como se tivessem feito isso a vida toda. O principal café estava aberto, mas, como os vidros das janelas haviam quebrado havia muito, o vento assobiava pelo salão e os clientes bebiam café com a gola do casaco bem apertada em torno do pescoço.

Durante todo o dia, ouvia-se o baque surdo dos projéteis caindo esporadicamente na cidade, mas ninguém parecia se importar: bandos de crianças esfarrapadas brincavam no meio da rua, um engraxate gritava por clientes no meio-fio e, na esquina, uma senhora idosa argumentava com o açougueiro sobre uma peça de carne.

O hotel em que dormi (um hotel na rua principal, cujo nome esqueci) fora atingido por projéteis dezesseis vezes. Só haviam restado três quartos, mas o proprietário ainda os alugava. Ele era um homem baixinho e agradável que insistiu que "a dama fique com o melhor quarto". E me conduziu até ele, desculpando-se pelo buraco irregular deixado por um projétil logo acima da cama. Não havia eletricidade, então ele deixou uma vela e disse que, se o bombardeio piorasse durante a noite, eu devia descer até o porão. E acrescentou que, quando a guerra terminasse, ele tinha planos para um hotel melhor; não tinha dinheiro para construí-lo, claro, mas esse problema cuidaria de si mesmo. Com a paz, todo o restante viria.

Eu estava descobrindo que, para a população civil de um país, a guerra raramente era interpretada em termos de estratégia militar e "ismos" altaneiros. Ela significava preços altíssimos, falta de comida e casas com buracos de bomba. As opiniões das pessoas eram influenciadas amplamente pelo efeito que a guerra tinha em suas vidas. Os oficiais do governo respondiam em termos de política; os soldados, em termos de estratégia; e os civis, em termos de distúrbio doméstico.

Passamos somente uma noite em Oviedo. O capitão Aguilera nos levou para jantar com o coronel, e o salão em que jantamos tinha um buraco de projétil coberto por tiras de papel marrom. As persianas estavam fechadas e duas velas tremulando sobre a mesa forneciam a única luz. Não me lembro muito bem daquela noite, exceto que o coronel parecia satisfeito por ter visitantes e nos ofereceu um jantar surpreendentemente elaborado. Conversei com um dos oficiais, que disse que a guerra terminaria em breve e profetizou que Franco passaria a Páscoa em Barcelona. Sentados lá, ouvíamos as explosões do lado de fora; o vento gemia fantasmagoricamente pelo buraco na parede, e tudo parecia um sonho estranho.

Aguilera e eu não havíamos conversado desde o início da viagem, mas, na manhã seguinte, recebi uma mensagem me dizendo para estar pronta às 8h30. Depois de uma refeição de café e pão seco, entramos no carro e dirigimos até a periferia. O motorista parou na esquina de uma pequena rua comercial, perto de onde as trincheiras de comunicação começavam, o que marcava o início das trincheiras nacionalistas. Aguilera conversou com os fotógrafos em alemão, virou-se para mim e disse que eles queriam tirar algumas fotografias e retornariam em dez minutos. Eles desapareceram e só voltaram duas horas depois. A rua estava quase deserta, com exceção de uma mercearia vazia e uma pequena confeitaria que não parecia ter muitos clientes. Durante toda a manhã, ouvi o estrondo dos projéteis caindo sobre a cidade. Ninguém ficava do lado de fora mais que o necessário e as pessoas corriam pelas ruas, de vez em quando entrando nos pórticos para se proteger. Quando os minutos se transformaram em horas, suspeitei que Aguilera me deixara no carro de propósito, suponho que como forma de represália. Quando voltou, ele não se desculpou, dizendo apenas:

— Agora nos despediremos do general e retornaremos a León.

Paramos em frente à casa do coronel, mas eu disse a Aguilera que ele teria que se despedir sem mim. Ele recebeu minha resposta com indignação, pois obviamente preferia apresentar um grupo agradável e sorridente a seu oficial superior. Eu me recusei a entrar e, quando ele saiu, seu rosto ainda estava vermelho de raiva.

— Você insultou a causa nacionalista — disse ele. — Isso não ficará assim.

Percebi que nosso feudo chegara a um clímax e sabia que ele não era um inimigo a ser encarado com leviandade. No entanto, como planejava retornar à França, não fiquei particularmente preocupada até chegar a Salamanca e procurar Pablo Merry del Val. Quando disse que pretendia partir da Espanha e pedi a permissão necessária para viajar, ele respondeu friamente que nenhum carro de imprensa estava disponível e era impossível me conceder permissão para viajar de trem.

— Você permanecerá aqui até conversarmos novamente.

Imaginei que Aguilera já enviara um relatório reclamando. Eu sabia que ele não hesitaria em fazer qualquer acusação, por mais séria que fosse. Como dois correspondentes americanos, H. R. Knickerbocker e Webb Miller (sem mencionar vários jornalistas ingleses), já haviam sido presos, eu sabia que meu passaporte seria de pouca utilidade se as autoridades indicassem que eu estivera do lado republicano e quisessem me acusar de espionagem.

Percebi que seria perigoso permanecer em Salamanca e decidi chegar a Burgos e, de lá, a San Sebastian. Como era impossível viajar por território nacionalista sem autorização do governo, não sabia como fazer isso. Por sorte, encontrei o duque de Montellano, um amigo de Rupert Bellville que conhecera em San Sebastian; quando contei que queria ir até Burgos, ele respondeu que sua esposa e sua cunhada partiriam de carro em uma hora e eu podia viajar com elas.

A duquesa era uma mulher amável; ela me disse que, antes da guerra, sua casa em Madri fora emprestada ao embaixador americano Claud Bowers. Embora nenhum dos diplomatas estivesse presente, a casa ainda era usada como embaixada, e ela estava deliciada por saber que suas pinturas e sua mobília estavam seguras. Fomos paradas várias vezes por guardas na estrada, mas eles ficaram satisfeitos com a permissão do carro e nos acenaram para passar. Chegamos a Burgos à tarde e eu me despedi delas no Hotel Norte y Grande. Eu me lembro bem do hotel, pois, na parede, havia um grande cartaz anunciando uma tourada. Ele retratava Domingo Ortego, o famoso matador, enfrentando um touro particularmente ensanguentado. Embaixo estava a frase: "Para benefício da Cruz Vermelha."

Descobri que a cidade estava lotada e não havia como conseguir quartos. Não havia consulado americano ou britânico e eu não tinha amigos ou conhecidos a quem recorrer. Fui a um café para pensar em um plano; vagamente, lembrei de alguém comentar que o conde Cosme Churrucca, um espanhol que eu conhecera nas Filipinas vários anos antes, estava no Estado-Maior em Burgos. Escrevi um bilhete e enviei o mensageiro do hotel até o Ministério da Guerra. Não esperava nenhum resultado. Senti que seria sorte demais encontrá-lo lá e quebrava a cabeça em busca de uma alternativa quando, para meu espanto, ele entrou sorridente pela porta. Expliquei que não tinha onde ficar e ele me disse que iria para San Sebastian pela manhã e me levaria com ele. Para passar a noite, ofereceu-me um quarto no apartamento de sua cunhada.

Até então, eu tivera uma sorte incrível, mas percebi que, mesmo em San Sebastian, só teria vencido metade das dificuldades. Enviei um telegrama convidando Tommy Thompson para almoçar, esperando que ele entendesse e cruzasse a fronteira para me encontrar.

Eu conhecera Cosme Churrucca como homem amável e despreocupado que levava uma boa vida em Manila. Mas ele se transformara em um fascista excitável. Ele falou acaloradamente sobre a decadência das democracias e afirmou ferozmente que, quando a guerra acabasse, Alemanha, Itália e Espanha atacariam a França e a dividiriam em três partes: o norte para a Alemanha, a Riviera para a Itália e a costa basca para a Espanha. Eles deixariam Paris para os franceses, acrescentou, já que eles a administravam tão bem.

Ao chegarmos a San Sebastian, fui diretamente ao Hotel Maria Cristina. Tive a sorte de encontrar Eddie Neil, da Associated Press (que morreu no front algumas semanas depois, com Dick Sheepshanks, quando um projétil atingiu seu carro), que me levou ao Chicote para um coquetel. O bar estava barulhento e alegre e parecia tão distante da amargura da guerra que eu começava a achar que tinha imaginado o problema em Salamanca quando um jornalista holandês se aproximou e disse:

— Que surpresa! Achei que você estava na prisão!

Ele explicou que ouvira em Saint Jean-de-Luz o rumor de que eu fora presa.

Isso não indicava uma atmosfera muito amigável e, naquela noite, dormi mal, esperando ouvir passos no corredor, batidas na porta e a voz dos policiais. A manhã chegou sem tais eventos espetaculares e, para meu grande alívio, por volta das 12h30 recebi a mensagem de que Tommy estava no saguão. Ele também ouvira de Philby, do *The Times*, o rumor sobre minha prisão. Ao receber meu telegrama, telefonara para o escritório do governador militar em Irun e fora informado de que eu podia partir da Espanha se tivesse permissão do quartel-general. Esse, claro, era o problema! Ele achou que pedir o visto só serviria para chamar atenção oficial para o fato de que eu estava em San Sebastian sem permissão. A fronteira estava novamente fechada e, após discutirmos a situação por algum tempo, ele decidiu que a única solução era arriscar e ir embora no carro dele, na esperança de que os guardas nos deixassem passar sem problemas.

Jamais me esquecerei do momento em que nos aproximamos da ponte Internacional. A Union Jack flutuava bravamente na tampa do radiador

MARCHA PELO NORTE

e, quando os guardas espanhóis nos pararam, Tommy entregou seu *salvo conducto*. Eles o inspecionaram cuidadosamente e eu esperei pelo terrível momento em que se virariam para mim. Mas esse momento jamais chegou; eles assentiram com ar satisfeito, devolveram o documento e bateram continência. As barreiras se levantaram lentamente, Tommy pisou no acelerador e disparamos pela ponte rumo à liberdade. Jamais voltei à Espanha nacionalista e frequentemente me pergunto se Pablo Merry del Val ficou surpreso com meu estranho desaparecimento. Se escapei ou não das garras da polícia, jamais fiquei sabendo. Mas certamente gostei de meu coquetel no Bar Basque.

* * *

A vida ordeira na França, com seus pacíficos vilarejos, parecia um mundo diferente após o caos da Espanha. Foi lá que ouvi a história de Rupert Bellville. Ele voara para Santander com um jovem espanhol chamado Ricardo Gonzalles. Quando desceram do avião gritando *Viva Franco!*, haviam sido prontamente presos pelos oficiais republicanos que ainda estavam no comando do aeródromo. Como a cidade estava prestes a capitular, Rupert fora forçado a levar dois oficiais até a segurança de Gijón. Chegando lá, fora preso. Enquanto isso, seu amigo Ricardo ficara sob custódia de dois jovens oficiais do Exército. Ele fingira ser inglês e dissera não entender espanhol. Então tivera a desagradável experiência de ouvi-los debater se deviam fuzilá-lo ou não. De acordo com a história de Ricardo, eles ainda discutiam quando um soldado chegou de motocicleta e anunciou que a vanguarda de Franco marchava sobre a cidade. Um dos oficiais se virou para ele, arrancou a insígnia do próprio casaco e disse, dramaticamente:

— Não é você quem morre hoje.

Então pegou o revólver, foi para o outro lado da montanha e se suicidou.

A embaixada britânica em Hendaye fez representações em benefício de Rupert e, após muita argumentação, o governador anarquista de Gijón concordou em libertá-lo se um navio de guerra britânico fosse buscá-lo.

Rupert ficou abalado com a experiência. Ele não sabia se seria ou não fuzilado e, várias vezes, quando Gijón fora bombardeada, multidões furiosas haviam invadido a prisão e pedido o sangue dos prisioneiros "fascistas". Quando aterrissou na França, Rupert foi recebido por uma barragem de repórteres, e o *Evening Standard* pagou 500 libras por uma matéria exclusiva. Ele as perdeu na mesma noite, jogando em um cassino em Biarritz.

Mais tarde, ouvi que o governador de Gijón lhe entregara uma carta, meticulosamente datilografada em inglês, dizendo que aceitava a garantia da embaixada britânica de que o prisioneiro não era um espião, mas meramente "irresponsável". A carta acrescentava que Rupert recebera sua liberdade incondicionalmente, mas mencionava o nome de certos prisioneiros — amigos do governador — que estavam nas mãos dos nacionalistas, no caso de uma troca ser possível. Meses depois, Tommy me disse que representações haviam sido feitas junto às autoridades de Franco, mas sem sucesso.

Embora o governador anarquista fosse somente um nome para mim, frequentemente me pergunto como sua história terminou.

PARTE III

Sombras na primavera

1. Londres

No Natal de 1937, meu táxi se arrastava por Piccadilly em um nevoeiro tão espesso que o motorista mantinha o carro em marcha lenta, freando quando objetos surgiam misteriosamente alguns centímetros à frente. Eu já passara por alguns nevoeiros londrinos, mas nunca um tão opressivo. Era como uma nuvem de fumaça negra e sufocante. Ele ocultava os postes e entrava nas casas, lançando uma mortalha sombria sobre as árvores de Natal. Cobria a capital como um anjo negro que abrira as asas com uma terrível profecia. Esse foi o Natal antes da ocupação alemã da Áustria, o último Natal em que os direitos dos Estados soberanos seriam respeitados no continente europeu.

Viver em Londres naquele inverno, e ouvir o som e a fúria do outro lado do Canal, era como ficar perto demais da orquestra e ser ensurdecida pelo crescendo dos instrumentos de sopro. Mas, para além da ameaça dos eventos mundiais, achei Londres perigosa por si mesma. A falta de aquecimento central, os nevoeiros, a mão invertida e as ruas tortuosas ofereciam riscos quase tão grandes quanto os da situação internacional.

Embora meu contrato com os jornais Hearst tivesse terminado, eu decidira me estabelecer na Inglaterra por alguns meses antes de retornar a Nova York e alugara um pequeno apartamento em Eaton Mews. O contrato incluía um cão chamado Picles e uma zeladora chamada sra. Sullivan. A sra. Sullivan chegava todas as manhãs para preparar o meu café, ia embora ao meio-dia e retornava à tarde para preparar o chá. Ela era uma mulher enorme de quase 90 quilos e, durante todo o tempo em que convivemos, jamais tirou o chapéu. Mesmo quando trazia minha bandeja pela manhã, o artefato de feltro preto com uma rosa vermelha estava enfiado firmemente em sua cabeça. Qualquer que fosse o clima (e o sol raramente brilhava), ela sempre entrava com Picles atrás dela, dizendo:

— O dia está excelente, senhorita. Nada do que reclamar.

A sra. Sullivan fazia o que bem queria e, em dias chuvosos, não trabalhava. Eu jamais a repreendi, pois, alguns dias depois de chegar, percebi que ela não era uma mulher com quem se compra briga. Certa manhã, ela entrou com meu café e disse que estrangulara a vizinha.

— Até ela ficar preta como seu vestido, senhorita.

Totalmente desperta por causa do susto, descobri que a briga começara por causa de roupas no varal.

— Ela inferiu que eu não era respeitável — contou a sra. Sullivan, indignada. — Até mesmo insinuou que ganho meu dinheiro nas ruas.

Com a portentosa aparência da sra. Sullivan, isso era quase um elogio, mas ela tomou como insulto gravíssimo. Perguntei se ela não teria problemas por cuidar do assunto com as próprias mãos, mas ela respondeu triunfantemente que a desafortunada vizinha morava no porão, o que era contra a lei.

— Eu tenho a vantagem, senhorita. Ela não ousará prestar queixa.

Depois disso, a sra. Sullivan passou a cuidar do apartamento como bem queria.

Eu amava Londres. Tinha alguns amigos ingleses muito gentis (particularmente Sir Philip e Lady Chetwode, que eu e minha irmã havíamos conhecido na Índia) e logo me vi em uma ciranda de almoços e jantares. Do ponto de vista jornalístico, eu chegara no momento oportuno, pois havia grande demanda por artigos sobre a Espanha; nas conversas, a guerra era quase uma obsessão. Era como um cristal que retinha todo o arco-íris: você o colocava sob a luz e escolhia as cores que lhe convinham. Havia discussões passionais sobre diferentes temas: democracia *versus* fascismo, fascismo *versus* bolchevismo, bolchevismo *versus* religião, religião *versus* república, república *versus* aristocracia e aristocracia *versus* bolchevismo.

Todo mundo tinha opinião, mas, com exceção dos extremistas de esquerda e direita (que defendiam a intervenção imediata), eram opiniões de

LONDRES   135

espectadores. A maioria das pessoas apoiava a política de não intervenção da Grã-Bretanha, e um jornal londrino (acho que o *Express*) defendia que todos os espanhóis fossem evacuados, a fim de que os estrangeiros continuassem a luta em suas próprias terras.

Minhas próprias opiniões sobre a Espanha haviam se definido claramente. Embora sentisse simpatia pelos esforços da república contra os militares e os proprietários de terras, que haviam se rebelado para reconquistar seus antigos privilégios, eu não acreditava que a democracia fosse emergir da guerra, quem quer que vencesse. Na Espanha republicana, o Partido Comunista era forte demais para desistir do poder. Vincent Sheean, em seu livro *The Eleventh Hour* [A décima primeira hora], escreveu que ele se tornara "o partido mais poderoso da Espanha", mas, de algum modo, chegou à surpreendente conclusão de que os comunistas lutavam não pelo comunismo, mas para restabelecer uma república burguesa. Eu era incapaz de aceitar esse raciocínio, mas, mesmo assim, sentia que, do ponto de vista internacional, a ameaça comunista era muito menos perigosa que a fascista.

Escrevi isso em um artigo publicado no *Sunday Times* de Londres, enfatizando que alemães e italianos estava muito menos preocupados em lutar contra o "bolchevismo" que em preparar o terreno, política e estrategicamente, e treinar seus Exércitos para o dia em que poderiam se expandir à custa da Grã-Bretanha e da França.

Alguns dias antes de o artigo ser publicado, entreguei uma cópia a Tommy Thompson (então em curta licença de seu posto na Espanha), que o enviou ao chefe do departamento de notícias, Rex Leeper. Na manhã seguinte, recebi uma mensagem telefônica pedindo que fosse conversar com Sir Robert Vansittart, então subsecretário de Estado de Relações Exteriores.

Eu ouvira falar frequentemente de Sir Robert, mas o visualizava como uma figura misteriosa que ninguém jamais via. Seu nome não era muito conhecido pelo público, mas ele exercia mais influência que a maioria dos membros do Gabinete. Como chefe do Ministério do Exterior, chegavam a sua mesa relatos de todo o mundo, e seu trabalho era reuni-los e aconselhar o ministro sobre o curso adequado a adotar. Ele raramente aparecia sob os holofotes, mas especulava-se que suas opiniões modelavam a política britânica.

A despeito da aura de mistério que cercava Vansittart, ele era um dos homens mais simples que já conheci. Talvez eu esperasse um personagem ligeiramente sinistro; de qualquer forma, fui tomada totalmente de surpresa por um homem alto e bonito de mais ou menos 50 anos, com um cravo na lapela, astutos olhos castanhos e sorriso cativante. Quando o secretário me conduziu até seu escritório, ele pareceu quase tão surpreso quanto eu, pois, mais tarde, disse que, ao ler meu artigo, esperara uma mulher de meia-idade com sapatos sem salto e gravata masculina.

Conversamos sobre a intervenção alemã e italiana na Espanha e não foi difícil perceber o que Vansittart pensava da política de apaziguamento.

— Eles estão tentando levar o mundo de volta para a Idade das Trevas. E, se não acordarmos em tempo aqui na Inglaterra, podem conseguir.

Sir Robert tinha mais de 35 anos de experiência na diplomacia e, para ele, não era difícil reconhecer a Alemanha nazista como grave ameaça ao Império Britânico. Além disso, ele detestava a filosofia do nacional--socialismo e expressou suas opiniões vigorosamente — o que me fez lembrar do comentário que Webb Miller, o correspondente da United Press, fizera após conversar com Vansittart e o major Attlee na mesma tarde. Webb partira confuso.

— Eles parecem ter trocado de papel — disse ele —, pois Attlee foi reservado como um diplomata, ao passo que Sir Robert falou como líder da oposição.

Corajosamente, Vansittart contrariava a maré de apaziguamento, mas a corrente estava ficando forte demais. Ele observava com ansiedade a crescente ilegalidade no continente, e eu me lembro de um comentário irônico que fez sobre o desdém com que tratados e promessas eram vistos. De algum modo, passamos a falar sobre os arquivos do Ministério do Exterior e ele contou que os documentos oficiais não somente eram tratados com respeito, como cada pedaço de papel tinha um fim digno. Todas as noites, um homem passava pelos corredores empurrando um carrinho com a etiqueta "Lixo confidencial". Os papeis eram levados sob escolta até o incinerador e queimados. Um dia, algo deu errado com o incinerador, os papéis voaram pela chaminé e se espalharam por Londres. Durante

LONDRES 137

semanas, jardineiros idosos e motoristas de táxi conscienciosos haviam recolhido formidáveis relatórios com o carimbo "Este documento é de propriedade do Governo de Sua Majestade Britânica" e devolvido-os ao santuário do Ministério do Exterior.

— Assim como os tratados agora esvoaçam por toda a Europa — acrescentou ele com ironia. — Só que ninguém se preocupa em recolhê-los.

Esse foi o início de minha amizade com Sir Robert e sua esposa Sarita; durante os três anos seguintes, almocei e jantei com eles frequentemente. Se os avisos e profecias de Vansittart algum dia forem publicados, mostrarão uma crônica surpreendentemente acurada dos últimos anos. Infelizmente, sua oposição à crescente agressividade da Alemanha o transformou em um dos primeiros sacrifícios no altar do apaziguamento e, logo após aquele escuro e sombrio Natal de 1937, ele foi removido do cargo de chefe do Ministério do Exterior e substituído por Sir Alexander Cadogan. Embora Sir Robert tenha recebido o cargo de principal conselheiro diplomático do governo e permanecido em contato com os assuntos governamentais, o sr. Chamberlain e lorde Halifax raramente buscavam seus conselhos. Winston Churchill, no entanto, era um amigo próximo.

* * *

Churchill era o mais vigoroso oponente do apaziguamento. A oposição oficial na Câmara dos Comuns, o Partido Trabalhista (que, nas eleições gerais de 1935, usara o slogan "Armamentos significam guerra: vote Trabalhista"), perdera a credibilidade ao pedir ações firmes contra os ditadores, mas se recusar a votar por mais armas. A única oposição efetiva, consequentemente, era o sr. Churchill, que acreditava não somente em palavras fortes, mas também na capacidade de parecer formidável. Naquele outono, os nomes Chamberlain e Churchill identificavam duas conflitantes escolas de pensamento sobre política externa.

A política externa britânica foi frequentemente apresentada sob uma luz maquiavélica, mas, olhando para as páginas da história, poucas foram tão consistentes. Ela sempre foi modelada por um único propósito: manter e garantir a segurança do império. Tanto Churchill quanto Chamberlain tinham esse interesse em comum, mas suas concepções sobre como fazer isso tinham poucas semelhanças. Ao passo que o sr. Chamberlain acreditava que a segurança estava em um compromisso entre as quatro grandes potências europeias (Inglaterra, França, Alemanha e Itália), o sr. Churchill se voltava para as lições do passado. Através dos séculos, a segurança da Inglaterra se baseara na manutenção da balança de poder: o país sempre fora amigo da segunda potência mais forte do continente.

Essa fórmula fora expressada em 1907 por Sir Eyre Crowe, membro do Ministério do Exterior, que escrevera:

> O único freio ao uso da predominância política sempre consistiu na oposição de um rival igualmente formidável ou na combinação de vários países formando uma liga de defesa. O equilíbrio estabelecido por tal grupo de forças é tecnicamente conhecido como balança de poder, e é um truísmo histórico identificar a política secular da Inglaterra com a manutenção dessa balança, ao jogar seu peso ora nesse prato, ora naquele, mas sempre no lado oposto à ditadura política do Estado ou grupo de Estados mais forte em determinado momento.
>
> Se essa visão da política inglesa estiver correta, a oposição a que a Inglaterra é inevitavelmente conduzida por qualquer país aspirando a tal ditadura quase assume a forma de uma lei natural.

Em todas as guerras da história, a Inglaterra seguira essa política. Quando Napoleão ameaçara a Europa, a Inglaterra se alinhara à Prússia e, quando a Prússia ameaçara a Europa, a Inglaterra se alinhara à França. Agora, mais uma vez, a Alemanha ameaçava estabelecer uma hegemonia, e Churchill sabia que a Inglaterra devia, inevitavelmente, opor-se a ela.

Infelizmente, Chamberlain estava no poder, não Churchill. Embora ambos afirmassem que o curso de ação que defendiam era o único que, em última análise, evitaria a guerra, o sr. Chamberlain recebia o apoio da maioria na Câmara dos Comuns, que ainda não compreendera que os ouvidos dos ditadores são imunes aos murmúrios das mesas de conferência e os únicos sons capazes de chegar até eles são o rolar das armas e o rugir dos aviões. É verdade que ambos favoreciam o rearmamento, mas, ao passo que Churchill o defendia passionalmente para fazer sua política *vencer*, Chamberlain o defendia hesitantemente caso sua política *falhasse*. Essa era a diferença e, como John Kennedy escreveu em *Why England Slept* [Por que a Inglaterra dormiu], "um boxeador não pode se preparar de modo adequado, física ou psicologicamente, para uma luta que acredita seriamente que nunca ocorrerá. Deu-se o mesmo com a Inglaterra".

* * *

A voz de Churchill ressoou pela Câmara dos Comuns com pouco efeito e Chamberlain iniciou discretamente o apaziguamento. Primeiro, lorde Halifax foi a Berlim sob o pretexto de assistir a uma exibição de caça e iniciou conversações com Hitler em Berchtesgaden; então, um ou dois meses depois, Lady Chamberlain (viúva de Sir Austen) foi a Roma sentir o pulso de Mussolini e averiguar as chances de um acordo anglo-italiano. Enquanto isso, todo mundo na sociedade londrina discutia essas ações de forma extremamente passional. Mesas de jantar e saletas se tornaram muito mais controversas que o Parlamento, pois, em caráter privado, as pessoas podiam ser tão rudes quanto desejassem.

O que mais me surpreendia nessas reuniões era que todo mundo parecia se conhecer desde a infância. Quando discutiam, era como uma grande família arengando entre si, com cada familiar deliciado em marcar pontos à custa do outro, mas todos unidos por um forte elo de lealdade. Oponentes que cruzavam afiadas espadas políticas jogavam golfe no fim de semana; defensoras de Chamberlain e Churchill faziam torneios de bridge, e os Mitford pró-Hitler eram primos e amigos dos Churchill pró-Churchill. Tudo isso era peculiar ao sistema parlamentarista inglês, que, como diz John Gunther, era exercido de modo nobre e altivo: "Após a eleição, candidatos opostos apertam as mãos exatamente como após uma partida de tênis. Quando Baldwin se tornou primeiro-ministro pela primeira vez, uma das primeiras coisas que fez foi telefonar a lorde Oxford, seu mais eminente adversário, a fim de pedir conselhos."

140 SOMBRAS NA PRIMAVERA

Parecia um jogo excitante (perigosamente distante da sombria realidade do continente), e até mesmo as mulheres abandonavam as fofocas sociais pelas especulações políticas. Pela manhã, havia longas conversas telefônicas. "Mas, querida, Mussolini *não pode* gostar de Hitler. É impossível." Quando a fratura entre a política do Ministério do Exterior de Eden e a política de apaziguamento de Chamberlain chegou ao ponto de ruptura, Lady Abingdon me telefonou, protestando indignadamente:

— Acabei de falar com Bill Astor, e você sabe o que ele disse? Que, se nossa política externa ficar nas mãos do Ministério do Exterior, afundaremos. Imagine!

O único repouso da conversa política era a sra. Sullivan, que estava muito mais interessada nas opiniões de sua vizinha que nas de Herr Hitler. Certa manhã, perguntei o que ela pensava do primeiro-ministro e, para minha surpresa, ela respondeu:

— Quem é ele mesmo, senhorita? Sir Samuel Hoare, não é?

No fim, ela me decepcionou, pois um dia chegou com notícias de leve tom político, declarando que lorde Halifax (que morava em Eaton Square) aposentara uma de suas criadas porque ela bebia demais. De acordo com a sra. Sullivan, a mulher se recusava a partir.

— Ela fica sentada no ático o dia todo, bebendo gim e resmungando. Parece meio ruim da cabeça, não parece?

O que mais preocupava a sra. Sullivan era o fato de a criada lhe dever 5 xelins. Alguns dias depois, ela conseguiu recebê-los e seu interesse pelo assunto acabou. Jamais conheci o fim do drama, mas não conseguia olhar para o semblante sereno de lorde Halifax sem me perguntar se a criada ainda estava lá, resmungando no ático.

* * *

Quando o estudo sobre a Câmara dos Comuns pré-guerra for feito, o nome do capitão David Margesson, ex-líder da bancada do Partido Conservador, terá posição proeminente. Era seu trabalho manter a Câmara alinhada à política do primeiro-ministro, e ele fez isso tão completamente que con-

LONDRES 141

quistou para seus membros um lugar pouco invejável nos anais históricos. Charmoso e de boa aparência, o capitão Margesson foi amargamente atacado pela oposição e chamado pela imprensa de "Himmler da Inglaterra". Quando o encontrei pessoalmente pela primeira vez, ele reclamou:

— De onde a imprensa tira essas ideias idiotas? Sou somente um humilde parlamentar. Não tenho autoridade. Só faço o que me mandam.

Sua modéstia era injustificada, pois seu poder não estava somente no fato de controlar as listas de patronagem (pelas quais os leais eram recompensados com títulos de cavaleiro e par do reino), mas principalmente no fato de que Chamberlain era conhecido por aceitar seus conselhos sobre indicações políticas. Recentemente, quando lhe perguntaram do que ele mais se arrependia em sua carreira, ele respondeu:

— Não ter pressionado pela inclusão de Churchill no Gabinete quando lorde Swinton renunciou.

No entanto, a verdade é que a autoridade de Margesson repousava não sobre suas próprias atividades, mas sobre a inércia da Câmara dos Comuns. Em qualquer ponto, os parlamentares *tories* poderiam ter insistido em um rearmamento mais vigoroso; em qualquer ponto, o público poderia ter se manifestado. Mas o fato é que o público inglês (como o público americano hoje) se recusava a ser incitado por palavras. A guerra ainda era um bicho-papão irreal e, a despeito dos persistentes avisos do sr. Churchill, foram necessários eventos — e somente eventos — para despertá-lo.

Sempre houve afirmações acaloradas de que a letargia geral desse período se deveu à autoimposta censura da imprensa. É verdade que todo jornal interpretava as notícias, amenizando-as ou exagerando-as de acordo com as visões do editor, mas os "lordes da imprensa" representavam uma variedade muito ampla de opiniões. A escala ia do conservador *Times* ao comunista *Daily Worker*; dos dois diários "populares", o *Mail* profetizava terrível caos causado pela Força Aérea alemã, ao passo que o *Express* afirmava jovialmente que dias ensolarados estavam à frente. Todas as manhãs, a manchete de primeira página do *Express* dizia: "Não haverá guerra." Quando perguntei a lorde Beaverbrook por que ele assumia uma posição tão firme sobre um tema tão incerto, ele respondeu:

— Outras pessoas podem estar erradas uma dúzia de vezes. Eu só posso estar errado uma.

De todos os "lordes da imprensa", Beaverbrook (o principal defensor do "esplêndido isolamento") tinha a personalidade mais marcante. Ele era um homem baixinho e parecido com um gnomo que vivia em uma casa grande e solene perto do palácio St. James. Nascido pobre no Canadá, dizia-se que ganhara seu primeiro milhão de dólares antes de completar 30 anos. Ele fora para a Inglaterra logo antes da guerra e, em 1918, comprara o *Daily Express* e aumentara sua circulação de 350 mil para 2,5 milhões de exemplares — a maior do mundo. Seu brilhante e pragmático tino comercial se combinava a uma curiosidade estranha, quase feminina, sobre os seres humanos. Quando cheguei à Inglaterra, trabalhei em seu *Evening Standard* por algumas semanas e, várias vezes, o telefone tocou à tarde com sua voz na outra ponta:

— Wal! O que você está fazendo?

Então ele sugeria que eu fosse a Stornoway House para uma xícara de chá. Eu sempre o encontrava cercado de documentos, ditafones e secretárias. O chá costumava ser interrompido meia dúzia de vezes por mensagens e telefonemas, mas ele parecia gostar desse estado geral de confusão, que pontuava com uma série de perguntas inesperadas:

— De quais pessoas você *não* gosta na Inglaterra? Aliás, por que você veio para cá? Por quem está apaixonada?

Beaverbrook gostava de provocar. A complacência era tão tentadora para ele quanto um balão para um garotinho com um alfinete. Ele gostava de causar antagonismo entre seus convidados até que eles começassem a discutir, quando então se reclinava e observava. Mas era provocativo não somente à custa de outras pessoas. Eu frequentemente abria um de seus jornais e encontrava um parágrafo audacioso sobre ele mesmo; sempre sob a assinatura de um de seus colunistas, mas supostamente ditado pelo "Castor", pelo prazer que sentia com a perplexidade que causava. Eis um breve exemplo: um dia, li no *Sunday Express*, sob a assinatura de Peter Howard, o seguinte parágrafo:

LONDRES

Não é estranho que tão poucos pares do jornalismo tenham erguido a voz na Câmara dos Lordes? Até onde pude descobrir, os lordes Camrose, Kemsley, Iliffe e Southwood ainda não discursaram na câmara alta. Lorde Rothermere falou, lorde Beaverbrook também. Este último foi o único proprietário de jornal a participar de prolongada controvérsia política na Câmara dos Lordes. Lorde Beaverbrook sempre diz que os outros querem recompensas sem esforços. Essa é exatamente sua própria condição. Ele quer o poder sem trabalhar por ele. Ele se imagina doente. Ele sai da arena e assume seu lugar na arquibancada. De lá, deseja continuar participando do jogo. Lorde Baldwin certa vez disse que ele deseja exercer poder sem responsabilidade, o que, ao longo das eras, sempre foi prerrogativa das prostitutas [...].

* * *

Um de meus colegas no *Evening Standard* era Randolph Churchill, filho de Winston. Eu conhecera Randolph em Nova York, e ele era um homem impetuoso de 27 anos que quisera lutar contra os alemães desde a ocupação da Renânia em 1936 e atacava amargamente a política de apaziguamento em todas as ocasiões, oportunas ou não. Eu admirava imensamente a coragem com que ele verbalizava suas opiniões; mesmo assim, sair com ele era como sair com uma bomba-relógio. Aonde quer que ele fosse, uma explosão parecia ocorrer. Com o dom natural e brilhante da oratória e indiferença pela opinião dos mais velhos, ele frequentemente oferecia jantares permeados por um silêncio impotente e zangado. Nunca conheci alguém com tanta habilidade para o antagonismo. Quando eu disse que ele deveria ter mais tato, ele respondeu:

— Tolice! Meu pai costumava ser ainda mais rude. Aqueles pusilânimes defensores de Chamberlain precisam de alguém que os enfrente!

Randolph era charmoso com as pessoas cujas visões considerava "sãs". Uma dessas pessoas era Sir Robert Vansittart e, ocasionalmente, almoçávamos juntos. Outra era Lloyd George, e certo dia Randolph me levou à casa de campo dele. Meu artigo sobre a Espanha, publicado no *Sunday Times*, fora citado por Lloyd George na Câmara dos Comuns; o artigo não estava assinado e ele citara o autor como sendo do gênero masculino. Randolph nada disse a meu respeito, meramente que convidaria o "autor" para almoçar e, quando desci do carro, o velho me olhou com um espanto que beirava o ressentimento. Suponho que tenha sido um choque terrível descobrir que a eminente autoridade que ele citara era somente uma jovem inexperiente.

De qualquer modo, o almoço estava delicioso, preparado inteiramente com produtos de sua fazenda. Mais tarde, ele nos mostrou suas galinhas, porcos e bois e, chapinhando pelos campos, lembrava um antigo profeta, com sua capa verde e seu longo cabelo branco esvoaçando ao vento, os olhos azuis brilhando e as maçãs do rosto rosadas por causa do frio.

Durante o chá, ele discutiu com Randolph sobre a situação internacional; pegou um graveto e apontou para um grande mapa na parede, declarando que a Inglaterra nunca estivera em uma posição estratégica tão desesperadora. Ele era a favor de ajudar imediatamente a república espanhola e, quando Randolph perguntou por que ele assumira essa posição, respondeu, com um brilho nos olhos:

— Sempre fico do lado que é contra os padres.

Quando partimos, ele pareceu ter me perdoado por não ser um general e me presenteou com um vidro de mel e uma dúzia de maçãs da fazenda. A sra. Sullivan ficou impressionada. Não inicialmente, mas depois que seu marido explicou quem era Lloyd George. Quando chegou na manhã seguinte, ela disse animadamente:

— Meu marido disse que o sr. Lloyd George tem mais fogo que todos os outros juntos. Eles deveriam fazer com que ele parasse de plantar maçãs e colocá-lo de volta no governo. Mas eu digo que isso seria uma pena. Não sei *quando* foi que vi maçãs tão grandes e bonitas.

Disse a ela para ficar com algumas e ela se afastou cantarolando.

Randolph começara a compilar uma coleção dos discursos que o pai fizera na Câmara dos Comuns, que mais tarde foram publicados sob o título *While England Slept*. Seu apartamento estava tomado por Hansards e

LONDRES   145

ele trabalhava febrilmente, prefaciando cada discurso com as datas apropriadas e citações que forneciam seu pano de fundo. É desnecessário dizer que sentia enorme admiração pelo pai e, certo domingo, levou-me à casa de campo dos Churchill, Chartwell, onde conheci sua família.

Ao chegarmos, encontramos Mary Churchill, sua irmã de 14 anos, no estábulo, inspecionando um cordeiro recém-nascido; a sra. Churchill no jardim, conversando com a vizinha, a srta. Henrietta Seymour; e o sr. Churchill na lagoa, de casaco rasgado e chapéu surrado, remexendo a água com um graveto em busca de seu peixe-dourado de estimação, que parecia ter desaparecido.

A coisa mais encantadora nos filhos de Churchill era a profunda afeição que demonstravam pelo pai. E isso era compreensível, pois tudo nele tinha um toque humano que atraía instantaneamente. Quando voltamos à casa, ele disse a Randolph:

— Eu esqueci as galochas. Não conte a Clemmie ou ela me dará uma bronca!

Clemmie era a sra. Churchill. Ela era uma mulher alta e bonita, obviamente adorada pelo marido; mais de uma vez o peguei olhando para ela, a fim de ver o efeito de suas piadas. Durante o almoço, houve uma discussão geral sobre os tópicos do dia, e o sr. Churchill falou crítica e tristemente sobre a inabilidade do governo de ver a tempestade se formando no continente:

— Eles parecem não entender que vivemos em um mundo muito perverso — disse ele. — Os ingleses querem ser deixados em paz, e ouso dizer que muitas outras pessoas querem o mesmo. Mas o mundo é como um cavalo velho e cansado se arrastando por uma longa estrada. Toda vez que ele sai da estrada e tenta pastar pacificamente em algum campo agradável e verdejante, lá vem o mestre com o chicote para forçá-lo a caminhar mais um pouco. Não importa o quanto as pessoas querem ser deixadas em paz: elas não podem fugir.

Depois do almoço, caminhamos até o chalé onde o sr. Churchill mantinha suas pinturas. (O chalé, incidentalmente, fora construído por ele mesmo. Ele trabalhara com um pedreiro profissional até aprender a assentar um tijolo por minuto e então, em 1928, causara sensação ao se filiar ao Sindicato dos Trabalhadores da Construção Civil como "aprendiz adulto", pagando uma taxa de inscrição de 5 xelins. Isso criara considerável controvérsia no mundo sindical, que considerara o gesto "uma palhaçada humilhante e degradante"; mesmo assim, pedreiro ele era e pedreiro permaneceu.)

Pintar era seu passatempo favorito, e havia trinta ou quarenta pinturas no chalé, a maioria paisagens a óleo. Ele disse lamentar o fato de, ultimamente, estar ocupado demais para pintar.

— Com todas as coisas fascinantes que há para se fazer no mundo — refletiu ele —, é estranho pensar que algumas pessoas passam o tempo jogando paciência. Imagine só.

Desde aquele dia, Hitler aprendeu que "paciência" não é um dos vícios do sr. Churchill.

2. A política de apaziguamento

Entrei no Ritz de Barcelona (ao lado de um bloco de apartamentos destruído por uma bomba) e encontrei o saguão lotado de soldados e mulheres de vestido barato chegando para o chá dançante das tardes de domingo. Eu abria caminho pela multidão, procurando uma cabine telefônica, quando ouvi uma voz dizer "Olá", olhei em torno e vi um jovem espanhol, Ignacio Lombarte, que não encontrava desde que partira de Madri quase um ano antes.

Ele parecia mais velho; fora ferido em Teruel e passava alguns dias de licença em Barcelona.

— É bom vê-la novamente — disse ele. — Está se divertindo?

Agora, "diversão" era a última palavra que eu associaria à Espanha naquele fevereiro de 1938. As tropas de Franco avançavam em direção ao mar e o moral na Catalunha estava baixíssimo. Durante os últimos dias, eu encontrara pouco além de fome, terror e miséria. No Hotel Majestic, os garçons raspavam os pratos para levar as sobras para suas famílias e, no interior, as pessoas faziam escambo de sabão, carvão e roupas com os camponeses, a fim de terem o suficiente para continuarem vivas. Conversei com uma mulher que ficara exultante ao trocar um saco de carvão por 900 gramas de chocolate.

Mas ainda pior que a fome eram os ataques aéreos. Em três dias ao longo da costa, indo e voltando de Valência, passei por centenas de refugiados fugindo de suas casas para locais mais seguros no interior. Rara era a cidade que escapara. Em todo o caminho, havia ruínas horríveis, e nem mesmo na desolação havia alívio, pois, a cada poucas horas, a área rural ressoava com o lamento das sirenes, conforme mais bombardeiros surgiam de suas bases em Maiorca. A inabilidade de revidar e o rumor de que Itália e Alemanha estavam aumentando seu fornecimento de aviões para a Espanha enchiam muitas pessoas de desespero.

Ouvi meu amigo Ignacio Lombarte repetir a pergunta e assenti, sem saber o que dizer. Disse a ele que só viera passar uma semana e retornaria a Londres na manhã seguinte.

— Você tem outras coisas para fazer? — perguntou ele. E, sem esperar resposta, continuou: — Eu entendo. Em breve, outras coisas acontecerão. Somos apenas os primeiros.

Pensei em suas palavras, "Somos apenas os primeiros", quando cheguei a Londres, pois já se armava o cenário para a segunda fase do drama europeu. Era possível encontrar pistas nos jornais matutinos, uma vez que, naquele mês, Hitler assumiu o controle do Exército alemão, Herr von Ribbentrop se tornou ministro do Exterior, Anthony Eden renunciou ao Gabinete britânico e Mussolini introduziu o passo de ganso (*passo romano*) no Exército italiano. Finalmente, o cenário estava pronto, e Herr von Schüssnig, o chanceler austríaco, foi convocado a Berchtesgaden.

O mundo aguardava temerosamente e, um mês depois, a cortina subiu. Os aviões de Hitler circularam sobre Viena e seus soldados penetraram a fronteira austríaca. Em Londres, houve mais tensão que em qualquer outro momento desde a Primeira Guerra. Multidões silenciosas se reuniram em Downing Street para observar os ministros de Gabinete deixarem sua reunião convocada apressadamente, enquanto os jornaleiros gritavam para um mundo cinzento e frio: "A Alemanha marcha novamente."

O medo da guerra imediata pairava no ar como um gás venenoso. Preocupadas especulações percorriam toda a escala social, dos botequins às elegantes saletas londrinas. Houve uma corrida de voluntários para serviços de ambulância e organizações de precauções contra bombardeios aéreos, e centenas de jovens executivos se filiaram à Força Territorial. Por toda parte, havia clamores por mais armas.

Mas a tensão era como um fio de alta voltagem. O sr. Chamberlain conseguiu interromper a corrente ao declarar com renovada (e inexpli-

A POLÍTICA DE APAZIGUAMENTO

cável) confiança que havia pouca probabilidade de um conflito no qual a Inglaterra pudesse ser envolvida; o *The Times* publicou artigos enfatizando o entusiasmo com que milhares de vienenses haviam recebido o regime nazista; e o arcebispo de Canterbury se pronunciou na Câmara dos Lordes dizendo que era preciso agradecer a Hitler por poupar a Áustria de uma guerra civil.

"Por que tanto pessimismo?", perguntou lorde Beaverbrook, e a expressão pegou. "Por que tanto pessimismo?", ecoou o público, e retornou a sua confortável ilusão de paz.

Essa complacência era difícil de entender. O prestígio da Grã-Bretanha era o mais baixo desde Napoleão. Seus navios eram bombardeados e seus ultimatos ignorados; seu governo era criticado e seu povo chamado de fraco. As nações agressoras haviam dado um golpe bem-sucedido após o outro. Durante os últimos três anos, Mussolini conquistara a Abissínia; Hitler ocupara a Renânia e absorvera a Áustria; o Japão tomara o Yangtzé, ameaçando vastas somas de capital britânico; e, na Espanha, o general Franco, com a ajuda de ditadores, estava prestes a estabelecer um regime que dava todas as indicações de se filiar ao Eixo Roma-Berlim. Embora somente dezenove anos antes o Tratado de Versalhes tivesse sido assinado e, sob o acordo da Liga das Nações, o mundo parecesse ter se aproximado do genuíno entendimento internacional, a Europa estava dividida em campos irreconciliáveis. O ar estava carregado do zumbido das aeronaves e um espírito militante mais feroz e cruel que nunca pisoteava metade do continente.

Para entender a política britânica daquela época, no entanto, é preciso enfatizar que o governo não aceitava a situação por seu valor de face. Chamberlain apostava nas seguintes crenças: primeira, que, embora o processo pudesse ser demorado, seria possível separar a Itália do Eixo Roma-Berlim; segunda, que, embora o general Franco fosse simpático à Itália e à Alemanha, em algum momento teria de pedir um empréstimo a Londres; e terceira, que, embora a Alemanha desejasse dominar a Europa Central, ela não tinha nenhuma disputa fundamental com a Inglaterra.

Trabalhando com essas hipóteses, Chamberlain não se mantivera ocioso. Embora a Grã-Bretanha ainda reconhecesse o governo da Espanha republicana, ela enviara representantes permanentes a Burgos. Embora tivesse exigido que a Itália retirasse suas tropas do território nacionalista, ignorara a recusa de Mussolini e apressadamente assinara um acordo anglo-italiano declarando sua disposição em reconhecer a Abissínia. Embora a Alemanha tivesse ocupado a Áustria à força e chocado o mundo com o tratamento brutal dado à minoria judaica, a Inglaterra avisara aos tchecoslovacos para tratarem a minoria alemã com toda consideração.

O sr. Churchill tinha pouca fé no sucesso dessas iniciativas e pediu desesperadamente esforços mais vigorosos de rearmamento, afirmando que a situação não tinha paralelos na história. O império fora ameaçado quatro vezes em quatro séculos sucessivos: por Filipe II da Espanha, por Luís XIV, por Napoleão e pelo kaiser alemão. Em todas essas ocasiões, a Inglaterra emergira vitoriosa através da predominância de seu poderio marítimo. Essa predominância lhe permitira proteger a ilha da invasão e, ao mesmo tempo, enviar dinheiro e armas para o exterior e formar ligas contra seus inimigos. Mesmo quando Napoleão dominara metade da Europa e declarara sanções contra a Inglaterra, boicotando suas mercadorias em todos os portos sob seu controle, o comando dos mares permitira que ela desenvolvesse um imenso comércio paralelo e formasse quatro coalizões sucessivas contra ele até derrotá-lo, primeiro em Trafalgar e, finalmente, em Waterloo. Durante a Primeira Guerra, novamente fora o poderio marítimo britânico, com seu bloqueio constante e persistente, que finalmente derrotara o povo alemão.

Mas agora a Inglaterra já não podia depender exclusivamente de sua força naval. Quando Blériot voara sobre o Canal em 1909, o fim da invencibilidade da Inglaterra se tornara visível, pois o mar, que até então servira como seu guardião, dava sinais de transformá-la em uma das nações mais vulneráveis da Europa. Seus portos e fábricas eram alvos expostos, e sua existência dependia deles. Embora possuísse a Marinha mais poderosa do mundo, seu Estado-Maior enfrentava a perspectiva de lutar em três frentes simultâneas: no Extremo Oriente, no Mediterrâneo e no mar do Norte.

A POLÍTICA DE APAZIGUAMENTO

Mesmo que o perigo no Oriente fosse eliminado, sua posição estratégica era muito mais grave que em 1914, pois, naquela época, o Mediterrâneo estava bloqueado, a Espanha era neutra e Portugal e Itália eram aliados.

Para lutar, a Grã-Bretanha precisava de mais navios, armas e aeronaves que nunca. A Câmara dos Comuns indubitavelmente concordava com isso, mas quem disse que a Grã-Bretanha teria que lutar? Por toda parte, ouvia-se a frase "Hitler não quer uma guerra". Ela era proferida com a mesma convicção complacente usada para dizer "Os franceses têm o melhor Exército do mundo". Algumas pessoas afirmavam que o interesse de Hitler estava no leste e que a Rússia era seu real objetivo; outras que só estava soando as trombetas para recuperar suas colônias africanas. Qualquer que fosse o argumento, uma segunda guerra era impensável, e os outsiders começaram a se perguntar se a Inglaterra morreria silenciosamente durante seu sono profundo.

Eu estava na Câmara dos Comuns em 24 de março, duas semanas antes da anexação da Áustria, quando Churchill fez um apelo dramático e comovente. Quando olhei para a galeria, para o mar de casacos pretos e rostos pálidos, ele parecia somente um entre muitos; mas, quando falou, suas palavras ressoaram pela câmara com terrível finalidade. Ele se levantou e se dirigiu ao presidente, com os ombros ligeiramente curvados, a cabeça inclinada para a frente e uma das mãos no bolso do colete.

Durante cinco anos, falei à câmara sobre essas questões, mas não com muito sucesso. Observei esta famosa ilha descer, destemperada e irresponsavelmente, a escadaria que leva a um abismo sombrio. No início, trata-se de uma ampla e bela escada, mas, depois de algum tempo, o tapete acaba. Um pouco mais e só há lajotas, um pouco além e até mesmo as lajotas se quebram sob os pés. Olhem para trás, para os últimos cinco anos. É verdade que grandes erros foram cometidos nos anos imediatamente após a guerra. Mas, em Locarno, lançamos a fundação sobre a qual um grande avanço poderia ter sido feito. Olhem para os últimos cinco anos, desde que a Alemanha começou a se rearmar e a clamar abertamente por vingança. Se estudamos a história de Roma e Cartago, entendemos o que aconteceu e por quê. Não é difícil formar uma visão inteligente sobre as três guerras púnicas, mas, se a catástrofe mortal acometer a nação britânica e o Império Britânico, daqui a mil anos os historiadores ainda estarão pasmos com esse mistério. Eles jamais entenderão como foi que uma nação vitoriosa, com tudo nas mãos, deixou-se abater e se desfez de tudo que conquistara com sacrifícios incomensuráveis e vitórias absolutas — tudo levado pelo vento!

Agora os vitoriosos são os vencidos, e aqueles que abandonaram suas armas nos campos e pediram armistício se esforçam para dominar o mundo. Essa é a posição, a terrível transformação que ocorreu pouco a pouco. Exulto ao ouvir do primeiro-ministro que mais um esforço supremo será feito para nos colocar em posição segura. Chegou a hora, finalmente, de despertar a nação. Talvez essa seja a última vez na qual ela pode ser despertada com chances de evitar a guerra ou de ser vitoriosa, se os esforços para evitar a guerra falharem. Devemos deixar de lado todos os obstáculos e empreendimentos, unindo toda a força e todo o espírito de nosso povo a fim de que a nação britânica se erga novamente perante o mundo, pois tal nação, retomando seu antigo vigor, pode, mesmo a essa altura, salvar a civilização.

Quando o sr. Churchill se sentou, houve profundo silêncio por um momento, e então o espetáculo terminou. A câmara irrompeu em burburinho: os membros estalaram seus papéis e abriram caminho até o saguão. Harold Balfour (agora subsecretário de Estado do Ar) foi até a galeria das damas para me buscar, a fim de tomarmos chá. Eu conversava com Sheila Birkenhead e, quando perguntamos o que ele achara do discurso, respondeu com leveza:

— Ah, foi a obstrução churchilliana de sempre. Ele gosta de falar sobre nosso poderio bélico e faz isso muito bem, mas é preciso ouvi-lo com algum ceticismo.

Algum ceticismo, enquanto os Exércitos alemães já começavam a marchar sobre a Europa...

3. Ensaio geral na Tchecoslováquia

Na tarde de 20 de maio, quatro meses antes do acordo de Munique, eu atravessava o interior da Tchecoslováquia no Expresso Istambul-Berlim. Eu era uma passageira "local", pois embarcara em Praga e só viajaria até Aussig, a 145 quilômetros, onde os alemães sudetas realizavam sua campanha eleitoral anual. A anexação da Áustria por Hitler (dois meses antes) fora um golpe pesado para a Tchecoslováquia, enviando uma onda de nacionalismo que varrera os distritos alemães, e agora o Partido Nazista dava sinais de que "levaria tudo" nas eleições.

Eu fora até Praga escrever um artigo para o *Sunday Times* londrino e, quando Ralph Izzard, do *Daily Mail*, sugeriu ir até um dos comícios de Henlein, aceitei na hora. Estávamos acompanhados por Herr Ulrich, o chefe de imprensa do Partido Nazista sudeta, que parecia ver a excursão como um feriado, pois, assim que nos sentamos no trem, pediu meia dúzia de garrafas de cerveja e disse:

— Agora vamos nos divertir.

Herr Ulrich era um homenzinho plácido e de maneiras gentis que, até recentemente, fora gerente de uma pequena empresa perto de Reichenberg, mas abandonara o emprego para devotar seu tempo aos assuntos do partido. Sem conhecer seu background, era possível imaginar seu modo de vida: pontual no trabalho, gentil com os animais, pagando as contas em dia e vivendo em um bairro respeitável com uma esposa igualmente respeitável. Tudo nele era discretamente suburbano.

Inicialmente, nossa conversa se limitou a banalidades, mas a cerveja soltou sua língua e, em breve, ele começou a discutir eventos políticos.

Sua voz ficou estridente quando entrou no assunto da autonomia sudeta-alemã e seus modos gentis mudaram. Batendo o punho ameaçadoramente na mesa, ele emitiu uma série de frases gastas, como "o destino da raça alemã", "a indignidade do domínio eslavo" e "a nova ordem europeia". Foi um espetáculo extraordinário, como um ator ensaiando seu papel, pois ele era um homenzinho afável e, no fundo, não tinha queixa pessoal contra os tchecos — de fato, admitiu para Ralph, em off, que eles eram "gente boa". Era como se ele tivesse sido escalado para um papel e passado a acreditar ser o personagem que interpretava. Ele já não era Herr Ulrich, gerente comercial, mas Herr Ulrich, líder do destino. Hitler o fizera se sentir como um elo da história.

Ele continuou a falar sobre os tchecos e alegou que eles já estavam "tremendo". Ele nos contou sobre um incidente na fronteira perto de Varnsdorf, onde soldados tchecos haviam construído barreiras de granito com uma abertura larga o suficiente para somente um carro de cada vez. Os alemães, que manobravam do outro lado, construíram barreiras maiores para ilustrar seu desdém, conduziram dois tanques ao fundo da estrada e as destruíram em pedaços.

— Somente para mostrar aos tchecos — explicou Ulrich — o que esperar se argumentarem com os alemães.

Quanto mais cerveja Ulrich bebia, mais ele falava. Subitamente, disse:

— Vou contar um segredo. Henlein está com Hitler neste exato momento em Berchtesgaden. O Exército alemão pode cruzar a fronteira a qualquer momento.

Ralph e eu recebemos a notícia com espanto. Quando Hitler marchara sobre a Áustria, temia-se que seus olhos estivessem em Praga, mas as pessoas com essa preocupação haviam sido rotuladas pelos apaziguadores de "nervosinhas" e, mais uma vez, o mundo se acomodara na complacência. Agora, em um trem atravessando o interior boêmio, alguém nos dizia calmamente que o Exército alemão podia cruzar a fronteira a qualquer momento.

— Mas isso significaria uma guerra mundial — protestei ineptamente.

— De modo algum — replicou Ulrich. — Tudo estará acabado em alguns dias.

ENSAIO GERAL NA TCHECOSLOVÁQUIA

Nós o lembramos do acordo entre a França e a Tchecoslováquia e acrescentamos que a Inglaterra era obrigada a apoiar a França, mas ele negou com a cabeça:

— Ninguém lutará pelos tchecos.

Ele continuou, dizendo que as sedes do partido aguardavam um sinal prestes a chegar. Quando Ralph perguntou o que ele pretendia fazer se houvesse guerra, indicando que a Tchecoslováquia não seria um lugar muito saudável para os apoiadores nazistas, ele respondeu com leveza:

— Ah, tenho um amigo tcheco que prometeu me esconder até que a luta acabe. Eu sempre o ajudo com seu imposto de renda.

O fato de que Ulrich contava com um representante da "raça inferior" para salvá-lo não pareceu soar ilógico para ele.

Quando Ralph e eu chegamos a Aussig, imediatamente telefonamos para Londres, mas nos disseram que haveria uma espera indefinida para completar as ligações. Estávamos a somente 3 quilômetros da fronteira alemã e fomos ao comício com uma sensação de inquietude, nos perguntando se a noite seria interrompida pelo ronco dos tanques e dos pés marchando.

Nossa ansiedade provavelmente investiu o comício de exagerada beligerância. Mas, para mim, ele foi um pesadelo de bandeiras, suásticas, faixas, fotografias de Henlein, cartazes de Hitler e gritos ensurdecedores de *Heil*. Ele foi realizado no prédio da prefeitura, abarrotado com mais de 6.500 alemães. Os corredores lotados estavam tomados por guardas sudetas uniformizados que, confidenciou Ulrich, eram futuros homens da SS. A cerveja corria solta e uma banda alemã tocou todas as marchas famosas. Os candidatos discursaram, gesticulando e gritando, e, quando um deles disse que os alemães sudetas estavam cansados de serem governados por "uma raça de camponeses emigrados" e se referiu a Hitler e ao poder do Reich, a multidão explodiu em um frenesi de vivas, cantando *Sieg Heil* repetidamente.

Quando a reunião acabou, voltamos ao hotel e tentamos novamente falar com Londres. A cidade subitamente ficara muito quieta, a possibilidade de uma invasão alemã parecia irreal e eu me perguntei se a cerveja subira à cabeça de Ulrich e ele dissera tolices. Mesmo assim, tive um sono inquieto e, por volta das 5 horas, ouvi aviões. Eu me vesti e fui para fora. Seis aviões de reconhecimento passaram por mim, voando em grupos de três. A cidade ainda dormia e as ruas estavam desertas. Ouvi um trem e caminhei até a estação ferroviária, a alguns quarteirões de distância. Encontrei várias centenas de soldados tchecos na plataforma. Voltei ao hotel e enviei uma mensagem a Ralph; obviamente algo estava acontecendo e, após conversarmos, decidimos retornar a Praga, onde conseguiríamos comunicação telefônica.

Herr Ulrich foi conosco e, subitamente, pareceu nervoso e aborrecido; ele não falou muito, e eu me perguntei se pensava, pela primeira vez, em como seria ter seu quintal transformado em campo de batalha.

Pela aparência do Hotel Ambassador às 7 horas, era difícil acreditar que algo fora do comum poderia acontecer: uma faxineira esfregava o chão, o recepcionista separava a correspondência e o garoto do elevador lia o jornal. O restaurante estava vazio e nosso café da manhã foi solitário. Ligamos para Londres e para o Ministério do Exterior, mas não obtivemos confirmação de nenhuma atividade e, novamente, começamos a nos perguntar se imagináramos a coisa toda. No entanto, por volta das 9h30, Reynolds Packard, da United Press, entrou correndo no saguão, muito agitado. Fui até ele e (como não havia competição) finalmente consegui a notícia: o Exército tcheco, temendo um ataque-relâmpago dos alemães, chamara 100 mil reservistas e ordenara uma mobilização parcial. Meu telefonema foi completado minutos depois, e a voz calma do telegrafista pareceu estar vindo de outro mundo.

— Bom dia — disse ele amavelmente. — Como vai você?

— Não muito bem. O Exército tcheco está se mobilizando.

— Não diga! Por que eles estão fazendo isso?

— Eles acham que o Exército alemão vai cruzar a fronteira.

— Não diga! Você tem certeza?

— Tenho certeza de que os tchecos estão se mobilizando.

— Não diga! Imagine só. Isso *é* notícia.

Deixei uma mensagem para o sr. Hadley, o editor, dizendo que cobriria a matéria e telefonaria novamente à noite.

ENSAIO GERAL NA TCHECOSLOVÁQUIA

O restante do dia foi de atividade febril. Antes do meio-dia, o saguão do Hotel Ambassador fervilhava de jornalistas. Ligações chegavam de metade das capitais da Europa, mensageiros corriam pelo saguão com telegramas urgentes e os carregadores tchecos coçavam a cabeça e observavam, espantados.

A notícia da mobilização se espalhou rapidamente pela capital: os cafés se encheram de especulações e as edições extras dos jornais eram compradas assim que surgiam nas ruas. Telefonei para o major Lowell Riley, o adido militar americano, e, naquela tarde, dirigimos até Tabor, uma cidade na direção da fronteira austríaca, mas passamos somente meia dúzia de caminhões com soldados, pois a maioria dos homens estava sendo enviada para a "linha Maginot" tcheca, ao longo da fronteira. Naquela noite, ninguém dormiu; multidões se reuniram nas ruas, gritando "Vida longa à Tchecoslováquia" e "Abaixo Henlein". As emoções ferviam e os policiais desfaziam as aglomerações, temendo conflitos entre tchecos e alemães.

Alguns dias depois, a crise explodiu. Os alemães negaram indignadamente ter quaisquer "intenções desonrosas" em relação à Tchecoslováquia, estadistas britânicos e franceses censuraram o presidente Benesch como um professor repreendendo um aluno malcomportado e o Exército tcheco foi desmobilizado. Mas esse foi o começo, e não o fim, pois, naquele mês de maio, os tchecos sabiam que, mais cedo ou mais tarde, a questão resultaria em confronto. Dali em diante, viver em Praga (como disse um carregador tcheco) seria como viver com a espada de Dâmocles sobre a cabeça. Ela cairia — a única questão era quando.

O fato de que a independência da Tchecoslováquia precisava ser defendida com carne e sangue era sombriamente aceito por todos. As democracias poderosas davam sua liberdade como certa, mas os tchecos só gozavam de autogoverno havia vinte anos e o guardavam com a dura possessividade de um povo camponês cujo corpo ainda trazia as marcas das correntes. Após a mobilização, sempre que um guia turístico em Praga levava pessoas até o antigo prédio municipal, ele parava diante do relógio cheio de inscrições e dizia agressivamente: "Esse relógio foi construído em 1499. Éramos então uma nação livre, somos uma nação livre agora e permaneceremos uma nação livre."

Na época, a Tchecoslováquia tinha profunda fé em suas alianças com a França e a Rússia e, mesmo que precisasse lutar, acreditava que, no fim, triunfaria. Certa noite, fui a uma apresentação de *Libuše*, a ópera de Smetana na qual há a profecia de que o povo tcheco sempre sobreviveria à dominação. Quando a cortina desceu, a normalmente fleumática plateia tcheca se levantou e aplaudiu por vinte minutos.

As coisas logo voltaram ao normal. Mas, embora a capital apresentasse uma calma externa, a tensão permanecia. Se falasse alemão nas lojas, você rapidamente arranhava a plácida superfície eslava e encontrava gélido silêncio. Como poucos estrangeiros falavam tcheco, eles eram obrigados a adotar o método de começar em inglês e passar para francês (nenhum dos quais era entendido), até que o alemão finalmente se tornava um alívio.

O antagonismo entre alemães e tchecos, inflamado pela estrela em ascensão de Hitler, não era difícil de capitalizar pelos nazistas, pois a cisão entre os dois povos era antiga. Durante trezentos anos, os tchecos da Boêmia haviam vivido sob o domínio dos Habsburgo em Viena, que os tratavam como raça inferior. Quando a Primeira Guerra começara, eles haviam reagido desertando, às centenas de milhares, para o lado Aliado, onde formaram unidades e lutaram com os franceses, italianos e russos.

Assim, em 1918 os tchecos eram representantes de uma causa vitoriosa, ao passo que os alemães sudetas estavam entre os vencidos. A incorporação de vencedor e vencido sob um único governo já oferecia muitas dificuldades. Mas o fato de que a antiga raça subjugada — os eslavos — agora era mestre da Boêmia (mesmo que a Boêmia fosse, historicamente, uma terra eslava) era o que causava mais ressentimento entre os alemães sudetas, e os tchecos, zelosos de sua independência duramente conquistada, não facilitavam as coisas.

Os alemães protestavam amargamente contra a discriminação e diziam que seu povo era constantemente irritado por oficiais que só falavam tcheco. Muitas dessas queixas eram legítimas, mas, olhando para trás, parece espantoso que alguém pudesse solenemente argumentar sobre os prós e contras do caso alemão quando esse mesmo povo suprimia suas minorias com inigualável selvageria.

ENSAIO GERAL NA TCHECOSLOVÁQUIA

Ainda mais espantoso, à luz dos eventos passados, é que o partido de Henlein, com sede em Praga, tenha podido fazer uma propaganda que minou a coluna cervical da nação como um câncer, até o fim. Isso se devia, suponho, à teimosa fé dos tchecos na democracia. Mas, mesmo no relativamente silencioso mês de maio, a sede nazista soava uma nota estridente.

Eles haviam se estabelecido no escritório do jornal *Die Zeit*, sobre um grande restaurante conhecido como Deutsches Haus. Eu me lembro da primeira vez que fui até lá, deixando um mundo totalmente tcheco, com seus muitos e indistinguíveis anúncios e cartazes, entrando em uma travessa e atravessando um pórtico escuro. O restaurante estava lotado de alemães saudando Hitler e fazendo a saudação nazista. As paredes estavam decoradas com fotografias de Henlein e grandes faixas vermelhas prevendo a vitória das demandas por autonomia. As paredes externas eram vigiadas por guardas alemães. Da primeira vez que fui até lá, o alemão que me concedeu permissão escreveu, por engano, "Deutsches Reich", em vez de "Deutsches Haus". Quando mostrei a permissão aos guardas na porta, eles começaram a rir:

— *Deutsches Reich! Das ist gut!*

Eles fizeram uma mesura, deliciados, e me deixaram entrar.

Frequentemente, naqueles dias, as janelas da Deutsches Haus eram quebradas por tchecos. Como tchecos não eram permitidos no edifício, fiquei atônita ao ver quatro homens de uniforme tcheco passeando pelo restaurante, sorrindo e fazendo mesuras. Descobri que eram alemães sudetas cumprindo seus dois anos compulsórios no Exército tcheco.

Subi a escada até o escritório do *Die Zeit*, abri caminho por uma sala cheia de sérios funcionários do partido (a maioria com uns 20 anos) e perguntei por Herr Ulrich. Eu não o via desde nossa viagem a Aussig e queria coletar algum material sobre as eleições. Mas o homem na recepção disse que ele estava ausente "indefinidamente". Sua localização parecia um mistério e me perguntei se ele subitamente ficara assustado com a magnitude do drama e decidira lavar as mãos de toda a questão. Jamais o vi novamente.

Certa tarde, um dia antes de eu voltar à Inglaterra, o professor B, um tcheco a quem eu entregara uma carta de apresentação, levou-me para tomar chá em um restaurante ao ar livre em uma colina perto de Praga. Tratava-se de um dos mais belos dias de primavera que eu já vira. O declive à nossa frente estava coberto de cerejeiras em flor e, à esquerda, as antigas torres do castelo de Praga se erguiam no ar como um palácio de contos de fada; bem abaixo, o rio Moldava brilhava ao sol como uma mecha de cabelo loiro.

O professor tcheco falou sobre os dias difíceis que vivíamos e expressou a fé quase infantil de que, como a democracia era *certa*, estava fadada a triunfar.

— Mas a vida não será fácil — suspirou ele. — Eu me pego contemplando atentamente as flores de cerejeira este ano, porque não sei se as verei na próxima primavera.

Ele ficou em silêncio por alguns momentos e então acrescentou:

— Acho que não.

Na primavera seguinte, logo depois que os alemães marcharam sobre Praga, fiquei sabendo que ele fora enviado a um campo de concentração.

4. Quem quer uma guerra?

Algumas semanas após a crise tcheca, Martha Gellhorn (agora sra. Ernest Hemingway) e eu fomos a um bar em Birmingham para ter uma ideia do que as pessoas comuns pensavam. Tratava-se de um típico pub inglês no distrito operário, com paredes cinzentas sem nenhum toque de cor, um alvo para dardos em um dos cantos e duas ilustrações baratas de corridas de cavalo sobre o bar.

Chegamos por volta das 18 horas e logo o salão começou a se encher de trabalhadores das fábricas com suas esposas e namoradas. Havia um ar de reserva que tornava difícil conversar, mas, finalmente, um cavalheiro idoso sentado em um canto, usando um comprido jaleco amarelo, fez um comentário sobre o clima. Rapidamente seguimos a dica e contamos que éramos americanas viajando pela Inglaterra.

— É mesmo? — replicou ele. — Nunca conversei com americanos antes.

Achamos que o gelo fora quebrado e esperamos que ele nos cobrisse de perguntas, mas ele ficou em silêncio e percebemos que a conversa havia acabado.

O bar ficou lotado. Todo mundo se conhecia; era um tal de "Boa noite, Bill" e "Que bom ver você, Jim", e então ambos se retiravam para seus grupinhos e conversavam em vozes baixas e moduladas. Mas a calma quase foi rompida quando a porta se abriu e um estranho entrou, carregando uma grande valise. Ele ficou parado no meio do salão, abriu a valise e tirou várias gravatas. Imediatamente o ar ficou carregado de hostilidade. Uma mulher perto de nós disse que era um ultraje vendedores irem até lá para incomodar as pessoas, quando tudo que elas queriam era serem deixadas em paz para aproveitar suas bebidas. Felizmente, a garçonete disse ao homem para ir embora. O salão reganhou sua compostura normal.

A essa altura, a atmosfera estava se descontraindo, e o grupo perto de nós permitiu que participássemos da conversa. Conseguimos introduzir o assunto da política, e uma faxineira que trabalhava em um café disse que não viveria em um país fascista, "nem mesmo por mil libras ao mês". Na Inglaterra, explicou ela, as pessoas respeitavam os direitos umas das outras, mas, pelo que ela sabia, os estrangeiros não eram assim. Ela os vira nos filmes, com "todo mundo de uniforme, marchando e sacudindo bandeiras".

— Mas, se eles gostam assim — acrescentou ela —, não cabe a nós criticar; devemos ficar em nossa própria casa e cuidar de nossos próprios assuntos.

O marido, um ex-marinheiro, concordou com ela. Ele disse que viajara pelo mundo todo e a Inglaterra era o único lugar bom para se viver. Ele queria muito falar de suas experiências na China, mas a esposa evidentemente já ouvira todas as histórias antes e voltou ao assunto. O governo britânico, explicou ela, era o melhor do mundo.

— Ninguém seria tolo o bastante de começar uma guerra contra nós, porque sempre vencemos.

— Isso mesmo — interrompeu o marinheiro. — Torça o rabo do leão muitas vezes e você se dará mal.

O terceiro homem no grupo, que trabalhava em uma usina de energia elétrica, sacudiu a cabeça morosamente.

— Quando leio os jornais — disse ele —, às vezes fico em dúvida.

Os outros dois ficaram exasperados.

— Seja razoável. Quem já ouviu falar de a Inglaterra ser vencida?

O homenzinho sacudiu a cabeça novamente e ficou em silêncio, totalmente vencido.

Martha e eu percorremos as Midlands de carro até Newcastle, no norte, e de volta a Londres. Conversamos com pessoas aleatoriamente, em pubs, casas de chá, sedes da ARP* e restaurantes no cais; falamos com

---

* *Air Raid Precautions*, precauções durante ataques aéreos. (*N. da T.*)

QUEM QUER UMA GUERRA? 163

fazendeiros, operários, garçons, mecânicos e construtores de navios. E sempre obtivemos a mesma reação. "Guerra! Quem quer uma guerra?" Eles pareciam aceitar que os "estrangeiros" estavam sempre arengando entre si, mas o fato de que essas arengas podiam envolvê-los não era sequer uma possibilidade a ser discutida. Malcolm Muggeridge resumiu isso em *The Thirties* [A década de 1930], quando escreveu:

> Os eventos públicos, por mais portentosos que sejam, preocupam pouco a grande massa da humanidade, que sente, com razão, ser impotente para influenciá-los e, de um modo ou de outro, precisará arcar com suas consequências. Um dente inflamado é mais aflitivo que Hitler e, para aquele que o sofre, um resfriado é mais preocupante que a anexação da Albânia. Aquilo que deixa o ministro do Exterior grisalho e esgotado em poucos meses não perturba o meio milhão que se reúne para assistir ao Derby.

Martha fora à Inglaterra a fim de escrever um artigo para a *Collier's Magazine*. Seu editor em Nova York, a quase 5 mil quilômetros de distância, estava alarmado; ele viu uma guerra civil na Espanha; viu o Exército francês vigiando três fronteiras; viu o Exército alemão exultante após a anexação da Áustria; e viu o Exército tcheco cavando sua terceira linha de defesa a apenas 20 quilômetros de Praga. Ele viu as Ilhas Britânicas, outrora imunes a ataques, transformadas, em função do desenvolvimento da aviação, em um dos alvos mais vulneráveis da Europa.

— Qual é a reação do público britânico? — telegrafou ele. — As pessoas estão alarmadas? O que elas pensam do fascismo, da agressão e da possibilidade de guerra?

Martha não sabia o que fazer.

— Não posso responder "Guerra! Quem quer uma guerra?" — disse ela, indignada.

Mas, mesmo nas cidades produtoras de armamentos, como Sheffield e Newcastle, as pessoas com quem conversamos não demonstravam apreensão. Sim, elas fabricavam armas, o que era ótimo contra o desemprego. Mas usá-las? Contra quem?

A perguntas diretas, como "Você lutaria pela Tchecoslováquia?", recebemos uma confusão de respostas. Os garçons de um café em Leeds disseram que lutariam se o governo tivesse assinado um acordo, mas o governo assinara algum? Vários trabalhadores têxteis em uma mesa próxima, todos ex-militares, interromperam para dizer que não lutariam em território estrangeiro novamente, mas isso mereceu uma áspera resposta de uma garçonete mais velha, que disse ser uma vergonha causar tal impressão nas americanas.

— É claro que os garotos vão lutar — garantiu ela. — Pelo rei e pelo país.

Mas era tudo um drama distante, e a razão pela qual ele parecia distante era a extraordinária fé que o homem comum parecia ter nos "especialistas" que dirigiam o país. Uma vez após a outra, explicaram-nos cuidadosamente que era difícil julgar a situação, pois as negociações eram privadas. Mas as coisas nunca eram tão ruins quanto pareciam nos jornais, pois o governo sempre tinha "um truque na manga". As pessoas estavam confusas com a renúncia do sr. Eden, com a opinião geral sendo de que ele era "um homem bom com ideais elevados". O sr. Chamberlain também era um homem bom, porque jurara fazer todo o possível para manter o país fora da guerra, e o sr. Churchill era um homem bom porque fazia belos discursos.

Na verdade, tudo estava muito bem naquele junho de 1938, três meses e meio antes de o Exército alemão cruzar a fronteira tcheca. Martha ficava furiosa com essa complacência. Alta e loira, com um dom brilhante para a escrita e uma preocupação passional com os menos favorecidos, ela se recusava a encarar os infortúnios do mundo com leveza. O fato de que o operário inglês não estava enfurecido (como ela) com o tratamento recebido por seus irmãos na Espanha ou com a ruína de seus irmãos na Tchecoslováquia lhe parecia vergonhoso.

Logo nossa viagem assumiu a forma de uma turnê de palestras. A frase "Guerra! Quem quer uma guerra?" era como um lenço vermelho para um touro e, exasperada, Martha falava sobre Adolf Hitler, seus poderosos Exércitos e sua coleção de bombardeiros. Mas eles apenas olhavam para ela, ligeiramente surpresos, como se ela fosse meio ruim da cabeça, e,

QUEM QUER UMA GUERRA?

quando chegamos à casa de lorde Feversham, em Yorkshire, para o chá de domingo, a indignação dela estava no limite.

Ela mal disse olá antes de contar a Sim Feversham (então vice-secretário de Estado para a Agricultura) que as pessoas só pensavam em corridas de cavalo e no tempo.

Sim achou isso engraçado. Para começo de conversa, ele considerava nossa viagem muito estranha.

— Imagine andar pelos pubs e perguntar às pessoas o que elas pensam. Vocês são duas belicistas. Querem incomodar e causar problemas.

Martha disse que causaria ainda mais problemas falando com os camponeses.

— Na Inglaterra, nós os chamamos de fazendeiros.

— Eu sei — respondeu Martha. — É assim que vocês os *chamam*.

Uma hora mais tarde, marchamos pelos campos até um dos chalés na propriedade de Sim. A porta se abriu e dela saiu um homem muito idoso.

— Boa tarde, Geoff — disse Sim, amavelmente. — Como vai?

O velho pareceu deliciado em ver seu senhor.

— Ah, boa tarde, milorde. O senhor não quer entrar?

Sim negou com a cabeça.

— Só viemos aqui fazer algumas perguntas. Essas duas têm dirigido pela Inglaterra, instigando as pessoas. Elas acham que haverá guerra. Você acha que haverá guerra, Geoff?

— Ah, não, senhor. Não, senhor.

— Você acha que tudo vai bem, não acha, Geoff?

— Sim, senhor. Eu acho.

— Você não acha que Hitler queira uma guerra com a Inglaterra, acha?

— Não, senhor. Eu não.

— Na verdade, você acha esta conversa muito tola, não acha?

— Sim, senhor. Sim, senhor.

Martha não conseguiu mais suportar. Ela atravessou o campo pisando duro, com Sim sorrindo de uma orelha à outra atrás dela.

— Tente ir até *meu* país algum dia — exclamou ela. — Você não receberá todas essas mesuras e reverências. Imagine, colocar essas ideias na cabeça do pobre homem! Quando a guerra *chegar*, seu corpo será encontrado boiando no rio e saberemos quem foi. Mas pode ter certeza de que *eu* não entregarei o pobre homem à polícia.

Um ano e meio depois, Geoff "mudou de lado". Encontrei Sim logo antes de ele partir com seu regimento para a Palestina, e ele me disse que, logo após Munique, os "camponeses" de Martha haviam começado a encará--lo com a mais grave suspeita. Quando ele se despedira de Geoff, o velho comentara, com uma carranca feroz:

— É muito ruim vê-lo de uniforme, milorde. Mas suponho que todos devemos pagar por nossos erros, não é mesmo?

Sim me disse para contar isso a Martha.

— Ela ficará muito feliz. Você acha que ela acredita que seremos vencidos?

— Não — respondi —, não acho.

Pois me lembrei de como, quando retornávamos, Martha, ainda furiosa, comentara:

— A pior parte é que a cabeça deles é tão dura que é impossível parti-la. Se o mundo acabar amanhã e só sobrar uma pessoa, sei que será um inglês!

PARTE IV

Hora da barganha na Europa

1. As velas começam a tremular

Quando caminhava pela Champs-Élysées, notei subitamente a maneira como o sol se infiltrava pelas castanheiras; observei as fontes no Rond Point disparando para cima como um fio de diamantes; e passeei pelas margens do Sena me perguntando, com medo no coração, por quanto tempo Paris ainda brilharia.

Somente alguns dias antes, em 15 de agosto, o mundo tivera a notícia de que o Exército alemão se mobilizava. As decorações penduradas em julho para a visita do rei e da rainha da Inglaterra foram substituídas por cartazes vermelhos, brancos e azuis pedindo que as pessoas se preparassem para a defesa nacional — *pour sauvegarder la patrie*. Os jornais imprimiam edições extras a cada poucas horas e a política absorvia a mente de todos, de estadistas a costureiras. A paz estava morrendo. Em seus corações, as pessoas sabiam disso, mas o fato era tão desalentador que elas se agarravam freneticamente à esperança. Elas mantinham vigília no quarto da esperança moribunda, segurando suas mãos frias e se recusando a reconhecer, mesmo para si mesmas, a crescente palidez de seu rosto.

A agonia daquela longa doença era terrível de assistir. Ela durou um ano, mas a angústia da Europa nunca foi tão aguda quanto durante aqueles meses de verão, nos quais todo tipo de remédio — esperança, traição, idealismo e compromisso — foi injetado nas veias da esperança, em uma tentativa desesperada de mantê-la viva. Sua recuperação de Munique foi artificial. Depois daquilo, ela entrou em coma e, um ano depois, morreu.

Eu desistira da ideia de retornar aos Estados Unidos e me unira à equipe do *Sunday Times* londrino como correspondente "itinerante". Durante o ano seguinte, meu emprego me enviou a muitos países e capitais, e eu observei as luzes se apagarem uma a uma no quarto da esperança, até que os lençóis foram puxados sobre sua cabeça e o continente europeu reverberou com o rugir dos bombardeiros. Naquele agosto pré-Munique, quando o desespero varria a França, fiquei novamente no apartamento da baronesa X perto da Champs-Élysées, onde escrevera meus artigos sobre a Espanha.

O sol inundava a varanda e a voz estridente da concierge rompia a quietude do início da manhã, exatamente como no ano anterior. A única diferença era que, agora, ela não passava seu tempo barganhando, mas discutindo a situação política. Certa manhã, eu a ouvi argumentar com o padeiro. Ele dizia que os assuntos internos da França eram uma *mélange* de estupidez e ninguém parecia concordar, ao passo que a Alemanha tomava decisões muito rápidas. Isso gerou uma áspera resposta da concierge, que disse que isso era natural, pois a Alemanha era Hitler, mas a França era muita gente. Ela o censurou por culpar os assuntos internos. As dificuldades da França não se deviam à diminuição da taxa de nascimentos, à desvalorização do franco ou mesmo ao atrito entre esquerda e direita. A dificuldade da França, disse ela ferozmente, era a mesma de sempre: sua posição geográfica. Não consegui ouvir a resposta do padeiro. Ele provavelmente concordou, pois essa terrível repetição da história assombrava a França mais que qualquer outra coisa. Os retalhados campos de batalha no norte sequer haviam tido tempo de cicatrizar e o Exército alemão já marchava novamente.

Eu nunca vira esses campos de batalha e, certa manhã, peguei o trem para Amiens com Tommy Thompson, que estava em Paris de licença. Pegamos um táxi e fomos a Vimy, Bapaume e ao antigo campo de batalha do Somme. Fiquei espantada ao ver quão recentes eram as feridas do último conflito. Durante quilômetros, dirigimos por áreas destruídas e desoladas. Com o mundo no limiar de uma nova guerra, a guerra anterior parecia se mover para fora das páginas da história como um esqueleto enraivecido. Ao longo da estrada principal, ainda havia placas avisando ao público para não ultrapassar certos limites, por medo de projéteis e granadas não detonados. Um pouco além havia velhas plataformas para metralhadoras

AS VELAS COMEÇAM A TREMULAR

e postes enferrujados das cercas de arame farpado, enfiados no solo tão firmemente quanto no dia em que alguma mão os posicionara havia duas décadas.

Na colina Vimy, o solo fora esburacado pelos projéteis e escavado para a instalação de minas. Mais de 100 mil homens haviam morrido antes que a colina finalmente fosse tomada pelos canadenses em 1917. Era sombrio caminhar por lá, mas, quando chegamos ao topo, o esqueleto desapareceu e a tragédia se transformou em amarga comédia. Era um dia ensolarado e o topo estava lotado de visitantes. Famílias haviam levado cestas de piquenique e se instalado confortavelmente nos buracos de bomba, que ofereciam proteção contra o sol. Os guias estavam ocupados conduzindo grupos de turistas pelos úmidos e serpenteantes túneis subterrâneos onde os soldados haviam lutado por 5 francos por cabeça. Ali perto, uma barraca fazia sucesso vendendo cerveja e lanches.

Tommy começou a conversar com o motorista do táxi e descobriu que ele lutara na primeira batalha de Vimy. Ele observava a cena com certo divertimento irônico. Era bom que houvesse famílias por lá, fazendo piqueniques, disse ele. Quando estivera nas trincheiras, ele e seus amigos haviam brincado frequentemente sobre a possibilidade de, algum dia, as pessoas pagarem para ver o lugar onde eles haviam lutado. Mas não era bom que, somente vinte anos depois, a Europa estivesse no limiar de outra guerra. Ele deu de ombros:

— É sempre a mesma história: a França contra os boches.

Durante semanas, essa cena me assombrou. O dar de ombros do motorista de táxi e a expressão em seu rosto eram um símbolo do desespero que varria o país. Durante as duas semanas seguintes, fui de carro de Paris a Saint Jean-de-Luz, ao longo da fronteira espanhola e da Riviera, até o alegre e barulhento porto de Marselha. Conversei com muitas pessoas pelo caminho e, lendo minhas notas, constato que a reação era sempre a mesma: a guerra deve ser evitada. Uma vez após a outra, as pessoas repetiam a frase de que Hitler só estava blefando e, se a França permanecesse firme, não haveria catástrofe. Suponho que havia um aviso nessa psicologia. A França devia permanecer firme, não porque *fosse* firme, mas para se livrar da guerra. Toda a política do país fora construída sobre a hipótese de que Hitler estava blefando. Mas, e se não estivesse?

Toda semana, os estadistas franceses repetiam suas garantias solenes à Tchecoslováquia; tudo fazia parte do mesmo jogo. A maioria das pessoas, incluindo eu mesma, aceitava essa demonstração de força por seu valor de face. Quando voltei a Paris, fiquei chocada ao ouvir Sir Charles Mendl, o adido de imprensa da embaixada britânica, dizer que não acreditava que os franceses fossem lutar pela Tchecoslováquia.

— Mas como eles podem ignorar sua promessa? — protestei.

— Não sei — respondeu Sir Charles. — Mas vivo neste país há 25 anos e não me soa provável. Acredito que eles não vão lutar.

Achei que Charles era cínico. Quando deixei Paris e parti para Berlim em agosto, perguntei-me se, ao retornar, encontraria a cidade às escuras e o povo da França em guerra.

* * *

Berlim oferecia um forte contraste à beleza da capital francesa. Fazia frio, ventava muito e havia uma sensação de ameaça no ar. As calçadas estavam cobertas de uniformes e as ruas ressoavam com os tanques e carros blindados. Até mesmo os sóbrios edifícios cinzentos tinham um aspecto ameaçador. Eu nunca estivera em Berlim e, quando caminhei pelas ruas, tive a mesma sensação de inquietude de quando vira pela primeira vez os guardas de Franco na ponte Internacional em Hendaye. Instintivamente, aquele era "o inimigo". Embora meu país estivesse a 5 mil quilômetros de distância, as ideias que ele defendia estavam tão ameaçadas quanto se suas fronteiras fossem contíguas às da Tchecoslováquia.

Tentei superar essa sensação e me pus ao trabalho a fim de reunir material para meus artigos. Fiquei no Hotel Adlon, na rua Unter den Linden, o qual, durante a última guerra, fora o centro social de Berlim. Em 1914, o saguão ficara lotado de multicoloridos uniformes austríacos, húngaros e prussianos; agora, estava cheio do marrom e do preto dos homens da SA e da SS. O bar do restaurante, no entanto, estava sempre lotado de estrangeiros: antes do almoço, era frequentado por jornalistas, diplomatas, adidos militares e homens de negócios, e era chamado afetuosamente de "o clube".

Os recepcionistas e carregadores alemães eram polidos e solícitos, mas havia ali a mesma atmosfera desconfortável que eu encontrara na Espanha: conversas sempre reservadas e a impressão de estar sendo observada. A maioria dos telefones era grampeada e, frequentemente, era possível ouvir o clique dos gravadores do outro lado da linha. O telefone do adido militar britânico, coronel Macfarlane, tinha um grampo que levava diretamente ao gabinete de Guerra alemão. Isso foi descoberto quando o telefone estragou e um engenheiro foi consertá-lo. Após trabalhar por várias horas, o telefone ainda não funcionava. O engenheiro olhou para ele estupidamente, coçou a cabeça e disse:

— Não consigo entender. Funcionou perfeitamente no gabinete de Guerra.

O ataque da imprensa alemã à Tchecoslováquia crescia em violência e, mesmo no hotel, viam-se sinais de desconforto. Várias vezes encontrei um grupo de camareiros reunidos em frente a meu quarto, lendo apressadamente os jornais em inglês antes de entregá-los. Certa noite durante o jantar, uma senhora idosa começou a chorar na mesa ao lado, dizendo ser como em 1914 novamente. Durante as semanas seguintes, os escritórios dos correspondentes estrangeiros foram sitiados por pessoas querendo saber qual era "a situação real".

Apresentei meus documentos aos Ministérios do Exterior e da Propaganda e iniciei uma série de entrevistas. Visitei escolas, campos de trabalho e organizações de bem-estar social. Os alemães que me acompanhavam eram agradáveis e eficientes e defendiam seu sistema com convicção. Mas, o tempo todo, eu só pensava na citação de Stevenson: "O que você é fala tão alto que não consigo ouvir o que você diz." As palavras suaves sobre progresso social eram abafadas pelo ronco dos tanques nas ruas de Berlim.

* * *

174 HORA DA BARGANHA NA EUROPA

Todas as noites, os correspondentes estrangeiros se reuniam no Taverna, um pequeno restaurante na Courbierestrasse. O Taverna fora popularizado por H. R. Knickerbocker e Edgar Mowrer, dois jornalistas americanos que foram expulsos da Alemanha assim que Hitler assumiu o poder. (Edgar Mowrer recebeu ordens de partir em 1933, após a publicação de seu livro *Germany Puts the Clock Back* [A Alemanha volta no tempo]. Quando ele perguntou por que estava sendo expulso, o oficial do Ministério do Exterior respondeu sem rodeios: "O Führer não gostou do seu livro." E Edgar supostamente replicou: "Ah, tudo bem. Diga a ele que tampouco gostei do dele.")

O Taverna continuava a ser o local de reunião noturno e, embora o salão geralmente estivesse lotado, uma mesa sempre era reservada para a imprensa estrangeira. Os correspondentes que eu mais encontrava eram Euan Butler, do *The Times*, e Edward Beattie, da United Press. Embora o *The Times* favorecesse o apaziguamento, Euan e seu colega Jimmy Holburn inseriam em suas matérias uma nota de alerta que não era bem-vista pelas autoridades locais.

Euan acreditava que a guerra contra a Alemanha era inevitável. Certa noite, no Taverna, ele olhou em torno, para os jovens soldados alemães e homens da SS, e comentou em voz alta:

— Que chato será ter que matar tantas dessas pessoas.

No auge do ataque à Tchecoslováquia, ele persuadiu o pianista ligeiramente embriagado a tocar a Marselhesa. Alguns alemães cantarolaram a melodia até perceber, subitamente, que aquele não era um momento adequado para tal canção e o gerente ordenar, indignado, que o pianista mudasse para uma marcha alemã.

A maioria dos correspondentes dividia informações, pois havia poucas oportunidades de conseguir "furos". Como quase não havia notícias, com exceção das fornecidas pelas fontes oficiais, na maior parte do tempo o trabalho do jornalista era limitado à interpretação dos eventos cotidianos. Não era difícil formar uma visão precisa da situação, pois os oficiais em Berlim não faziam nenhum esforço para esconder os objetivos da Alemanha. Isso me surpreendeu mais que tudo. Enquanto o mundo era assegurado de que, após a justa resolução da questão sudeta, o Terceiro Reich não tinha outras

AS VELAS COMEÇAM A TREMULAR

ambições, porta-vozes nazistas em Berlim falavam abertamente sobre o novo mundo que estava por vir.

Certa noite, jantei com Herr von Strempel, um funcionário do Ministério do Exterior que hoje está na embaixada alemã em Washington, e ele disse claramente que a autodeterminação sudeta era somente outro nome para a passagem alemã para o mar Negro. Em outra ocasião, tomei alguns drinques com o dr. Karl Silex, editor do *Deutsche Allgemeine Zeitung*, que disse, de modo igualmente claro, que todo o sudeste da Europa deveria ser governado pela Alemanha. Certamente não havia segredo a respeito; se os eventos subsequentes foram um choque para os estadistas britânicos, franceses e americanos, isso não se deveu à discrição nazista.

Não havia nenhum correspondente estrangeiro em Berlim inconsciente do fato de que a "socialização" da Alemanha era somente outro termo para sua militarização; que químicos e cientistas faziam experimentos para aumentar a autossuficiência do país em tempos de guerra, enquanto as fábricas de armamentos trabalhavam em três turnos; e que as crianças em idade escolar aprendiam "ciência racial", "eugenia" e "hereditariedade" a fim de provar que a superioridade da raça alemã justificava o programa de expansão de Hitler. Depois da Tchecoslováquia, mais países se seguiriam, até que a Alemanha se tornasse tão poderosa que nenhuma nação ousaria desafiá-la. Duvido que mesmo a maior parte do público alemão acreditasse na campanha da imprensa contra os tchecos. Aqueles que acreditavam no Führer aceitavam a expansão como algo natural.

Certa noite, no Taverna, Euan Butler começou a conversar com um garçom, que confidenciou que a esposa teria outro filho.

— Será nosso sexto — disse ele, orgulhoso.

Quando Euan perguntou por que ele queria uma família tão grande, o homem o olhou com certa surpresa:

— Porque a Alemanha precisa avançar.

Enquanto isso, o Ministério da Propaganda continuava a garantir ao mundo que a Alemanha tinha intenções pacíficas. Certamente nenhum outro país conduziu uma campanha de vendas tão eficiente. A inundação de material publicado todos os dias pelo grande edifício branco na Wilhelmstrasse afetava o julgamento e paralisava o livre-arbítrio de milhares de pessoas. Ele não somente convencia muitos políticos poderosos da justeza das alegações alemãs, como também semeava suspeita e medo e injetava traição em países que, desde então, caíram à beira do caminho. A propaganda era ardilosa e nenhuma classe era ignorada. Ela atacava os capitalistas para atrair os operários e atacava os comunistas para atrair os capitalistas. Criava dissensão ao censurar a política estrangeira "controlada por judeus". Zombava da liberdade, associando-a ao desemprego, e louvava o nacional-socialismo como sistema econômico modelo, a despeito de 40% da força de trabalho alemã ser absorvida pela máquina de guerra em expansão. Hoje, não é exagero dizer que, dos onze países esmagados e invadidos pela Alemanha, metade foi destruída não pelos tanques, mas pela propaganda.

Certo dia, quando estava no Ministério da Propaganda, entrei na sala errada e encontrei mais de duzentos jornalistas alemães reunidos para receber as instruções do dia. A sala estava lotada, barulhenta e azulada de tanta fumaça. Fui conduzida para fora rapidamente e, mais tarde, descobri que invadira o santo dos santos. A penalidade para um alemão que revelasse as instruções dadas em uma dessas conferências era a morte!

Jamais conheci o gênio do Ministério, o dr. Goebbels, mas, logo antes de deixar Berlim, literalmente esbarrei nele no saguão do Adlon. Foi durante a visita de Estado do almirante Horthy, o regente húngaro. Uma grande demonstração militar fora feita em sua homenagem. Ela ocorrera na Technische Hochschule, na periferia de Berlim. Hitler e Horthy haviam ficado em pé no palanque enquanto tropas de choque marchavam em passo de ganso, seguidas por uma longa procissão de tanques, armas e carros blindados. O clímax da parada ocorrera quando a Grande Bertha, um canhão de enormes dimensões, passara diante do palanque. A multidão olhara para o canhão, atônita, e irrompera em uma explosão espontânea de vivas. Ed Beattie, que estava a meu lado, dera um sorriso azedo e comentara, acima do barulho:

— Que adorável a reação alemã.

No palanque ao lado, os adidos militares tomaram notas e o correspondente da agência correra para a cabine telefônica mais próxima. A arma

AS VELAS COMEÇAM A TREMULAR

não era uma invenção nova, somente uma peça de exibição; de qualquer modo, parecera ter o efeito desejado na multidão.

Após a revista das tropas, voltamos ao hotel. O almirante Horthy levara uma grande comitiva e o saguão estava lotado de uniformes de cores vivas, medalhas e condecorações. Em meio a todo esse esplendor, havia um homenzinho em um monótono uniforme marrom, de costas para mim. Ele parecia fora de lugar entre as plumagens alegres, e eu me lembro de pensar que provavelmente se tratava de um humilde ajudante de ordens. Dez minutos depois, recebi um telefonema. Abri caminho pelo saguão lotado e, ao correr até a cabine telefônica, dei um encontrão no homenzinho de uniforme marrom. Dei um passo para trás, pedi desculpas e vi que se tratava de ninguém menos que o dr. Joseph Paul Goebbels. Ele sorriu com ironia e se afastou, massageando o ombro. Esse foi meu único contato com ele. Mas, em retrocesso, os eventos daquele dia parecem se organizar em um padrão: o canhão e o dr. Goebbels; a espada e a pena; a Alemanha em marcha.

2. O carrossel alemão

Vi o espírito da Alemanha nazista flutuando pelas antigas ruas de Nuremberg como um rio que estourara suas barragens. Um milhão de suásticas vermelhas, brancas e pretas tremulavam nas janelas, e a cidade, com três vezes mais pessoas que o normal, ressoava com o som de botas de couro e brilhava com uma desconcertante variedade de uniformes.

Embora a vasta arregimentação da Alemanha moderna fosse um fenômeno que somente a era da máquina conseguiria produzir, à noite o background medieval se tornava curiosamente real. O relógio voltava para a Idade Média. Os longos galhardetes tremulando nos torreões do castelo de Nuremberg cintilavam ao luar como os estandartes de uma antiga guerra religiosa; o barulho dos pés marchando e os coros de hinos militares nazistas tinham toda a paixão de uma antiga cruzada. Era somente ao ouvir o súbito ganido de um bombardeiro de asas prateadas viajando a 480 quilômetros por hora que eu me via de volta à sombria realidade de 1938.

Essa sombria realidade lançara uma sombra de terror sobre o congresso do partido, pois aquela era uma "semana de crise". Nunca na história uma crise foi manufaturada com tanto sangue-frio. Durante dias, o mundo soubera exatamente a forma que ela tomaria e a data de sua culminação. Ele observara o ataque contra a Tchecoslováquia crescer em violência, e agora, com o Exército alemão mobilizado, esperava pelo discurso de Hitler, dramaticamente planejado para o último dia de congresso.

O próprio fato de que a crise era manufaturada a tornava ainda mais temível, em função de sua calculada crueldade. Os rostos de políticos, diplomatas e jornalistas estavam tensos e ansiosos. Nos saguões dos hotéis, pessoas se agrupavam e falavam em voz baixa. Era possível ver diplomatas italianos conversando com delegados da Espanha nacionalista; líderes partidários alemães sorrindo para os japoneses; preocupados estadistas franceses em um canto com os britânicos. Correspondentes dos jornais da maioria das capitais europeias caminhavam apressadamente pelos saguões, fazendo perguntas e trocando informações, enquanto mensageiros corriam de um lado para o outro com telegramas e os telefones tocavam continuamente com chamadas de Berlim, Londres e Paris.

Havia somente três grandes hotéis em Nuremberg, e a maioria dos quartos estava ocupada por oficiais alemães e delegados italianos, espanhóis e japoneses. A imprensa estrangeira foi colocada em vagões-dormitório fora do centro. Eu tive a sorte de persuadir o gerente do Hotel Wurttemberger Hof a me dar um quarto, mas minha sorte durou somente dois dias, pois uma nova delegação de japoneses chegou subitamente e eu fui convidada a partir. Jules Sauerwein, do *Paris Soir*, veio em meu socorro e me conseguiu um quarto na pequena pensão em que estava hospedado. A pensão era dirigida por uma mulher desleixada chamada Frau Fleischer, que se interessava passionalmente pela situação política. Ela ouvia o rádio o dia inteiro e acreditava em todas as acusações contra os tchecos, por mais absurdas que fossem. Ela disse a Jules e a mim que, se o kaiser estivesse no controle do país, a Alemanha teria entrado em guerra muito antes. Mas Hitler tinha paciência. Ele se recusava a ser "provocado".

Os quartos da pensão de Frau Fleischer eram escuros e sujos e o café da manhã era intragável: café aguado e uma fatia de pão preto. Mesmo assim, eu tinha sorte por estar lá, pois não somente os hotéis estavam cheios demais para acomodar a imprensa, como até mesmo os diplomatas estrangeiros haviam sido relegados a vagões-dormitório. Os trens diplomáticos estavam em um desvio a vinte minutos da cidade. Uma frota fora colocada a seu serviço e um esquadrão de homens da SS trabalhava como ajudantes de ordens. Tudo era feito para o conforto deles; mesmo assim, ao caminhar pela desolada plataforma e ver os embaixadores das três grandes democracias — Grã-Bretanha, Estados Unidos e França — inclinados nas janelas de um vagão-restaurante desativado, entendi que a situação da Europa era ruim!

O CARROSSEL ALEMÃO

Certa manhã, dirigi até o trem com Jules Sauerwein e Ward Price, do *Daily Mail*. Eles queriam conversar com seus respectivos embaixadores e eu estava ansiosa para encontrar Prentiss Gilbert, o encarregado de negócios americano. Passamos pelos homens de uniforme preto da SS e caminhamos até a plataforma deserta, procurando pelo vagão certo. Ward Price viu Sir Nevile Henderson no vagão-restaurante e, mais à frente, o embaixador francês, o sr. François Ponçet, colocou a cabeça para fora e acenou para Jules. Entrei no trem e caminhei pelas passagens até finalmente chegar a um compartimento marcado "Estados Unidos". Bati à porta e uma voz disse "Entre". Do lado de dentro, encontrei o embaixador americano, o sr. Hugh Wilson, sentado sozinho, tamborilando os dedos no batente da janela. Obviamente, ele não tinha nada para fazer. Compreendi dolorosamente que aquele era o papel que a mais poderosa democracia do mundo desempenhava em um momento no qual a civilização era gravemente ameaçada.

Conversei banalidades com o sr. Wilson (que pareceu feliz por ter companhia) e descobri que Prentiss Gilbert permanecera em Berlim. Quando me uni novamente a Ward Price e Jules, eles me pareceram desanimados. Jules deu de ombros e disse:

— Algum dia, espero encontrar um embaixador que responda perguntas, em vez de fazê-las!

A verdade era que os diplomatas sabiam ainda menos que os jornalistas. Hitler se recusara a receber qualquer um deles, e seus contatos eram ainda mais limitados que os nossos. Mesmo assim, Ward Price esperara descobrir com Nevile Henderson o significado do artigo que fora publicado no *Times* londrino no dia anterior (7 de setembro), sugerindo que os tchecos resolvessem suas dificuldades cedendo a região dos Sudetos à Alemanha. Os estadistas que acreditavam que a política de se "manterem firmes" deteria Hitler haviam considerado o artigo uma punhalada nas costas. Não havia dúvidas sobre o efeito encorajador que ele tivera no oficialato alemão. Expressões infelizes haviam se coberto de sorrisos e líderes nazistas menores asseguravam a todos, animadamente, que não haveria guerra. O dr. Dietrich, o chefe de imprensa alemão, explicou que Hitler não queria guerra. Então acrescentou, com um sorriso travesso:

— Ele pode conseguir o que quer sem ela.

Essa orgulhosa convicção era disseminada entre o povo alemão. Os jardins de cerveja estavam cheios de música e riso e todos concordavam alegremente que Hitler era esperto o bastante para vencer somente com base na diplomacia. Certa tarde, subi a colina até a cidade velha com Bertrand de Jouvenel, um jornalista francês. Fomos a um pequeno restaurante lotado de homens da SA bebendo cerveja e comendo salsichas com chucrute. De algum modo, era difícil aceitar que os contingentes da SA, com suas pesadas botas pretas e seus uniformes cáqui com suásticas nas mangas, eram cidadãos comuns: motoristas de ônibus, barbeiros, mecânicos e pequenos lojistas. Nuremberg era um feriado para eles. Durante todo o dia, eles passeavam pela cidade, visitando centros de exposição, fazendo refeições enormes e tirando fotografias para enviar às namoradas. À noite, enchiam os cafés e eram sempre os últimos a ir embora.

Aquele grupo particular da SA era composto por homens altos e loiros com rostos honestos e limpos. Não havia mesas vazias e eles cordialmente nos convidaram para a sua. Quando perguntaram nossa nacionalidade e Bertrand respondeu que era francês, os olhos deles se arregalaram de interesse.

O líder do grupo, um homem mais velho, agarrou a mão de Bertrand e a sacudiu calorosamente; ele disse que morara na França durante quatro anos. E acrescentou que esse tempo fora passado lutando na guerra, mas, mesmo assim, ele sentia conhecer o país muito bem. Ninguém pareceu considerar falta de tato quando ele tentou se lembrar do nome das cidades em que entrara; então, subitamente, ele mudou de assunto e garantiu a Bertrand que não haveria outra guerra. As coisas seriam resolvidas de maneira pacífica, pois ninguém queria guerra, muito menos Hitler.

Seus companheiros assentiram, então todos os seis ergueram seus copos e brindaram à Alemanha, à França e à Tchecoslováquia. Quando terminaram, um homem baixo na ponta da mesa, um ferreiro de Colônia, perguntou o que achávamos da Alemanha; antes que pudéssemos responder, ele começou a contar sobre seu excelente país. Não era como os outros, disse ele, pois, na Alemanha, não havia desemprego. Bertrand assentiu, mas sugeriu que o desemprego fora absorvido, em certa extensão, pela vasta produção de armamentos.

Isso pareceu deixar o grupo perplexo. Houve silêncio até que o líder subitamente vocalizou a teoria de que, quando a situação internacional se normalizasse, eles parariam de fabricar armas e construiriam estádios, casas e belos parques. Todo mundo pareceu aliviado com essa explicação, e partimos em meio a um elaborado fluxo de *Merci beaucoup* e *Au revoir*.

Do lado de fora, Bertrand balançou a cabeça tristemente.

— Eles são como crianças — disse ele. — Só Deus sabe por que os deixam brincar com explosivos!

As pessoas mais informadas eram incapazes de partilhar da complacência do alemão comum; para elas, as festividades de Nuremberg eram como uma feira gigantesca, afastada de toda realidade. Será que o carrossel pararia subitamente e todas as luzes se apagariam? Essa especulação atravessava as salas de imprensa como uma corrente; enquanto isso, os jornalistas eram empurrados para infinitos discursos e revisões de tropas.

Todas as manhãs, era publicado um boletim contendo uma longa agenda organizada com a típica precisão alemã: a hora das reuniões, os horários em que os ônibus partiam e retornavam, o número de pessoas que podia ser acomodado e assim por diante. Eu fui a algumas dessas reuniões. Ouvi o dr. Dietrich atacar a imprensa, Hitler atacar os judeus, o dr. Rosenberg atacar a Igreja e Goering atacar os tchecos, chamando-os de "anões ridículos apoiados por Moscou". Depois disso, preferi andar sozinha pela cidade.

Infelizmente, todos os salões de exposição soavam a mesma nota de ódio: a Alemanha nacional-socialista contra os bolcheviques, os judeus e o mundo em geral. As paredes eram decoradas com enormes banners que diziam: "A luta da Alemanha é a luta para preservar a civilização." Abaixo, mapas da Europa mostravam a disseminação do bolchevismo; a Tchecoslováquia era pintada do mesmo vermelho perigoso que a Rússia soviética, ao passo que a França esmaecia para um rosa vívido. (Frequentemente me perguntei o que aconteceu a essa grande variedade de mapas e cartazes desde a aliança russo-alemã.)

Os judeus eram vilificados pela literatura intitulada "ciência social" e por exibições de tabelas genealógicas e horríveis fotografias de tipos "não arianos". Nuremberg, por causa de seu prefeito Julius Streicher, o notório perseguidor de judeus, era uma das cidades mais raivosamente antissemitas da Alemanha. Centenas de lojas e jardins de cerveja portavam cartazes dizendo "Proibido judeus" e, na cidade velha, perto da feira, pequenas bancas que vendiam os jornais de Streicher divulgavam literatura antissemita.

Essas bancas contrastavam estranhamente com a vida cotidiana da agitada feira, com sua brilhante variedade de vegetais e suas *Hausfrauen* roliças com cestos nos braços. E, mesmo assim, a história se repetia, pois fora naquela mesma praça, em 1499, que haviam sido pregadas as proclamações ordenando a expulsão dos judeus. A campanha fora liderada por um monge chamado Capistrano, e o sentimento hostil durara tanto tempo que fora somente na década de 1800 que os judeus haviam sido novamente considerados cidadãos livres. Agora eles eram expulsos mais uma vez, sob outro credo: a nova Alemanha.

A "nova Alemanha" era tipificada por um grupo de jovens, escolhidos a dedo por Hitler para a Juventude Hitlerista e treinados como futuros líderes populares. Todo ano, algumas centenas deles eram escolhidos para ir a Nuremberg como os melhores representantes da nação. Certa tarde, visitei seu campo, o *Funker-lager*, a alguns quilômetros da cidade. Fui com Herr von Lösch, um jovem funcionário do Ministério do Exterior que fora educado na Inglaterra. Não havia muito para ver quando chegamos lá, mas um alemão esguio, musculoso e de cabelos dourados, com mais ou menos 20 anos, mostrou-nos as barracas em que os homens comiam e dormiam. Seu treinamento durava três anos e a maior parte parecia devotada aos exercícios físicos. O jovem explicou que eles passavam várias horas por dia estudando os princípios do nacional-socialismo: "ciência social", "eugenia", "hereditariedade", etc. Quando perguntei se recebiam qualquer outro tipo de instrução, ele negou com a cabeça. Antes, houvera cursos de História, Literatura e Filosofia, mas os professores haviam se mostrado incapazes de interpretar seus temas do ponto de vista nacional-socialista e as aulas ha-

O CARROSSEL ALEMÃO

viam sido descontinuadas. Até mesmo Herr von Lösch ficou constrangido com essa resposta e se manteve em silêncio durante o restante da viagem.

Mas, na nova Alemanha, um fator muito mais poderoso que o apelo da doutrina de Hitler era o próprio Hitler. Muitos alemães realmente acreditavam que ele era dotado de qualidades sobre-humanas. Eu me lembro de Frau Fleischer dizendo a Jules Sauerwein e a mim que, na Alemanha, não era preciso que as pessoas tivessem opiniões; elas tinham as opiniões do Führer, e o Führer era "inspirado".

A ideia do super-homem certamente era encorajada pelas vastas exibições em Nuremberg. Tudo era feito em escala gigantesca. O poder dos espetáculos não estava tanto em sua engenhosidade, mas em sua imensidão. A nota-chave era sempre repetição e uniformidade. Em vez de algumas dezenas de águias douradas, havia centenas; em vez de centenas de bandeiras, havia milhares; em vez de milhares de participantes, havia centenas de milhares.

À noite, a qualidade mística do ritual era exagerada por grandes urnas incandescentes no topo do estádio, com as chamas alaranjadas saltando para a escuridão enquanto centenas de holofotes poderosos iluminavam o céu. A música tinha uma solenidade quase religiosa, marcada pelo ritmo constante dos tambores, que soavam como o bater distante de gongos.

Certa noite, fui ao estádio com Jules Sauerwein para ouvir o discurso que Hitler faria a líderes políticos nazistas de toda a Alemanha. O estádio estava lotado, com quase 200 mil espectadores. Quando se aproximou o horário de chegada do Führer, a multidão ficou inquieta. Os minutos se passavam e a espera parecia interminável. Subitamente, o ritmo dos tambores acelerou e três motocicletas com estandartes amarelos flutuando no para-brisa passaram correndo pelos portões. Alguns minutos depois, uma frota de carros pretos entrou velozmente na arena: em um deles, em pé no banco da frente e com a mão estendida na saudação nazista, estava Hitler.

O espetáculo que se seguiu foi um dos mais extraordinários que já testemunhei. Hitler subiu em seu palanque na arquibancada em meio a uma ovação ensurdecedora, então fez sinal para que os líderes políticos entrassem. Eles entraram, 100 mil deles, por uma abertura na extremidade oposta da arena. Sob as luzes prateadas, eles pareciam se derramar como água sobre o gramado. Cada um deles trazia uma bandeira nazista e, quando se reuniram em formação, o estádio ficou parecendo um mar tremulante de suásticas.

Então Hitler começou a falar. A multidão ficou em silêncio, mas os tambores continuaram sua batida constante. A voz de Hitler arranhou a noite e, de quando em quando, as pessoas irrompiam em um rugido de vivas. Parte da plateia começou a se balançar de um lado para o outro, cantando *Sieg Heil* repetidamente, em um frenesi delirante. Os tambores ficaram mais altos e, subitamente, fiquei com medo. Por um momento, eu me perguntei se aquilo não era um sonho; talvez, na realidade, estivéssemos no coração da selva africana. Tive uma súbita sensação de claustrofobia e perguntei baixinho a Jules Sauerwein se podíamos ir embora. Foi uma pergunta tola, porque estávamos comprimidos de todos os lados e não havia nada a fazer senão ficarmos sentados lá, até o amargo fim.

Finalmente acabou. Hitler desceu do palanque e voltou para o carro. Assim que ele parou de falar, o feitiço se quebrou e a mágica desapareceu. Isso foi extraordinário, porque, quando ele desceu do palanque e voltou ao carro, sua pequena figura subitamente se tornou descorada e pouco impressionante. Precisei me beliscar para acreditar que aquele era o homem para o qual todos os olhos estavam voltados; que era ele quem segurava raios em suas mãos.

* * *

O ponto de encontro mais elegante de Nuremberg era o Grand Hotel. Ali ficavam hospedados os *Ehrengäste* do Parteitag. Normalmente, tratava-se de estrangeiros proeminentes de todas as partes do mundo, mas, naquele ano, os franceses estavam notoriamente ausentes e somente vinte ou trinta ingleses haviam comparecido. Eles incluíam alguns pares do reino ansiosos por uma aliança anglo-alemã, mas a maioria era de britânicos de mente fascista, membros do Partido Mosley.

O CARROSSEL ALEMÃO 187

Os membros de destaque do grupo inglês eram lorde e Lady Redesdale e sua filha, a honorável Unity Valkyrie Mitford, de cabelos loiros até os ombros e grandes olhos azuis. Ela venerava Hitler com uma paixão adolescente e persuadira a mãe e o pai a irem à Alemanha para verem com os próprios olhos como ele era maravilhoso.

O irmão de Unity, Tom Mitford, era meu amigo em Londres e eu já fora apresentada aos Redesdale, então os encontrei várias vezes durante a semana. Era sua primeira visita à Alemanha e eles trataram toda a viagem como algo separado de suas vidas ou do futuro de seu país, como se fosse uma bizarra opereta. Lady Redesdale era uma mulher pequena e reservada que passava a maior parte do tempo (quando não estava em uma das vistorias de tropas com Unity) bordando em um canto do saguão, enquanto lorde Redesdale, um homem alto e bonito com um grande bigode branco, vagueava a esmo com ar espantado, como se estivesse em uma festa bastante constrangedora na qual (muito curiosamente) ninguém falava inglês.

Unity era conhecida como amiga de Hitler e, durante toda a semana, lorde Redesdale foi inundado por cartas frenéticas implorando que usasse sua influência para impedir a guerra. Um dia, ele recebeu uma nota da Sociedade Buchman, que realizava uma conferência em Genebra. A nota pedia que ele mostrasse ao Führer uma carta publicada no *Times* londrino em 10 de setembro (referindo-se à necessidade de rearmamento moral), declarando que ela poderia "mudar o modo de pensar do Führer e alterar o curso da história". Seu comentário ligeiramente petulante foi:

— Maldição, eu não recebi nenhum exemplar do *The Times*.

Era como um capítulo de P. G. Wodehouse.

Além de levar a família com ela, Unity também convidara Robert Byron para ir a Nuremberg. Isso dava ao grupo uma aparência ainda mais curiosa, pois certamente não existia alguém mais raivosamente antinazista que Robert. Ele era um inglês de trinta e poucos anos que já criara reputação como escritor e especialista em arte oriental. Eu o conhecera em Londres e, durante a semana, frequentemente caminhamos pela cidade e visitamos jardins de cerveja. Robert fora a Nuremberg por curiosidade e não conseguia decidir se o espetáculo era cômico ou sinistro.

188   HORA DA BARGANHA NA EUROPA

— Essas pessoas são tão grotescas — repetia ele. — Se entrarmos em guerra, será como lutar contra um zoológico gigante.

Robert mantinha seus comentários leves, mas, às vezes, era vencido pela indignação. Lembro-me de uma tarde na qual fomos tomar chá no Wurttemberger Hof. O restaurante estava lotado de oficiais, que pareciam muito animados, rindo e conversando em voz alta. Sentado na mesa ao lado estava o dr. Silex, editor do *Deutsche Allgemeine Zeitung*; o dr. Dietrich, chefe de imprensa; o dr. von Dircksen, embaixador alemão em Londres; e Herr von Lösch, do Ministério do Exterior. Eles nos convidaram para sua mesa e, em breve, a conversa inevitavelmente se voltou para os temas do dia. O dr. Silex mencionou o artigo no *Times* londrino e disse ter certeza de que a Inglaterra voltaria a si antes que fosse tarde demais e perceberia que a Tchecoslováquia era uma preocupação da Alemanha, não da Inglaterra. Vi uma mancha vermelha subindo pelo pescoço de Robert e, no momento seguinte, o ouvi dizer, com voz letal:

— O que ocorre no continente é sempre preocupação da Inglaterra. De vez em quando, temos o infortúnio de sermos liderados por um Chamberlain, mas isso é temporário. Não se engane. No fim, nós *sempre* nos erguemos e nos opomos às tiranias que ameaçam a Europa. Já as destruímos antes, e aviso que as destruiremos novamente.

Houve um terrível silêncio, e então Herr von Lösch fez um esforço para rir e sugeriu que falássemos de coisas "menos sérias". A conversa foi tensa e, quando nos levantamos para partir, ninguém nos urgiu a ficar.

* * *

Durante toda a semana, Hitler parecera sério e preocupado. Ele se recusara a receber diplomatas estrangeiros e até mesmo a conversar com seus próprios conselheiros. Mas, na tarde de sábado, compareceu ao chá que Herr von Ribbentrop, o ministro do Exterior alemão, ofereceu em sua homenagem. Convites haviam sido ansiosamente esperados, mas a lista se limitava a setenta pessoas, a maioria diplomatas e delegados. Tive a sorte de ser incluída e, às 16 horas, os convidados se reuniram no Hotel Deutscher

Hof. Ribbentrop, sorridente e obsequioso, os recebia na porta. O salão de banquete estava tomado por pequenas mesas de chá e, sobre cada uma delas, um cartão dizia: "Por favor, não fume na presença do Führer."

A maioria dos principais oficiais alemães estava presente: Goering, Goebbels, Himmler, Heidrich, Hess e muitos outros. Unity Mitford estava lá, cercada por oficiais que beijavam sua mão e faziam elogios e mesuras. Ela pareceu constrangida com a atenção, deixou o grupo e se sentou à minha mesa; alguns minutos depois, as portas se abriram e Hitler entrou. Todo mundo se levantou e os líderes do partido ficaram rigidamente em posição de atenção, fazendo a saudação nazista.

Eu nunca vira Hitler de perto, e o que mais me impressionou foi sua falta de distinção. Se ele não fosse Adolf Hitler, ninguém o notaria no meio da multidão. Não havia nada em seu rosto, seu modo de caminhar ou seu sorriso que atraísse ou repelisse. Ele era somente um homenzinho comum, que não chamava atenção. Em contrapartida, isso era provocativo em si mesmo, e me vi analisando seu rosto em busca de algum sinal do gênio que o levara até aquelas vertiginosas alturas.

Ele assumiu seu lugar em uma mesa do outro lado do salão, no qual havia uns doze homens, incluindo dois pares do reino ingleses: lorde Stamp e lorde Brocket. Também presentes estavam Ward Price (do *Daily Mail*) e Herr Henlein, o líder do Partido Nazista nos Sudetos.

Quando todo mundo se sentou novamente, o olhar de Hitler passeou pelo salão e seus olhos subitamente se iluminaram ao ver Unity. Ele sorriu, fez um gesto com a cabeça e ofereceu a ela a saudação nazista. Ela repetiu a saudação e, alguns minutos depois, o capitão Wiedemann, ajudante de ordens de Hitler, veio até nossa mesa e sussurrou no ouvido de Unity:

— O Führer gostaria de vê-la. Quando o chá terminar, ele gostaria que você fosse até a suíte dele.

Unity assentiu. Não pude deixar de pensar no quanto era estranho que, no limiar de uma guerra entre Alemanha e Grã-Bretanha, a única pessoa que o Führer consentira em ver fosse uma inglesa de 24 anos.

Durante o restante do chá, Hitler permaneceu animado. Ele conversou com lorde Brocket e várias vezes jogou a cabeça para trás e riu alto. Eu sempre o imaginara grave e melancólico e fiquei surpresa com sua animação. Seu olhar retornava constantemente a nossa mesa e tive a impressão de que ele estava se exibindo para impressionar Unity!

Após o chá, Unity conversou com Hitler e voltou ao Grand Hotel logo antes do jantar. Rapidamente a encurralei em um canto, perguntei o que ele dissera e se ela achava ou não que haveria guerra.

— Acho que não — respondeu ela com um sorriso. — O Führer não quer que seus novos edifícios sejam bombardeados.

Ela acrescentou que nunca vira Hitler em um humor tão exuberante.

— Ele diz que é muito excitante ver o mundo inteiro estremecendo diante dele. Ele precisa da excitação como outras pessoas precisam de comida e bebida.

De algum modo, foi profundamente inquietante ouvir que Hitler na verdade estava se divertindo enquanto as pessoas em toda a Europa se reviravam em suas camas.

Naquela noite, jantei com Robert Byron, Ward Price e Unity em um pequeno restaurante na cidade velha. Era difícil cruzar a cidade, pois o desfile das tropas de choque estava programado para começar às 21 horas e nenhum carro era permitido nas ruas. Unity, no entanto, conseguiu que um dos carros da SS nos levasse ao restaurante, e logo nos vimos em um carro preto, grande e brilhante correndo pelas ruas vazias, com multidões nas calçadas dos dois lados. Unity se sentou na frente, ao lado do motorista de uniforme preto, com o cabelo loiro esvoaçando ao vento, como a Valquíria em homenagem a quem fora nomeada.

O restaurante ficava perto do rio e, de lá, podíamos ouvir pés marchando à distância e vozes se erguendo nos hinos militares nazistas. A noite estava estrelada, mas, por alguma razão, a beleza do cenário parecia aumentar a sensação geral de depressão.

Unity era a única animada e falou o tempo todo sobre Hitler.

— Assim que o vi — disse ela —, soube que não havia nenhuma outra pessoa em todo o mundo que preferiria conhecer.

Isso acontecera em 1933, no primeiro Parteitag nazista, ao qual ela comparecera com a irmã Diana (agora Lady Mosley). Profundamente impressionada com a personalidade de Hitler, ela ficara determinada a conhecê-lo. Como não falava alemão, decidira primeiro aprender a língua. Estudara em Munique por quase dois anos e então tentara encontrar alguém para fazer as apresentações. Durante semanas, não tivera sucesso. Uma noite, fora a uma cervejaria ao ar livre e o encontrara em uma mesa próxima com um grupo de amigos. Ela o observara com admirada atenção. Ele derrubara uma revista e ela correra para apanhá-la. Na noite seguinte, retornara à cervejaria e o encontrara novamente. Juntando coragem, caminhara até a mesa dele e gaguejara sobre ser a jovem que apanhara a revista, perguntando se podiam conversar. Ele sorrira e a convidara para se sentar. Daquele momento em diante, eles haviam se tornado amigos.

Para Unity, o nacional-socialismo era uma revolução de esquerda e Hitler era o defensor das massas oprimidas. Não havia dúvida de que ele ficava lisonjeado com sua admiração e gostava sinceramente dela. Ele telefonava frequentemente, enviava presentes e, em público, a tratava com deferência. Embora os líderes do Partido Nazista a bajulassem publicamente, na verdade sentiam ciúmes dessa amizade. Tom Mitford me disse que, quando Unity ia à Alemanha, eles frequentemente se recusavam a contar a Hitler que ela chegara. A única maneira que ela tinha para se comunicar com ele era ficar nas ruas, às vezes por horas, esperando que ele a notasse ao passar.

Ela raramente pedia favores e, a despeito da atenção que recebeu durante a semana do congresso do partido, mantinha-se modestamente no background. Ela tinha um caráter direto e amigável e um vívido senso de humor. Suas observações bastante ingênuas sobre Hitler às vezes eram estranhamente reveladoras. Quando perguntei sobre o que eles conversavam, ela respondeu que sobre "fofocas". Ele gostava de ouvir as anedotas que seus conselheiros tendiam a ignorar. Por exemplo, quando madame de Fontanges, a jornalista francesa, atirara no conde de Chambrun, o embaixador francês em Roma, declarando que ele tentara atrapalhar o romance dela com Mussolini, Unity relatara o episódio a Hitler. Segundo ela, ele achara tudo muito engraçado e rira do aperto em que "o pobre e velho Mussolini" se metera.

De acordo com ela, Hitler tinha senso de humor e gostava de companhia. Ele raramente lia, mas, quando estava em Berchtesgaden, passava muito tempo desenhando plantas arquitetônicas para novos assentamentos residenciais.

— Mas do que ele realmente gosta — disse ela — é de excitação. Senão fica entediado.

De alguma forma, a ideia de que a felicidade mundial dependia do *ennui* de um único homem era assustadora. Mas a observação que mais me impressionou foi a de que Hitler tinha talento como imitador. Ela afirmou que, se ele não fosse o Führer da Alemanha, ganharia centenas de milhares de dólares ao ano nos palcos de vaudeville. Ele frequentemente imitava seus colegas — Goering, Goebbels e Himmler —, mas, o melhor de tudo, gostava de imitar Mussolini. As imitações sempre provocavam gargalhadas.

— E, às vezes — acrescentou Unity —, ele imita a si mesmo.

Isso lançou uma nova luz sobre o caráter do Führer. Essa era a personalidade de um homem-espetáculo, não de um fanático. Nenhum cruzado sincero riria de si mesmo. Talvez, afinal (para citar Hitler), ele fosse "um artista, não um político".

Não esperei pelo discurso de Hitler em Nuremberg, programado para a noite de segunda-feira. Eu escrevera meu artigo para o *Sunday Times* e decidi retornar a Paris, onde pegaria roupas e dinheiro, e partir para Praga se a situação piorasse. Logo antes de o avião partir, Robert Byron veio se despedir. Ele disse que Lady Redesdale perdera sua agulha de bordar e lorde Redesdale procurava por ela, de quatro, no saguão do Grand Hotel, enquanto soldados das tropas de choque e homens da SS, com suas pesadas botas, caminhavam em todas as direções.

— Isso simboliza a Inglaterra. Quase se pode dizer que é como procurar uma agulha em meio a um monte de espadas!

3. A guerra que não aconteceu

Ouvi o discurso de Hitler em Nuremberg no apartamento de H. R. Knickerbocker no Quai de Bethune — a voz chorosa, bajuladora e intimidadora que se transformou em grito na frase: "Se essas torturadas criaturas (os alemães sudetas) não puderem obter direitos e assistência por si mesmas, podem obtê-los com nossa ajuda."

Em retrospecto, parece estranho que o discurso tenha deixado alguém em dúvida, mas deixou. Os otimistas indicaram que Hitler não se comprometera com uma linha "definitiva" de ação. Talvez aquele fosse o blefe-mestre; se as democracias se mantivessem firmes, ele seria forçado a aceitar sua primeira derrota diplomática. Em contrapartida, um ditador podia recuar? Os estadistas ainda não haviam aprendido que palavras inteligentes e manobras sutis já não criavam políticas; as únicas coisas que contavam eram armas, tanques e aviões.

Quando o discurso terminou, fui de carro até o Quai d'Orsay para ver o sr. Comert, o chefe de imprensa estrangeira, com John Whitaker, do *Chicago Daily News*. Ele nos recebeu com um sorriso:

— É melhor do que esperávamos. Naturalmente, o retrato não é totalmente róseo, mas poderia ser pior. Ele não disse que *atacaria* a Tchecoslováquia.

Naquela atmosfera de incerteza e falsa esperança, a única reação sábia foi a do motorista de táxi que nos levou para casa. John perguntou se ele ouvira o discurso e resmungou algo sobre Hitler ser um maníaco.

— Ah, não — respondeu o motorista. — Essa não é a palavra certa. Ao contrário. Ele é um ás para a Alemanha e um desastre para a França.

Frequentemente pensei nessas palavras e me perguntei quão diferente teria sido o destino da França se o motorista de táxi fosse ministro do Exterior, no lugar do sr. Bonnet. (Quando Bonnet foi a Londres conversar com o governo britânico, Randolph Churchill ficou na esquina e, quando seu carro passou, gritou a plenos pulmões: "*Courage, Monsieur Bonnet, courage!*")

John e Knickerbocker partiram para Praga na manhã seguinte e eu os segui um dia depois. O discurso inflamara os alemães tchecoslovacos e havia tumulto em todo o território sudeta. Os tchecos haviam declarado lei marcial e chamado novamente seus reservistas. Ao chegar a Praga, encontrei a capital tomada por um ar de ameaça, com edifícios de séculos de idade parecendo tristes e cinzentos sob o céu encoberto. Por toda parte, havia sinais de atividade febril: trabalhadores cavavam abrigos antiaéreos no parque; mulheres faziam fila em frente às lojas para estocar alimentos; crianças tiravam medidas para suas máscaras de gás. Milhares de recrutas civis com maletas e sacos nas costas entravam nos quartéis e, o dia inteiro, longos trens carregando soldados saíam da estação. Embora houvesse censura emergencial da imprensa, edições extras eram publicadas a cada poucas horas e se esgotavam imediatamente. Os cafés estavam lotados de pessoas em ansiosa especulação e, de vez em quando, ouvia-se um trecho sombrio de conversa: "Hoje à noite. Você acha que os bombardeiros vão chegar hoje à noite?"

Porém, a despeito dessa incerteza, a vida continuava como sempre. É isto que sempre me impressiona nas crises: as coisas comuns que as pessoas fazem e dizem. Homens cortando o cabelo, mulheres discutindo com o merceeiro, crianças indo ao cinema. Até mesmo o carregador do Hotel Ambassador me saudou com um sorriso polido e disse, como se eu estivesse de férias:

— Que bom vê-la novamente.

O hotel já estava cheio de correspondentes, fotógrafos e radialistas. Os telefones tocavam como haviam tocado em Nuremberg, Paris, Berlim e Londres, prontos para transmitir as últimas notícias de Praga.

A GUERRA QUE NÃO ACONTECEU 195

Encontrei Ed Beattie, da United Press, que chegara naquela manhã, e ele me disse que Knickerbocker e John Whitaker haviam ido para a região dos Sudetos e estabelecido sua sede em Carlsbad. Todo tipo de relato chegava sobre a luta. Os alemães declaravam que ela se transformara em uma sangrenta guerra civil, os tchecos negavam. Ed e eu decidimos ir de carro até lá e descobrir por nós mesmos.

Contratamos um carro e partimos na manhã seguinte. A alguns quilômetros de Praga, passamos por três estudantes pedalando em uma estrada empoeirada, com os rabos de cavalo flutuando na brisa e máscaras contra gás, cilíndricas e cinzentas, penduradas casualmente nos guidões. Um pouco adiante, começavam as linhas de defesa tchecas — fileiras organizadas de casamatas, camufladas para se parecerem com montes de feno, que se estendiam por quilômetros de campos. Elas eram guardadas por soldados tchecos com baionetas fixas e capacetes de aço, que pareciam estranhamente fora de lugar naquela área rural pacífica; em campos próximos, os camponeses continuavam a trabalhar, como se a presença dos soldados não fosse nada incomum.

Não foi difícil notar quando chegamos aos distritos alemães, pois os postes brancos ao longo da estrada subitamente se encheram de suásticas vividamente pintadas com giz vermelho. Os postes telefônicos brilhavam com saudações a Hitler e a maioria das placas com nomes tchecos fora mutilada ou arrancada.

Paramos em Carlsbad, um dos resorts de repouso mais populares da Europa, e encontramos os grandes hotéis, em geral lotados de estrangeiros, abandonados e desertos. Fomos tomar chá no Grand Hotel Pup e descobrimos ser os únicos clientes no restaurante. Uma dúzia de garçons desocupados estava no salão e nossas vozes pareciam tão altas na quietude que começamos a falar em sussurros constrangidos. Quando fui ao banheiro, a criada, uma alemã de meia-idade, ficou à minha volta como se estivesse desesperada por companhia. Subitamente, começou a chorar e disse que os negócios de verão haviam sido arruinados pela possibilidade de guerra.

— Não sei o que aconteceu — disse ela, ainda chorando. — Há alguns meses, vivíamos pacificamente. Agora as pessoas parecem ter enlouquecido.

Ela disse que só havia dois hóspedes no hotel, professores americanos que haviam ido a Carlsbad tentar restabelecer a saúde e teimosamente se recusavam a partir.

Ed e eu descobrimos, dirigindo por ali, que, com exceção dos líderes nazistas e de alguns fanáticos, as pessoas comuns com quem conversávamos — como as pessoas simples de toda parte — queriam ser deixadas em paz. Sua tragédia era serem peões em um jogo grande e complicado demais para entenderem. Tivemos um exemplo disso no minúsculo vilarejo de Harbersbirk, onde um dos tumultos mais violentos ocorrera quando 2 mil alemães sudetas haviam invadido a sede da polícia tcheca. Quatro policiais tchecos haviam sido assassinados e uma bandeira tremulava a meio mastro no topo do edifício. Do lado de dentro, as salas eram uma ruína de móveis quebrados e o chão estava manchado de sangue. Nas paredes, o vidro da pintura de Thomas Masaryk, o fundador da república, estava partido.

Do lado de fora, dois alemães vagueavam melancolicamente pelo pátio. Um era um jovem social-democrata que falava em tom enérgico e disse que, como apoiara os tchecos durante o tumulto, os alemães nazistas o haviam acusado de traição e ele estava com medo de ir para casa. O outro, um professor idoso, estava parado silenciosamente no meio do pátio, sacudindo a cabeça de um lado para o outro. Ele explicou que era velho demais para se interessar por política, mas não conseguia entender por que haviam feito aquilo; certamente, disse ele, indicando as portas destruídas, aquela não podia ser a nova cultura alemã.

Ed e eu dirigimos por várias horas; os tumultos dificilmente podiam ser descritos (como fazia a imprensa alemã) como "guerra civil". A rápida ação dos tchecos em declarar lei marcial restabelecera a ordem em pouco tempo. Somente alguns distritos ainda demonstravam hostilidade. Um deles era Eger, uma cidade não muito longe da fronteira. Ali, a máquina nazista era organizada e a comunidade oferecia um sombrio retrato de resistência.

Dirigimos até a praça principal, que comumente zumbia de vida, e a encontramos deserta. Os alemães haviam fechado suas cortinas e suas lojas e se recusavam a sair de casa. As ruas estavam vazias, com exceção de alguns policiais tchecos e grupos dispersos de soldados nas esquinas. Não

A GUERRA QUE NÃO ACONTECEU

havia trânsito, somente um ocasional caminhão do Exército chocalhando pela praça, com destino a algum lugar desconhecido. Os tchecos haviam espalhado cartazes pedindo que as pessoas retornassem a suas atividades normais, mas ninguém respondera. Foi uma estranha experiência caminhar pelas ruas silenciosas e saber que a cidade não estava deserta; que, por trás das cortinas fechadas, os alemães esperavam. Encontramos um pequeno restaurante aberto, vazio a não ser pelo proprietário, reclinado atrás do balcão em mangas de camisa. Ele nos encarou com suspeita e, quando pedimos uma xícara de café, balançou a cabeça:

— Os negócios estão suspensos.

Ed perguntou quando ele reabriria e, depois de bater com raiva no balcão, ele respondeu:

— Quando o Exército alemão chegar.

Perguntamos quando seria isso e ele respondeu:

— A qualquer hora.

Ele nos disse que acabara de ouvir no rádio que Henlein fizera uma proclamação exigindo a imediata rendição do território dos Sudetos para a Alemanha.

— Agora o Reichswehr virá — disse ele (com uma espécie de furioso triunfo) — e, em breve, seremos libertados.

Ed e eu ficamos espantados com a notícia da proclamação e, após conversarmos, decidimos dirigir até Asch, uma cidade de fronteira que penetrava profundamente o Reich e que, nas últimas semanas, servira como sede de Henlein. Ed achou que Henlein podia estar se escondendo por lá, que talvez déssemos sorte e conseguíssemos uma história. Dirigimos até lá sem saber se, a qualquer momento, faríamos uma curva e seríamos confrontados por uma longa e cinzenta coluna de aço brilhante. No entanto, quando chegamos a Asch, tivemos um choque muito diferente. Ed foi ao hotel telefonar para seu escritório em Berlim e voltou com uma expressão de pasmo.

— Se você tentar por cem anos, não conseguirá adivinhar o que acabou de acontecer! É uma virada e tanto!

Ele estava certo, pois, quando me contou que Chamberlain estava voando até Berchtesgaden, eu achei que o cérebro excessivamente cansado de algum correspondente da United Press perdera o contato com a realidade. Ed estava indignado por um primeiro-ministro britânico ter que voar sobre metade da Europa para pedir favores a Hitler, mas, gradualmente, adotou uma postura mais esperançosa.

— Se Hitler o tratar mal, talvez isso o cure de qualquer ilusão de fazer acordos com a Alemanha.

Jantamos no hotel e então iniciamos nossa busca pela sede nazista nos Sudetos. A maioria dos apoiadores de Henlein fugira para a Alemanha ou estava escondida e, quando chegamos ao endereço fornecido por um carregador, um jovem nos disse que não havia ninguém por lá. Ele enfiou uma lanterna em nossos rostos e, depois de uma longa e preocupada hesitação, finalmente nos deu outro endereço. Um vento gelado varria as ruas e levamos quase uma hora para encontrar o endereço; finalmente, entramos em uma travessa escura e batemos à porta, que foi aberta por dois guardas nazistas. Eles argumentaram conosco por um tempo considerável, mas finalmente nos conduziram ao andar de cima, onde encontramos oito homens encolhidos em torno de um aquecedor a óleo, ouvindo no rádio as notícias vindas de Leipzig.

O ar estava pesado de fumaça de tabaco e os homens falavam em vozes baixas e tensas. As janelas estavam cobertas com papel preto, e um deles explicou que eram necessárias precauções para que a polícia tcheca não os encontrasse e fechasse o edifício.

Perguntamos se eles sabiam onde estava Henlein. Eles nos olharam com suspeita e negaram com a cabeça. Gradualmente, tornaram-se mais loquazes e, quando mencionamos a proclamação da *Anschluss*, um homem alto com uma barba de três dias deu de ombros e disse que não era nada novo — meramente a expressão de uma ideia que todo henleinista tivera desde o início. O grupo então iniciou um relato das injustiças cometidas contra eles pelos tchecos. Um homem disse ter certeza de que o sr. Chamberlain chegaria a um acordo com Hitler, e outro acrescentou que, se não chegasse, o Exército alemão entraria no território sudeta de qualquer

A GUERRA QUE NÃO ACONTECEU 199

modo e Asch, com sua afortunada posição estratégica, teria a honra de ser a primeira cidade incorporada pelo Reich. Os outros assentiram e nos garantiram que a cidade podia ser capturada em menos de vinte minutos.

A cena era estranha: aqueles homens lúgubres e com a barba por fazer vivendo como foras da lei, esperando hora após hora pelo marchar de pés alemães para torná-los parte do Terceiro Reich. Eu me pergunto frequentemente se algum deles mudou de opinião quando seus desejos foram realizados.

Quando Ed e eu partimos, um homem espiou cuidadosamente os dois lados da rua, a fim de ter certeza de que não havia nenhum policial tcheco por perto, antes de nos deixar sair. Na manhã seguinte, Ed pegou um trem para Berlim e eu voltei de carro para Praga.

* * *

Durante os dias seguintes, conforme telegramas traziam notícias de eventos dramáticos, as esperanças e os medos de Praga oscilaram de um lado para o outro como uma agulha de bússola no meio de uma tempestade Chamberlain em Berchtesgaden, Daladier e Bonnet em Londres. O que isso significava? O destino da Tchecoslováquia estava nas mãos de alguns poucos homens; as massas não tinham papel nos movimentos feitos no tabuleiro internacional. Tudo que podiam fazer era conjecturar, aguardar e ter esperança.

Elas aguardavam inquietas, pois estavam ficando alarmadas com os artigos dos principais jornais ingleses e franceses, que subitamente começaram a tratar os problemas sudeta e tcheco como uma disputa isolada, argumentando os prós e contras do caso por seu valor de face e insistindo ingenuamente que a solução seria encontrada com uma exibição de boa vontade dos dois lados. Para os tchecos, o problema não era local. A cessão dos Sudetos não significava a perda conveniente de uma população rebelada, mas a perda de uma fronteira montanhosa e fortificada que deixaria a fronteira do Reich a 50 quilômetros de Praga — pouco mais de uma hora para as unidades mecanizadas de um Exército infrator. E significava a morte da república e a transformação do país em um corredor alemão até as riquezas do Oriente.

A Tchecoslováquia fora originalmente criada como Estado-tampão para evitar exatamente isso. A razão de os alemães sudetas terem sido incluídos na República Tcheca era o fato de viverem nas montanhas que formavam as linhas de defesa naturais da Boêmia. Mas os estadistas pareciam ter perdido isso de vista, e o problema se tornara "um dever a ser localizado". Argumentava-se que os alemães sudetas tinham queixas legítimas e que (como disse o *The Times* em 7 de setembro) os tchecos ficariam melhor sem uma população desleal.

Os tchecos contradiziam essas afirmações de modo teimoso, mas inutilmente, insistindo que a dissensão nos Sudetos fora deliberadamente provocada por agentes alemães. Eles indicavam que, em 1933, após catorze anos de administração tcheca, Henlein fizera a seguinte declaração: "Ao nos identificarmos com o Estado tcheco, consentimos com a ideia fundamental da democracia e consideramos o povo tcheco, cujo destino está inextricavelmente ligado ao nosso, uma nação cultural, igual em qualidade a qualquer outra da Europa Central."

Mas 1933 fora o ano em que Hitler chegara ao poder e, daí em diante, a corrupção se estabelecera. O partido de Henlein crescera de modo constante e, com a *Anschluss* austríaca, a Tchecoslováquia recebera um pesado golpe. Agentes nazistas encorajavam a onda de militarismo que varria as áreas alemãs, e os alemães sudetas, inchados com o orgulho do nacionalismo, tornaram-se abertamente pró-Hitler. Eles fizeram comícios nazistas, decoraram suas casas com suásticas e formaram sua própria guarda SS. A campanha de imprensa do Reich contra os tchecos continuara a inflamar a opinião pública e o discurso de Hitler em Nuremberg dera início à revolta aberta. Somente quatro meses antes, Herr Ulrich admitira que os tchecos eram "boa gente"; agora existia um estado de sítio, inteiramente causado pela astuta e incansável máquina de propaganda alemã.

A genialidade do dr. Goebbels ainda não fora reconhecida como arma mais perigosa da Alemanha. Hoje, após a experiência das atividades da quinta coluna na Noruega, Holanda, Bélgica e França, não é difícil acreditar na afirmação tcheca de que a revolta sudeta foi planejada por agentes nazistas. Mas, no verão de 1938, muitas pessoas falavam da "teimosia" tcheca, argumentando que, se o dr. Benesch tivesse feito concessões às minorias, a crise jamais teria ocorrido. Esses argumentos, defendidos tão sábia, séria e detalhadamente, são ridículos à luz dos eventos passados. Para os tchecos, já pareciam ridículos havia três anos.

Meu amigo tcheco, o sr. B, o professor que suspirara pelas cerejeiras em flor e acreditava passionalmente que, como a democracia era *certa*, estava fadada a triunfar, foi ao Hotel Ambassador na manhã de domingo, logo depois que soube que uma conferência estava sendo realizada em Londres para encontrar uma base de negociação com os alemães. Ele estava profundamente angustiado.

— Se eles nos forçarem a nos render — disse ele com lágrimas nos olhos —, será nosso fim. Por que eles não entendem isso? O único problema da Tchecoslováquia é estar no caminho!

* * *

No domingo, decidi retornar a Londres. O destino da Tchecoslováquia estava sendo decidido por estadistas britânicos e franceses, e mais nada aconteceria em Praga até que Chamberlain tivesse sua segunda conversa com Hitler, marcada para a semana seguinte. Eu estava fora da Inglaterra desde junho e queria organizar as coisas em meu apartamento e pegar algumas roupas quentes, no caso de passar o inverno na Europa Central cobrindo uma longa guerra. Pedi que o mensageiro tentasse conseguir uma passagem no avião, mas tantos refugiados deixavam o país que não havia assentos disponíveis. Depois de eu fazer planos para viajar de trem, ele subitamente interfonou e disse que um avião particular partiria para Paris ao meio-dia. Ele faria uma escala em Nuremberg, mas, se eu não tivesse objeção a fazer uma parada na Alemanha, o piloto me levaria pelo preço de uma passagem comum.

Foi uma das viagens mais estranhas que já fiz. O avião era um Potez de oito lugares; havia dois pilotos e um navegador, todos franceses, e eu era a única passageira. Achei estranho que, a despeito do êxodo febril da Tchecoslováquia, houvesse sete assentos vazios, mas atribuí isso ao fato de que a maioria dos refugiados não gostaria de entrar em território alemão.

Os três franceses se sentaram na cabine e eu fiquei sozinha na área de passageiros. Levamos apenas uma hora e meia para chegar a Nuremberg. Quanto aterrissamos, notei que os pilotos pareciam nervosos. Eles acenderam inúmeros cigarros enquanto os oficiais alemães inspecionavam nossos documentos e faziam esforços exagerados de conversação. Ficamos detidos por quase meia hora e, quando finalmente decolamos novamente e nos erguemos seguramente sobre a cidade, o navegador riu animado e disse:

— Graças a Deus por isso!

Ele deve ter notado minha perplexidade, pois rapidamente acrescentou:

— É sempre um alívio partir da Alemanha, não é?

Percebi que algo incomum estava acontecendo, mas não consegui imaginar o que — até que nos aproximamos de Estrasburgo. Subitamente, o avião caiu para menos de mil pés. O navegador saiu da cabine, fechou cuidadosamente a porta e se sentou a meu lado. Ele apontou para fora da janela:

— Olhe. Estamos voando sobre a linha Siegfried.

Abaixo, podíamos ver quilômetros de estrada, fervilhando de caminhões e trabalhadores.

Subitamente entendi que estava em um avião de reconhecimento. Obviamente, fora incluída a bordo como inocente útil. Os franceses haviam apresentado seus documentos em Nuremberg, provavelmente calculando que havia menos probabilidade de serem derrubados se estivessem registrados regularmente do que se cruzassem a fronteira alemã sem autorização.

Entendi que os pilotos sem dúvida estavam tirando fotos e olhei pela janela, fascinada. Então era aquela a linha descrita por Hitler como "fortificação mais gigantesca de todos os tempos". De acordo com seu próprio relato, mais de meio milhão de homens trabalhavam nela, que não estava terminada, embora Goering tivesse declarado que "já era invencível". Podíamos ver quilômetros de aço e centenas de pequenas fortificações de concreto ainda em construção. Foi interessante refletir que, embora

Hitler tivesse dito repetidamente estar cercado de inimigos (França, Tchecoslováquia e Polônia), aquela fora a primeira linha defensiva que julgara necessário construir.

Por um momento, esperei ouvir o estouro das balas antiaéreas, pois certamente violávamos todos os códigos internacionais ao voar tão baixo; os pilotos também pareceram achar esse fato notável, pois, quando finalmente chegamos ao aeródromo de Le Bourget, eles desceram, sorridentes, deram tapinhas nas costas uns dos outros, apertaram minha mão calorosamente e disseram ter sido um prazer me ter como passageira! Eu lhes desejei sorte; quando entrei no táxi, eles ficaram em pé nos degraus e acenaram, como se fôssemos velhos amigos.

4. Morte por estrangulamento

Nos dias que se seguiram, fiquei feliz por não estar em Praga. Quando o sr. Bonnet, ministro do Exterior francês, enviou ao governo tcheco as propostas acordadas em Londres e, dois dias depois (em 21 de setembro), o dr. Benesch as aceitou, anunciando que só o fizera "sob inacreditável pressão", os jornais de Praga publicaram manchetes dizendo-se "absolutamente abandonados" e as pessoas choraram histericamente nas ruas.

Além da cessão dos distritos sudetas para a Alemanha, as propostas diziam que a Tchecoslováquia precisava ser neutralizada — suas alianças com a Rússia soviética e com a França seriam abandonadas, em troca de garantias quádruplas da Grã-Bretanha, França, Alemanha e Rússia.

Agora, do ponto de vista internacional, a segunda cláusula era mais uma vitória alemã que a primeira. Hitler não somente despira a Tchecoslováquia de sua fronteira fortificada, como também conseguira reduzir a França, da noite para o dia, a potência de segunda categoria. O prestígio e a segurança da França se baseavam em dois fatores: primeiro, seu sistema de alianças no continente; segundo, seu Exército. Ao desistir de sua aliança com a Tchecoslováquia, toda a estrutura de sua posição se tornara insustentável, pois a barreira francesa cuidadosamente projetada para conter a agressão alemã fora rompida na Boêmia e, agora, o poderio alemão estava livre para fluir à vontade sobre o continente.

Um *bouleversement* tão imenso era difícil entender. O que acontecera? A imprensa imediatamente retratou o sr. Chamberlain como arquivilão, alegando que a França cedera à "pressão britânica". Isso foi reforçado pelos senhores Daladier e Bonnet, que justificaram as propostas ao Gabinete francês explicando que "o governo britânico, embora de modo algum tenha disputado o direito da França de honrar suas obrigações diplomáticas com a Tchecoslováquia, deixou claro que não se comprometerá de modo algum com o apoio militar à França, a menos que a integridade da nação francesa seja ameaçada".

Essa era uma justificativa débil. No fim das contas, era a França, e não a Grã-Bretanha, que tinha um tratado com a Tchecoslováquia, e a razão pela qual tinha um tratado com a Tchecoslováquia era evitar que suas próprias fronteiras fossem invadidas em seguida. Por mais que deplorasse o fato de a Inglaterra não ter prometido ajuda direta à Tchecoslováquia, ela sabia que, se entrasse em guerra contra a Alemanha, a Grã-Bretanha não permaneceria inativa.

A posição diplomática da França era tão forte que achei difícil acreditar que ela tivesse sido meramente um fantoche nas mãos do sr. Chamberlain. Lembrei do aviso de Charles Mendl, mas foi somente ao chegar a Londres na quinta-feira que ouvi um relato acurado da história.

Jantei com um funcionário do Ministério do Exterior na noite de minha chegada e descobri que a França cedera primeiro. Na noite de 13 de setembro, o sr. Daladier, alarmado com a situação, comunicara-se com Chamberlain e anunciara que a França não estava em posição de lutar, implorando que o primeiro-ministro britânico achasse uma saída para a situação. Trinta e seis horas depois, Chamberlain fizera sua primeira viagem a Berchtesgaden. É possível encontrar uma discreta referência a essa conversa na declaração feita pelo sr. Daladier à Câmara francesa em 4 de outubro, na qual ele disse ter entrado em contato com o sr. Chamberlain na noite de 13 de setembro e dito a ele "quão útil seria se os procedimentos diplomáticos fossem substituídos pelo contato pessoal entre homens responsáveis".

Meu amigo me disse que Sir Robert Vansittart, em seu papel como principal conselheiro diplomático do governo, urgira o Gabinete britânico (como fizera Winston Churchill) a declarar apoio aberto à Tchecoslováquia. Jamais se saberá se teria ou não obtido sucesso, pois, quando Daladier e Bonnet anunciaram claramente que a França não lutaria, ele perdeu o chão e, dali em diante, sua causa estava perdida.

MORTE POR ESTRANGULAMENTO

Vansittart ficara chocado não somente com esse golpe à segurança francesa e britânica (ele me disse, um ou dois dias depois, que na época acreditava que Inglaterra e França estariam em guerra contra a Alemanha em menos de um ano), mas também com o fato de a França ter cometido uma traição tão monstruosa. Ele amava a França profundamente, e a humilhação que sentiu foi quase a de um pai cujo filho se revela um trapaceiro nas cartas.

A história do fiasco francês jamais foi publicada, por medo de romper a aliança franco-britânica, e a imprensa internacional continuou a atribuir toda a responsabilidade à "pressão" britânica.

Na Inglaterra, houve reações furiosas e humilhadas contra o governo. Mas, em sua maior parte, essa foi a reação de pessoas que ainda acreditavam que Hitler estava blefando e podia ser derrotado (diplomaticamente) se Inglaterra e França permanecessem firmes. No fim de semana, no entanto, o sr. Chamberlain fez uma segunda viagem à Alemanha, somente para descobrir que o Führer (com uma técnica agora familiar) aumentara imensamente suas exigências e acrescentara o ultimato de que o território lhe fosse entregue em uma semana a partir de 1º de outubro.

As exigências eram tão disparatadas que parecia improvável que mesmo Chamberlain e Daladier tivessem o desplante de pedir que os tchecos as aceitassem. Pela primeira vez, as pessoas começaram a se perguntar se Hitler realmente se opunha à guerra. A ideia parecia maluca, mas talvez o homem realmente estivesse disposto a lutar contra a Tchecoslováquia, a França e a Grã-Bretanha! Não era por isso que a oposição barganhara. Subitamente, todo mundo começou a perguntar: como os franceses podiam chegar à Tchecoslováquia? Como os russos podiam chegar à Tchecoslováquia? Como os ingleses podiam chegar à Tchecoslováquia? Alguém conseguiria chegar à Tchecoslováquia, e quão grande era a Força Aérea alemã? Finalmente, começou-se a entender que não eram as *políticas* que evitavam a agressão, mas sim as *armas*.

No mesmo dia em que Chamberlain conversou com Hitler em Godesberg, os tchecos se mobilizaram e, novamente, a crise se intensificou. Jantei naquela noite com Roger Chetwode, sua esposa Patricia (uma das mulheres mais bonitas da Inglaterra) e Seymour Berry. A despeito das tentativas de manter a conversa leve, foi uma noite sombria. Fomos ao Quaglino, onde Roger provocou os garçons italianos e disse que deviam voltar para a Itália antes que fosse tarde demais. O sr. Quaglino insistiu firmemente que não haveria guerra.

— É claro, com um homem como Hitler, sempre há um pouco de incerteza. Se ele fosse *normal*, como Mussolini...

Seymour Berry, que dirigia o *Daily Telegraph* na ausência do pai, argumentou belicosamente e disse que preferia lutar em uma guerra agora que ver a Inglaterra morrer durante o sono. Roger riu e disse que era estranho pensar que a paz se tornara uma ideia tão lúgubre; na explícita expressão do *The Week*, Chamberlain oferecera "as quatro faces"* a Hitler.

No sábado, os trabalhadores cavaram abrigos febrilmente; no domingo, caminhões com alto-falantes passaram pelas ruas gritando que as pessoas deviam tirar medidas para as máscaras de gás; na segunda-feira, Hitler fez um discurso em Berlim anunciando que a Tchecoslováquia entregaria o território em 1º de outubro ou a Alemanha o tomaria à força e a imprensa nazista imprimiu manchetes dizendo: "Guerra ou paz. Benesch tem que escolher agora."

Até mesmo a sra. Sullivan ficou alarmada. Ela trouxe meu café da manhã, com o chapéu inclinado indignadamente sobre um dos olhos, e disse:

— O que esses ditadores acham que estão fazendo, causando tanta preocupação a pessoas decentes? Meu marido diz que o problema é que eles são comuns. Eles não têm mais berço que eu!

A guerra parecia uma certeza. Roosevelt enviou uma mensagem de paz de última hora; Chamberlain se comunicou com Mussolini; e Horace Wilson, o conselheiro econômico da Grã-Bretanha, voou até Berlim com uma carta implorando a Hitler para ter paciência. Mas não parecia que Hitler a teria. Telefonei para o serviço aéreo e reservei uma passagem para Praga. A companhia holandesa era a única voando e deixei Croydon às 8 horas do dia seguinte.

---

* *All four cheeks*, ou seja, as faces e as nádegas. (*N. da T.*)

O ônibus da companhia aérea desceu o declive e passamos pelas câmaras do Parlamento, meio rosadas à luz da manhã. Senti um aperto estranho no estômago e me perguntei se ainda as encontraria em pé quando voltasse. A maioria dos passageiros no avião ia para a Holanda, os outros para Budapeste. Paramos em Amsterdã e fui até a sala de espera tomar uma xícara de café. O garçom, um holandês baixinho e loiro, comentou a situação e me perguntou para onde eu estava indo. Quando respondi que para Praga, ele jogou as mãos para o alto. Mas voltou com uma xícara de café e um sanduíche de presunto e tentou me reconfortar:

— Não se preocupe, não haverá guerra. Hitler já conseguiu o que queria. Ele pode ser maluco, mas não *tão* maluco.

— Talvez ele queira a Tchecoslováquia inteira — sugeri.

— Talvez — concordou ele pensativamente. E então acrescentou, com súbita ferocidade: — Meu Deus, os alemães são uma maldição terrível. A Europa só será feliz quando se livrar deles. Mas quem fará o serviço? Esse é o problema. Ninguém quer essa responsabilidade.

Ele me trouxe outra xícara de café, explicou que era "por conta da casa" e me desejou muita sorte.

De Amsterdã, o voo demorou mais duas horas. No avião, com os passageiros lendo casualmente os jornais e as comissárias circulando como governantas ansiosas, os eventos em terra pareciam estranhamente remotos. Foi somente quando aterrissamos no aeródromo de Praga que a situação se tornou real novamente. O gerente do aeroporto, um tcheco de mais ou menos 30 anos (que carimbara minhas passagens e me colocara a bordo do avião francês para Paris uma semana antes), saiu correndo do escritório, com o rosto tomado pela angústia.

— Ah, senhorita! Por que retornou para toda essa miséria? A senhorita deve voltar para o avião imediatamente. Imediatamente! Não pode ficar aqui. É loucura.

Ele parecia genuinamente preocupado, mas, felizmente, o major Lowell Riley, o adido militar americano, fora me encontrar no aeródromo e conseguiu acalmá-lo. Ele finalmente se afastou, ainda resmungando sobre minha loucura.

Se Lowell não tivesse aparecido, não sei como eu teria chegado à cidade, pois todos os carros haviam sido requisitados. De dentro do carro, vi uma Praga diferente. Durante semanas, os tchecos haviam enfrentado a nefasta escolha entre guerra e desmembramento, e agora a resposta era guerra. Todo o maquinário do século XX estava sendo preparado para o terrível evento. As ruas estavam tomadas por uniformes. Tanques e carros blindados roncavam pela cidade. Mulheres cobriam as janelas, lojistas forravam suas vitrines com papel pardo para evitar que o vidro se estilhaçasse e crianças caminhavam pelas calçadas com máscaras de gás penduradas nos ombros. Mas as coisas comuns eram as mais surpreendentes. Quando passamos pela Václavské Náměstí (a Piccadilly de Praga), vi dois trabalhadores em uma das galerias, pendurando um espelho na parede. Um deles se afastou para ajudar o outro a encontrar o ângulo certo. Com a expectativa imediata de bombardeio alemão, aquele detalhe tinha um apelo extravagante. Eu me perguntei quanto tempo o espelho permaneceria intacto.

Lowell me deixou no Hotel Ambassador e, dessa vez, o plácido recepcionista pareceu surpreso.

— A senhorita não deveria ter voltado — disse ele, quase tão severamente quanto o gerente do aeródromo.

Tive o cuidado de conseguir um quarto no primeiro andar e saí em busca de John Whitaker e Knickerbocker. Encontrei-os no quarto de Knick, sentados no chão, com mapas enormes esticados a sua frente.

— Meu Deus, como você conseguiu chegar aqui? — perguntou Knick.

Descobri que todos os jornalistas franceses e ingleses haviam partido no dia anterior, no que presumivelmente fora o último avião. As fronteiras estavam fechadas, não havia trens e até mesmo os fios telefônicos haviam sido cortados. Evidentemente, era mais fácil entrar na Tchecoslováquia que sair. A única comunicação com o mundo externo era o telégrafo, que apresentava atrasos de até dezoito horas.

Sentei-me com eles no chão e comecei a também estudar os mapas. Tentávamos descobrir (de nosso ponto de vista) quais eram as posições mais vantajosas.

MORTE POR ESTRANGULAMENTO   211

— Espero que você tenha trazido coisas suficientes para durar um ano — disse Knick sombriamente. — Não há como sair. Ficaremos presos na Europa Central durante toda a guerra.

— Sim — concordou John, olhando desdenhosamente para meus sapatos —, e espero que você tenha sapatos com saltos mais baixos, porque teremos que correr muito!

Isso, claro, se houvesse guerra. Havia sempre o "se". A despeito dos sombrios preparativos à nossa volta, ainda não estávamos certos. As propostas anglo-francesas haviam entregado a Europa Central a Hitler; sobre o que mais haveria batalha? Se os governos britânico e francês haviam conseguido persuadir os tchecos a ceder até agora, por que não um pouco mais? Chamberlain fez um discurso no rádio naquela noite e tentamos ouvir, mas havia tanta estática que entendemos somente pedaços. Ouvimos a parte sobre "que horrível, fantástico e inacreditável termos que cavar trincheiras e testar máscaras de gás por causa de uma disputa em um país distante, entre pessoas sobre as quais nada sabemos", e também a parte final, na qual disse: "Enquanto a guerra não começar, haverá a esperança de que possa ser evitada, e vocês sabem que trabalharei pela paz até o último minuto."

— Sim — disse John —, sabemos. Mas o que não sabemos é se Hitler vai trabalhar pela paz, e é isso que importa.

O hotel estava tão deprimente naquela noite que caminhamos pela cidade velha tentando encontrar um lugar para jantar. Todas as lâmpadas haviam sido pintadas de azul fosco em função dos ataques aéreos e, naquela estranha luz, as pessoas que passavam pareciam cadáveres retirados da água. Tentamos meia dúzia de restaurantes, mas encontramos todos fechados e, finalmente, retornamos ao pequeno clube noturno conectado ao hotel. Ele estava vazio, com exceção de duas dançarinas de cabelo pintado e vestido curto que se embebedavam em um canto. Mas a banda tocou bravamente. Todas as antigas canções: "If You Were the Only Girl in the World" e "On a Night Like This". Durante algum tempo, esquecemos da guerra, mas tive um terrível sobressalto quando subi as escadas e achei uma enorme máscara de gás reclinada sobre meu travesseiro. O cartão de Lowell Riley estava ao lado, juntamente com um bilhete dizendo "Com os cumprimentos da embaixada americana".

Na manhã seguinte, John Whitaker esmurrou minha porta às 10 horas e me disse para me vestir depressa: havia o rumor de que os alemães bombardeariam a capital às 14 horas. (Hitler decidira que aquele era o prazo final de seu ultimato.) John e Knick foram ao Gabinete de Guerra buscar os documentos que nos acreditavam perante o Exército tcheco e eu consegui, com ajuda de Lowell Riley, encontrar um carro com motorista e, ainda mais importante, com o tanque cheio. Nós nos encontramos novamente na hora do almoço e nos congratulamos por não termos esquecido de nada.

— Com exceção dos seus sapatos — disse John forçosamente. — Pelo amor de Deus, saia e compre sapatos sem salto!

Obedeci humildemente, mas descobri que todas as lojas estavam fechadas: era dia de São Venceslau!

As 14 horas chegaram, depois as 15 e as 16, mas nada aconteceu. Fomos ao quarto de Knick, ligamos o rádio e tentamos sintonizar uma estação londrina. O ponteiro deslizou pela faixa amarela, passando por Paris, Berlim, Moscou e Bucareste, narrando notícias internacionais em uma dúzia de línguas até que, finalmente, em meio a uma onda de estática, soou uma voz inglesa. O ataque aéreo fora cancelado; o sr. Chamberlain estava indo para Munique.

Soubemos então que a sombria comédia terminara. O resultado da conferência, que terminou às 2h30, só foi publicado nos jornais de Praga e comunicado ao povo tcheco na tarde seguinte, quando Benesch fez um discurso radiofônico à nação. A grande praça em frente ao hotel (a Václavské Náměstí) foi coberta de alto-falantes e, logo após o almoço, as pessoas começaram a chegar. A maioria dos jornalistas estrangeiros se reuniu no quarto de Knick, com vista para a praça, e Maurice Hindus trouxe uma jovem tcheca para traduzir o discurso em tempo real.

A transmissão foi curta, contando à nação a decisão final de dividir o país. Então as patéticas palavras: "Nosso Estado não será o menor. Há Estados menores do que seremos." A estenógrafa tcheca largou o lápis, segurou a cabeça entre as mãos e chorou. Quando as últimas palavras do presidente se desvaneceram, a música solene do hino nacional tcheco soou na praça. As pessoas ficaram rigidamente em posição de atenção, como se

MORTE POR ESTRANGULAMENTO

não tivessem entendido totalmente. Então a multidão se desfez e desceu a avenida, milhares de pessoas sacudindo os punhos e gritando "Não, não, não! Fora, Benesch! Viva a Tchecoslováquia!" Centenas de policiais ocuparam a praça e montaram um pesado cordão oscilante de isolamento nas ruas que levavam ao palácio Hradschin, onde estava Benesch, mas os gritos ressoavam no ar como os de um animal ferido. Eram terríveis de ouvir.

* * *

Mais ou menos uma hora depois, John, Knick e eu estávamos em um carro na direção da fronteira tcheco-austríaca. Knick ouvira dizer que aquela seria a primeira zona de ocupação do Reichswehr e que ocorreria a qualquer momento depois da meia-noite.

— Essa é a segunda vez em sete meses — disse ele com ar infeliz — que vejo o Exército alemão invadir um Estado soberano sem um único tiro ser disparado.

Era uma ideia sombria, e a viagem foi ainda mais. A área rural ainda estava às escuras e nossos faróis azulados criavam um padrão misterioso no chão. Nosso motorista (um russo Branco emigrado) passou por maus pedaços, pois muitas pontes estavam minadas e muitas estradas bloqueadas com carroças e máquinas agrícolas, apressadamente arrastadas até lá no último minuto. Ventava muito e logo começou a chover, o que tornou a viagem ainda mais difícil. A 65 quilômetros de Praga, fizemos uma curva e vimos uma longa coluna de soldados vindo em nossa direção: o Exército tcheco em retirada. Eles marchavam em silêncio; os únicos sons eram o assobiar do vento e da chuva, o girar das rodas dos canhões e o chapinhar das botas na lama. Naquele terrível silêncio, era possível sentir a amargura penetrante da derrota.

Nos vilarejos, dava-se o mesmo. As praças estavam lotadas de pessoas desamparadamente em pé na chuva, como se não pudessem suportar a ideia de irem para casa, por medo de ficarem sozinhas. E, quando paramos para jantar em uma cidadezinha chamada Tabor, encontramos o restaurante cheio de pessoas sentadas silenciosamente, bebendo cerveja e café, mas não conversando, apenas olhando para o vazio.

Eram quase 23 horas quando chegamos a Budweiser, a última grande cidade tcheca antes da fronteira sudeta. Fomos até a delegacia tentar descobrir qual seria, exatamente, a rota do Exército alemão. A pergunta era constrangedora, mas o inspetor tcheco ouviu polidamente, como se fosse a coisa mais natural do mundo, tirou um mapa da gaveta da escrivaninha e começou a estudá-lo. Ele era um tipo incomum para um policial, com uma expressão de intelectual e um rosto delicado e sensível. Ele falava inglês e nos disse que já visitara os Estados Unidos:

— Um país pelo qual sinto grande admiração.

— Não mais que a que sentimos pelo seu país — respondeu John. O inspetor não comentou, mas disse "Obrigado" em voz baixa.

Após pensar muito, ele nos aconselhou a ir até uma cidade chamada Oberplan, a uns 12 quilômetros da fronteira austríaca.

— Mas vocês nunca a encontrarão à noite. As estradas são difíceis e metade delas está bloqueada. Enviarei um oficial com vocês.

Imploramos para que ele não se desse ao trabalho, mas ele insistiu e chamou um jovem policial. O policial não devia ter mais de 20 anos, com cabelo loiro e bochechas rosadas como as de um bebê. O inspetor falou com ele em tcheco e o jovem apontou para seu uniforme. Então saiu e retornou um momento depois, usando um longo casaco preto. Ele riu e disse algo que não conseguimos entender, e o inspetor explicou que era melhor não entrar em território sudeta de uniforme.

Partimos novamente e, a alguns quilômetros de Budweiser, chegamos a uma patrulha tcheca de trinta ou quarenta homens em pé ao lado da estrada. Passavam-se dez minutos da meia-noite e descobrimos que eles haviam se retirado do território sudeta à meia-noite em ponto — pela última vez. Nosso motorista e o policial conversaram com eles em tcheco enquanto eles inspecionavam nossos documentos, que nos devolveram. Eles fizeram uma saudação e, alguns momentos depois, atravessamos a nova fronteira do Terceiro Reich.

Não andamos muito antes de descobrir que os camponeses sudetas, pesadamente armados com rifles e espingardas, haviam assumido o lugar

MORTE POR ESTRANGULAMENTO 215

das patrulhas tchecas. A atmosfera era elétrica e hostil; duas vezes homens saltaram dos arbustos sacudindo lanternas e gritando para pararmos. Eles eram rudes e mal-humorados, mas, após inspecionarem nossos documentos, deixaram-nos passar.

Perto de Oberplan, no entanto, não tivemos tanta sorte. Dessa vez, uma dúzia de homens invadiu a estrada, cercou o carro e enfiou rifles pelas janelas. Eles evidentemente estavam muito alvoroçados, pois gritaram pedindo ajuda, como se fôssemos um grupo de foras da lei, e mais homens chegaram correndo. Um deles atirou para cima (um sinal de perigo) e, em breve, uma multidão de mais de cinquenta homens se reuniu. Eles eram o grupo de camponeses mais rústicos e de aparência cruel que eu já vira. A maioria usava grandes braçadeiras com a suástica e tinha emblemas nazistas caseiros costurados nos casacos. Um deles, um homem de jaqueta de couro, botas e calça de montaria (obviamente o Führer local), ordenou que apresentássemos nossos documentos. Ele os arrancou de nossas mãos e caminhou até a frente do carro para inspecioná-los à luz dos faróis. Mas os documentos não o interessaram por muito tempo, pois, subitamente, ele viu nossas placas. Ele voltou correndo, enfiou a cabeça pela janela e disse, triunfalmente:

— *Ach so! Sie kommen aus Prag!* (Então vocês estão vindo de Praga!)

Knick tentou explicar que éramos jornalistas a caminho de observar o Exército alemão cruzar a fronteira, mas isso não causou nenhuma impressão. Ele ficou lá nos encarando, repetindo uma vez após a outra:

— *Ach so! Sie kommen aus Prag! Aus Prag!*

Em um tom cruel, ele anunciou que teríamos que ir ao tribunal do vilarejo para sermos revistados. Vários homens subiram nos estribos, com os rifles ainda apontados para o carro, e ordenaram que o motorista prosseguisse lentamente. Os outros caminharam dos dois lados do carro. Foi um trajeto desconfortável, pois os alemães estavam tão perturbados que um único movimento em falso poderia levar a um terrível acidente.

Quando chegamos à praça do vilarejo, a quase 3 quilômetros de distância, a encontramos lotada de homens, mulheres e crianças, todos com suas melhores roupas; alguns gritavam e agitavam suásticas, outros bebiam cerveja, riam e dançavam. Foi um extraordinário espetáculo à uma da manhã; eles queriam ser os primeiros a saudar o Exército alemão.

Quando nosso carro parou, o Führer local gritou para que a multidão abrisse caminho e fomos conduzidos, com as pessoas nos encarando estupidamente, até o tribunal do outro lado da praça. Fomos levados até o andar de cima, para uma saleta com uma mesa e meia dúzia de cadeiras — provavelmente a sala de reunião do conselho municipal —, ainda sob a mira de três ou quatro capangas. O Führer local começou a nos revistar em busca de armas. Ele revistou cuidadosamente minha mala e esvaziou o conteúdo dos bolsos de John e Knick na mesa, mas, quando chegou aos documentos do motorista, ficou perplexo, pois o encarou e então perguntou qual era sua nacionalidade.

— Sou russo — respondeu o homem.

— Ele é bolchevique! — exclamou animadamente um dos capangas.

Após uma longa explicação, o motorista finalmente estabeleceu o fato de que, na verdade, era um russo Branco, e a excitação morreu. Então o líder se voltou para o tcheco, que ainda estava enrolado em seu longo casaco, e ordenou que o tirasse. Foi um momento terrível, mas nada havia a fazer senão obedecer e, um momento depois, revelou-se seu uniforme policial completo. Houve um silêncio pasmo. Então o Führer gritou:

— Um tcheco! Pegamos um tcheco!

Ele caminhou até ele balançando um cassetete de borracha e bateu com força na mesa.

— Você sabe que está no Terceiro Reich? Que não toleramos tchecos se esgueirando por nossos vilarejos?

Ele enfiou a mão no bolso do policial, retirando um par de luvas, um chaveiro e uma carteira, que jogou sobre a mesa. Então enfiou a mão no outro bolso e retirou um revólver e — inacreditavelmente — uma braçadeira com suástica!

O tcheco provavelmente a retirara de um henleinista durante um dos tumultos recentes, e a mistura de triunfo, ódio e vingança no rosto do alemão era difícil de contemplar.

— Então você trouxe um revólver, para atirar em alemães inocentes. Isso é muito ruim. Mas uma suástica! Um tcheco com uma suástica! (*Ein Tscheche mit Hakenkreuz!*)

MORTE POR ESTRANGULAMENTO

Sua voz tremia de raiva. Ele andou de um lado para o outro, de vez em quando pontuando as frases com batidas do cassetete na mesa.

— *Ein Tscheche mit Hakenkreuz!*

Então se virou para seus homens:

— Levem-no para fora. Mostraremos a ele como lidamos com os tchecos.

O policial empalideceu. Os alemães o agarraram pelos braços e o arrastaram para fora. Eu estava prestes a vomitar.

— Porco sujo! — sussurrou John. — Eles provavelmente o espancarão até a morte.

— Não seria a primeira vez — disse Knick sombriamente.

Eu ainda tentava segurar o vômito.

— Não podemos fazer nada? — perguntei, sem ar. — Não podemos ficar sentados aqui.

Foi um comentário tolo, pois ficarmos sentados lá foi exatamente o que fizemos. O Führer local estava em tal estado de fúria que chamou um homem com uma submetralhadora e ordenou, aos gritos, que ele nos vigiasse:

— Se eles se mexerem, atire.

Então ele nos disse que teríamos que esperar até que o agente da Gestapo chegasse do Reich, saiu e trancou a porta.

Nosso guarda era um camponês de aparência estúpida que jamais vira uma metralhadora antes. Ele a agarrava firmemente, com os olhos fixos em nós, como se a qualquer momento fôssemos correr para a liberdade. Estávamos com tanto medo de sobressaltá-lo que mal ousávamos virar a cabeça. Do lado de fora, podíamos ouvir a multidão: de vez em quando, as vozes se erguiam em um grito selvagem, *Sie kommen gleich!* ("Eles estão vindo!"), mas era sempre um alarme falso.

Nós nos perguntamos quanto tempo o agente da Gestapo demoraria para chegar e o que aconteceria quando chegasse. Knickerbocker fora expulso da Alemanha e era alvo de ataques frequentes da imprensa nazista.

— Não se preocupe — disse eu. — Eles ficarão com medo dos americanos.

— É mesmo? — respondeu Knick. — Do mesmo jeito que estão com medo dos ingleses e franceses?

Mas tivemos sorte. O agente que chegou às 5 horas era um homem típico da SS: de uniforme preto, austero, sério, corretíssimo. Quando entrou na sala, ele fez uma mesura, bateu os saltos das botas e disse que examinaria nossos documentos imediatamente. Knickerbocker evidentemente não estava em sua lista negra, e as palavras "jornalistas estrangeiros" pareceram causar profunda impressão. Alguns minutos depois, ele retornou, pediu desculpas pelo inconveniente e ordenou que fôssemos libertados. Mas, quando perguntamos sobre o policial tcheco, seus lábios se apertaram.

— Essa é outra questão. Teremos que lidar com o caso dele separadamente.

Estávamos tão exaustos que fomos para a pequena hospedaria do outro lado da praça e dormimos até as 8 horas. A multidão diminuíra, mas devia haver mais de cem pessoas (ligeiramente enlameadas a essa altura) ainda esperando.

Pela manhã, quando estávamos prontos para partir, nosso motorista anunciou que não tínhamos gasolina. A oficina não lhe daria nenhuma sem permissão especial, então Knick e eu retornamos ao tribunal. Encontramos o homem da SS em sua mesa, já trabalhando, analisando os livros da administração local. Embora não tivesse dormido, ele não perdera tempo em estabelecer a autoridade da Alemanha nazista; quando Knick comentou que ele devia dormir um pouco, ele respondeu, sem sorrir:

— Os soldados do Reich só descansam quando seu trabalho acaba.

Igualzinho a um filme de Hollywood!

Quando estávamos saindo do escritório, um fazendeiro sudeta com um rosto degenerado entrou, muito agitado. Ele disse que dois comunistas estavam se escondendo na estrada e queria permissão para prendê-los e levá-los à prisão.

— Você tem certeza de que são comunistas? — perguntou o homem da SS.

— Ah, sim — respondeu o fazendeiro. — Eu os ouvi falar contra o Führer.

O homem da SS assentiu e o sudeta saiu correndo.

Recebemos autorização para a gasolina, mas não vimos o Exército alemão cruzar a fronteira, afinal. Dirigimos até a barreira perto de Hohenfurt e mesmo lá encontramos habitantes dos vilarejos, com flores e guirlandas, esperando para dar boas-vindas às tropas. Aguardamos várias horas, mas, ao meio-dia, ainda não havia sinal das longas colunas cinzentas. Knick e John tinham edições da tarde para atualizar e só havia comunicação com o exterior na capital. Não ousamos entrar na Alemanha por medo de não conseguirmos sair novamente e, finalmente, decidimos que a única coisa a fazer era retornar a Praga e escrever a história que já tínhamos.

Ainda estávamos muito abalados com o destino do policial tcheco e paramos em Budweiser para contar ao inspetor o que acontecera. Ele recebeu a notícia com grande angústia.

— Ele jamais retornará. Conheço aqueles alemães. Eles o matarão.

Dissemos que faríamos todo o possível para libertá-lo e, quando chegamos a Praga, fizemos representações junto à embaixada americana e enviamos telegramas a Berlim. Várias semanas depois de termos partido da Tchecoslováquia, soubemos que, embora tivesse sido terrivelmente espancado, ele ainda estava vivo e finalmente fora libertado.

A viagem de volta a Praga foi longa e desconfortável. A chuva deixara as estradas ainda piores que no dia anterior e, conforme sacudíamos no carro, tentamos escrever a introdução de nossas matérias. Eu me lembro da frase inicial de Knick, pois ela só tinha três palavras: "O mal venceu."

* * *

Em Praga, o anticlímax de Munique era trágico. As embaixadas estrangeiras estavam cheias de pessoas implorando por passaportes para fugir do país, e até mesmo jornalistas faziam deploráveis pedidos de ajuda. John e eu estávamos sentados em um café na frente do hotel quando um homem idoso nos ouviu falar inglês e se aproximou. Ele era um escritor alemão que passara dois anos em um campo de concentração e só fora libertado em 1936, quando fora para Praga.

— Vocês precisam me ajudar a sair daqui — disse ele. — Eu não conseguiria suportar tudo aquilo de novo. Sou velho demais.

Não havia nada que pudéssemos fazer e John tentou reconfortá-lo.

— Mas você está bem aqui em Praga.

O homem negou com a cabeça.

— Eles estarão aqui em breve. Todo mundo sabe disso.

Era essa terrível sensação de ruína que pesava em nossos corações. Quando os tchecos ainda achavam que haveria guerra, eles haviam permanecido animados, mas, agora que removiam as tiras de papel pardo das janelas, religavam os postes de luz e jogavam fora suas máscaras de gás, a esperança desaparecera. O professor tcheco (que suspirava pelas cerejeiras em flor no maio anterior e agora está em um campo de concentração) foi ao hotel conversar comigo. Ele já parecia mais velho, e sua voz estava cansada:

— Ouvi dizer que estão celebrando em Londres e Paris. Ouvi dizer que o sr. Chamberlain se transformou em herói. Devemos celebrar também, pois, em Praga, o tempo é curto. Daqui a seis meses, metade de nós estará em campos de concentração.

Eu estava tão transtornada pelo que vira que minha única vontade era ir embora o mais rapidamente possível, mas permaneci por tempo suficiente para ouvir o discurso de Hitler em Carlsbad na terça-feira seguinte. Fiz a viagem com Ralph Murray, da British Broadcasting Corporation. Era um dia chuvoso e cinzento e, quando chegamos por volta das 11 horas, encontramos a cidade lotada de tropas alemãs e homens da SS. Centenas de trabalhadores erigiam arcos triunfais nas ruas, grandes guirlandas de flores que formavam as palavras *Wir danken unseren Führer* ("Agradecemos a nosso líder"). Mas a atividade mais febril era da seção de propaganda. Desde o início da manhã, carros blindados carregando microfones, alto-falantes, câmeras, gravadores, banners, panfletos e suásticas entravam na cidade. A Schmuckplatz, a grande praça onde Hitler falaria, estava coberta de alto-falantes e, de vez em quando, ordens eram gritadas para a multidão que começava a se formar. Os garotos da propaganda estavam roubando os holofotes, o que era exatamente o que devia acontecer, pois, se aquela não fosse a vitória do dr. Goebbels, de quem seria?

MORTE POR ESTRANGULAMENTO

Eu caminhava pelas ruas lotadas quando encontrei o dr. Boehmer, chefe da imprensa estrangeira. Ele me disse que correspondentes de Berlim tinham um lugar no canto da Schmuckplatz, e fui atrás deles. Após abrir caminho por uma longa fileira de homens da SS, finalmente vi Euan Butler e Ed Beattie. Eles estavam de pé na chuva, esperando pelo evento, tão deprimidos que mal conseguiam sorrir. Eles cobriam a história da perspectiva de Berlim e já haviam acompanhado o Exército alemão a três zonas de ocupação.

O major Hinzinger, uma figura garbosa de botas e calça de montaria, estava encarregado do grupo e circulava por ali, fazendo observações animadas. Eu me lembro de minha surpresa quando Ed Beattie olhou para o relógio, virou-se para o major e perguntou:

— Por quanto tempo aquele bastardo de olhos arregalados vai nos fazer esperar?

Mas o major aceitou isso como se fizesse parte da maneira cômica como os americanos se expressavam.

— Você quer dizer o Führer? — perguntou ele alegremente. — Ah, não acho que ele vá nos manter em suspense por muito tempo.

Às 13h45, os alto-falantes ressoaram subitamente: "O Führer está em Carlsbad." A multidão explodiu em um rugido de vivas até que, quinze minutos depois, o grande homem entrou na praça, como de costume em pé no banco dianteiro de um comprido carro preto, com a mão estendida na saudação nazista. Houve um frenesi selvagem de *Sieg Heil* quando ele surgiu no balcão do Teatro Municipal.

Ele usava um casaco militar comprido e cinzento que o fazia parecer ainda mais baixo. Seu discurso foi curto e, em minha opinião, teve um tom impaciente. Eu me lembrei do que Unity dissera sobre ele ficar entediado e me perguntei se, agora que o mundo estava se aquietando, ele perdera o interesse. A única vez que sua voz se ergueu com convicção foi quando ele bateu no microfone e disse:

— Eu sabia que, um dia, estaria em pé aqui.

Quando terminou, o major Hinzinger se aproximou, ainda sorrindo animadamente, e eu perguntei como ele se sentia após a vitória sobre os tchecos.

— Acho que não deveria dizer isso — respondeu ele —, mas, afinal, eu *sou* um soldado. E não posso evitar me sentir um pouquinho decepcionado por não termos tido a chance de dar umas porradas neles.

Geoffrey Cox, do *Daily Express*, dirigiu de volta a Praga comigo e Ralph. A 3 quilômetros de Carlsbad, um pequeno grupo de soldados tchecos estava ao lado da estrada, onde a nova fronteira começava. Eles pararam nosso carro e um deles perguntou, curioso, como fora a celebração. Ele ouviu em silêncio e então comentou, em alemão:

— Suponho que vocês partirão da Tchecoslováquia em breve. Vocês irão para a França?

Geoffrey assentiu e o soldado disse:

— Quando chegarem lá, digam a eles, em nosso nome, que um dia eles olharão para o outro lado de sua linha Maginot e perguntarão: "Onde estão aqueles 2 milhões de tchecos?" E nós não existiremos. Eles lutarão sozinhos.

Dirigimos o restante do caminho até Praga em silêncio.

* * *

Aparte para os americanos: alguns dias depois do acordo de Munique, Jan Masaryk, ministro tcheco em Londres e filho de Thomas Masaryk, o fundador da Tchecoslováquia, estava caminhando pelo Hyde Park quando Joseph Kennedy, o embaixador americano, passou de carro por ele. O carro parou e Kennedy perguntou:

— Ei, Jan! Quer uma carona?

Jan entrou no carro e Kennedy lhe deu um tapa nas costas.

— Ah, amigo, que maravilha!

— O quê? — perguntou Jan.

— Munique, é claro. Agora finalmente posso ir para Palm Beach!

5. Neville Chamberlain

Observei a jovem de vestido de tafetá vermelho e o jovem de casaca girarem pelo salão de baile do Ritz tão rapidamente que pareciam um pião vermelho e preto. Eu estava em um jantar, sentada ao lado de Alfred Duff Cooper, que, duas semanas antes, renunciara a seu cargo no Gabinete britânico. Mais cedo naquela noite, ele me dissera:

— Foi a "paz com honra" que não consegui aguentar. Se ele tivesse voltado de Munique dizendo "paz com terrível, absoluta, incomparável desonra", talvez eu tivesse ficado. Mas paz com *honra*?!

A garota de vestido de tafetá vermelho não estava preocupada com honra ou desonra, nem tampouco, pelo que eu podia ver, os outros casais na pista de dança. A paz era a coisa importante. Mais uma vez a música tocava e o sr. Chamberlain era um herói. As empresas anunciavam sua gratidão nos jornais; as lojas exibiam bonecos de Chamberlain e guarda-chuvas de açúcar; e, na Escandinávia, havia um movimento para presentear o líder britânico com um fornecimento vitalício de trutas. Somente algumas pessoas, como Duff Cooper, sacudiam triste e ceticamente a cabeça em relação à "paz de nosso tempo" e olhavam sombriamente para o futuro. Quando a mulher de vestido de tafetá vermelho passou girando por nós, Duff disse:

— Eu me pergunto onde *esse* casal estará daqui a um ano!

Mas pessoas céticas como Duff logo foram desconsideradas e os elogios a Neville Chamberlain continuaram. Foi durante esse período de adulação — na verdade, algumas noites após o jantar no Ritz — que fui convidada a conhecê-lo.

O jantar foi oferecido por sua cunhada Lady Chamberlain, viúva de Sir Austen Chamberlain, ex-ministro do Exterior e meio-irmão de Neville. Ainda consigo ver a sala de jantar com cortinas amarelas e grandes vasos de flores também amarelas. Havia somente dez pessoas à mesa: o primeiro--ministro e a sra. Chamberlain; Lady Birkenhead; o príncipe e a princesa de Ruspoli, vindos de Roma; o duque de Alba (representante de Franco); a filha e o genro de Lady Chamberlain; o sr. e a sra. Terence Maxwell; e eu.

O primeiro-ministro tinha uma aparência mais vigorosa do que suas fotografias indicavam, e fiquei surpresa (como ficara com Hitler) ao vê-lo conversar animadamente e demonstrar grande senso de humor. Eu me sentei longe dele durante o jantar, mas, quando fomos para a saleta, Lady Chamberlain disse que eu acabara de retornar da Tchecoslováquia e nos conduziu a um sofá no canto. Jamais me esquecerei do primeiro comentário de Chamberlain:

— Diga-me — perguntou ele, sorrindo —, os tchecos sentem amargura em relação aos ingleses?

Fiquei tão atônita que, por um momento, fui incapaz de responder. Então descrevi as coisas que vira e ouvira, e ele escutou com grave atenção.

— Pelo que vi, os tchecos se comportaram com extraordinário autocontrole — acrescentei. — Todas as histórias sobre tchecos "perseguindo" alemães são completamente infundadas, fabricadas pela propaganda alemã.

O sr. Chamberlain assentiu com simpatia:

— Eu sei. Nenhuma acusação era desvairada demais para eles. Mesmo enquanto estávamos em conferência em Godesberg, Ribbentrop entrava na sala com anúncios sobre as atrocidades tchecas, lendo-as de modo sensacionalista. Era ridículo, claro. Sabíamos que eram invenções. Só tínhamos que conferir com nosso próprio pessoal em Praga para saber a verdade. Mas esse é o problema com os alemães. Eles não possuem sensibilidade. Nunca se dão conta da impressão que estão causando.

— O que o senhor acha de Ribbentrop? — perguntei.

— Um sujeito terrível.

— E Hitler?

— Tampouco é muito agradável. Achei que ele tinha um rosto extraordinário, quase sinistro. E um temperamento impossível de administrar. Várias vezes, em Godesberg, ele ficou tão alterado que só consegui conduzir a conversa com extrema dificuldade. De fato, várias vezes tive que instruir Herr Schmidt (o intérprete) a dizer que não chegaríamos a lugar nenhum com tal demonstração e pedir que Hitler se ativesse ao assunto. Um sujeito muito difícil. É difícil entender o fascínio que ele exerce sobre o povo alemão. Mas acho que ele está começando a perder seu poder.

— Hitler? — perguntei, surpresa.

— Sim. Quando cheguei à Alemanha, notei que havia muito mais celebração de Goering que de Hitler. Acho que Goering pode se tornar o poder real naquele país.

Eu disse ao sr. Chamberlain que a falta de exuberância não me parecia estranha. Goering era o Balbo do país: o ídolo popular de carne e osso que dizia palavrões e recebia das multidões gritos bem-humorados de "o bom e velho Hermann", mas Hitler era quase sagrado. As pessoas não falavam com ele como faziam com Goering; frequentemente, elas choravam.

— Talvez — respondeu o sr. Chamberlain. — Mas não tenho certeza. Não acho que o povo alemão tenha gostado de ser conduzido ao limiar da guerra. Fiquei atônito com a recepção que tive, e já recebi centenas de cartas da Alemanha me agradecendo pelo papel que desempenhei. Quando cheguei a Munique, até mesmo os homens da SS me saudaram! Eles eram as últimas pessoas que eu imaginaria desejando a paz.

— Consigo entender os alemães celebrando melhor do que consigo entender os franceses — respondi. — Afinal, os alemães conseguiram a paz e tudo o mais que queriam. Mas, na França, eles só conseguiram paz ao preço de uma rendição lastimável. Não consigo imaginar o que *eles* encontraram para celebrar. A posição francesa me parece a pior de todas.

Fiz essa observação como desafio deliberado, e fui pega totalmente de surpresa pela resposta de Chamberlain. Ele assentiu e disse:

— A menos que os franceses encontrem líderes mais vigorosos *imediatamente*, estarão terminados como potência de primeira linha.

Então ele relatou a mesma história que o funcionário do Ministério do Exterior havia me contado: como os franceses haviam se comunicado com o governo britânico no último momento e denunciado seu tratado.

— Se soubéssemos disso vários meses antes, poderíamos ter ajudado os tchecos a conseguir um acordo muito mais razoável — disse o sr. Chamberlain —, mas os franceses nos garantiram, em caráter público e privado, que estavam determinados a, no último minuto, honrar as obrigações do acordo. Eu prevejo que, a menos que os franceses se reorganizem imediatamente, eles não sobreviverão muito tempo como democracia. Se os tchecos sentem amargura por alguém, deve ser pelos franceses.

— Todo mundo sabe — disse eu, sem nenhuma elegância — que o sr. Bonnet é o maior velhaco da Europa.

O sr. Chamberlain riu.

— Ele não inspira muita confiança.

— O senhor acha que Hitler desdenha os franceses?

— Não sei, mas acho que ele suspeita que eles escondem uma grande fraqueza.

Então disse, subitamente:

— Que homem curioso ele é! Ao julgá-lo, é preciso revisar todas as ideias comuns e tentar lembrar a estranha vida que ele teve, pois é bastante diferente de todo mundo. O que eu acho tão difícil, com exceção de suas explosões de mau gênio e seu hábito de não se ater ao assunto, é o fato de ele ser tão irracional. Por exemplo, em Godesberg, ele me disse que o problema tcheco era tão vital que não podia esperar nem um dia, mas, no mesmo fôlego, sugeriu que eu fosse a Berchtesgaden conhecer seu recanto nas montanhas. Eu respondi que, se o problema era tão vital, eu não via como ele poderia se dar ao luxo de perder tempo me levando para fazer turismo, mas ele não pareceu ver nada estranho nisso!

O sr. Chamberlain riu e acrescentou:

— Alguém me disse que Hitler ficou chocado quando soube que eu gostava de caçar e comentou que esse era um esporte cruel. Imagine, alguém com o passado de Hitler objetando a atirar em pássaros!

O sr. Chamberlain pareceu achar isso muito divertido. Então seu sorriso desapareceu e ele perguntou, curioso:

NEVILLE CHAMBERLAIN

— Como foi em Praga, quando souberam do resultado de Munique?

Eu contei sobre as multidões tomando a praça, sobre a viagem pelos vilarejos escuros e varridos pela chuva e, finalmente, sobre as horas que passamos sob a supervisão do alemão com a metralhadora. Contei como havíamos ficado ao lado do rádio até as 3 horas da madrugada na noite da Conferência de Munique, aguardando o relato final, e perguntei por que demorara tanto.

— Ineficiência alemã — respondeu ele com um sorriso. — Eu sempre fui levado a acreditar que os alemães eram um povo meticulosamente eficiente, mas, quando chegamos a Munique, descobrimos que nada fora preparado. Não havia intérpretes, estenógrafos, lápis, nem sequer papel. Foram necessárias horas para arranjar as coisas. Mas o clímax ocorreu às 2h30, quando o documento finalmente estava pronto para ser assinado e Hitler saiu da mesa, caminhou até a escrivaninha, mergulhou sua pena no pote e descobriu que não havia tinta! Até mesmo em Londres teríamos tinta!

Nesse momento, a conversa chegou ao fim, pois a sra. Chamberlain se aproximou e disse ao primeiro-ministro que estava na hora de ele ir para a cama. Essa foi a única conversa que tive com Chamberlain; quando fui para casa, anotei tudo como transcrevi aqui.

Chamberlain me surpreendeu com sua franqueza e me pareceu um homem sincero. As amargas críticas feitas a ele, descrevendo-o como vilão e o acusando de ter simpatias totalitaristas, foram tremendamente injustas. Ele acreditava na democracia e no Império Britânico com o mesmo fervor de Winston Churchill, mas não acreditava com o mesmo fervor de Winston Churchill na malícia da Alemanha.

Embora não aprovasse os nazistas nem gostasse de Hitler, há poucas dúvidas de que ficara profundamente impressionado com o desejo de paz do povo alemão. O fato de que "até mesmo os homens da SS" o haviam saudado deixara uma marca profunda. Ele não parecia entender que, em Estados totalitários, a opinião pública é fabricada e modelada da noite para o dia, a fim de atender aos propósitos do momento. Sua observação sobre o declínio do poder de Hitler indicava uma perigosa falta de entendimento.

Mas, em retrospecto, o mais curioso foram seus comentários sobre a França. Sua profecia se mostrou verdadeira, mas é difícil entender por que (e como eu gostaria de ter feito essa pergunta!), se acreditava que a posição da França era tão precária, ele não estava mais alarmado com o futuro da aliada da França, a Grã-Bretanha.

Acho que a resposta é que Chamberlain estava tão convencido de que outra guerra significaria o fim da civilização (uma frase que se ouvia repetidamente era "Na guerra não há vencedores") que não conseguia acreditar que mesmo Hitler, "se tratado com justiça", mergulharia a Europa em tão catastrófico turbilhão. Ele parecia ver Hitler como uma criatura curiosa e bastante desequilibrada que podia ser administrada por "mãos hábeis". Isso o levou a subestimar a motivação e a ambição que enfrentava, pois não possuía o entendimento humano de Churchill; ele não conseguia visualizar o mundo como um "cavalo cansado", sempre chicoteado para caminhar mais um pouco por algum ambicioso novo dono.

Não há dúvida de que ele acreditava sinceramente nas promessas que Hitler lhe fizera de não ter "outras demandas territoriais na Europa" e que fora igualmente sincero ao dizer, em 27 de setembro: "Se estivesse convencido de que qualquer nação decidira dominar o mundo por meio da força, eu me sentiria obrigado a resistir a ela." A tragédia estava no fato de ele não se deixar convencer. Ele entrará para a história como um homem que foi enganado, mas é discutível se tinha o direito de ser enganado em face das esmagadoras evidências que lhe foram apresentadas. De qualquer modo, o povo europeu partilhava de sua complacência. Embora o governo britânico tivesse ordenado o aumento da produção de armamentos (por precaução), todo mundo deslizara de volta para a normalidade; era exatamente como o quadrinho impresso no *Punch*, no qual John Bull se acomodava confortavelmente em sua poltrona enquanto o "susto da guerra" saía voando pela janela, com a legenda: "Graças a Deus, isso acabou."

Tom Mitford, irmão de Unity, retornou da Alemanha, onde passara um dia com Hitler, e me disse que o último se referia a Chamberlain como "querido velhote". Hitler parecia ter gostado dele e comentara com Tom que estava chateado porque o "velhote" tivera que fazer três longas viagens! Ele disse que, na segunda ocasião, planejara ir a Londres e até ordenara que seu avião fosse preparado, mas seus conselheiros haviam dito que isso estava fora de questão, pois a viagem entraria na categoria de "visita de Estado" e significaria uma estadia de três dias. "De qualquer modo", acrescentara Hitler, "talvez tenha sido melhor assim. Conheço os ingleses. Eles teriam me recebido em Croydon com uma dúzia de bispos!"

Tom disse que, embora ele e Unity fossem as únicas pessoas na sala, quando Hitler falou sobre os tchecos, sua voz se ergueu como se ele se dirigisse a uma enorme plateia. Então seu humor mudou e ele se acalmou novamente. "Não consigo entender que um inglês esteja disposto a derramar sangue por um tcheco. Mas, se a Inglaterra *tivesse* entrado em guerra conosco, tenho certeza de uma coisa: nenhum avião britânico teria conseguido voar sobre a Alemanha!" (Tom jamais entendeu o que ele queria dizer com essa observação e pensou que talvez se referisse a alguma "arma secreta"; se esse era o caso, ela não tem sido um grande sucesso!)

Hitler perguntou por que os ingleses haviam cavado trincheiras no Hyde Park e, quando Tom respondeu que eram abrigos antiaéreos, ele jogou a cabeça para trás e riu alto. "Então é por isso que elas estão lá! Aqui na Alemanha, nunca imaginamos isso! Achávamos que os ingleses estavam sob a impressão de que enviaríamos tropas e começaram a cavar trincheiras de linha de frente." (Eu me lembro de comentar com Tom: "Que ideia! Ele deve ser louco se acha que os ingleses são tolos assim!")

Tom partilhava da convicção da irmã de que Hitler, a despeito de suas ambições no continente, sinceramente desejava uma amizade com a Inglaterra e estava ansioso para reorganizar o mundo em bases anglo--germânicas. Essa não era uma visão incomum em Londres, embora seja difícil entender sobre que evidências se baseava. Hitler logo mudou de ideia sobre o sr. Chamberlain ser um "querido velhote", pois, três semanas após Munique, a imprensa alemã começou a criticar o aumento dos armamentos britânicos e a chamar o pacificador de Munique de instigador da guerra na Europa.

Quando fui a Berlim na época de Natal (a caminho da Rússia), encontrei uma cidade fria e incapaz de sorrir, quase tão beligerante quanto no verão. Em agosto, o Exército estivera se mobilizando e as avenidas ressoavam com o rugir das motocicletas e o ronco dos carros blindados; agora, a capital estava enterrada sob um manto de neve e tinha um ar silencioso e quase melancólico; havia pouquíssimo trânsito nas ruas congeladas, e os grandes projetos arquitetônicos, espalhados por toda a capital e abandonados por causa da falta de mão de obra, jaziam sob a neve como cadáveres gigantescos respeitosamente cobertos com lençóis.

Mas a atmosfera era tão belicosa quanto em agosto. A primeira pessoa que vi ao chegar foi o dr. Karl Silex, que encontrei no Adlon Bar. Mal tive a chance de cumprimentá-lo antes que ele dissesse:

— Então você veio de Londres. Bem, mudamos de opinião sobre o sr. Chamberlain aqui na Alemanha. Em vez de fazer a paz, ele parece estar fazendo armas. Se essa hipocrisia continuar, nossa paciência não durará muito tempo.

Então, com um raciocínio do qual somente os alemães (a despeito da reputação de serem lógicos) são capazes, ele previu que 1939 veria novas mudanças no mapa europeu.

— Você pode estar certa de uma coisa — disse ele de modo desafiador —, as fronteiras alemãs ainda não foram permanentemente estabelecidas nem no leste nem no sudeste da Europa.

Escrevi isso em um artigo para o *Sunday Times*, acrescentando que a única mudança que notara no espírito agressivo da Alemanha nazista eram os homens nas ruas. Em agosto, o alemão comum expressava inabalável fé na liderança do país e repetia, em uma crença quase infantil, que o Führer não levaria a nação à guerra. Agora eles haviam percebido que a paz só fora mantida pela rendição de Chamberlain. A consciência de que Hitler estivera disposto a correr o risco de uma guerra parecera ter causado profunda impressão e, de todos os lados, ouviam-se graves dúvidas sobre o futuro. Meu garçom no Adlon disse que o hotel estava fazendo excelentes negócios, pois as pessoas sentiam que o futuro era tão incerto que já não tentavam economizar; em outra ocasião, um motorista de táxi me perguntou por quanto tempo eu achava que a paz iria durar, acrescentando, com um suspiro:

— Se o país pudesse ter apenas um pouquinho de sossego...

E quando a esposa de Jimmy Holburn, Margaret, foi até uma loja, a vendedora sacudiu a caixa para o Fundo de Auxílio para o Inverno e explicou, em uma voz cínica e cansada:

— É para as armas.

Mas essa ansiedade e esse cansaço nada significavam, pois as pessoas comuns não contavam. A máquina de propaganda produzia novo ódio contra as democracias, e os líderes do Partido Nazista já estavam convertidos. Tivemos um exemplo da estranha mistura de amizade e hostilidade em relação aos ingleses na capital. Robert Byron fora a Berlim passar alguns dias com sua irmã Lucy, casada com Euan Butler, o correspondente do *Times*, e, na noite de Natal, jantamos juntos e, mais tarde, fomos a um clube noturno chamado *Der Goldener Hufeisen* (A Ferradura Dourada).

Foi o clube mais extraordinário que já frequentei. O salão estava lotado de mesas nas quais as pessoas bebiam cerveja e, no centro, havia uma pista de dança em torno da qual fora instalado um sujo picadeiro, com três pôneis nos quais os clientes podiam dar uma volta por 1 marco. A banda começou a tocar, o dono dos pôneis estalou o chicote e a plateia gritou deliciada quando cavaleiros corajosos, mas inexperientes, começaram a dar dolorosas voltas em torno do picadeiro. As mulheres eram as figuras mais cômicas, pois seus chapéus caíam e suas saias subiam acima dos joelhos. Uma delas usava vibrantes calcinhas pink, o que fez os clientes caírem na gargalhada.

Robert Byron e a irmã Lucy eram cavaleiros experientes e, com o passar da noite, a tentação se tornou grande demais para resistir. Robert usava smoking e Lucy um vestido de cetim azul com cauda, de modo que seu pedido para dar uma volta causou breve sensação. Lucy se sentou de lado na sela e, quando o dono dos pôneis estalou o chicote e os pôneis galoparam pelo picadeiro, ela criou um retrato espetacular, com o cabelo loiro brilhando e o vestido de cetim balançando no ar como uma nuvem azul. O dono dos pôneis ficou tão deliciado com a exibição que entregou a ambos um elaborado diploma. Então a banda se levantou, ergueu seus copos de cerveja e brindou aos "visitantes ingleses"; a plateia assobiou e deu vivas. Todos menos os dois membros da tropa de choque na mesa ao lado. Eles tinham uns 20 anos, e um deles, moreno e com olhos escuros e zangados, inclinou-se para Euan e disse, com voz rude:

— Então vocês vieram da Inglaterra. Não gostamos de ingleses. Todos os ingleses são hipócritas.

— E não gostamos de ser interrompidos — redarguiu Euan.

Isso teve pouco efeito, pois o homem continuou:

— Lemos que o sr. Chamberlain não é tão pacífico quanto quis nos fazer acreditar. Ele está ocupado fabricando armas para usar contra a Alemanha. Bem, se ele quiser, daremos a ele uma guerra!

— Você pode não gostar do que vai encontrar.

O homem riu com desdém:

— As democracias sempre falam alto, mas talvez não falem tão alto quando enfrentarem a Luftwaffe.

— Talvez — respondeu Euan. — Mas prefiro esperar para ver, em vez de aceitar sua palavra.

Aqui, o mais jovem dos dois interrompeu acaloradamente. Seu rosto estava vermelho e ele falou com passional intensidade:

— A Inglaterra precisa se dar conta de que a Alemanha já não é um país a ser pisoteado. Seus "velhos" não são tão espertos quanto acreditam ser. Nosso Führer não se deixou enganar por sua falsa amizade; ele não permitirá que os inimigos da Alemanha escapem impunes. Não queremos guerra, mas, se ele nos mandar marchar, nós o seguiremos até o fim.

— Sim — respondeu Euan acidamente. — E talvez esse seja *seu* fim.

Essa última observação se perdeu, pois quatro amigos se juntaram a eles e houve uma rodada de apertos de mão e apresentações. Mas, quando fomos embora, o moreno se separou da conversa e, em uma voz desdenhosa, gritou *Heil Hitler* para nossas costas.

No mesmo dia, as pessoas na Inglaterra abriam cartões de Natal do sr. Chamberlain, mostrando a fotografia de um avião, com a simples inscrição: "Munique." As pessoas na Alemanha paravam nas ruas para ver cartazes de Ano-Novo mostrando a fotografia de um soldado com capacete de aço e baioneta. Esses cartazes também tinham uma inscrição simples: "1939."

PARTE V

Rússia soviética

1. Introdução à Rússia

Os guardas de fronteira russos, com neve grudada nas botas e estrelas vermelhas brilhando nos quepes, já haviam embarcado no trem. Nós havíamos deixado Stolpce, a última estação polonesa na fronteira, vinte minutos antes e, em alguns instantes, chegaríamos à alfândega soviética em Negoreloye.

O trem se movia lentamente pela escuridão. As janelas estavam cobertas de gelo e era impossível ver qualquer coisa do lado de fora. Deixei meu compartimento e fui ao corredor. Fiquei surpresa ao descobrir quão silencioso tudo estava. Caminhei pelo vagão e descobri que havia somente três outros passageiros além de mim: dois mensageiros com o correio diplomático — um inglês e um polonês — e um executivo inglês. Aquilo me fez pensar em um trem fantasma: o silêncio, as janelas cobertas de gelo e o gemido das rodas se movendo pela escuridão.

O mensageiro inglês (oficialmente conhecido como mensageiro do rei) e o executivo inglês estavam sentados em seus compartimentos, lendo revistas e comendo chocolate, obviamente entediados (à melhor maneira britânica) com os arredores. Mas o mensageiro polonês estava nervoso. Ele era um homem baixo e moreno que caminhava de um lado para o outro, de vez em quando esfregando o vidro da janela e tentando ver alguma coisa lá fora. Quando passei por ele, falou comigo em francês, em uma voz tão baixa que era praticamente um sussurro:

— Não gosto disso. É má ideia.

— O quê? — perguntei, surpresa.

— Entrar nesse país. Quando cruza a fronteira, você nunca sabe se voltará ao mundo.

Essa observação me pegou de surpresa. Para mim, a viagem para a Rússia era quase férias. No continente, os ódios estavam mais incandescentes que nunca; Hitler denunciava Chamberlain como hipócrita e Mussolini gritava: "Savoia, Córsega, Túnis." Em toda a Europa, os governos estavam divididos uns contra os outros, e a vida se tornara ainda mais estressante que nos dias antes de Munique.

Quando o *Sunday Times* sugeriu que eu fizesse uma viagem de seis semanas a Moscou para escrever uma série de artigos sobre as condições atuais, eu adorara a chance de fugir da melancolia de Londres. De certo modo, a Rússia me parecia outro mundo. O país sempre excitara minha imaginação e, como força política, tema de tantas controvérsias acaloradas, despertava minha curiosidade. Eu não tinha viés contra ou a favor dos soviéticos e queria ver por mim mesma. De fato, queria ver por mim mesma havia algum tempo, mas minha solicitação de visto dois anos antes fora recusada sem explicação. Dessa vez, Randolph Churchill me levara para almoçar com o sr. Maisky, embaixador soviético em Londres, e Sir Robert Vansittart me recomendara extraoficialmente. Quando cheguei a Varsóvia, um visto esperava por mim. Enviei um telegrama a um amigo em Moscou, Fitzroy Maclean, segundo-secretário da embaixada britânica, e disse que ele poderia cumprir sua promessa de me apresentar à hospitalidade russa; eu também esperava encontrar o general Gal, o soldado russo que tentara me converter ao comunismo na Espanha. De todo modo, estava determinada a me divertir.

Meu espírito de férias foi refreado pelo deprimente comentário do mensageiro polonês, mas, alguns minutos depois, chegamos a Negoreloye, e seria difícil imaginar algo mais diferente da atmosfera sinistra que ele sugerira. A estação era um grande edifício de concreto branco, muito iluminado. As paredes estavam decoradas com fotografias de Stalin, Lenin e Marx, com a inscrição, em letras imensas: "Trabalhadores do mundo, uni-vos." Carregadores de rosto sério com aventais de aniagem entraram no trem para retirar nossa bagagem, e caminhamos até uma sala cheia de guardas de fronteira muito corpulentos.

INTRODUÇÃO À RÚSSIA

Eu fora avisada de que a inspeção alfandegária soviética seria laboriosa e tivera o cuidado de retirar cartas e documentos da mala. Até mesmo selecionara cuidadosamente o material de leitura: *The Intelligent Woman's Guide To Socialism* [O guia da mulher inteligente para o socialismo], de Shaw, que comprara em Varsóvia expressamente para a viagem. Felicitei--me por minha ideia e, ao ver o inspetor alfandegário franzir a testa para o mistério de Agatha Christie do executivo inglês, senti-me ainda mais complacente. Mas, infelizmente, a espirituosa defesa do socialismo feita pelo sr. Shaw tampouco o impressionou: ele deu uma folheada desconfiada nas páginas e o confiscou. Após um longo exame, minhas malas foram devolvidas intactas, mas o mensageiro polonês não se saiu tão bem. Ele tinha uma sacola de limões que causou profunda desconfiança. Cada limão foi retirado e inspecionado com uma lupa. Mas isso não foi suficiente: outro oficial surgiu com uma faca e abriu os limões um por um, a fim de se assegurar de que não continham códigos secretos. O mensageiro polonês observou o processo com ar infeliz, pois, quando os inspetores terminaram seu trabalho, os limões tinham pouca utilidade.

Novamente o trem se arrastou e chiou sobre os trilhos de bitola larga. Estava ficando tarde, e o carregador percorreu o corredor avisando que o jantar estava pronto. Descobri ser a única que não levara comida de Varsóvia. Os dois mensageiros não podiam deixar suas malas diplomáticas nem mesmo para ir ao vagão-restaurante (o mensageiro polonês disse ter instruções para ficar acordado a noite toda), e o executivo já mastigava seus sanduíches e bebia sua cerveja.

Ninguém pareceu se interessar pelos benefícios do vagão-restaurante, e logo compreendi por quê. Tratava-se de uma pequena sala com três ou quatro mesas, separadas da cozinha por uma parede com uma abertura através da qual os pratos eram passados. A janela estava aberta e eu podia ver a cozinheira, uma mulher com o cabelo grisalho e desalinhado caindo no rosto e mãos sujas, com uma bandagem em um dos dedos. Isso foi suficiente para estragar meu apetite, mas os preços decidiram a questão. O câmbio oficial era de 25 rublos por libra: um omelete custava 23 rublos. Finalmente, bebi um pouco de chá e comi um sanduíche de caviar (a coisa

238 RÚSSIA SOVIÉTICA

mais barata do cardápio), em um total de 18 rublos. O sanduíche era pequeno e voltei à cabine quase tão faminta como quando partira; o mensageiro do rei me deu biscoitos e uma fatia de bolo e o mensageiro polonês me ofereceu um copo de limonada, que ele mesmo fizera, furiosamente determinado a não desperdiçar seus limões mutilados.

Na manhã seguinte, acordei cedo, pois não queria perder nada da paisagem russa. Ela era desanimadora e melancólica: quilômetros de planícies nevadas, agrupamentos escuros de árvores e, de vez em quando, duas ou três casinhas de madeira. Ocasionalmente, era possível ver pessoas caminhando ao longo das estradas; elas pareciam tão infinitesimalmente pequenas contra o grande plano de fundo nevado que eu já conseguia sentir o mórbido desespero refletido em tantas histórias russas.

Por volta do meio-dia, o trem chegou à estação Alexandrovsky, em Moscou. Embora Fitzroy Maclean esperasse por mim, ele pareceu atônito quando desci do trem.

— Que surpresa! — exclamou ele. — Recebi seu telegrama, mas não achei que fosse realmente encontrá-la. As pessoas costumam dizer que estão vindo para Moscou, mas nem sempre chegam.

Fitzroy tinha uma aparência estranha, enrolado em um grande casaco e com um chapéu de pele de ar selvagem puxado sobre as orelhas. Ele era o tipo de homem que qualquer um identificaria, sem erro, como inglês — aliás, um diplomata inglês. Alto e magro, tinha uma aparência lânguida que parecia contradizer o fato de que viajara de Moscou para a China e a Índia, cruzando as perigosas terras tribais da Ásia Central, fora capturado por bandidos, fugira e, finalmente, chegara a Deli dois meses depois — um dos poucos estrangeiros a terminar a viagem. Ele falava russo fluentemente e era considerado não somente um dos mais empreendedores, mas também um dos mais competentes funcionários do serviço diplomático.

Conforme dirigíamos pelas ruas, estiquei o pescoço para ter um vislumbre da cidade. Fiquei surpresa com os edifícios altos e modernos e com as avenidas amplas, mas ainda mais surpresa quando, ao chegarmos à embaixada, uma grande residência de pedra na Sofiyskaya Naberezhnaya, Fitzroy deu uma olhada pelo vidro de trás e comentou, casualmente:

INTRODUÇÃO À RÚSSIA   239

— Não perdemos o restante do grupo. Voltamos todos em segurança.

Um carro verde com dois homens nos bancos da frente havia parado alguns metros atrás de nós: o carro da GPU (polícia secreta). Fitzroy explicou que eles normalmente seguiam o embaixador, mas, como ele estava de licença, a honra cabia aos membros menores da equipe. Fiquei pasma. Minha concepção de "polícia secreta" era uma força misteriosa que florescia nas sombras.

— Mas qual é o objetivo de seguir as pessoas abertamente? — protestei.

— Não sei. Mas é muito conveniente ser seguido por eles — respondeu Fitzroy. — Você acaba se tornando dependente. Quando seu carro fica preso em um banco de neve ou seus fósforos acabam, basta assobiar e eles ajudam!

* * *

Todo mundo que vai à Rússia tem uma primeira impressão muito definitiva. A minha foi feminina. Na hora do almoço, conheci um jornalista francês (não lembro seu nome) que se ofereceu para me mostrar a cidade. Pedi que ele me levasse ao centro comercial, pois queria comprar meias de lã.

Ele ficou de queixo caído.

— Você quer dizer que veio para a Rússia sem meias de lã?

— Por que não? Pensei em comprá-las aqui.

— Meu Deus do céu! Você *realmente* acha que pode comprar meias de lã aqui? Onde você acha que está?

— Em um dos países mais frios do mundo. Por que eu não deveria comprar meias de lã em Moscou?

— Não me pergunte. Pergunte ao sr. Molotov.

As avenidas amplas e os edifícios altos já pareciam menos impressionantes. Nosso carro parou em frente à Mostorg, uma grande loja cooperativa na avenida principal, muito iluminada e muito cheia. Foi uma das lojas mais barulhentas que já visitei. Três gramofones estavam ligados ao mesmo tempo, todos tocando jazz americano, mas não a mesma música. A multidão se acotovelava em frente aos balcões, mas ninguém comprava nada. Os clientes eram camponeses de aparência rústica: mulheres com mãos grandes e vermelhas e lenços amarrados na cabeça, homens com rostos enrugados e corpos baixos e sólidos. Todo mundo parecia usar roupas quentes, mas descombinadas. Alguns tinham pedaços de flanela amarrados nas pernas e trapos dentro dos casacos. Era como se tivessem guardado cada peça de roupa desde a infância e enrolado-as no corpo; também cheiravam como se tivessem feito isso.

Os balcões no grande salão estavam com um estoque de uma incrível variedade de perfumes baratos, flores artificiais, banjos, discos para gramofones e brinquedos. Mas, ao subir as escadas e procurar sapatos, luvas, meias, casacos — qualquer coisa de vestir —, encontrei todos os balcões vazios. Em um canto da loja, uma longa fila serpenteava como a cauda de uma serpente: havia se espalhado a notícia de que chegara um suprimento de fitas.

A loja era tão irreal quanto um cenário de teatro. Tudo parecia real até você chegar mais perto. Pude entender por que ninguém estava comprando, e meu amigo explicou que a maioria ia até lá principalmente para se aquecer.

Quando descemos a rua a caminho do hotel, passamos por uma vitrine encardida mostrando uma pele de raposa prateada, ao preço de mil rublos.

— Não há meias de lã, mas há pele de raposa prateada — protestei. — Aliás, de que adianta? Quem pode pagar por ela?

— A esposa de algum comissário. Já vi que você tem muito a aprender — respondeu o jornalista.

2. Sombra sobre o Kremlin

Moscou — sem meias de lã, mas com peles de raposa prateada — causou-me profunda impressão. Mas logo descobri que esse era somente um de muitos paradoxos. Os edifícios modernos e as avenidas amplas escondiam um mundo de lojinhas sujas, apartamentos escuros e superlotados e mercados vazios. As filas — para tudo, de leite a sapatos — eram mais numerosas que haviam sido em Madri após um ano de cerco.

Para onde quer que eu olhasse, havia contradições incongruentes. A água potável de Moscou era clorada e o fornecimento de gás era inconstante, mas as ruas estavam pontilhadas do último tipo de limpa-neve, importado dos Estados Unidos; os ônibus quebravam e os bondes paravam, mas três novas e magníficas pontes atravessavam o rio Moscou; as moradias era insalubres e os quartos superlotados, mas já fora iniciada a construção do "palácio dos soviéticos", que os oficiais proclamavam ser "maior que o edifício Empire State", com uma estátua de Lenin no topo, "maior que a Estátua da Liberdade".

A ênfase em estações de metrô glamourosas, cinemas modernos e jazz americano em uma capital na qual os selos não colavam, as torneiras quebravam e as campainhas nunca funcionavam fez com que um diplomata francês erguesse os braços e dissesse, exasperado: *"Mais, c'est une façade!"*

A vida soviética era uma estranha caricatura da civilização ocidental. Para uma nação que enviava seus discípulos ao exterior a fim de converter as "plutodemocracias" à liderança de Moscou, ela parecia ter pouco a oferecer, do ponto de vista prático, para além da sujeira e da pobreza. Mas, muito mais desconcertante que as miseráveis condições de vida era a tirania que oprimia a capital. Estimava-se que a purga, que varrera o país durante os últimos dois anos, enviara mais de 6 milhões de pessoas para campos de concentração. A GPU estava entremeada à vida da nação: você não podia ficar em Moscou por muito tempo sem sentir sua influência. Os estrangeiros eram evitados como leprosos, pois muitas vítimas da purga haviam sido acusadas de conivência com as potências capitalistas, e os soviéticos já não ousavam ser vistos na companhia de burgueses. Logo abandonei qualquer esperança de ver o general Gal; durante o mês que permaneci em Moscou, nenhum visitante russo cruzou a porta de nenhuma das embaixadas.

O único contato que os estrangeiros tinham com a vida russa era através de seus empregados ou dos oficiais que os recebiam em seus gabinetes. Mas, por mais limitadas que fossem essas associações, histórias aterrorizantes sobre a polícia secreta eram contadas constantemente. A secretária russa de Harold Denny, o correspondente do *The New York Times*, fora "levada" no meio da noite e desaparecera para sempre; o filho de 14 anos de um motorista russo fora preso na Lubianka como protesto contra um dos artigos escritos pelo empregador do pai, um jornalista; e, em uma das embaixadas, um dos mordomos fora enviado à Sibéria porque estudava francês à noite, dando a um de seus colegas a oportunidade de denunciá--lo como trotskista. Multiplique essas coisas por 1 milhão e você terá uma ideia de como era a Rússia.

Quando penso em Moscou agora, sempre me lembro dos majestosos edifícios amarelos do Kremlin no fim da tarde. Quando nevava, os domos da catedral oriental brilhavam como pérolas contra o céu escuro de inverno. Certa noite, olhei pela janela, para aquela cena silenciosa, e vi o céu ficar negro de corvos. Eles varreram o Kremlin em uma grande onda e então desceram para os beirais dos telhados com um rápido movimento de queda, como se seu espírito tivesse morrido subitamente. Aquela nuvem escura parecia simbolizar a terrível sombra que pairava sobre a Rússia.

A sombra certamente era tão forte quanto as grades de uma cela, pois fechara as fronteiras e a nação estava tão isolada quanto um laboratório hermeticamente selado. De fato, o estado de isolamento em que a Rússia existia dificilmente parecia possível em um mundo tão unido pelos transportes e pelas comunicações sem fio. O comércio turístico era quase inexistente, 90% dos correspondentes estrangeiros haviam sido expulsos e, das centenas de engenheiros estrangeiros que ocupavam o país vários anos antes, somente quarenta ou cinquenta americanos tiveram permissão para ficar. Já não era um mistério para mim porque só houvera três pessoas indo para a Rússia, e entendi a surpresa de Fitzroy ao me ver. Aliás, quanto mais penso no assunto, mais surpresa fico também. Por que recebi um visto? Tanto Sir Robert Vansittart quanto Randolph Churchill (que haviam intercedido por mim junto ao sr. Maisky) eram "antiapaziguadores"; eu só podia chegar à conclusão de que os russos imaginavam que eu fora enviada para escrever elogios à União Soviética, em uma tentativa de contradizer o ponto de vista corrente na Inglaterra, que favorecia a exclusão da Rússia da política europeia.

O que quer que estivesse na mente deles, fui recebida no Ministério do Exterior pelo sr. Schmidt, chefe da imprensa estrangeira, com notável cordialidade. Quatro dos predecessores do sr. Schmidt haviam sido eliminados, mas seus modos não davam nenhuma indicação de que ele considerava sua posição precária. Ele era um homem afável e sorridente sentado em frente a uma grande janela com vista para os confins cinzentos da prisão Lubianka. Ele esfregou as mãos e disse:

— Bem, agora me conte suas primeiras impressões sobre Moscou.

As meias de lã ainda estavam presentes em minha mente, mas decidi que era melhor não as mencionar e murmurei a frase tediosa e não comprometedora que murmuraria uma centena de vezes antes de partir:

— Muito interessante!

Ele me perguntou o que eu queria fazer em Moscou e, quando respondi que gostaria de ver o máximo possível da vida cotidiana, produziu uma longa lista que continha de fábricas e fazendas coletivas a escolas e museus.

Então minha educação começou. Todas as manhãs, pontualmente às 7 horas, um carro soviético (de fabricação americana), com uma russa de meia-idade como intérprete, chegava para me levar por um tour pela cidade. Não sendo especialista em economia, os números e estatísticas pouco me diziam, mas formei impressões vívidas — vinhetas desconectadas que não se inserem em nenhum roteiro: duas camponesas se persignando temerosamente antes de entrar no elevador do metrô de Moscou; os rádios das fábricas despejando propaganda oito horas por dia; o número de mulheres inclinadas sobre máquinas pesadas; o médico no Hospital dos Ferroviários passando apressadamente pelos quartos esquálidos para me mostrar os magníficos banhos elétricos construídos por engenheiros soviéticos; a matrona na fábrica de doces me conduzindo por um beco no qual lixo fora jogado e deixado para apodrecer até a sala de embalagem, na qual chamou atenção para o fato de que os trabalhadores usavam aventais higiênicos; o miserável grupo de camponeses esperando no frio para ver o diretor de uma fazenda coletiva, que estava ocupado compilando para mim estatísticas sobre a produção recorde de vegetais de estufa.

Nada vi de novo. As fábricas, clubes e escolas eram imitações de terceira classe do progresso ocidental. Eu esperava por isso, mas não pela expectativa de que me maravilhasse com as conveniências mais triviais, como se tivesse vindo de uma selva onde mesmo o tiquetaquear do relógio seria um milagre desconhecido. Por exemplo, quando visitei o Hospital dos Ferroviários, mostraram-me a sala de reuniões dos médicos. Era uma sala com papel de parede verde e cinza e uma mesa de madeira comprida e polida cercada por oito ou nove cadeiras. Não havia nada que a distinguisse das salas de reuniões por toda parte. Mas o médico que me conduzia abriu a porta e olhou para ela arrebatado:

— Não é uma maravilha? — perguntou ele. — Foi inteiramente decorada por arquitetos soviéticos.

Não foi o entusiasmo pelas realizações soviéticas que me surpreendeu, mas o fato de elas serem apresentadas como únicas. Achei grotescas a desinformação e a ignorância sobre as condições no mundo externo. Quando fui à Fábrica Kaganovich de Rolamentos, mostraram-me uma cantina sem graça onde os trabalhadores podiam comprar lanches. Uma das supervisoras, uma estacanovista de 25 anos, fez muitas exclamações sobre a cantina e me deu uma pequena aula:

— Suponho que você nunca tenha visto algo assim. Aqui na Rússia, acreditamos na *felicidade* dos trabalhadores. Acima de tudo, eles devem ser bem-alimentados, então organizamos essa maravilhosa cantina. Sei que as pessoas nos países capitalistas riem de tais ideias. Mas, um dia, elas avançarão e pensarão como nós.

Em outra ocasião, visitei o Museu de Arte Moderna de Moscou. Os corredores estavam lotados: grupos de soldados, operários e crianças em idade escolar recebiam palestras sobre pintura (cuidadosamente interpretadas nos termos das "condições econômicas" que floresciam na época). Minha guia, uma jovem de quase 30 anos, comentou orgulhosamente:

— Aqui na União Soviética, os museus estão abertos aos trabalhadores.

Respondi que, nos Estados Unidos, também tínhamos museus e bibliotecas abertos ao público.

— Mas somente para as classes burguesas.

— Ah, não. Eles são abertos ao público. Isso significa todo mundo.

— Talvez você não esteja certa sobre os fatos — disse ela gentilmente. — Estudamos o problema de perto, e a União Soviética é o único país que permite a seus trabalhadores as vantagens da cultura.

Fiquei em silêncio e, alguns minutos depois, ela me perguntou quanto tempo eu permaneceria em Moscou. Quando respondi que somente uma semana, ela me olhou com pena.

— Deve ser triste para você.

— Por quê?

— Ah, sempre sinto pena das pessoas que precisam retornar ao mundo burguês. Depois de ver a camaradagem na Rússia, deve ser difícil se ajustar novamente à ganância da vida capitalista. Tudo aqui é uma *inspiração*.

Durante todas essas viagens, eu me perguntei o que se passava na mente de minha intérprete. Ela era uma mulher educada que viajara para o exterior antes da revolução, e muito do que vimos e ouvimos deve ter parecido tão ingênuo para ela quanto pareceu para mim. No entanto, jamais tive qualquer indicação de suas reações. Ela era a madame X, não porque fosse fascinante de qualquer maneira — era somente uma mulher comum, normal, de meia-idade —, mas por causa do mistério por trás de sua vida sem cor. Ela tremia de frio em um casaco de tecido leve e um par de luvas remendadas. Quando chegava pela manhã, eu sempre me perguntava de que tipo de casa partira e que tipo de vida levara antes da revolução. Mas, com exceção de falar inglês com sotaque americano e ter me dito que passara quase dois anos em Chicago, jamais soube nada sobre ela. Ela nunca fez nenhuma tentativa de descobrir minhas impressões ou fazer propaganda. Na verdade, nada demonstrava: nem surpresa, nem desaprovação, nem entusiasmo. Falava com uma voz mecânica e sem inflexão, que nunca variava, e até o amargo fim permaneceu um enigma.

Uma única vez ela demonstrou algum interesse. Foi quando decidi enviar um telegrama a Stalin. Por um breve momento, o espanto cruzou seu rosto, mas então ela se recuperou e disse ao motorista para ir até a estação telegráfica. (Quando eu pedira ao sr. Schmidt para fazer a solicitação através do gabinete de imprensa, ele rira, constrangido, e sugerira que eu a fizesse diretamente.)

Escrevi meu telegrama em inglês e pedi que madame X o traduzisse para o russo, mas ela recuou, alarmada, e disse que seria melhor enviá-lo em inglês. O telegrama dizia:

Joseph Stalin Kremlin Desejo chamar sua atenção para o fato de nunca ter sido entrevistado por uma jornalista ponto Como a União Soviética professa igualdade entre os sexos, eu ficaria grata se tivesse a honra de corrigir o ilógico precedente que você vírgula sem dúvida inadvertidamente vírgula estabeleceu ponto.

Quando entreguei o telegrama à jovem atrás do balcão, houve um minuto de aterrorizado silêncio. Ela se levantou e foi conversar com seus colegas. A conferência sussurrada se estendeu por algum tempo; finalmente, o gerente apareceu na janela.

— Seu telegrama — disse ele rigidamente — será entregue no Kremlin em 22,5 minutos.

Jamais descobri por que 22,5 minutos. E, tenham sido 22,5 ou somente 22, não fez qualquer diferença, pois jamais obtive resposta.

* * *

SOMBRA SOBRE O KREMLIN

À noite, as estrelas vermelhas nos pináculos do Kremlin brilhavam através da neve pesada que caía como vagalumes gigantescos. A Praça Vermelha ficava deserta e os guardas nos portões do Kremlin permaneciam imóveis como bonecos de neve. Certa noite, quando Fitzroy e eu caminhávamos perto da embaixada, o silêncio foi subitamente rompido por um imenso Lincoln verde que se aproximou em alta velocidade. Era possível saber que um "figurão" estava no carro por causa do para-brisa à prova de balas e das cortinas fechadas. Podia ser Stalin. Quem quer que fosse, quando o carro passou pelos portões e pelas armas sendo apresentadas, desaparecendo na escuridão, minha imaginação foi estimulada: a autoridade dos czares empalidecia ao ser comparada com o poder do governante de toda a União das Repúblicas Socialistas Soviéticas.

Isso, como todo o restante na Rússia, era paradoxal. Aliás, os paradoxos eram mais regra que exceção. Eu estava me acostumando às filas para o leite sob outdoors que diziam animadamente "Beba champanhe soviético". E ao fato de que, embora não fosse possível comprar tecido para fazer um vestido, os balcões das lojas estavam decorados com fotografias dos últimos modelos franceses; embora o salário do trabalhador médio fosse de 240 rublos por mês, bailarinas chegavam a ganhar 100 mil rublos ao ano; e, embora a Rússia soviética afirmasse ser uma ditadura do proletariado, sob o rótulo "intelligentsia" havia uma classe de privilégio e poder.

A intelligentsia não estava confinada às artes. Oficialmente definida em 1938, ela incluía técnicos, policiais e burocratas — na verdade, toda a classe de colarinho branco da União Soviética. Era possível vê-los jantando nos principais hotéis, andando pelas ruas em carros estatais, atravessando o saguão dos cinemas, sentados nos melhores lugares da ópera e do balé.

Na noite antes de um "dia livre", eles lotavam o restaurante do Hotel Metropole. Fui até lá certa noite com Walter Duranty, Harold Denny e sua esposa Jean. O ar estava azulado de fumaça, e o grande piso de mármore, com uma antiquada fonte no centro, estava lotado de dançarinos reproduzindo os últimos passos americanos. A maioria das mulheres pintava o cabelo com henna e usava blusas, saias e boinas brancas; os homens usavam uniformes que iam do cáqui do Exército às calças e túnicas azul-escuras do cidadão comum. Vodca e champanhe fluíam livremente; Walter me disse que o guarda-corpo de madeira em torno da fonte fora instalado porque muitas pessoas caíam nela. Nunca estive em uma festa tão barulhenta. Centenas de balões haviam sido distribuídos pela sala, e os convidados se divertiam prendendo pedacinhos de papel aos fios, colocando fogo no papel e observando os balões subirem em direção ao teto. Eles explodiam no meio do caminho e o som era o de uma barragem de artilharia. A orquestra começou a tocar mais alto em um esforço para ser ouvida e a conversação se tornou impossível.

A intelligentsia determinava o padrão de elegância da nação. Com a ascensão dessa nova classe, muitas ideias e costumes, anteriormente classificados de "burgueses", começavam a ser aceitos. Os severos edifícios pós-revolucionários gradualmente davam lugar a estruturas mais elaboradas; árvores de Natal, anteriormente censuradas, ressurgiam sob o título de árvores do Pai do Gelo; e, embora os cidadãos soviéticos só usassem trajes de noite em eventos oficiais, o regente da ópera vestia casaca e gravata branca.

As energias da intelligentsia eram usadas na aquisição de "cultura". Essa determinação se refletia em todo aspecto da vida soviética. O maior parque de diversões de Moscou se chamava "Parque do descanso e da cultura", ao passo que a principal organização que lidava com turistas estrangeiros fora nomeada Sociedade para as Relações Culturais. A palavra cultura, porém, era elástica. Ela se aplicava tão facilmente a um restaurante com toalhas limpas quanto a um homem educado. Quando Alfred Cholerton, o correspondente do *Daily Telegraph*, recusara-se a comprar um fogão a gás de um vendedor soviético, dizendo achar o fogão a lenha mais confiável, o vendedor protestara com o argumento: "Mas o gás é tão *culto*!"

O auge da cultura moderna era simbolizado pelo jazz — que se escrevia *djaz*. A maioria dos cinemas estava equipada com orquestras de jazz, e os salários dos líderes de banda chegavam a 1.500 rublos por mês. Certa noite, Fitzroy e eu fomos a um cinema e encontramos o saguão lotado de pessoas ouvindo um concerto de jazz. A música era horrível. Os saxofones rasgavam o ar e os trompetes miavam em melancólica discórdia, mas a

SOMBRA SOBRE O KREMLIN

plateia permanecia sentada, tão atenta quanto se ouvisse uma sinfonia conduzida por Sir Thomas Beecham.

Vimos um filme chamado *A família Oppenheim*. Como a maioria dos filmes soviéticos, tratava-se de propaganda. Mas uma propaganda estranha. Embora lidasse com a perseguição nazista dos judeus, o senso estético do produtor obviamente superara seu bom senso, pois o jovem herói judeu era um nórdico loiro e alto, ao passo que os perseguidores nazistas eram os tipos mais odiosos de judeus. Várias cenas mostrando campos de concentração foram recebidas com desconfortável silêncio, sugerindo que o diretor se aproximara demais da realidade.

A "cultura" soviética tinha pouco que a recomendasse. No entanto, o brilhantismo do teatro e do balé moscovitas, dirigidos à antiga maneira burguesa, mais que compensavam a insipidez da nova arte. O Estado soviético gastava milhares de rublos no balé, e a magnificência dos figurinos e cenários e a qualidade da dança eram insuperáveis. A Opera House ficava lotada todas as noites, e os ingressos tinham que ser reservados com muita antecedência. As primeiras filas eram reservadas a importantes oficiais soviéticos, mas as galerias frequentemente eram ocupadas por grupos de operários. As roupas surradas da plateia pareciam curiosamente fora de lugar quando as luzes diminuíam e as grandes cortinas se separavam para mostrar o cintilante cenário pré-revolucionário. Princesas e nobres se moviam contra um pano de fundo tão luxuoso que era difícil de reconciliar com a concepção soviética da vida. O primeiro balé que vi foi *O prisioneiro do Cáucaso*, no qual Simyonova, a estrela da Rússia, dançou. Ela era pequena, delicada e inacreditavelmente graciosa. A plateia a aplaudiu até estremecerem as vigas do teto.

Incidental era o fato de que seu marido, o sr. Karakhan, ex-embaixador na Turquia, fora uma das vítimas da purga de 1937.

3. Água. Água por toda parte

Quão frequentemente dei graças por meu miraculoso passaporte. Moscou me parecia a cidade mais feia do mundo, e a depressão penetrava meus ossos como uma névoa úmida. Jamais caminhei pelas ruas sem apertar minha bolsa a fim de sentir que meu passaporte realmente estava lá, e contei os dias para ir embora.

Talvez o fato de que tudo era novo para mim tenha tornado as circunstâncias mais deploráveis. A maioria dos estrangeiros que vivia no país havia algum tempo parecia encarar aquelas condições com naturalidade, ignorando-as e levando suas próprias vidas da melhor maneira possível. Não fiquei tempo suficiente para me tornar indiferente à imundície. Mas não era só isso que me deprimia. Era a mentalidade estagnada que pairava no ar como fumaça de tabaco, sem ser perturbada por uma única corrente original de pensamento.

A principal distinção entre homem e animal é a faculdade crítica da mente humana. Na União Soviética — assim como na Alemanha —, a faculdade crítica foi cuidadosamente exterminada, de modo que as massas podiam passar por sua existência suada sem nenhuma queixa, como gado, obedecendo à tirania da vez. A verdade era uma palavra perdida. As mentes haviam sido dopadas com informações distorcidas, até se tornarem tão lentas que não tinham nem mesmo o poder de protestar contra sua miserável condição. O *Pravda* nunca se cansava de revelar aos leitores as iniquidades do mundo externo, sempre concluindo com a mesma moral: quão abençoado era o povo da União Soviética.

Para mim, o desdém pelos valores intelectuais e morais e a cruel indiferença pelo indivíduo não eram somente deprimentes, mas maléficos. Eu me sentia da mesma maneira que me sentira na Espanha e na Alemanha:

se não conseguisse um sopro de ar fresco, acabaria sufocando. A aparência física de Moscou acentuava essa sensação. As ruas eram tão descoradas quanto a mentalidade do povo. Era um mundo de cinza, preto e branco, jamais interrompido por um único borrão de cor; nem um único enfeite de cabelo, uma vitrine cintilante ou um sorriso feliz. As únicas decorações nas paredes eram fotografias de Marx, Lenin e Stalin. Desenvolvi a teoria de que a razão pela qual as multidões enchiam o mausoléu para ver Lenin deitado, branco e ceroso, era o fato de a câmara mortuária de mármore, suavemente iluminada, ser uma fuga agradável da realidade.

Uma das poucas características interessantes da vida moscovita era o fato de os estrangeiros, isolados como estavam dos russos, serem completamente dependentes uns dos outros; as inimizades políticas do continente eram esquecidas, e alemães, franceses, britânicos e italianos eram amigos do peito. No segundo dia de minha estadia, Fitzroy me levou para almoçar na embaixada alemã. Foi um estranho contraste sair das ruas escuras de Moscou e me sentar para almoçar em um grande salão, servido por cinco criados de libré. A comida era importada dos Estados Bálticos, e a refeição consistiu em seis pratos e quatro vinhos. Contaram-me que a embaixada tinha um orçamento maior que o de qualquer outra embaixada alemã, em um esforço para "impressionar" os russos.

O almoço foi presidido pelo conde von der Schulenburg (o embaixador que, seis meses depois, planejou o pacto russo-germânico e partiria no dia seguinte para Berlim, "a negócios"). Foi uma experiência curiosa ouvir sua equipe murmurando sobre as iniquidades dos campos de concentração e a crueldade do regime de Stalin.

* * *

Um dos mais populares pontos de encontro dos "estrangeiros" era a *datcha* americana, um chalé a mais ou menos 20 quilômetros de Moscou, pertencente a Charles e Avis Bohlen, da embaixada americana. Aos domingos, dezenas de pessoas se reuniam lá para esquiar. A estrada que saía de Moscou era estatal, perto da qual uma das vilas de Stalin estava situada. Só era possível ver uma cerca verde e alta, fortemente guardada, e algumas

ÁGUA. ÁGUA POR TODA PARTE

árvores. Embora a estrada fosse larga o bastante para três carros, o tráfego era mantido em fila única, caso o Grande Homem estivesse com pressa. Certa vez, um diplomata estrangeiro dirigia pela estrada quando um dos carros do Kremlin, de cortinas fechadas, passou por ele a 100 quilômetros por hora. Ele acelerou e o seguiu, mas, um minuto depois, foi parado por um policial furioso.

— Você não sabe que o limite de velocidade é 50 quilômetros por hora?

— Mas aquele homem estava dirigindo a 100 quilômetros por hora e você não *o* parou.

— Isso não tem nenhuma relação com o caso!

O diplomata adotou um tom de voz chocado:

— Você quer dizer que, na Rússia, algumas pessoas têm privilégios e outras não têm? Disseram-me que este era um país socialista. Você está tentando negar isso?

O policial evidentemente não estava, pois seus modos mudaram e ele nervosamente fez sinal para que o diplomata prosseguisse.

A *datcha* estava sempre lotada: adidos militares que jamais haviam testemunhado uma manobra do Exército soviético; adidos navais que jamais haviam visto um navio de guerra soviético; jornalistas que jamais haviam entrevistado um estadista soviético; embaixadores que jamais haviam se encontrado com um governante soviético. Todos eles vivendo na Rússia, mas cuidadosamente excluídos da vida russa; água, água por toda parte, e nem uma gota para beber.

Certa tarde, lembro que o embaixador italiano, o sr. Rosso, entrou sacudindo a neve das botas e dizendo indignadamente que os homens da GPU o seguiam até mesmo enquanto esquiava. Sua esposa respondeu que ele não devia ficar tão irritado.

— Como não ficar? — gritou energicamente o embaixador. — Eu desço o declive e eles descem o declive. Eu salto, eles saltam. E quem cai? *Eu!*

Ouvi George, o criado russo, murmurando em sua voz metálica e sem entonação:

— Pronto, pronto.

* * *

Logo senti simpatia pela irritação do embaixador, pois, alguns dias depois, passei o fim de semana em Leningrado com "Chip" e Avis Bohlen e entendi por mim mesma o que era estar sob supervisão da GPU.

Havia grande excitação entre as criadas da residência Bohlen quando partimos. Inicialmente, achei que elas estavam impressionadas com a viagem, mas Avis explicou que um carregamento de tecido chegara à loja cooperativa e, como estávamos de partida, elas planejavam passar a noite na fila, a fim de serem as primeiras quando as portas se abrissem pela manhã.

Nosso trem era o "Flecha Vermelha", o expresso soviético. (Ele viajava a uma média de 50 quilômetros por hora e chegou a Leningrado com uma hora de atraso.) Dividi meu compartimento com uma russa de meia-idade, que já estava deitada quando entrei; fiquei surpresa ao descobrir que ela falava inglês.

— Diga-me — perguntou ela — como se diz *switch off the lights*?

— Ah. Você quer que eu as apague?

— Não, não. Mas você diz *switch off the lights* ou *switch out the lights*? Fiquei quase tão confusa quanto ela e respondi que *either*.

— Ah! Você diz eye*ther*, não ee*ther*.

Ela explicou que ensinava inglês em uma escola em Moscou. Mas, como aprendera sozinha e jamais tivera a oportunidade de conversar com um nativo de língua inglesa, havia muitos problemas que era incapaz de solucionar.

— Por exemplo — continuou ela —, o que você diz quando quer *switch off the switch*?

Eu não sabia a resposta e, assim que subi em minha cama, fingi adormecer. Mas, na manhã seguinte, acordei com ela inclinada sobre mim.

— Com licença. Mais uma coisa. Você diz *look out the window* ou *look out of the window*?

Felizmente, o cobrador interveio e não precisei responder.

* * *

Fôramos a Leningrado para dois dias de sossego, mas, assim que descemos do trem, fomos cercados por carregadores do Hotel Astoria, guias

ÁGUA. ÁGUA POR TODA PARTE

turísticos e representantes da Sociedade para as Relações Culturais. Um cronograma já fora planejado: uma fábrica de cigarros, uma creche e uma inspeção da fortaleza Peter Paul, onde alguns dos antigos bolcheviques haviam sido encarcerados. Acrescentamos que também gostaríamos de visitar o mosteiro e os palácios de Catarina, a Grande, e do czar Nicolau II.

Nossos passeios eram supervisionados por três membros da polícia "secreta" — homens baixos com bonés puxados sobre os olhos — que nos seguiam por toda parte. Eles se tornaram quase uma obsessão; nós andávamos apressadamente pelas esquinas e passávamos correndo pelas portas a fim de despistá-los. Às vezes, achávamos ter conseguido, mas, alguns minutos depois, lá estavam eles.

Tomamos consciência deles a caminho de Pushkin, uma cidade perto de Leningrado onde ficava o palácio de Catarina, a Grande. As estradas estavam desertas e não havia como não notar o carro da polícia atrás de nós. Foi um espetáculo extraordinário, pois, embora a GPU nos seguisse aberta e declaradamente, quando chegamos a Pushkin os homens desceram do carro e se deram ao trabalho de montar um ato elaborado (gesticulando e apontando) para fingir que haviam ido até lá a fim de apreciar o cenário.

A guia russa que nos acompanhava jamais se referiu a eles. A despeito de seu efeito paralisante, perseveramos e tentamos parecer tão inconscientes quanto ela. Passamos horas nos palácios, caminhando por salas tão frias que tínhamos que dar pulinhos para nos mantermos aquecidos. O palácio do czar era simples se comparado à grandiosidade do palácio de Catarina. Tinha mais ou menos o tamanho de uma casa de campo inglesa. E continha mobília vitoriana excessivamente estofada, enfeites e muitas fotografias, que estavam na moda naquele período. Fiquei surpresa com a maneira modesta como o czar vivera, mas nossa guia comunista evidentemente preferia o esplendor de Catarina, pois comentou, desdenhosamente:

— Vocês podem ver por si mesmos a decadência a que chegara a casa real.

Eu me perguntei o que ela achava de Leningrado, com seus belos edifícios de domos acobreados e pináculos dourados agora negligenciados e em ruínas, suas ruas descuidadas e seus parques cheios de mato. A cidade tinha o ar triste e melancólico de uma pessoa que enlouquecera e vivia somente no passado.

Somente no Hotel Astoria a atmosfera era diferente. Ali, o restaurante estava lotado com a intelligentsia soviética, que parecia ter muitos rublos para gastar e bebia litros de vodca com prazer.

A palavra *culturi* estava nos lábios de todos e a ouvimos dezenas de vezes. O gerente perguntou se havíamos dormido bem, explicando que nos dera as camas mais sofisticadas. E no restaurante, quando hesitamos entre costeletas e frango ensopado, o garçom interveio:

— Acredito que os senhores acharão o frango mais refinado.

Mas a vez em que achamos a palavra empregada do modo mais surpreendente foi na fábrica de cigarros. Em uma das salas de embalagem, notamos um grupo de marinheiros pregando caixotes. Quando perguntamos por que eles estavam lá, o diretor respondeu que havia falta de mão de obra e eles estavam ajudando.

— Eles são amigos das operárias — explicou ele com seriedade. — Temos um clube no qual nossas garotas mantêm relações culturais com a Marinha.

Voltamos a Moscou no "Flecha Vermelha". Caminhamos pelo trem para ver se os homens da GPU ainda estavam conosco, mas não vimos ninguém. Achamos tê-los despistado, mas, quando descemos do trem na manhã seguinte e olhamos em torno, vimos as três pequenas figuras, com os bonés puxados sobre os olhos, a apenas alguns metros. Ao entrarmos no carro, virei-me e me despedi com um aceno. Dois pareceram constrangidos e me deram as costas, mas o terceiro sorriu, mostrando um vislumbre de seus dentes de ouro.

* * *

Quando os Bohlen chegaram em casa, descobriram que as criadas haviam ficado na fila entre a meia-noite e o meio-dia seguinte. Mas havia tantas pessoas na sua frente que o tecido acabara, e elas haviam retornado de mãos vazias.

4. O leopardo muda suas pintas

Certa tarde, voltei da *datcha* americana com a esposa de um funcionário da embaixada alemã. Ela me disse acreditar que uma guerra europeia era inevitável, porque o sistema econômico alemão fora projetado para somente uma coisa: a expansão.

— É claro que, se conseguíssemos um acordo com a Rússia, talvez ela servisse como novo mercado. Muitas pessoas no Ministério do Exterior favorecem o acordo, mas Hitler é tão antibolchevique que jamais consentirá.

— Mas, e quanto aos soviéticos? — perguntei, surpresa. — Certamente eles sequer considerarão a ideia?

— Ah, sim. Os russos estão dispostos. Eles têm medo de enfrentar a Alemanha.

Isso foi em fevereiro de 1939, seis meses antes de a Rússia assinar o pacto de não agressão com a Alemanha. Na época, não levei o rumor a sério, pois parecia haver muita amargura no caminho. Mas os observadores já notavam mudanças significativas na política russa. Ela oscilava como um pêndulo entre uma política agressiva de revolução mundial e uma política negativa de autodefesa. Naquele fevereiro, o Exército renegou seu juramento ao mundo proletário e, pela primeira vez, prometeu lealdade somente à pátria soviética. Também se notou que, quando Hitler atacara a Tchecoslováquia em seu discurso de Nuremberg, antes de Munique, a imprensa soviética dedicara somente quatro linhas ao evento. O que estava acontecendo? A Rússia estaria abandonando o comunismo e se tornando fascista?

A resposta para a política russa, tanto interna quanto externa, tanto então quanto agora, está em uma única coisa: aquelas lojas vazias, aquelas filas e aquelas moradias escuras e superlotadas.

O esforço no qual a União Soviética estava envolvida naquele inverno, na véspera de seu acordo com a Alemanha, era o mesmo que o país iniciara em 1928, quando anunciara seu plano de cinco anos: industrializar um país imenso, agrícola e atrasado que continha dúzias de nacionalidades e um povo majoritariamente primitivo.

Mas, em 1939, o problema se tornara mais agudo que nunca. A indústria pesada mostrava pouco progresso, um fato que os engenheiros estrangeiros atribuíam à inabilidade dos trabalhadores de lidar com maquinaria altamente complicada, ao desperdício, à burocracia e a uma falta geral de coordenação — dificuldades que resultavam da tentativa de impor a industrialização do século XX a partir de cima, em vez de desenvolvê-la gradualmente a partir de baixo.

A União Soviética descobria, gradual e dolorosamente, que o marxismo não era uma filosofia designada a um país agrícola; ele era uma filosofia de *distribuição*, não de *produção*. O engenheiro especializado se provava muito mais importante para a industrialização soviética que o comunista zeloso e, por essa razão, o poder do Partido Comunista declinava de modo constante. Embora o comunismo ainda fosse a filosofia da nação, em 1939 o partido se parecia mais com uma vasta organização de publicidade criada para vender o regime de Stalin aos operários.

Esses vendedores eram inestimáveis para manter o moral do povo, insistindo nas iniquidades do sistema capitalista e assegurando-os de que estavam em melhor situação que os trabalhadores dos outros países. Mas a teoria comunista "de cada um conforme suas habilidades, a cada um conforme suas necessidades" fora descartada pelo mais prático, mas não comunista, slogan "de cada um conforme suas habilidades, a cada um conforme seu *valor*".

Isso significava que a maioria dos trabalhadores e camponeses soviéticos não recebia salários regulares, sendo pagos por peça produzida ou dia trabalhado. O salário do trabalhador médio era estimado em 240 rublos por mês, mas o salário-mínimo às vezes era de somente 130 rublos. O poder de compra do rublo era estimado em aproximadamente 3 pennies. (O câmbio oficial era de 25 rublos por libra.) O preço dos alimentos era tão

O LEOPARDO MUDA SUAS PINTAS

desproporcional que, se houvesse carne disponível todos os dias (o que não havia), ela custaria ao trabalhador médio metade de seu salário semanal.

A maioria dos trabalhadores e camponeses sobrevivia à base de pão, mantido a um preço baixo e fixo, repolho, sopa e mingau de aveia. Embora os aluguéis fossem baratos, em Moscou era impossível, para um operário, alugar mais que alguns metros quadrados. Às vezes, três ou quatro famílias dividiam o mesmo cômodo. Quando foi perguntado a uma jovem russa (que trabalhava em uma das embaixadas), conhecida por ser infeliz no casamento, por que não se divorciava, ela respondeu que, como a lei a proibia de expulsar o marido de casa, ela temia que ele se casasse novamente e acrescentasse mais uma pessoa ao cômodo já lotado.

Policiais e burocratas importantes não sofriam nenhuma dessas inconveniências. Eles eram recompensados não somente com um salário muito mais alto que o do trabalhador comum, mas também com a habilidade de terem um quarto ou apartamento só para si; obterem vegetais e carne sem filas; e terem carro com motorista à disposição, em vez de esperarem interminavelmente por ônibus superlotados. Quando mercadorias surgiam no mercado, eles recebiam a primeira e, normalmente, última oportunidade de compra. Como as posições de poder na União Soviética traziam consigo privilégios que, em outros países, eram considerados necessidades cotidianas, a disputa para conseguir empregos burocráticos era feroz e impiedosa.

Embora o Partido Comunista desempenhasse um papel indispensável como "supervendedor" de Stalin, ele tinha pouco poder na administração do país. Era Stalin quem governava, e governava através da polícia secreta. Os agentes da GPU estavam entremeados ao tecido de cada residência, fábrica e vilarejo. Qualquer rebelião ou insatisfação com o regime era convenientemente rotulada de "anticomunismo". Embora a constituição do governo soviético proclamasse a liberdade de expressão, um volume publicado naquele inverno, intitulado *Uma história do Partido Comunista na União Soviética*, explicava cuidadosamente que discordância equivalia a desvio, desvio equivalia a dissensão e dissensão equivalia a sabotagem. Assim, quando era considerado vantajoso liquidar um rival, isso sempre podia ser feito sobre uma base ortodoxa.

260 RÚSSIA SOVIÉTICA

Em vista das difíceis condições de vida e do fato de a União Soviética estar abandonando muitos princípios socialistas na prática, havia pouca dúvida de que alguns antigos bolcheviques discordavam dos métodos de Stalin. Eles podem até mesmo ter feito planos de tomar o governo em suas próprias mãos. Como teria sido impossível para Stalin eliminar a "velha guarda" de Lenin em função de discordâncias, tornou-se necessário fabricar histórias de traição e conivência com as potências estrangeiras. É interessante notar que o sr. Ivanov, um dos réus em um julgamento em 1938, foi acusado de "destruição" por colocar vidro moído e pregos na manteiga. Essa evidência foi recebida com imensa satisfação, pois parecia explicar a grande escassez de manteiga no país.

A purga não varreu somente a vida política e militar soviética, mas continuou, como uma poderosa avalanche, atingindo a vida industrial e chegando às mais humildes residências. A imaginação russa fora atiçada e, com a ambição e a inveja desempenhando papel proeminente na "denúncia" de rivais, a purga continuou até ficar totalmente descontrolada. No inverno de 1938, Yezhov foi substituído por Beriya como chefe da GPU e houve um esforço para interrompê-la. Mas era tarde demais. A Rússia estava fraca e exausta. A pergunta sobre se a União Soviética estava abandonando o comunismo podia ser respondida com uma única frase: a União Soviética estava lutando para sobreviver.

* * *

Um dos artigos que eu fora enviada a Moscou para escrever era sobre o Exército Vermelho. Como esse levante interno afetara a capacidade de ataque soviética? O Exército Vermelho tinha mais de 2 milhões de homens e se estimava que, em caso de mobilização geral, 12 milhões poderiam ser colocados em campo. Muitas pessoas, assombradas com esses números, viam a União Soviética como uma das forças mais poderosas da Europa.

Como as guarnições e as fábricas de armamentos soviéticas eram segredos zelosamente guardados, não havia como conseguir informações de primeira mão; eu só podia fazer deduções. Mas a quebra do

O LEOPARDO MUDA SUAS PINTAS

maquinário agrícola, a falta de oficinas de reparo, a irregularidade do fornecimento de combustíveis e o fato de que um carro de fabricação soviética só era confiável até os 12 mil quilômetros rodados me levavam a dúbias conclusões. A maioria das ferrovias estava na mesma condição de quando passara para o controle dos bolcheviques. A quilometragem total de estradas pavimentadas em toda a União Soviética era igual à de Rhode Island, o menor dos 48 estados americanos.

Julgando somente a partir dessas coisas, em um artigo que foi publicado no *The New York Times*, escrevi:

> A capacidade de ataque de uma nação não depende somente da força de seus armamentos, mas também da coordenação e do poder de apoio de suas indústrias. As tremendas dificuldades enfrentadas pela União Soviética em seus esforços para sobrepor a civilização do século XX a um país atrasado e primitivo provavelmente não serão superadas no futuro próximo e, até que as indústrias da nação sejam mais competentemente organizadas e as necessidades de seu povo adequadamente atendidas, a União Soviética não pode, de modo algum, ser vista como potência militar de primeira classe.

Além das condições econômicas, havia também o problema da purga. Ela tomara mais do Exército que de qualquer outro componente da vida soviética. Naquele inverno, os especialistas militares calculavam que 75% dos oficiais com patente de coronel ou superior haviam sido liquidados nos dois anos anteriores. A extensão desse expurgo se tornou significativo quando, dos oito oficiais que compuseram a corte marcial de Tukhachevsky e seus sete colegas, seis foram executados mais tarde. Além disso, quando o Exército Vermelho desfilou perante Stalin em novembro de 1937, os oficiais não tiveram permissão para carregar armas em seus coldres.

As acusações de traição de Stalin pareciam falsas para o restante do mundo e parecia não haver explicação lógica para os motivos que o levavam a prejudicar as próprias forças das quais a segurança da nação dependia. Ao examinar a mudança gradual na estrutura do Exército durante os últimos vinte anos, no entanto, encontramos um fio de consistência atravessando a reviravolta soviética.

Em 1937, a classe de oficiais do Exército Vermelho representava uma claque privilegiada e poderosa. Isso era muito diferente do início da década de 1920, quando, por orientação de Trotsky, havia pouca distinção entre oficiais e soldados. Naqueles dias, os oficiais recebiam o mesmo pagamento que seus subordinados: eles não usavam insígnia ou patente, limpavam suas próprias botas, comiam nas cantinas e juravam lealdade ao proletariado internacional.

A mudança na estrutura do Exército Vermelho se deveu amplamente à influência do militarismo alemão. Quando Hitler chegou ao poder em 1933, a União Soviética trabalhava em estreita colaboração com a Alemanha. Em 1923, fábricas de aviões alemãs já eram construídas na Rússia e, do tratado de Rapallo em diante, centenas de especialistas militares alemães dirigiram escolas de treinamento na União Soviética. Sob a metódica influência alemã, a confraternização entre oficiais e soldados cessou e os oficiais gradualmente se tornaram uma classe distinta e segregada.

Embora a colaboração militar entre a Rússia e a Alemanha tenha chegado ao fim com o advento do Partido Nazista, a União Soviética continuou a construir sobre fundações solidamente estabelecidas. Ideias outrora consideradas burguesas foram gradualmente retomadas: o salário dos oficiais aumentou, as medalhas foram reintroduzidas e muitos dos antigos uniformes foram readotados.

Em 1937, Stalin subitamente se viu confrontado por uma claque militar com um poder visivelmente maior. Embora seja extremamente duvidoso que membros desse grupo participassem de conspirações no exterior, pode ter havido dissensão em relação aos métodos que Stalin empregava em seus precipitados e implacáveis esforços para industrializar o país. Está claro que Stalin anteviu uma força que, em algum momento, ameaçaria sua própria posição e, usando a mesma tática preventiva que o levara a remover os líderes do Partido Comunista e, mais tarde, os chefes das forças industriais e das organizações policiais, ele atacou o Exército.

O LEOPARDO MUDA SUAS PINTAS

De fato, há evidências de que, já há algum tempo, Stalin queria transformar o Exército em um instrumento totalmente passivo. Em 1925, 85% do Exército era composto por camponeses e o restante por trabalhadores industriais, o que era mais ou menos proporcional à divisão de trabalho da nação.

Desde a fome de 1932–1933, no entanto — um resultado direto da implacável coletivização das terras pelo governo —, a lealdade da população camponesa evidentemente era considerada dúbia, pois agora quase 50% do Exército era recrutado diretamente das fileiras dos trabalhadores industriais. Também significativo era o fato de que o número de comunistas crescera de 19% em 1925 para mais de 50% em 1939; de fato, a maioria das tropas motorizadas era recrutada exclusivamente entre comunistas.

Embora o governo soviético argumentasse que a purga fortalecera o Exército ao eliminar os elementos dissidentes, era óbvio que sua eficiência técnica dificilmente poderia ter aumentado. A promoção de oficiais juniores para preencher os vazios no alto-comando criara tal escassez nas fileiras inferiores que Voroshilov fora forçado a ordenar que 10 mil cadetes, que ainda não haviam se formado nas escolas militares, fossem convocados como tenentes.

A reintrodução dos comissários políticos também foi um fator importante. A função dos comissários se tornara mais ou menos obsoleta, até ser revivida por um decreto de maio de 1937. Dessa data em diante, eles tinham a mesma autoridade que os oficiais comandantes. Assinavam todas as ordens e, em casos extremos, podiam até mesmo vetar planos de ataque. Uma indicação de seu poder era dada pelo fato de os soldados do Exército Vermelho fazerem um juramento de lealdade aos "oficiais comandantes, comissários e superiores".

A eficiência de um Exército operando sob duplo controle obviamente era questionável. Em 1918, quando os comissários haviam sido nomeados para evitar a deserção dos oficiais Brancos forçados a servir nas fileiras bolcheviques, as dificuldades apresentadas por esse relacionamento dual foram reveladas em uma carta escrita por Trotsky:

Em relação à participação de oficiais nas revoltas da Guarda Branca, noto que os conflitos entre comissários e líderes militares aumentaram nos últimos tempos. Pelas evidências à minha disposição, é aparente que os comissários frequentemente assumem uma linha de ação errada, seja ao usurpar as funções operativas e de liderança, seja ao envenenar as relações entre oficiais e comissários com uma política de picuinhas, implementada em um espírito de indigna rivalidade.

Não há razão para supor que, em vinte anos, o elemento humano tenha se alterado em tal extensão que dificuldades assim não surjam novamente. Mas foi somente quando fui para a Finlândia no inverno seguinte que tive a chance de julgar o Exército Vermelho com base em minhas experiências, e não em raciocínios hipotéticos.

5. Notas sobre a Ucrânia

À noite, as luzes de Kiev brilhavam nos altos penhascos sobre o rio Dnieper como joias em um diadema, enquanto o rio congelado bem abaixo cintilava ao luar como uma cauda de cetim branco. Mas, à luz do dia, a beleza desaparecia como um sonho estranho, e a atmosfera de desolação era acentuada pela melancolia do céu de inverno. A pintura descascava das paredes dos edifícios, as vitrines das lojas estavam rachadas e sujas e, a cada poucas quadras, havia filas. A pobreza era opressiva. E era irreconciliável com o fato de que Kiev era a capital da Ucrânia soviética — uma área quase tão grande quanto a França —, com as terras mais férteis da Europa.

Naquele inverno de 1938–1939, muitas pessoas acreditavam que essas terras eram o objetivo final da Alemanha. Alguns meses antes, Hitler declarara que, se "os intermináveis campos de milho da Ucrânia ficassem na Alemanha, sob liderança nacional-socialista, o país nadaria em abundância".

Os russos haviam tomado nota dessa observação. Embora os jornais ucranianos não dessem nenhuma dica de uma ameaça externa, a cidade estava tomada por tropas. Os agentes da GPU estavam em todos os vilarejos e, à noite, as fábricas eram iluminadas e vigiadas a fim de evitar tentativas de sabotagem. Finalmente, todos os consulados estrangeiros, com exceção do polonês, foram abolidos e a região foi fechada, embora não oficialmente, para turistas. Aliás, os estrangeiros haviam se tornado tão raros que, quando Frank Hayne, o vice-adido militar americano, e eu caminhávamos pelas ruas, éramos vistos como curiosidades. Nas lojas, as pessoas se agrupavam a nossa volta para tocar nossas roupas e nos perguntar onde havíamos comprado nossas botas.

Eu estava deixando a Rússia e recebera permissão para partir pela fronteira romena, viajando por Kiev e Odessa. Frank, com seu passaporte diplomático, era capaz de viajar por onde quisesse e fora comigo dar uma olhada na situação. Seis anos antes, quando o governo soviético adotara métodos drásticos para coletivizar as terras, mais de 6 milhões de pessoas haviam morrido de fome na Ucrânia. Agora a maioria dos colcozes já fora estabelecida, e Frank e eu estávamos interessados em aprender algo sobre as condições atuais, a fim de obter uma indicação sobre o tipo de resistência que a Ucrânia poderia oferecer a um ataque alemão.

Mas as autoridades soviéticas pareciam ter outra visão da questão. No momento em que nosso trem chegou a Kiev, fomos cercados por homens da GPU, e parecia que teríamos poucas oportunidades de ver qualquer coisa. Éramos seguidos pela polícia dia e noite, mesmo ao visitarmos as múmias dos padres enterrados nas catacumbas de um antigo monastério. Isso deixou Frank muito irritado. Ele era um sulista encantador e descontraído de Nova Orleans, mas tinha um gênio que podia explodir forçosa e inesperadamente.

— Eles devem achar que vamos iniciar uma conspiração trotskista entre as múmias — disse ele, indignado. — Se esses camaradas continuarem me seguindo, vou partir para cima deles. Eu não me importo de ser seguido, mas não os quero pisando em meus calcanhares!

Quando pedimos permissão às autoridades para visitar uma fazenda coletiva, recebemos muitas desculpas polidas. Primeiro, o diretor estava fora da cidade; depois, o maquinário da fazenda estava sendo consertado; por último, as estradas estavam intransitáveis. Como não havia táxis ou carros públicos, ficamos sem alternativas. Mas, quanto mais nosso caminho era obstruído, mais determinados ficávamos.

No fim, visitamos uma fazenda coletiva, mas não com consentimento oficial. Finalmente telefonamos para o cônsul polonês, um homem charmoso chamado Matuszyński, e, quando soube de nosso problema, ele colocou seu carro e seu motorista à nossa disposição. Combinamos que o motorista nos apanharia às 10 horas da manhã seguinte e nos levaria a uma fazenda a cerca de 30 quilômetros de Kiev.

NOTAS SOBRE A UCRÂNIA

Nossa viagem teve certas características dramáticas. Primeiro, conseguimos fugir dos homens da GPU. Caminhávamos perto do hotel, olhando as vitrines, quando o carro polonês chegou e o fizemos parar no meio da rua. Quando desembarcamos em uma estrada rural deserta, olhamos para trás e vimos dois carros da polícia nos seguindo — mas os motoristas estavam sozinhos. Partíramos tão rapidamente que os homens da GPU, que estavam no saguão do hotel (achando que faríamos nossos arranjos através dos recepcionistas), haviam ficado para trás.

Era bom estar na área rural; o cenário, com suas planícies brancas e chalés azuis brilhando ao sol, parecia uma pintura de outro século. Camponesas com xales grossos na cabeça caminhavam ao longo da estrada puxando trenós rústicos, feitos à mão, cheios de madeira e palha; em determinado momento, um trenó puxado a cavalo passou correndo por nós, com o rosto do condutor meio escondido sob um enorme chapéu de pele. Mas logo chegamos a uma coluna de soldados arrastando canhões de campanha, e o chapinhar de suas botas na neve e o girar das rodas de artilharia nos levaram de volta à sombria realidade de 1939. De acordo com Frank, os soldados eram membros da 44ª Divisão Ucraniana, uma divisão que eu veria novamente na Finlândia. Ela era composta por homens fortes e bem barbeados, e suas botas de cano alto e seus longos e grossos casacos ofereciam um marcante contraste à aparência andrajosa dos camponeses.

Conforme dirigíamos, a área rural se tornava mais e mais deserta, mas quicamos pela neve e pela lama, passando por estradas inacreditáveis; em um trecho particularmente ruim, olhamos para trás e vimos os dois carros da polícia presos em um banco de neve. Gritamos de deleite com esse golpe de sorte e, mais ou menos 1 quilômetro depois, chegamos a nossa fazenda coletiva — sem escolta.

Seria difícil imaginar uma visão mais desolada. Tratava-se de um vilarejo com talvez duas dúzias de cabanas de ambos os lados de uma travessa estreita, e a travessa era um mar de lama. As cercas na frente das cabanas estavam quase caindo, as paredes estavam dilapidadas e os telhados em mau estado. Não havia uma alma à vista.

— Agora que estamos aqui, o que fazemos? — perguntou Frank.

— Vamos falar com as pessoas. E você será o intérprete!

— Mas não podemos simplesmente entrar na casa dos outros!

— Por que não? Jamais teremos a sorte de escapar da GPU novamente.

— Deus do céu! Antes de essa viagem acabar, eu serei o jornalista e você será a adida militar.

Caminhamos pela lama que escorria sobre nossas botas, passamos por um portão bambo e chegamos aos fundos de uma cabana. Batemos à porta e, alguns minutos depois, uma mulher de aparência assustada a abriu. Ela podia ter qualquer idade. Tinha cabelo ralo, loiro-acinzentado, cujos fios caíam sobre o rosto, mãos avermelhadas e um avental sujo. Ela nos encarou espantada. Frank explicou que éramos americanos viajando pela Rússia, mas as palavras não pareceram causar nenhuma impressão, pois ela simplesmente ficou lá parada, olhando para nós com ar estúpido. Perguntamos se podíamos entrar e ela se moveu para o lado e abriu a porta. O chalé tinha dois cômodos; o piso e as paredes estavam desnudos e a mobília consistia em três banquinhos, um armário e uma mesa. Em um canto da sala, havia um grande fogão de porcelana; dois bebês enrolados em tecido dormiam sobre ele.

A conversação se provou difícil, já que a mulher não falava, limitando-se a nos encarar. Perguntamos como eram as condições por ali e se ela tinha comida suficiente.

Seu rosto se iluminou.

— Ah, sim — respondeu ela. — Temos pão.

Ela correu até a mesa, ergueu um pano e nos mostrou um pão preto sobre um prato. Até onde podíamos ver, não havia nenhum outro alimento na casa. Fomos embora com ela ainda nos encarando e caminhamos até outra cabana.

Ali as coisas foram mais animadas, pois, do lado de dentro, encontramos uma família de onze pessoas, indo da avó até uma criança de 4 anos. A avó era uma mulher muito idosa. Ela tinha um rosto amarelo e murcho, mas um par de olhos incrivelmente brilhantes; logo se tornou aparente que ainda era a matriarca do domicílio. Ela ficou tremendamente empolgada

NOTAS SOBRE A UCRÂNIA

com nossa chegada, arrastou dois banquinhos de um canto e, curvando-se e dando risadinhas, convidou-nos a sentar.

— O que você tem no chapéu? — perguntou ela, apontando para mim. Frank disse que era um véu.

— Mas, para que serve?

A dificuldade da explicação foi evitada, pois a atenção dela se voltou subitamente para minhas meias de seda. Ela se ajoelhou e passou a mão nelas.

— Você não está com frio?

Perguntamos sobre as condições do vilarejo. Ela assentiu, satisfeita, e nos deu a mesma resposta que havíamos ouvido na primeira cabana: havia pão. Então deu uma risadinha e acrescentou que também havia vodca.

A cabana era tão desprovida de mobília quanto a primeira. Quando perguntamos onde todos dormiam, ela abriu a porta dos fundos e apontou para um palheiro cheio de feno. Perto da porta, havia dois ícones pendurados na parede. Frank comentou sobre eles:

— Eu achava que vocês não os usavam mais.

A velha riu.

— Os jovens não os usam, mas eu gosto deles. São brilhantes.

Enquanto isso, o restante da família se agrupou à nossa volta, com as crianças nos encarando com os dedos na boca. Um dos meninos subitamente correu para o outro cômodo e voltou com um acordeão surrado. Ele ficou de cócoras e começou a tocar, enquanto duas meninas davam as mãos e encenavam uma pequena dança. A avó disse algo; uma delas se afastou, correu até o armário e retirou um vestido. Ele era de tecido feito à mão, meticulosamente bordado com flores. Ela o vestiu, sua irmã fechou os botões e elas voltaram a dançar.

Quando estávamos prontos para partir, a avó chamou nossa atenção para uma pequena e desbotada fotografia presa à parede com uma tachinha. Ela disse que era uma fotografia dela de muitos anos atrás, então apontou para a câmera de Frank e disse que seria maravilhoso ter uma nova. Sugerimos uma fotografia de toda a família e, como resposta, a cabana entrou em polvorosa. Os meninos se ajoelharam para limpar os sapatos, as meninas começaram a pentear o cabelo com os dedos e a mãe limpou o rosto dos filhos. Finalmente, eles se alinharam do lado de fora, com expressões tensas e nervosas. Quando a câmera clicou, um suspiro de alívio percorreu o grupo. Eles se aproximaram enquanto anotávamos seu endereço e então, um a um, apertaram nossas mãos em despedida.

Quando chegamos ao carro, descobrimos que a notícia de nossa chegada se espalhara pelo vilarejo. Por toda a travessa, os vizinhos se apoiavam em suas cercas, discutindo o evento. Nosso motorista polonês disse que os carros da polícia haviam acabado de chegar e os motoristas estavam nos delatando ao diretor da fazenda. Ele nos aconselhou a ir até lá imediatamente, em sinal de respeito.

A sede do diretor era uma cabana maior, a alguns metros da travessa, conhecida como "ponto de agitação". Caminhamos até lá e o encontramos conversando com um miliciano uniformizado. Ambos nos lançaram olhares hostis e exigiram nossos documentos. Mas o passaporte diplomático de Frank evidentemente causou impressão, pois, após nos interrogar por dez ou quinze minutos, eles finalmente nos deixaram ir.

A caminho do hotel, olhamos para trás e vimos os carros de polícia nos seguindo; dessa vez, cada um deles continha três homens da GPU. De onde vieram ainda é um mistério soviético.

* * *

Antes de partirmos de Kiev, nos despedimos do sr. Matuszyński, o cônsul polonês, que fora tão gentil. Seis meses depois, quando os russos invadiram a Polônia, ele foi tirado da cama à meia-noite e levado à sede da polícia para prestar esclarecimentos. Ninguém sabe a que tipo de interrogatório foi submetido, pois ele jamais foi visto novamente. Quando as autoridades soviéticas foram questionadas sobre o ato brutal, disseram desconhecer seu paradeiro e sugeriram que talvez tivesse sofrido um "acidente". Ironicamente, ofereceram-se para fazer uma busca pelo corpo.

* * *

Em Odessa, Frank e eu conhecemos dois marinheiros britânicos que haviam ido até o porto em um navio cargueiro trazendo laranjas de Valência. Eles formavam uma dupla divertida. O primeiro-marinheiro, de Lancashire, era alto e pesadão; o engenheiro, de Cockney, era baixo e esguio. Nós os convidamos para jantar, mas, quando a conta chegou, eles tiraram grandes maços de rublos do bolso e insistiram em pagar. Com o câmbio a 25 rublos por libra, Frank e eu ficamos surpresos, mas o engenheiro explicou que, no momento em que pisaram em terra, os russos haviam começado a barganhar por suas roupas.

— Mil rublos por minhas calças, 500 por meu casaco e 100 por minhas meias. Se não tivesse medo de ser preso por atentado ao pudor, teria tirado a roupa no meio da rua. Em vez disso, voltei ao navio e peguei todas as camisas e suéteres velhos que consegui encontrar, e agora vivemos como milionários.

— Sim. E vocês não imaginam o quanto essas belezinhas valem. — O primeiro-marinheiro colocou as mãos no fundo dos bolsos e tirou três laranjas. — Nesse país, são como braceletes de diamantes. Ficamos famosos muito rapidamente. Talvez eu não devesse me gabar, mas já recebi duas propostas de casamento, de uma garota em um restaurante e da cozinheira do clube.

O engenheiro interrompeu para explicar que as garotas estavam tão ansiosas para sair da Rússia que qualquer estrangeiro servia.

— Bom, a aparência conta um pouco — insistiu o primeiro-marinheiro, ligeiramente irritado.

A dupla tivera muitas experiências perigosas furando o bloqueio espanhol; certa vez, seu navio fora bombardeado e afundado no porto de Barcelona, mas eles haviam assinado imediatamente com outro navio. Havia pouco perigo de serem convertidos ao comunismo, pois, embora tivessem viajado a muitos locais distantes, pareciam ver a Rússia como o mais estranho deles.

— No geral — disse o primeiro-marinheiro —, todos os estrangeiros são meio malucos. Não há estabilidade neles, se você entende o que quero dizer. Mas esse sistema russo no qual se pode ganhar uma garota com uma laranja é definitivamente *bizarro*.

— Ao menos estamos economizando muito dinheiro — interrompeu o engenheiro. — Quando voltarmos a Marselha, poderemos fazer um estoque de doces para as crianças em Barcelona.

A guerra espanhola acabou três meses depois, e frequentemente me pergunto o que aconteceu à dupla. O primeiro-marinheiro disse que, quando tudo acabasse, ele compraria um chalé na Inglaterra e pararia de viajar, mas suponho que ambos ainda estejam em alto-mar — dessa vez furando o bloqueio dos submarinos alemães.

* * *

Odessa era tão desolada quanto Kiev, mas mais quente. As ruas estavam cheias de lama, pois a neve estava derretendo, mas, na área rural, era possível ver os primeiros sinais da primavera. Os guias de turismo eram mais flexíveis que em Kiev e nos levaram a várias fábricas e fazendas, mas, infelizmente, nosso programa foi interrompido por um encontro final com a GPU.

Quando estrangeiros viajam para a Rússia, devem programar seu itinerário com antecedência e obter permissões especiais que são marcadas com o número exato de horas que desejam permanecer em cada cidade. Embora meu visto para a União Soviética só expirasse dali a uma semana, meu passe para Odessa estava carimbado para um dia. O sr. Schmidt me disse que, se eu desejasse fazer qualquer alteração em meus planos, devia notificar a polícia local e ela faria os ajustes necessários. Mas, quando pedi uma extensão de 48 horas em Odessa, as autoridades responderam que, como Moscou carimbara meu cartão com um dia, eu devia permanecer um dia. As linhas telefônicas eram controladas pelo governo, então fomos incapazes de telefonar para o Ministério do Exterior, mas enviamos uma mensagem pedindo que a polícia entrasse em contato com o sr. Schmidt, que esclareceria a questão. Mas a polícia, sufocada pela burocracia, não tinha intenção de demonstrar qualquer iniciativa. Retornou o irritante comentário de que um dia era um dia. Como Frank viajava com visto diplomático, podia ficar, mas eu fui ordenada a partir até as 8 horas da manhã seguinte.

NOTAS SOBRE A UCRÂNIA

Frank telegrafou para o sr. Schmidt e para Chip Bohlen — embora tivéssemos poucas chances de conseguir uma resposta em menos de 24 horas — e enviou à polícia uma segunda mensagem, dizendo que eu me recusava a partir.

— Isso mostrará a eles que não podem nos empurrar de um lado para o outro como se fôssemos russos — disse ele, furioso.

Naquela noite, fomos ao balé local e, quando voltamos ao hotel, o porteiro nos disse que a polícia estava nos esperando. Fomos à sala do gerente e encontramos um homem da GPU, forte e uniformizado. Frank explicou detalhadamente a situação, mas o oficial ficou lá sentado, sacudindo a cabeça e repetindo obstinadamente:

— Um dia é um dia.

— Olhe aqui — disse Frank. — Já tive o bastante da força policial soviética. Se você quer resolver a questão, tudo que precisa fazer é pegar o telefone e ligar para Moscou, mas é uma perda de tempo nos dar ordens. Se a dama não quer ir embora, ela não irá embora. Entendeu? Pergunte a ela. Você não quer ir embora, quer?

— Não — respondi debilmente.

— Pronto! Você a ouviu. Ela não quer ir embora. O que você vai fazer a respeito?

— Ela se recusa a ir embora?

— Absolutamente.

— Essa é a resposta final?

— Absolutamente.

— Então ela deve se preparar para as consequências.

O homem da GPU me lançou um olhar ameaçador e saiu da sala.

— Você não se importa, não é? — perguntou Frank. — Precisamos manter nossa bandeira tremulando.

— Sim — concordei. — Mas não no interior de um campo de concentração.

Acho que ninguém jamais falara com a GPU daquela maneira. No saguão, vimos o gerente sussurrando com um dos porteiros, evidentemente contando o episódio; ambos sorriam de uma orelha à outra.

As próximas 48 horas em Odessa foram ligeiramente desconcertantes, pois, embora tivéssemos um telegrama de Chip Bohlen dizendo que faria o melhor possível, não tivemos resposta do sr. Schmidt. Nenhuma outra mensagem veio da polícia, mas, toda vez que saíamos do hotel, eu esperava voltar e encontrar um bando esperando por nós. Finalmente chegou o dia de Frank partir para Moscou e eu partir para a Romênia. A viagem até a cidade fronteiriça de Tiraspol levava três horas e, embora Frank tivesse me assegurado que tudo daria certo, eu temia ser interceptada no caminho.

No trem, notei um homem de roupas civis obviamente me seguindo. Isso não era incomum, mas meu coração ficou apertado quando cheguei a Tiraspol e encontrei o homem da GPU com quem Frank discutira esperando por mim na alfândega. Ele me lançou um olhar que pareceu cheio de ameaça, disse-me para deixar malas e documentos de identificação e esperar no restaurante enquanto ele os examinava.

Eu me sentei e pedi chá e um pão doce. Subitamente, vi o homem em roupas civis parado a meu lado, sorrindo abertamente.

— Eu falo inglês — disse ele.

Achei que aquele era o prelúdio de minha prisão, mas ele puxou uma cadeira e descobri que só buscava uma oportunidade de praticar. Na Rússia, línguas estrangeiras evidentemente eram ensinadas com um olho na propaganda, pois, embora ele falasse somente um inglês rudimentar, seu vocabulário era suficiente para expressar a linha do partido. Esta foi a conversa que tivemos:

— Rússia bom país. Você inglesa?

— Não. Americana.

— Desemprego nos Estados Unidos?

— Sim. Um pouquinho. (Eu não queria falar mal de casa.)

— Governo burguês. (Pausa.) Desemprego na Inglaterra também?

— Sim. Algum.

— Governo burguês. (Pausa.) Governo burguês, sempre desemprego. Na Rússia, governo dos trabalhadores, sem desemprego.

Perguntei se ele considerava o governo alemão burguês, e ele respondeu que sim.

NOTAS SOBRE A UCRÂNIA

— Bom, eles não têm nenhum desemprego. Como você explica isso?

Ele levantou as mãos, consternado.

— Não devo falar sobre Alemanha. Alemanha país muito ruim. Muitos campos de concentração.

Ele sacudiu a cabeça sombriamente, levantou-se, fez uma mesura e foi embora.

Minhas preocupações eram infundadas, pois, após uma hora, fui chamada de volta à alfândega e meus documentos e malas foram polidamente devolvidos. Evidentemente, o sr. Schmidt interviera. O mais surpreendente de tudo foi o homem da GPU, que apertou minha mão e me convidou a retornar para a União Soviética outra vez!

Parti em um trem de comédia musical. Ele era pintado de verde vivo, com cortinas estampadas e floreiras nas janelas. Era usado somente para atravessar a fronteira e fora especialmente projetado para impressionar os romenos. Eu era a única passageira e, quando chegamos à fronteira, os guardas desceram e somente o engenheiro e um assistente permaneceram — a União Soviética confiava em poucos de seus habitantes em solo estrangeiro.

Em condições normais, Tighina provavelmente pareceria uma cidadezinha sem graça, mas, naquela tarde particular, tinha um glamour todo próprio. Tudo era muito brilhante: as tigelas de frutas no restaurante, os brincos verdes da garçonete, a fita vermelha no pescoço do gato, a fotografia cafona do rei Carlos na parede, a toalha de mesa em um padrão xadrez de azul e branco. As janelas brilhavam, os pisos estavam limpos e todo mundo parecia roliço e alegre. O Kremlin estava muito distante.

* * *

Voltando para a Inglaterra, cruzei a Romênia, Polônia, Alemanha, Bélgica e França. Durante aquela longa viagem, pensei muito na miséria e na desumanidade que vira sob regimes totalitários. Eu vira extremistas em ambos os lados da guerra na Espanha; vira o nazismo na Alemanha e o comunismo na Rússia. E acreditava mais que nunca na democracia.

Nos Estados Unidos, eu acreditara na democracia porque fora ensinada a acreditar, mas agora acreditava nela por ter aprendido o que ela significava. Ela significava o direito da maioria de governar e *o direito da minoria de existir*. Essa última parte me parecia a mais importante de todas, pois, sempre que a minoria tinha o direito de existir, os homens podiam pensar e falar de acordo com sua consciência.

Eu ouvira pessoas argumentando que a "liberdade de expressão" era um privilégio mal utilizado; que, no geral, ser proibido de criticar o governo era uma pequena privação. Mas "o governo" não era um termo abstrato. O governo eram as roupas que você vestia, os cigarros que fumava, a comida que comia, as escolas que frequentava, os livros que lia e as ruas pelas quais caminhava. Ele condicionava seus pensamentos e moldava suas ambições. Quando abria mão de seu direito de se opor ao governo, você abria mão de seu direito de viver como ser humano.

Eu também ouvira argumentos de que as massas não eram capazes de guiar seu próprio destino e, portanto, era adequado que o Estado não encontrasse obstruções ao dirigir a vida das pessoas para o bem comum. As palavras "o Estado" eram sempre enganosas. O Estado era um grupo de homens. E eu não acreditava que qualquer grupo de homens fosse infalível o suficiente para receber poderes ilimitados. Os regimes totalitários se gabavam da agilidade de sua administração; *quando eles mergulhassem na guerra*, pensei, *isso também seria muito rápido*.

A guerra parecia uma certeza, e eu sabia que as forças se reunindo para se opor não eram meramente as forças do imperialismo. Era o homem *versus* a colônia de formigas. Como americana, eu podia ser neutra, mas, como ser humano, aquela já era minha luta.

* * *

Não levei muito tempo para me readaptar à atmosfera elétrica do continente. Passei somente doze horas em Berlim, jantei com Charlie Post, um executivo americano, e peguei o expresso noturno para Londres. Por volta da meia-noite, fui acordada por passos e som de vozes. A porta de meu

NOTAS SOBRE A UCRÂNIA

compartimento foi aberta e três soldados alemães entraram. Um deles falou comigo em inglês e disse que teria que revistar minha bagagem. Mas, primeiro, perguntou o nome do homem que me levara à estação. Eu respondi e ele sacudiu a cabeça:

— Ele não era americano. Era russo. Você falou russo com ele na plataforma da estação.

Respondi que não sabia uma palavra de russo, mas ele sorriu de modo cético e, em seguida, revistou e rasgou minhas malas.

Ainda não sei pelo que procuravam. O inspetor me disse mais tarde que eles também o haviam interrogado, perguntando se ele me ouvira falar russo. Eles disseram ter recebido ordens para me revistar da sede em Berlim. Isso foi quatro semanas antes de os alemães invadirem Praga, e só posso imaginar que, com a invasão iminente, havia instruções para vigiar todos os estrangeiros; o fato de eu ter viajado pela Ucrânia, Romênia e Polônia — territórios considerados parte da "esfera de interesse alemã" — pode tê-los levado a suspeitar que eu era espiã.

Qualquer que seja a explicação, eles tiraram tudo de minhas malas, até que o compartimento parecia ter sido atingido por um tornado. Eles se interessaram muito por minha literatura marxista.

— *Ach!* Você é membro do Partido Comunista?

Eles anotaram os títulos dos livros, mas, para minha surpresa, devolveram todos e me informaram que, na próxima parada, uma mulher embarcaria no trem para revistar a cama. O líder do grupo evidentemente tinha ordens de permanecer no compartimento a fim de evitar que eu escondesse algo, pois se apoiou na parede e acendeu um cigarro. Ele era jovem e de boa aparência, com não mais de 25 anos, mas tinha toda a arrogância e a presunção sugeridas por seu uniforme. Sua voz ressoou pelo silencioso vagão-dormitório:

— Então você está a caminho da Inglaterra. Bem, diga ao sr. Chamberlain, em nosso nome, que, se ele continuar tentando bloquear nosso acesso à Europa [nessa época, o sr. Chamberlain previa uma era dourada de paz], terá uma guerra em suas mãos. Não queremos lutar, mas lutaremos. Não vamos ficar parados e receber ordens de ninguém. A Alemanha é grande demais para ser estrangulada.

— Para onde vocês querem ir?

— Não sei. Para algum lugar. Precisamos de mais espaço.

— E quanto à Ucrânia?

— Como são as coisas por lá?

Descrevi o que vira e, subitamente, ele sorriu.

— Acho que você não é comunista, afinal. Seria um bom país para a Alemanha, não seria? E nos daria todas as coisas de que precisamos. Mas, pessoalmente, eu gostaria de ter uma fazenda na África.

Seu tom se tornou quase confidente.

— Estou cansado do trabalho aqui. Gostaria de levar minha mulher para a África, onde é agradável e quente, e teríamos um chalé com algumas galinhas. Os ingleses não prestam nenhuma atenção a suas colônias, mas nós cuidaríamos das nossas. E merecemos tê-las. Somos uma nação de 8 milhões de pessoas.

Ele desenvolveu esse tema por algum tempo. Quanto mais falava, mais amigável se mostrava. Quando a mulher da alfândega subiu a bordo, ele evidentemente disse a ela para fazer uma revista breve, pois ela só puxou um canto dos lençóis, olhou debaixo do travesseiro, curvou-se apologeticamente e foi embora.

O soldado retornou ao compartimento, disse que talvez nos encontrássemos novamente em algum trem, saudou Hitler e partiu.

Suspirei de alívio e peguei meu passaporte. As águias são parecidas em qualquer lugar do mundo, mas aquela estampada na capa era um pássaro durão. *Mais durão*, pensei, *que a águia alemã*. Ao menos até então.

PARTE VI

Segunda Guerra Mundial

1. A Inglaterra desperta

Em 15 de março de 1939, as tropas de Hitler marcharam sobre Praga. Aquele dia entrará para a história como a data em que a Inglaterra despertou. Os guarda-chuvas de açúcar desapareceram das vitrines e o sr. Chamberlain perguntou, furioso: "Isso é uma tentativa de dominar o mundo pela força?"

Mas foi o fato de Hitler violar a solene declaração feita somente seis meses antes, na qual afirmara que o Estado tcheco não teria interesse para ele depois que o problema dos alemães sudetas fosse resolvido, que mais chocou o povo inglês. Os pubs dos vilarejos ressoaram com uma única e condenatória frase: "Hitler não honrou sua palavra." E esse foi o fim da tolerância inglesa. Naquele momento, a nação começou a se preparar para a guerra. Em breve, caminhões blindados ribombavam pelas áreas rurais, donas de casa ligavam o rádio para ouvir o último boletim de notícias e anúncios do serviço militar foram publicados, com grandes cartazes amarelos que diziam "Una-se aos balões de barragem". O governo britânico ofereceu garantias à Polônia, Grécia e Romênia e introduziu a convocação militar obrigatória. Até mesmo a sra. Sullivan começou a pensar em política e resumiu o estado psicológico do país com a seguinte frase:

— Meu marido diz que, já que não podemos confiar em Hitler, não há razão para argumentar com ele. O que temos que fazer é dar uma surra nele.

Muitos observadores estrangeiros não entenderam a mudança que varreu o país. Alguns haviam associado a política de apaziguamento à "classe governante" inglesa, que teria se tornado tão impotente que estava disposta a barganhar com a Alemanha nazista para preservar a paz (e a propriedade) a qualquer custo. Outros acusaram Chamberlain de ter tendências fascistas, dizendo que seus apoiadores eram favoráveis aos alemães. Nada poderia estar mais longe da verdade. Os ingleses são, primeiro e acima de tudo, favoráveis a seu próprio país. Muitas pessoas haviam sido genuinamente convencidas pelas muito divulgadas queixas alemãs; elas haviam simpatizado com a ocupação alemã da Renânia, com a *Anschluss* austríaca e até mesmo com a reivindicação dos Sudetos, levando em conta que a população alemã demonstrara o supremo desejo de ser incorporada ao Reich. Havia argumentos para defender esses três eventos. Mas não havia como defender um homem que exigira o princípio da autodeterminação e, seis meses depois, violara esse mesmo princípio através da brutal destruição do Estado tcheco.

Daquela data em diante, o veredito unânime da Inglaterra foi "culpado". Naquela data, a política de apaziguamento chegou ao fim.

* * *

Eu era muito feliz em Londres. Não somente porque tinha interesse pela vida política, mas também porque desenvolvera profunda admiração por muitas pessoas que conhecia. A maioria era membro da muito criticada "classe governante". Quanto mais eu as conhecia, mais impressionada ficava com sua preocupação com a justiça e sua pétrea lealdade e integridade. Muitas podiam ser acusadas de estupidez, mas nenhuma de desonestidade.

A Inglaterra é uma nação intrigante. Como disse John Gunther, ela é ao mesmo tempo "a mais forte oligarquia e a mais livre democracia do mundo". Essa oligarquia é um dos fenômenos do mundo civilizado. Os laços escolares têm sido alvo de muitas piadas, mas, na história, vê-se que a tradição que representam conduziu a Inglaterra durante seus períodos mais iluminados e a fortaleceu nos meses de perigo.

Para explicar essa tradição, é preciso examinar a estrutura da oligarquia da "classe governante". Vinda dos colégios internos (colégios particulares, no sentido americano) que educam os filhos da aristocracia e das famílias de classe média-alta, ela fornece ao país a maior parte de seus estadistas, funcionários públicos, diplomatas, oficiais do Exército e da Marinha e proprietários de terras; em outras palavras, os líderes da nação.

A INGLATERRA DESPERTA 283

Mas a característica mais interessante da oligarquia é sua elasticidade. Ela não é, de modo algum, uma casta rígida. A aristocracia britânica, ao contrário de qualquer outra no mundo, é constantemente alimentada com sangue novo. Todos os anos, homens que se distinguiram nos negócios, nas ciências, na medicina, na política, nas artes ou nos serviços militares são elevados ao pariato. Assim, os melhores cérebros do país são colocados a serviço da nação. Ao contrário dos Estados Unidos, onde a vida pública do empresário bem-sucedido é confinada, na maior parte, à nomeação de instituições filantrópicas, na Inglaterra eles recebem a oportunidade de fazer parte da vida da nação. (Um exemplo notável é Rufus Isaacs — mais tarde lorde Reading —, que foi à Índia da primeira vez como camareiro e da segunda como vice-rei). Como membros da Câmara dos Lordes, eles podem tornar suas visões conhecidas e influenciar os eventos cotidianos; além disso, são elegíveis para o Gabinete. Exemplos atuais são lorde Beaverbrook e lorde Woolton.

A admissão na classe governante é conseguida não somente através do pariato. O Partido Tory observa com atenção qualquer nova habilidade que possa reforçar as fileiras da oposição; sempre que surge um defensor realmente habilidoso da esquerda, as portas da oligarquia se abrem para ele. (Por exemplo, Ramsay MacDonald.) Mas todos os que entram nessas fileiras, seja através dos colégios internos ou do mérito excepcional, são unidos pela tradição dos laços escolares.

Essa tradição não é, como imaginam muitos americanos, preservada por um grupo esnobe que se delicia em cantar canções sentimentais sobre a juventude perdida e jura "permanecer unido" a qualquer custo. Eton, por exemplo, que fornece à Inglaterra 75% de sua classe governante, não oferece nenhuma evidência tangível de "fraternidade". É um paradoxo curioso, mas importante, que ex-alunos raramente usem gravatas de Eton, jamais organizem jantares e quase nunca se refiram a seu colégio, a não ser para contar histórias sobre os arranjos sanitários ou a estupidez dos professores. Essa extraordinária maçonaria que não admite símbolos, não tolera senhas e ignora a parafernália usual das sociedades exclusivas é unida por um intangível código de ética — um código não escrito e não mencionado, mas entendido e aceito por todos.

Esse código é a fibra da Inglaterra. Os alunos dos colégios internos são educados para serem os futuros líderes da nação e, desde cedo, aprendem a assumir responsabilidades. Mas, ainda mais importante, adquirem um senso de *noblesse oblige*. Eles devem estabelecer o padrão para a nação; em tempos de paz, sua honra deve ser inatacável; em tempos de guerra, sua coragem deve ser inquestionável.

Nos Estados Unidos e na França, os homens de maior habilidade e educação geralmente entram no mundo dos negócios e deixam a política para os profissionais; como resultado, o autointeresse frequentemente se torna interesse público; a corrupção é aceita como regra, em vez de exceção; e a política de modo geral é vista como "suja". Mas, na Inglaterra, como a nata da sociedade *serve* o país, o padrão é elevadíssimo e os departamentos governamentais são incorruptíveis. Como americana, eu me acostumei tanto a encarar os políticos com ceticismo que fiquei pasma, durante minha primeira viagem pela Inglaterra, com a confiança com que as pessoas comuns se referiam ao governo. Quando dirigi pelo norte com Martha Gellhorn, garantiram-nos repetidamente que, qualquer que fosse o resultado, o governo estava "fazendo seu melhor", e que aquele governo era o "melhor do mundo". Esse é o último comentário que você ouviria nos Estados Unidos ou na França.

A classe governante na Inglaterra não manteve sua posição sem justificativa. De modo geral, suas políticas foram esclarecidas e previdentes. Em 1906, ela aprovou um vasto programa de reformas, iniciado por Lloyd George, incluindo pensão por idade, salário para os trabalhadores, planejamento urbano, seguro-desemprego e assistência médica, que só foram introduzidas nos Estados Unidos quase trinta anos depois pelo New Deal de Roosevelt — e, mesmo então, foram consideradas "radicais" por muitos americanos.

E, em 1911, o próprio rei se tornou um defensor da democracia ao compelir a Câmara dos Lordes a aprovar o orçamento de Lloyd George (privando os lordes de poderes monetários) ao ameaçar elevar um grande número de pares do reino a fim de formar a maioria necessária. Em toda a história inglesa, sempre houve violentas mudanças sociais, mas o equi-

A INGLATERRA DESPERTA   285

líbrio sempre foi mantido, como uma gangorra que se endireita sozinha, amplamente em função da força moral da "tradição dos laços escolares".

Mas a virtude mais notável dessa classe, em minha opinião, é a incorruptibilidade. Como essa qualidade é conhecida e aceita, o povo inglês tem uma fé profundamente enraizada em seus líderes e os apoia com uma lealdade às vezes surpreendente. Quando, em 15 de março, a política de apaziguamento de Chamberlain se estilhaçou em mil pedaços, o país não se voltou contra ele, mas o elogiou por ter feito o melhor que podia. "Se o sr. Chamberlain não pôde nos manter fora da guerra, ninguém mais conseguirá" foi o veredito.

Essa lealdade inglesa (que só pode existir em um país no qual as pessoas respeitam seus líderes e os líderes se respeitam mutuamente) também foi ilustrada quando Winston Churchill se tornou primeiro-ministro no ano seguinte. Ele permitiu que Chamberlain e Halifax permanecessem em seus cargos e, alguns meses depois, nomeou David Margesson (que, como líder da bancada, fora o principal responsável por mantê-lo fora do governo) ministro da Guerra — afirmando que, se Margesson fora eficiente o bastante para mantê-lo fora do Gabinete, então devia ser realmente muito eficiente. Não admira que a Inglaterra seja tão difícil de entender.

De uma coisa estou certa: você jamais a entenderá a menos que aceite o idealismo como força modeladora da política britânica. Um diplomata certa vez comentou: "A Inglaterra é o país mais perigoso do mundo, porque é o único capaz de entrar em guerra em defesa de outro país."

Agora, o autointeresse britânico coincide quase totalmente com o idealismo britânico: ausência de tirania no continente e liberdade e independência dos pequenos Estados. Mas isso não significa que o idealismo seja artificial. É possível atribuir motivos diversos a qualquer ato ou política, mas, de modo geral, você chegará mais perto de entender a Inglaterra se adotar o hábito de dar a ela o benefício da dúvida. Se não fizer isso e tentar interpretar suas políticas somente à luz do autointeresse, passará muito longe do alvo.

Quinze de março foi uma ilustração disso. Os cínicos ficaram pasmos com a súbita mudança. Quando Chamberlain assinou o acordo de Munique, eles acharam que isso significava que a Grã-Bretanha lavara suas mãos em relação à Europa e abrira mão de seu prolongado domínio. Eles não foram capazes de entender que o governo Chamberlain não chegara a um compromisso porque tinha medo, mas porque acreditava genuinamente na capacidade da Alemanha de se provar um bom vizinho.

Olhe para a posição da Alemanha nos cinco meses e meio entre Munique e a ocupação de Praga. O prestígio de Hitler era enorme e o nacional-socialismo reunia mais e mais aderentes entre as pessoas desgostosas com o que chamavam de "incômodos e antiquados métodos" da democracia. Os estadistas britânicos e alemães estavam ansiosos para iniciar conversações com Hitler e encontrar um novo design para a Europa, no lugar da Liga das Nações. De fato, somente alguns dias após 15 de março, Sir Nevile Henderson, o embaixador britânico, pediu que Hitler submetesse a negociação quaisquer problemas que estivessem no caminho entre ele e o total entendimento com a Grã-Bretanha. E Oliver Stanley, ministro do Conselho de Comércio, programou-se para ir a Berlim em 16 de março a fim de discutir planos para um novo acordo comercial.

Sem guerra, Hitler se tornara a figura mais dominante da Europa. Se tivesse escolhido exercitar sua grandiosa posição no interesse da paz, poderia de fato ter havido uma era dourada. Havia tanto a seu alcance que muitos dos mais calejados observadores internacionais não conseguiam acreditar que ele deliberadamente escolheria a espada para modelar o futuro. De todos os lados, ouvia-se a sombria profecia de que França e Grã-Bretanha já se desvaneciam sob a nova e grandiosa força; que Hitler não precisava de uma guerra para obter o domínio que desejava.

Em termos lógicos, eles estavam certos. Hitler não precisava empregar violência, mas pegou um atalho e ignorou a questão moral. Em Munique, a Tchecoslováquia se tornara sua vassala. A ocupação física de Praga em nada prejudicou a posição da Grã-Bretanha; o que ela fez foi destruir a crença do governo de Chamberlain na Alemanha. Quarenta e cinco milhões de pessoas na Inglaterra ficaram chocadas com o crime. E isso as fez despertar.

* * *

A INGLATERRA DESPERTA 287

Naquela primavera, passei várias semanas com minha família nos Estados Unidos. Nova York estava animada e revigorante, mas os problemas na mente das pessoas (principalmente New Deal *versus* republicanismo) pareciam tão distantes dos eventos mundiais que foi quase com alívio que retornei à Inglaterra. Era julho e a temporada londrina estava no auge. Os hotéis estavam lotados de turistas e havia uma febre de entretenimento: festas, bailes, fins de semana em casas de campo. Todo mundo parecia determinado a obter o máximo de diversão antes do início da guerra. A política era discutida menos que em qualquer momento dos últimos dois anos. Os dados haviam sido lançados. Se a Alemanha atacasse a Polônia, a Inglaterra lutaria; não havia mais o que discutir. Todo mundo fazia planos casuais para os feriados de verão, como se não houvesse crise. Em agosto, fui a Roma tentar conseguir uma entrevista com Mussolini.

Antes de partir, Randolph me convidou para tomar chá em Chartwell. Estava bonito lá, com o vento soprando sobre a relva e o sol brilhando sobre as flores — e, dessa vez, realmente havia peixinhos-dourados na lagoa. Novamente encontrei o sr. Churchill usando um casaco velho e rasgado e olhando para a água com fascínio. Depois do chá, ele me levou para o andar de cima e me mostrou o estúdio de vigas de carvalho onde escrevia. Ele trabalhava em uma história de três volumes dos povos de língua inglesa, metade da qual já estava completa.

— Mas não serei capaz de terminá-la antes do início da guerra — observou ele sombriamente.

Quando ela chegasse, ele fecharia a casa maior e se mudaria para o chalé.

— Você não estará aqui — disse Randolph, indignado. — Estará no nº 10 da Downing Street!

— Temo que minhas ideias não sejam tão extravagantes quanto as suas.

— De qualquer modo, você estará no Gabinete.

— As coisas vão ter que ficar bastante ruins antes que isso aconteça.

E ficaram. Da próxima vez que o vi, ele era o Primeiro Lorde do Almirantado.

2. Feriado romano

Estava quente em Roma naquele agosto — o tipo de calor que paira no ar, roubando gradualmente toda a energia, até que as pessoas ficam tão lentas quanto brinquedos cuja corda está acabando. A Piazza Colonna, que costumava ser uma das praças mais agitadas da capital, não tinha nenhuma sombra e, naquele dia, estava quase deserta. Ocasionalmente, uma carruagem puxada a cavalo chocalhava pelos paralelepípedos, com o condutor secando a testa, encalorado demais até para estalar o chicote, mas isso era tudo.

Cruzei a praça e fui a um café ler o *Times* do dia anterior, que acabara de chegar. O ataque da imprensa alemã à Polônia começara e as notícias vindas de Berlim eram exatamente as mesmas do ano anterior, apenas substituindo Tchecoslováquia por Polônia. O garçom italiano falava inglês e fez várias tentativas de ler sobre meu ombro. Então me abordou, apologeticamente:

— Há novidades? Aqui em Roma, às vezes é difícil saber o que está acontecendo.

Contei a ele que o ataque da imprensa alemã à Polônia estava se intensificando.

— Ah, sabemos *disso*. Eu quero as notícias reais — disse ele, ansioso. — Haverá guerra?

Respondi que, se a Alemanha invadisse a Polônia, Inglaterra e França certamente entrariam em guerra, e perguntei o que ele achava que os italianos fariam.

— Só Deus sabe. Não queremos guerra, muito menos lutando ao lado dos alemães. Fui ferido na última guerra lutando *contra* os alemães. Não

290 SEGUNDA GUERRA MUNDIAL

posso esquecer disso. No fundo, a maioria de nós está do lado dos ingleses e franceses.

Fiquei surpresa com sua franqueza. Eu não sabia se ele refletia ou não a opinião geral do momento, mas suas observações certamente mostravam uma mudança de ânimo em relação à Roma que eu conhecera em outro agosto, quatro anos antes.

Agosto é sempre baixa temporada em Roma, mas, em 1935, o fantasma da guerra ainda pairava sobre ela e o ar estava tomado pela apreensão. Naquele agosto, os cafés na Piazza Colonna estavam lotados. Cabeças permaneciam curvadas sobre jornais e, de tempos em tempos, ouviam-se conversas exaltadas sobre potenciais ataques aéreos britânicos, posições-chave no Mediterrâneo e defesa terrestre italiana. Eu me lembro das livrarias ao longo da praça exibindo fotografias da Abissínia; dos soldados prontos para embarcar para a África passeando pelas ruas com botas até a metade das pernas e quepes marrons de aparência estranha puxados sobre o rosto, como proteção contra a areia do deserto; dos cinemas que anunciavam filmes sobre os horrores da Etiópia. Os filmes sempre terminavam com fotografias do Exército italiano — pés marchando, tanques, aeronaves, navios de guerra — e então Mussolini, forte e dinâmico, discursando para seu povo. Eu me lembro dos aplausos vigorosos que ele recebia.

Em 3 de outubro, a invasão abissínia começara e, em 6 de outubro, a Liga das Nações declarara sanções contra a Itália. Na semana seguinte, eu entrevistara Mussolini.

Era a primeira vez que eu entrevistava um estadista importante. A capital estava lotada de jornalistas experientes tentando ver o Duce, e jamais me ocorreu que eu teria uma chance. Certamente não era qualificada para isso. Fora a Roma escrever algumas matérias descritivas para os jornais Hearst, mas meu conhecimento de relações exteriores era ínfimo. Porém, em certo jantar, conheci Dino Alfieri, o ministro da Propaganda, que me disse que ele, e somente ele, tinha a autoridade de controlar as entrevistas que Mussolini concedia à imprensa estrangeira. Eu implorei que ele conseguisse uma para mim, mas jamais esperei que realmente o fizesse. Quando ele telefonou na manhã seguinte e disse que Mussolini me veria

FERIADO ROMANO

às 18 horas, fiquei horrorizada. Ele acrescentou que eu não podia levar perguntas escritas e que a conversa seria "em off".

Eu não tinha a menor ideia de como fazer uma entrevista e tive a horrível premonição de que não conseguiria abrir a boca. Estava tão nervosa que não consegui almoçar e, durante toda a tarde, tentei pensar em perguntas adequadas. Conforme a hora se aproximava, eu ficava cada vez mais infeliz. Estava escuro, chovia e, quando passei de carro pela Piazza Venezia, os faróis dos automóveis brilhando no pavimento molhado e o som do vento pareceram dar uma ênfase sobrenatural à ocasião. O fato de eu estar prestes a conversar com o Napoleão daquela época no momento em que ele colocava em risco a paz mundial me parecia estupendo.

Entrei no Palazzo, passei por dois Camisas Negras armados com rifles e apresentei meu cartão de admissão ao atendente. Ele liderou o caminho por uma longa escada de mármore em caracol, uma porta com batente de ferro e duas salas — salas decoradas com pinturas e móveis do início da Renascença; salas que não somente estavam tomadas pelas forças do fascismo, mas haviam respirado o ar de 1455, quando o palácio fora construído por um jovem e belo cardeal da república veneziana que queria uma residência da qual pudesse assistir às corridas de cavalo na Via del Corso.

Fui conduzida a uma pequena alcova de recepção e recebi ordens de esperar. O silêncio dos cômodos vastos e vazios à minha volta era quebrado de vez em quando pelo eco dos sussurros dos atendentes e pelo som suave e misterioso de sinos. De quando em quando, homens uniformizados passavam por mim e faziam a saudação fascista. Após uma espera que me pareceu interminável, um atendente de fraque preto anunciou que o Duce estava pronto para me receber. Ele me conduziu a uma sala vasta e de teto muito alto. Na outra ponta, havia uma escrivaninha, com um homem atrás dela. Caminhei na direção dele, com os saltos dos sapatos clicando alto no chão de mármore. Ele só ergueu os olhos depois de eu ter percorrido três quartos do caminho. Então se levantou.

Jamais esquecerei minha primeira impressão. Em vez de um solene ditador de uniforme preto, um homem baixo e sólido em um terno cinza-claro e sapatos esportivos marrons e brancos avançou para me saudar. Uma palavra nunca associada ao homem forte das massas passou por minha mente: garboso. Ele segurou minha mão, deu um sorriso mecânico e voltou para sua cadeira. Ele andava com um passo peculiarmente pomposo — com a cabeça erguida e o peito projetado para a frente —, como se metade de seu corpo fosse grande demais para a outra metade.

Logo percebi que minha preocupação em conduzir a conversa fora desnecessária. Ele fixou os olhos ameaçadores em mim, inclinou-se sobre a escrivaninha e apontou o lápis em minha direção, parecendo furioso.

— Você acha que sou um déspota? — perguntou ele com sua voz áspera.

— Ah, não — respondi debilmente.

— Você acha que as pessoas me admiram?

— Ah, sim.

— Você acha que eu as levaria para uma guerra contra sua vontade?

— Ah, não.

— Você acha que elas acreditam na causa?

— Ah, sim.

— Então volte para casa e diga isso aos americanos. Vá para casa e diga a eles que não sou o tirano que seus jornais descrevem. Vá para casa e diga a eles que a nação italiana tem direito a um lugar sob o sol. Que a Inglaterra e todos os seus estadistas hipócritas não podem blefar e fazer com que a Itália desista de suas justas demandas. Que a Itália é uma grande potência e não tem medo de ninguém!

Aqui ele esmurrou a mesa. Então, pelos dez minutos seguintes, fui sujeitada a uma furiosa diatribe (em inglês fluente, mas pouco gramatical) sobre a força da Itália fascista, a deslealdade da Inglaterra e a suprema estupidez da Liga das Nações. Tive a impressão de que suas maneiras intimidadoras faziam parte de um ato, em função da maneira como ele mantinha os olhos em mim, balançava o lápis e batia na mesa para enfatizar seus argumentos. Em vez de pensar no que dizer, comecei a temer que a entrevista terminasse antes de eu ter a oportunidade de fazer uma única pergunta. Finalmente, decidi tentar uma interrupção:

— Posso fazer uma pergunta, Excelência? Se o senhor não gosta da Liga das Nações, por que permanece membro?

FERIADO ROMANO   293

Mussolini me olhava com selvageria, mas, subitamente, seus modos mudaram.

— Porque sou um homem muito esperto — respondeu ele, quase timidamente. — A política é um jogo difícil, e a maneira pela qual estou jogando é minha melhor chance de vencer. Não é fácil. Estou em guerra contra 52 nações.

Ele hesitou nas palavras "cinquenta e duas" e, para ter certeza de que eu entendera, escreveu o número em um pedaço de papel e me mostrou.

— *Cinquantadue* — repetiu.

— O senhor acha que pode vencer 52 nações?

— Não sei — respondeu ele sorrindo, novamente com algo que parecia timidez. — Mas tentarei. Se os ingleses têm direito a um império africano, *nós* temos direito a um império africano. O Mediterrâneo é mais nosso que deles. Meu povo entende isso e está comigo. Você viu o tipo de recepção que eles me oferecem?

Eu disse que vira as multidões na Piazza Venezia algumas semanas antes, quando ele dera o sinal para iniciar a guerra da Abissínia.

— Bom. Muito, muito bom.

Nunca soube se ele se referia a seu discurso ou ao fato de que eu o ouvira, pois ele se levantou subitamente e eu entendi que a entrevista terminara. Ele percorreu toda a sala comigo, apertou minha mão e fechou a porta a minhas costas.

Não fiquei impressionada. A personalidade de Mussolini era agressiva e exuberante demais para meu gosto, e seus argumentos contra a Inglaterra e a Liga eram tão exagerados que não conseguiam ser convincentes. Mas, acima de tudo, ressenti-me de receber ordens. Minha reação a seu comando para ir para casa e dizer isso e aquilo aos americanos foi: "Você pode dizer aos italianos o que fazer, mas, graças a Deus, não pode fazer o mesmo comigo!"

Embora muitas pessoas apoiassem Mussolini, havia pouca lógica em seu argumento. Ele tentava justificar o ataque italiano à Abissínia dizendo que a última não era adequada para ser membro da Liga; mas fora a Itália, e somente a Itália, que insistira na inclusão da Abissínia na Liga das Nações, contra as repetidas objeções da Grã-Bretanha. Mussolini fora saudado como grande homem por ter elevado o padrão de vida na Itália (ainda é elogiado por isso), mas ignorava-se convenientemente o fato de que conseguira isso por meios tão artificiais que, dali em diante, a nação precisaria se expandir ou explodiria. Essa é a grande coisa a se lembrar sobre o fascismo. Ele sempre vive acima de seus meios, acreditando que, quando seu capital for exaurido, poderá roubar o dinheiro de alguém para manter as contas equilibradas.

Ao descrever Mussolini no artigo publicado nos jornais Hearst, eu disse que, se ele tivesse nascido em eras passadas, de feroz patriotismo e intolerantes ambições, sem dúvida teria construído um grande império. "Essas qualidades", escrevi naquela época, "eram virtudes no passado, mas ainda são? Mussolini navega uma imensa onda. Eu me pergunto se, quando essa onda se quebrar, ela trará vitória ou catástrofe."

Bem, agora eu não precisava mais me perguntar.

* * *

Ítalo Balbo, o marechal do ar italiano, era muito diferente de Mussolini. Em 6 de outubro, o dia em que a Liga das Nações votou sanções contra a Itália, voei até a Líbia e passei alguns dias em Trípoli. É desnecessário dizer que a situação era tensa. A frota britânica estava concentrada no Mediterrâneo e, quando chegamos à Sicília, nosso piloto anunciou que não faríamos a parada habitual em Malta. Em vez disso, quando nos aproximamos de Malta, o avião perdeu altitude e manteve velocidade de cruzeiro por meia hora, enquanto um operador anotava o número de vários navios britânicos e os enviava via rádio para Roma.

Trípoli estava lotada: havia o cáqui das tropas coloniais, a faixa e o fez vermelhos dos soldados árabes e o verde-acinzentado dos regimentos italianos. Nas ruas principais, centenas de bandeiras italianas brilhavam, vermelhas e verdes, contra os edifícios tropicais, tão brancos sob o sol ofuscante que quase machucavam os olhos.

Eu conhecera um dos secretários de Balbo em Paris e, na noite de minha chegada, fui convidada para jantar na casa de Sua Excelência, uma exótica

FERIADO ROMANO

vila moura com vista para o mar. Havia vários generais do Exército no jantar e, a despeito da situação tensa, todo mundo parecia animado. Balbo tinha um charme fácil e meio rude, era muito bem-humorado e obviamente adorado por seus seguidores. Eu me lembro de notar que, ao contrário da maioria dos líderes fascistas, ele não tinha uma fotografia de Mussolini em casa. Havia somente pinturas do rei, da rainha, do príncipe herdeiro e da princesa. Quando perguntei a Balbo o que ele achava da Líbia, ele respondeu, dando de ombros:

— *Il faut l'aimer. Je suis un prisonnier ici.*

Não sei se essa era toda a verdade. A vida de Balbo era agradável e seu trabalho era importante; suspeito que ele gostava de dramatizar a situação.

Depois do jantar, os convidados foram para o pátio e Balbo fez uma exibição de tiro noturno, seu esporte favorito. Com o rifle apontado para o céu escuro, ele atirou a esmo nos pássaros que voavam acima, quase indistinguíveis ao luar. A exibição teve uma nota cômica, pois, embora ele não tenha acertado nenhum tiro, seus generais e oficiais o elogiaram e ficaram repetindo que maravilhoso atirador ele era. Atrás deles, estavam postados dois imensos criados negros, um com uma toalha e o outro com uma bacia d'água, para que ele lavasse as mãos ao terminar. Esses confiáveis criados eram ambos abissínios.

Certa tarde, Balbo me levou para voar. Eu sempre imaginara que voar com o marechal do ar da Itália, o homem que liderara um esquadrão de aviões italianos através do Mediterrâneo e retornara, seria uma experiência memorável. E foi, mas não exatamente como eu imaginara. Ele me levou para voar em um Berda de dois lugares, tão velho que mal conseguia decolar. No ar, o motor sacudia tão violentamente que tive certeza de que as asas cairiam. O vento assobiava na cabine, o avião dava solavancos incertos para cima e para baixo e Balbo gritava:

— *Magnifique, n'est ce pas?*

A única coisa magnífica era a vista. Quando ganhamos altitude, as mesquitas árabes se transformaram em bolas de tênis e o vilarejo parecia um arranjo de caixas quadradas de bombom. De um lado, a majestosa imensidão do Mediterrâneo; do outro, a brancura do deserto. No oeste, o céu era pintado de cor-de-rosa pelo sol se pondo e, no leste, uma lua vermelha começava a exibir sua sombra. Balbo sugeriu fazer algumas acrobacias em meu benefício, mas consegui convencê-lo a desistir alegando ter coração fraco. Quando senti os pés em terra firme novamente, suspirei de alívio.

Em retrospecto, aqueles poucos dias foram um interlúdio extraordinário. Embora a "crise" italiana mantivesse o mundo na expectativa, Balbo e seus generais não pareciam minimamente alarmados com a possibilidade de guerra. Eles sequer pareciam ter muito a fazer. Aliás, Balbo sugeriu que eu tirasse alguns dias de férias e voasse com ele até Gadames, um fascinante vilarejo árabe a centenas de quilômetros da costa. Nada me faria entrar novamente em um avião com o marechal do ar, e eu respondi que lamentava, mas precisava retornar a Roma. Ele argumentou por algum tempo, então balançou a cabeça e disse tristemente:

— Eu sei. O problema é que você não gosta da minha barba.

Esse foi o fim do assunto.

* * *

Estava tão quente no Café Colonna, a despeito dos pesados toldos listrados e dos ventiladores ligados, que voltei ao hotel. Antes de ir embora, o garçom italiano disse:

— Se fôssemos levar nossos próprios jornais a sério, isso significaria guerra amanhã. Mas não acredito nisso. Mussolini é um homem inteligente. Ele nos manterá fora dela.

Muitas pessoas em Roma pareciam ter a mesma fé. Embora mais de 1,5 milhão de homens tivessem sido chamados às armas e as manchetes dos jornais anunciassem eventos assustadores, a capital dava poucos sinais de alarme. A vida era pacífica como sempre: carruagens se movendo lentamente pelas ruas, pessoas fazendo a sesta da tarde ao longo das margens do Tibre, cafés lotados. Não havia nem mesmo uma corrida para comprar jornais.

Italianos de todas as camadas sociais se esforçavam para serem amigáveis com os visitantes ingleses e americanos e, pela primeira vez, ouvi

FERIADO ROMANO

o regime fascista ser criticado abertamente. Uma piada popular naquele verão era sobre o homem que abordara um taxista e perguntara: "Você está livre?" "É claro que não", fora a resposta. "Sou italiano."

Mas ainda mais curiosa que a despreocupação geral era a falta de preparativos militares. A despeito da mobilização, nenhuma precaução contra possíveis ataques aéreos era tomada; a única atividade notável era a enérgica onda de construções para a Feira Mundial de 1942.

Eu chegara a Roma em uma semana ruim — os oficiais que queria ver estavam ausentes —, então fui a Capri passar alguns dias com Mona e Harrison Williams. Foi paradisíaco nadar e tomar sol o dia todo, mas eu estava lá havia pouco tempo quando a crise deu uma nova guinada. Ciano fora a Berchtesgaden conversar com Hitler e havia rumores de que o início da guerra fora determinado. Retornei a Roma na mesma manhã em que Ciano voltou da Alemanha e, no dia seguinte, almocei com ele em Óstia.

Estava tão quente em Roma que ninguém trabalhava no meio do dia. Às 13 horas, todo mundo que podia dirigia até o mar, a alguns quilômetros do centro de Roma, e ia nadar, retornando ao trabalho às 16 horas. O príncipe e a princesa Del Drago me convidaram para ir com eles e almoçamos com Ciano na praia.

Ciano tinha boa aparência, falava um inglês impecável e era uma companhia animada e divertida. Mas tinha um ar de inacreditável arrogância; era possível sentir, o tempo todo, que ele tentava imitar o sogro, até mesmo na maneira como empinava o peito e se pavoneava ao caminhar. Embora eu desejasse descobrir o que acontecera em Berchtesgaden (a conversa era mantida em grande segredo), não abordei o assunto, esperando que a indiscrição italiana me desse uma pista. Ciano adivinhou o que eu tinha em mente, pois, após o almoço, levou-me para andar de lancha — um dos passeios mais desconfortáveis que já fiz — e, quando estávamos a uns 2 quilômetros da costa, desligou o motor e foi nadar. Subitamente, emergiu da água, com o cabelo caindo sobre os olhos, e disse:

— Aposto que você quer saber sobre o que conversei com Hitler.

— Sim, quero. Mas tenho a forte impressão de que *ele* falou a maior parte do tempo.

— Não tenha tanta certeza — disse Ciano, irritado. — Ele não é único. Eu também posso fazer história. Quando penso em quantas vidas dependem de minhas ideias, é um alívio vir até aqui por algumas horas e me afastar de tudo. (Você pode não acreditar, mas isso foi tudo que ele disse.)

Naquela noite, Ciano, os Del Drago e eu jantamos no Hotel Ambassador. Ciano foi tratado como parte da realeza. Quando entrou no salão, todo mundo olhou para ele; os garçons fizeram reverências profundas e seus conhecidos fizeram esforços exagerados para serem vistos. Ele não estava inconsciente do efeito que causava; quando me perguntou aonde eu gostaria de ir após o jantar e eu sugeri algum lugar com música, disse que as pessoas criavam tanta confusão ao vê-lo que ele precisaria escolher o local com cuidado; seu pai acabara de morrer e ele não queria chamar atenção.

Ele finalmente se decidiu por um pequeno restaurante a alguns quilômetros de Roma. Quando entramos em seu carro, ele orgulhosamente chamou minha atenção para o vidro à prova de balas:

— Se alguma coisa acontecesse comigo, a história seria alterada.

Ao chegarmos ao restaurante, não entramos. Ciano mandou chamar o gerente e perguntou se seu violonista favorito estava tocando naquela noite.

— *No, Eccellenza* — (e aqui a voz do gerente assumiu um tom quase acusador) —, *è mobilizzato*. (Não, Excelência, ele foi convocado.)

Ciano pareceu ligeiramente surpreso, e retornamos a Roma.

Ele teve o cuidado de evitar todos os assuntos políticos e não me dar nenhuma indicação do que estava acontecendo. No dia seguinte, no entanto, almocei novamente com os Del Drago, Ciano e Alfieri (o ministro da Propaganda, que conseguira minha entrevista com Mussolini), e um incidente me disse tudo que eu precisava saber. Almoçar com Ciano era sempre meio cômico, pois um fluxo constante de garçons ofegava até a praia com grandes pratos de espaguete e garrafas e mais garrafas de vinho tinto. Quando estávamos na areia sob a sombra dos guarda-sóis, um homem idoso e sua filha, ambos em trajes de banho, aproximaram-se pela ampla passarela. Ciano e Alfieri se levantaram imediatamente para cumprimentá-los, mas Del Drago se afastou na direção oposta. Fiquei surpresa ao ver Ciano se importar tanto com alguém e, quando Del Drago voltou, perguntei quem era o homem.

FERIADO ROMANO

— O general Długoszowski, o embaixador polonês — respondeu ele. — Eu gostaria de apertar a mão dele e dizer que salvaremos seu país. Mas, infelizmente, é tarde demais. Não podemos fazer isso.

Então fora isso que acontecera em Berchtesgaden. Os alemães haviam fixado a data da guerra e decidido seguir em frente a qualquer custo. Não admira que Ciano achasse nadar tão relaxante.

Embora muitas pessoas acreditassem que Ciano e Mussolini tinham visões distintas sobre relações exteriores, acho que Ciano era peso-leve demais para enfrentar o sogro. Mussolini ainda detinha as rédeas e, pelo que pude descobrir, não era um homem que se deixasse influenciar ao tomar decisões.

Eu não achava que a Itália fosse entrar na guerra na época e escrevi isso em um artigo para o *Sunday Times*. Mas sempre soube que o Partido Fascista estava ávido pela vitória alemã e a facilitaria da maneira que pudesse. Dino Alfieri era um dos principais membros desse grupo. Antes de partir de Roma, almocei com ele e ouvi que, o que quer que acontecesse, ele não acreditava que Inglaterra e França lutariam:

— Mas, se lutarem, tanto faz ser agora quanto mais tarde. De tempos em tempos, chega um momento na história em que as terras do mundo precisam ser redivididas.

A política externa italiana me parecia ainda mais desprezível que a alemã. Ela ignorava a grande civilização que era seu legado e não continha sequer um verniz de princípios; tratava-se pura e simplesmente de pirataria.

Descobri que não haveria chance de entrevistar Mussolini novamente e, no fim da semana, parti para o sul da França, a fim de passar alguns dias com Freda e Bobby Casa Maury. No dia em que voei de Roma para Gênova, notícias sobre o pacto germânico-soviético explodiram sobre um mundo atônito. Lá estava o movimento de abertura da Segunda Guerra Mundial. Pela primeira vez, as chances favoreciam a Alemanha; Hitler estava livre para destruir a Polônia, dar as costas à Rússia e lançar toda a sua força de ataque contra o Ocidente, em uma tentativa final de dominar a Europa. Agora nada o impediria.

3. Últimas horas em Berlim

Meu descanso terminou antes de começar. Vinte e quatro horas depois, eu estava em um carro com Marc Lauer, amigo de Bobby Casa Maury, seguindo em direção a Paris. Muitas outras pessoas iam na mesma direção, pois a notícia do pacto alemão fora como o providencial vento que anuncia a tempestade. Em um minuto, os visitantes de verão seguiam calmamente com suas vidas; no minuto seguinte, espalhavam-se em todas as direções, tentando chegar em casa antes do primeiro relâmpago. O governo francês já começara a chamar reservistas, as estradas estavam tomadas por caminhões e motocicletas e era quase possível ouvir o gemido do vendaval.

Os franceses jamais são infelizes de maneira discreta: eles se tornam soturnos e zangados. Por todo o caminho, fomos recebidos com olhares sombrios e comentários irritados. Quando paramos para almoçar em Valence, o garçom expressou seus sentimentos batendo os pratos e a porta como se fôssemos pessoalmente responsáveis pelos eventos. Mais tarde, quando fomos a um café em Lyons e perguntamos à proprietária se houvera novas notícias no rádio, ela respondeu secamente:

— Estou ocupada demais para ouvir. Além disso, não há nada que eu queira ouvir.

Nunca, pensei eu, *um país entrou em guerra com tão pouca vontade.*

As estradas estavam engarrafadas, então só chegamos a Paris às 4 horas. Entramos por Fontainebleau. Estava frio, e as grandes florestas de ambos os lados da estrada permaneciam estranhamente silenciosas. A névoa era espessa e estranhas formas brancas se erguiam em frente aos faróis; *fantasmas de vinte anos atrás*, pensei, *voltando à vida novamente.*

Paris estava bela como sempre, mas tinha um ar preocupado, como uma mulher bonita que perde sua compostura habitual. Tudo parecia se mover rapidamente: pessoas, táxis, ciclistas — até mesmo a água que espirrava das fontes do Rond Point.

Os hotéis estavam cheios de assustados turistas americanos discutindo com os recepcionistas e oferecendo grandes somas de dinheiro por passagens, a fim de irem embora antes de os problemas começarem. Eu queria ver a baronesa, e a encontrei sozinha em seu apartamento. Suas duas criadas, Yvonne e Germaine, já haviam partido para o norte a fim de se unir a uma equipe hospitalar.

A baronesa era uma mulher esguia com uma pequena cicatriz no nariz, lembrança de um estilhaço que a atingira enquanto estava na varanda, durante a última guerra. Ninguém odiava os alemães mais que ela. Certa vez, uma de suas amigas hospedara uma jovem austríaca; mais tarde, Madame a repreendera indignadamente por receber uma boche em sua casa. A amiga argumentara que ela era austríaca, mas Madame insistira ferozmente que eles eram todos iguais.

Madame chorou um pouco quando me viu e perguntou se eu realmente achava que haveria guerra, mas foi somente uma pergunta retórica, pois ela sabia a resposta. Ela trabalhara em um hospital parisiense durante a última guerra e me disse que trabalharia lá novamente. Eu me despedi dela, infeliz.

Antes de partir, fui ver a concierge, a mulher que sempre discutia tão acirradamente com o padeiro. No ano anterior, quando voltara de Praga, eu perguntara sua opinião sobre Munique. Ela dera de ombros e respondera com uma única frase *"Ce n'est pas chic, ça"*. Dessa vez, ela também comentou com uma única frase:

— *Il faut en finir.*

* * *

Tive sorte de voltar para a Inglaterra, pois os trens e barcos estavam lotados de turistas e as passagens estavam caríssimas; houve tantos atrasos que a viagem durou quase doze horas. Quando finalmente chegamos a Dover, vi um cartaz que dizia: "A paciência de Hitler está no fim."

ÚLTIMAS HORAS EM BERLIM

Mas a "paciência" de Hitler duraria mais cinco dias, passados ouvindo no rádio os boletins de hora em hora e as últimas notícias: "Mil tanques na fronteira polonesa", "Conversas à meia-noite em Whitehall", "Crianças são retiradas de Paris", "Dois milhões pegam em armas na Polônia", "Roosevelt envia mensagem à Itália", "Henderson voa para casa", "Hitler recebe mensagem britânica", "Hitler responde".

Todos sabiam que nada daquilo faria diferença, quer Henderson voasse para casa ou ficasse em Berlim, quer Hitler respondesse ou não. O fim seria o mesmo. Ao caminhar pelo Hyde Park com o sol brilhando sobre as flores, tudo parecia irreal; eu me lembro de pensar que era quase indecente que a natureza não se comportasse de modo mais lúgubre.

Mas a irrealidade do clima não era tão estranha quanto as pessoas a minha volta. Os ingleses reagem às crises de um modo único. Quanto mais tensa a situação, mais calmos eles ficam. De fato, ninguém se referia à guerra iminente. Motoristas de táxi, garçons e porteiros continuavam a trabalhar como se não soubessem que, em breve, seriam pegos em uma das maiores tempestades que o mundo já vira. O máximo que se conseguia deles era um comentário breve, como "As coisas não estão muito boas, não é?", e então eu me sentia culpada por ter tido o mau gosto de mencioná-las.

Eu entregara meu apartamento quando partira de Londres e passei a crise com Maureen e Oliver Stanley em sua casa em Romney Street. O telefone tocava continuamente e Oliver comparecia a inumeráveis reuniões do Gabinete, mas a residência funcionava de maneira tão normal que poderia ser qualquer semana — exceto aquela. Mas, por baixo da superfície, todo mundo sabia o que havia pela frente. Oliver lutara na última guerra, aos 18 anos. Agora seu filho tinha 18 anos e, em breve, lutaria também. A felicidade de milhões de pessoas estava em jogo, mas elas eram impotentes para evitar que o futuro fosse uma terrível repetição do passado.

Em seu panfleto *Registro negro: os alemães no passado e no presente*, Sir Robert Vansittart escreveu:

Em 1907, eu cruzava o mar Negro em um navio alemão. Era primavera, e os cordames estavam cheios de pássaros coloridos. Notei um deles em particular, com marcas vívidas na plumagem e um bico forte. De vez em quando, ele avançava sobre um pássaro menor, inconsciente do perigo, e o matava. Era um picanço ou algum tipo de pássaro carniceiro e destruía seus companheiros de modo consistente [...]. O pássaro carniceiro no navio alemão se comportava exatamente como os alemães. Eu tinha 26 anos na época, e a vida parecia muito boa, ou devia parecer, pois havia 400 milhões de tipos diferentes de felicidade na Europa. Mas eu já sentia a sombra alemã, pois passara tempo suficiente na Alemanha para saber que ela iniciaria sua quarta guerra assim que as condições lhe parecessem propícias.

Na primavera de 1939, as condições pareciam propícias.

* * *

Às 0h45, exatamente dezessete horas antes de as tropas alemãs iniciarem seu ataque à Polônia, Jane Leslie e eu aterrissamos no aeródromo Tempelhof em Berlim. No momento em que vimos as sombrias fileiras de aviões de combate — pintados de preto com suásticas brancas —, sentimos todo o drama daquele terrível momento. A capital era um campo armado. Todos os carros particulares haviam sido requisitados, e o único trânsito era de caminhões militares, carros blindados e carroças de metralhadoras que roncavam e matraqueavam sobre as superfícies de pedra, terríveis arautos do que estava por vir. Os hotéis estavam lotados de soldados de elite nazistas, com seus uniformes pretos. Naquela noite, pela primeira vez, vi silhuetas negras contra o céu, dos homens manobrando armas antiaéreas nos telhados ao longo da Unter den Linden.

Por toda parte, sentia-se a força sinistra da nação alemã na véspera de sua quinta guerra na Europa em 75 anos. Era possível senti-la no vento que soprava pela capital exatamente como fizera em agosto: ele erguia pedacinhos de papel e detritos e os esfregava nas calçadas, com um barulho estranho que parecia um chocalho letal.

Eu sabia que a máquina estava pronta. Aquele era o momento pelo qual a Alemanha nazista trabalhara durante seis anos. Agora os aviões è tanques aguardavam e as metralhadoras estavam em posição. Tudo fora

ÚLTIMAS HORAS EM BERLIM 305

feito e o último botão do último uniforme fora polido. Só faltava empurrar a alavanca.

Eu pretendia passar 48 horas em Berlim para escrever uma matéria para o jornal de domingo. Jane era uma amiga de Nova York que passava o verão na Europa. Embora eu tivesse alertado que provavelmente estaríamos na Alemanha no início da guerra e poderíamos levar semanas para retornar à Inglaterra, ela decidira me acompanhar. Nunca estivera em Berlim, e a atmosfera a impressionou ainda mais que a mim. Durante todo o trajeto até o hotel, ela olhou pela janela do táxi e, quando caminhamos até o saguão do Adlon, passando por um grupo de Camisas Negras de expressão severa, ela os encarou como se fossem ligeiramente irreais — como personagens de um filme de Hollywood.

Fomos ao restaurante e encontramos Pete Huss, da International News Service, e o dr. Boehmer, o chefe de imprensa alemão. O dr. Boehmer perdera o ar confiante e parecia exausto e doente. Ele nos disse sombriamente que nada poderia salvar a situação e profetizou que, em breve, o mundo inteiro estaria envolvido.

Nunca vi um homem tão deprimido. Pete Huss me contou que, durante a entrevista coletiva daquela manhã, Boehmer perdera o controle e chorara. Eu me habituara tanto à autoconfiança nazista que esse desalento me surpreendeu, mas percebi que, até então, só vira oficiais alemães quando as cartas lhes eram favoráveis. Em uma entrevista coletiva à tarde no Ministério do Exterior, o porta-voz oficial estava quase tão melancólico quanto Boehmer. Uma meia dúzia de jornalistas estava sentada em torno da mesa e o metralhava com perguntas, mas ele só sacudia a cabeça e respondia, em voz baixa e tensa: "*Ich weiss nicht*" (Não sei). Pete Huss, que estava sentado a meu lado, sussurrou que "Eu não sei" era a única coisa que alguém *sabia* em Berlim.

Os correspondentes das agências enviavam boletins a cada poucos minutos, e os diplomatas pareciam atormentados e cansados. Encontramos Sir George Ogilvie-Forbes, o conselheiro britânico, trabalhando em mangas de camisa; Alexander Kirk, o encarregado de negócios americano, levara uma cama de campanha para o escritório e, durante as últimas 48 horas, trabalhara noite e dia.

As longas horas que se arrastaram por aquela tarde e noite foram como uma vigília no quarto de um enfermo: a ansiedade, a confusão, a solenidade, o tom de voz abafado e até mesmo a falsa nota de animação. Os diplomatas adotaram uma atitude de "enquanto há vida, há esperança", mas não deixaram de fazer preparativos para o funeral; Sir Nevile Henderson foi ter uma última conversa com Goering, mas o primeiro andar da embaixada britânica estava tomado por malas prontas para serem enviadas por trem diplomático quando o sinal fosse dado. Pobre paz! Agora nada poderia colocar um pouco de cor em seu rosto ou aquecer suas mãos geladas.

Somente vinte anos antes, 10 milhões de homens haviam morrido no mais selvagem conflito que o mundo já conhecera. Eles haviam morrido violentamente: queimados, sufocados, envenenados com gás, perfurados por baionetas e explodidos em pedacinhos. Agora, mais uma vez, a nação alemã daria início aos mesmos horrores ou ainda piores. A qualquer momento, um homem daria o sinal. Uma pequena multidão aguardava na Wilhelmstrasse em frente à chancelaria. A insígnia especial mostrando que Hitler estava presente tremulava no telhado. Quando passei por lá, fiquei subitamente enjoada.

A ocasião era tão imensa que as coisas que víamos pareciam não ter nenhuma conexão com o que estava acontecendo. Quando Jane e eu jantamos no Horscher naquela noite, as luzes suaves, a comida excelente, os garçons prestativos e as pessoas rindo pareciam irreais, vindos de outro mundo. Compreendi, com um sobressalto, que, para além de um punhado de oficiais, poucas pessoas em Berlim estavam conscientes do drama que viviam. Elas haviam passado por crises antes. Os Exércitos haviam sido mobilizados e seus homens haviam sido enviados para o front — e, de todas as vezes, tinham obtido uma vitória sem sangue. Aquela crise provavelmente não lhes parecia mais séria que a do ano anterior. A maioria iria para a cama naquela noite confiando na inspiração divina do Führer. De fato, uma conhecida alemã se sentou comigo e Jane e nos contou que ouvira o relato de que a Polônia aceitaria o ultimato alemão. Ela estava confiante de que, no último minuto, haveria paz. Quando passamos pela chancelaria a caminho do hotel, à meia-noite, as luzes ainda estavam acesas.

ÚLTIMAS HORAS EM BERLIM

Na manhã seguinte, fomos acordadas por pés marchando — os passos do cortejo fúnebre. Nossos quartos davam para a Unter den Linden, e corremos até a varanda para ver as tropas de choque na avenida. Interfonamos para a recepção e descobrimos que Hitler falaria no Reichstag às 10 horas. Como o discurso fora anunciado no último minuto, não houvera tempo para organizar multidões entusiásticas. Somente um punhado de pessoas viu Hitler chegar de carro, vestindo, pela primeira vez, o uniforme de campo cinzento do Exército alemão. A caminho do discurso mais épico que faria, ele passou por ruas vazias.

O discurso foi curto: ele enumerou as "atrocidades" que os poloneses haviam cometido e anunciou que, desde às 5h45 daquela manhã, os alemães estavam "retornando" o fogo polonês. Jane e eu ouvimos do escritório do coronel Black, o adido militar americano. As janelas de seu escritório também davam para a Unter den Linden. Embora a avenida tivesse muitos alto-falantes e as palavras ressoassem com veemência pela capital, ficamos impressionadas com a resposta apática que geraram. Até mesmo as tropas de choque demonstraram pouco entusiasmo.

Quando acabou, caminhamos até a chancelaria e, em vez da grande multidão que costumava se reunir ali, encontramos somente cinquenta ou sessenta pessoas. Elas gritavam, pedindo que Hitler fosse até o balcão, e eu refleti sobre a carreira do homem que ascendera de pintor de paredes a generalíssimo.

Hitler não apareceu, mas talvez seja válido registrar que, a duas janelas de distância, em uma seção do edifício que estava sendo reformada, três pintores de bonés e macacões brancos se inclinaram para fora e olharam estupidamente para a multidão.

* * *

Jane e eu almoçamos com Ogilvie-Forbes e o coronel Daly (o adido militar britânico) no jardim do Adlon. Eles nos disseram não haver nenhuma notícia sobre a declaração de guerra britânica, mas ela era esperada a qualquer momento. Os oficiais alemães em uma mesa próxima encararam o inglês com curiosidade, mas nada puderam deduzir da expressão sorridente e impassível de Ogilvie-Forbes. Achei que pareciam perplexos.

Mesmo que a guerra tivesse começado da maneira fria e calculista que todo mundo esperava, eu me sentia ligeiramente atordoada. E me perguntei o que se passaria na cabeça dos alemães. Finalmente, fui até um dos recepcionistas e perguntei, sem rodeios, como ele se sentia sobre uma guerra mundial. Nunca me esquecerei da surpresa que senti com sua resposta.

Ele olhou para mim e para Jane com espanto:

— Como assim, guerra mundial? A Polônia é assunto alemão. O que os outros países têm com isso?

Alguns minutos depois, vimos o recepcionista em um pequeno grupo de duas ou três outras pessoas. Ele evidentemente repetia o que havíamos dito, pois apontou em nossa direção. Os outros riram e fizeram gestos de incredulidade.

— Olhe para eles — disse Jane, enérgica. — Eles não acreditam. Provavelmente estão dizendo "Aquelas duas são malucas".

Fiquei pasma. Até então, eu não me dera conta do quanto as pessoas comuns ignoravam a real situação. Mas suponho que não deveria ter ficado surpresa. Os jornais matutinos não haviam publicado nenhuma notícia sobre o ultimato britânico e francês. A propaganda alemã se concentrava somente na Polônia, e mesmo o discurso de Hitler no Reichstag fizera apenas breve menção à Inglaterra e à França, dizendo "lamentar as declarações de estadistas estrangeiros de que isso (o ataque à Polônia) afeta seus interesses". A Alemanha, acrescentara Hitler, não tinha interesse pelo Ocidente e nenhum objetivo ocidental no futuro.

Quando o garçom nos trouxe chá, conversamos com ele e obtivemos a mesma reação do recepcionista.

— Os poloneses provocaram demais os alemães. Agora vão ter que pagar o preço.

— Mas como você se sente sobre lutar contra a Grã-Bretanha e a França?

— Quem disse que teremos que lutar contra a Grã-Bretanha e a França? A Polônia é uma preocupação exclusivamente alemã. Não podíamos ficar parados e deixar que os poloneses atirassem em mulheres e crianças alemãs. Por que alguém deveria interferir?

Ele nos olhou com ar zangado e se afastou pisando duro.

Foi somente ao conversarmos com um dos porteiros — um homem mais velho — que tivemos um vislumbre de alarme. Quando dissemos que Inglaterra e França entrariam em guerra contra a Alemanha, ele nos olhou com um ar de desespero e disse:

— *Mein Gott*, espero que não. Lutei quatro anos na guerra passada, e foi suficiente.

A complacência alemã foi ligeiramente abalada por volta das 5 horas, quando as sirenes de ataque aéreo gemeram subitamente em toda a capital. Nosso primeiro pensamento foi: a Força Aérea britânica. Corremos até a varanda. Abaixo, os carros paravam no meio da rua e as pessoas corriam em todas as direções. Um caminhão fez a curva tão depressa que subiu no meio-fio. Descemos as escadas e vimos pessoas entrando no saguão, vindas da rua. O gerente apareceu, ergueu os braços para chamar atenção e pediu que a multidão o seguisse até o abrigo. Ele nos conduziu, através da cozinha, ao jardim dos fundos. O único teto era o céu — aquele era o abrigo do Adlon.

A multidão olhava para cima com apreensão, e um alemão idoso a meu lado perguntou se eu já estivera em um ataque aéreo antes. Eu disse que fora bombardeada várias vezes por aviões alemães na Espanha e ele ficou em silêncio. Vinte minutos depois, soou o sinal de que o ataque terminara e, mais tarde, descobrimos que se tratara somente de um exercício.

Tudo isso aconteceu na sexta-feira. Eu tinha que entregar minha matéria para o *Sunday Times* no sábado e, como as comunicações entre Inglaterra e Alemanha podiam ser interrompidas a qualquer momento, decidimos partir para a Holanda naquela noite. Os serviços ferroviários já estavam prejudicados. Disseram-nos que poderíamos comprar passagens até Colônia e, de lá, fazer novos arranjos.

Naquela noite, pela primeira vez, os trens viajaram por uma Alemanha silenciosa e escura. As luzes foram diminuídas e as cortinas fechadas. Não havia vagão-dormitório e tivemos que passar a noite em um compartimento com seis outras pessoas. Havia três *Hausfrauen* de meia-idade cheias de pacotes e malas, um cavalheiro corpulento de cabelo muito curto que poderia posar para a caricatura de um alemão, um garoto de 15 anos e um homem baixo, esguio e de pele morena que falava inglês e nos disse que era músico e estava a caminho de Düsseldorf. As três mulheres evidentemente eram amigas. Elas conversavam continuamente e pareciam ver o blackout como uma hilária aventura. Estavam tão animadas que percebi que deviam estar tão inconscientes da situação quanto as pessoas em Berlim. Não resistimos e tocamos no assunto. Dessa vez, Jane tomou a iniciativa. Ela se virou para o músico e perguntou:

— Houve qualquer notícia sobre a declaração de guerra da Grã-Bretanha e da França?

— Guerra? Não estamos em guerra com a Inglaterra e a França. Somente com a Polônia.

— Acho que a guerra já foi declarada — continuou Jane obstinadamente.

As mulheres queriam saber o que estávamos dizendo e o músico traduziu. Elas arquejaram, e a caricatura disse:

— Não acredito nisso. A Alemanha está somente iniciando ações policiais na Polônia. Ninguém entrará em guerra por causa disso.

O músico concordou:

— Vocês não devem acreditar em rumores. Eles estão sempre errados. — Então sorriu abertamente. — Depois que cortarmos a garganta da Polônia (e aqui ele passou o dedo sugestivamente pela própria garganta), voltaremos a ficar em paz.

Todo mundo riu. As mulheres pareceram mais calmas e retomaram sua animada conversa. *Que história*, pensei. *A Alemanha está às vésperas de uma guerra mundial e ninguém está disposto a acreditar; todo mundo acha que, mais uma vez, Hitler conseguirá agir sem sofrer as consequências.*

Chegamos a Colônia pela manhã e pegamos um trem para Roterdã. Estávamos febris para saber o que estava acontecendo na Inglaterra e na França, mas os jornais alemães omitiam tais detalhes e só continham relatos cintilantes sobre o avanço na Polônia. Quando chegamos a Kalden, a estação fronteiriça alemã, foi como escalar o último muro de uma terrível prisão. Um grupo de homens da SS embarcou no trem e começou a vasculhar os compartimentos. Em um deles, até mesmo cortaram o estofamento. Jamais descobrimos o que procuravam, mas eles fizeram com que três ou quatro pessoas desembarcassem, todas chorando e protestando.

Em nosso compartimento, havia um casal judeu idoso que nos disse estar a caminho dos Estados Unidos, onde o homem trabalharia como professor. Quando os oficiais alfandegários vieram inspecionar seus vistos,

ÚLTIMAS HORAS EM BERLIM 311

suas mãos tremiam tanto que eles mal conseguiram mostrá-los, e ficamos angustiadas por eles, temendo que algo prejudicasse seus planos. Mas, finalmente, tudo terminou e o trem partiu para Vlissengen, a estação holandesa. O professor pegou a mão da esposa e a apertou com força.

Mas o incidente terminou de forma desoladora. Quando os oficiais alfandegários holandeses embarcaram, eles pediram para ver as passagens de navio para os Estados Unidos, e o cavalheiro idoso respondeu que elas estavam em Amsterdã. As autoridades sacudiram a cabeça e disseram que uma rígida lei proibia qualquer alemão de viajar pela Holanda, a menos que provasse se dirigir a outro destino. Eles teriam que voltar para a Alemanha.

A dama idosa começou a chorar e o professor argumentou penosamente. Jane e eu ficamos furiosas com as autoridades, mas, como não falávamos uma palavra de holandês, não pudemos ajudar. Todavia, um holandês no compartimento ao lado interferiu e tentou persuadir os homens da alfândega a deixá-los ficar em Vlissengen até que alguém pudesse trazer as passagens. Mas, quando o trem partiu, os oficiais ainda estavam sacudindo a cabeça. Nosso último vislumbre foi do casal idoso sentado em um banco na plataforma, com as malas empilhadas a seu lado. Nunca soubemos como terminou a história.

No restante do caminho até Roterdã, Jane e eu nos pendurávamos na janela em todas as paradas e pedíamos notícias. Inglaterra e França haviam declarado guerra? Alguns assentiam, outros negavam; alguns afirmavam que um ultimato fora enviado, outros diziam que não. Ninguém parecia saber. Mas uma coisa era certa: a simpatia dos holandeses era pelos poloneses. As pessoas se agarravam esperançosamente a qualquer notícia prejudicial à Alemanha. Um dos jornais holandeses trazia a manchete (que um homem no trem traduziu para nós): "Poloneses derrubam seis aviões." O jornal vendia como pão quente.

Jane e eu demos sorte, pois chegamos a Roterdã somente vinte minutos antes de um navio a vapor holandês partir para a Inglaterra. Jane passou a tarde dormindo e eu escrevendo minha matéria. A viagem levou cinco ou seis horas, e só chegamos à Inglaterra às 21 horas.

Pela primeira vez, a ilha estava às escuras. Foi uma experiência estranha chegar furtivamente ao porto e só saber que havíamos chegado quando o navio bateu contra o píer. Podíamos ouvir os gritos dos ajudantes no cais, o barulho das cordas balançando nas laterais do navio e o marulhar da água, mas nada conseguíamos ver.

Finalmente, o passadiço foi baixado. Quando pisei no cais, perguntei a um dos trabalhadores — uma sombra alta e larga na escuridão — se a guerra fora declarada.

— Ainda não. Mas espero que não demore. A espera está deixando todo mundo nervoso.

Só tive tempo de dar um telefonema e entregar minha matéria antes de o trem partir. A viagem para Londres começou de um jeito horrível. Fazia pouco tempo que estávamos no trem quando ouvimos explosões distantes. Eu e Jane nos inclinamos para fora da janela e vimos o céu iluminado por flashes brilhantes e espasmódicos — obviamente fogo antiaéreo. Ficamos na janela por algum tempo. Mas, a 15 quilômetros de Londres, sentimos a chuva caindo e percebemos que fora somente uma trovoada.

* * *

Na manhã seguinte, às 11 horas, Neville Chamberlain informou ao mundo que o Império Britânico estava em guerra contra a Alemanha. Enquanto ele falava, sirenes de ataque aéreo perfuraram o ar. Mas, como o alerta em Berlim, foi um falso alarme. Embora não um exercício. Mais tarde, fiquei sabendo que o vice-adido militar francês em Londres, o capitão de Brantes, esperava que a declaração de guerra britânica só ocorresse mais tarde naquele dia. Ele estava em Paris quando ouviu a notícia e contratou um avião particular para levá-lo de volta à Inglaterra. Foi confundido com um alemão.

De qualquer modo, ele forneceu muita excitação a todos. Antes que se soubesse que o alarme era falso, falei por telefone com um jornalista que me garantiu solenemente que ouvira explosões e seu edifício até mesmo balançara, embora só um pouquinho. Quando o encontrei no dia seguinte, ele não tocou no assunto.

4. A tragédia polonesa — em segunda mão

Enquanto atravessava o saguão do hotelzinho sem graça na rua principal de Cernăuţi — uma cidade romena a 3 quilômetros da fronteira com a Polônia —, pensei em quantas histórias terríveis poderiam ser escritas considerando-se somente as pessoas naquele lugar.

Já fazia três dias que refugiados poloneses atravessavam a fronteira para fugir do massacre dos tanques e aviões alemães. Alguns vinham a pé, carregando sacos nas costas; outros em carrinhos e carroças; outros ainda em carros velhos, com as poucas posses que haviam sido capazes de salvar empilhadas no teto. As estreitas ruas romenas estavam cobertas de lama, e a polícia, mobilizada para evitar congestionamentos, passava a maior parte do tempo xingando as carroças de burros dos habitantes locais, invariavelmente encalhadas no meio da rua. Os camponeses romenos pareciam aturdidos com o raio bélico que subitamente transformara sua silenciosa cidade; grupos deles se reuniam em torno dos surrados carros poloneses, olhando para as placas com mórbida curiosidade.

O hotelzinho na rua principal se tornara um trágico "Grand Hotel". Ele estava tão lotado que as pessoas dormiam no chão do saguão — e não somente refugiados, mas jornalistas estrangeiros, diplomatas e adidos militares, que haviam cruzado a fronteira algumas horas antes. Mas não era difícil distinguir os poloneses. Eles usavam roupas sujas de lama e tinham expressões atordoadas. Em um canto do saguão, uma polonesa, com um belo rosto e mãos de dedos finos e longos, estava sentada sozinha, chorando. Ela não produzia nenhum som, permanecendo imóvel, hora após hora, com as lágrimas escorrendo pelo rosto.

Por toda parte, era possível sentir a tragédia de vidas destruídas. De vez em quando, um incidente chamava minha atenção, como um fragmento em um retrato rasgado, e eu tentava imaginar a história por trás da cena. Lembro de dois garotinhos poloneses muito asseados que entraram no saguão segurando aviões de estanho e explicaram ao recepcionista, orgulhosos, "*Mon père est un pilote*", e da expressão da mãe deles ao ouvir essas palavras, como se tivesse sido golpeada. Lembro do homem que caminhava a esmo pelo saguão e que, ao ver uma mulher passar pela porta, empalideceu como se tivesse visto um fantasma, correu até ela e a pegou nos braços, ambos rindo histericamente. Lembro de três crianças sentadas sobre malas empilhadas em um canto do corredor, esperando pelos pais, dos quais haviam sido separadas, e do recepcionista dizendo que não sabia como explicar a elas que a fronteira fora fechada horas antes e havia poucas chances de eles chegarem.

Isso foi na terça-feira, 19 de setembro, exatamente duas semanas e quatro dias depois de o ataque alemão ter começado. O Exército russo cruzara a fronteira 48 horas antes, e os dois vizinhos poderosos esmagavam a Polônia como um quebra-nozes gigantesco. A última fronteira, a Romênia, fechara as portas, e agora o país estava selado, isolado e esperando sua ruína.

Eu jamais imaginara que a Polônia seria destruída tão rapidamente que sequer haveria tempo de ir até lá. Um dia depois de Grã-Bretanha e França declararem guerra, eu decidira ir para Varsóvia. A única rota aberta era de Londres a Bergen (Noruega) de navio; Bergen a Oslo (Noruega) de trem; Oslo a Estocolmo (Suécia) de trem; Estocolmo a Helsinque (Finlândia) de avião; Helsinque a Riga (Letônia) de avião; Riga a Kovno (Lituânia) de trem; Kovno a Varsóvia de trem.

Levei cinco dias para conseguir os vistos. Quando finalmente os obtive, o sr. Rogers, do Cook's Travel Bureau, telefonou para dizer que a fronteira entre a Lituânia e a Polônia fora fechada, e agora minha única chance era a Romênia, o que significava viajar através da França, Suíça, Itália e Iugoslávia. Os novos vistos levaram mais cinco dias e, quando eu estava pronta para partir, o massacre alemão ocorrera tão rapidamente que era duvidoso que a fronteira romena permanecesse aberta.

A viagem por uma Europa às escuras, em guerra pela segunda vez em 25 anos, foi uma experiência estranha. Ela permanece em minha mente

A TRAGÉDIA POLONESA — EM SEGUNDA MÃO

como uma série de impressões: cruzar o Canal à noite em um barco que ziguezagueou durante catorze horas para fugir de um submarino alemão; a viagem de trem de nove horas até Paris, com suas intermináveis paradas e o inspetor que dava de ombros e repetia o velho clichê "C'est la guerre"; o aspecto deserto e pouco familiar de Paris, com as vitrines cobertas por tábuas e os homens no front; o Simplon Express de Paris a Roma com as lâmpadas recobertas, garçons obsequiosos e um luxuoso vagão-restaurante, o único trem na França com vagões-dormitório e um restaurante, já que todos os outros haviam sido requisitados e transformados em hospitais; a rígida inspeção dos oficiais de fronteira suíços, por ordem de um governo determinado a não ter seu país transformado no centro de espionagem que fora na última guerra; a cena histérica criada por três italianos, não familiarizados com os novos regulamentos para vistos, que foram retirados do trem, com bagagem e tudo, no meio da noite; e, finalmente, Roma, com as luzes brilhando nas ruas e o pacífico retinir das carruagens sobre os paralelepípedos.

Descobri que as luzes eram um dos poucos luxos da capital, pois a Itália, embora fosse neutra, já enfrentava mais dificuldades que os países em guerra. Não havia gasolina nem café. Essa última privação, em uma nação que passava metade de seus dias nos cafés, não foi aceita com leveza. Cheguei a Roma à noite e parti de avião para Bucareste no início da manhã seguinte, então não tive a chance de ver meus amigos, mas, no Hotel Excelsior, porteiros e garçons me encheram de perguntas sobre a França e a Inglaterra, expressando eloquente simpatia pelos poloneses e a firme determinação de manter sua ponta do Eixo fora da guerra.

No momento em que cheguei a Bucareste, retornei abruptamente à atmosfera de crise. Com tropas soviéticas se reunindo na fronteira romena e rumores de que a Alemanha concentrava suas forças na Hungria, a tensão estava no auge. Nos restaurantes lotados, quando os alto-falantes começavam a transmitir os boletins de notícias, as pessoas baixavam garfos e facas e a conversava parava; todo mundo escutava com dolorosa intensidade.

Eu não sabia que a fronteira com a Polônia fora fechada e, assim que cheguei ao hotel, procurei trens para Cernăuți. Havia um partindo naquela noite, mas o porteiro disse que havia tanto atraso que ninguém podia garantir que a viagem ocorreria. Mas fui ver um amigo na legação britânica e tive a sorte de encontrar lorde Forbes, que conhecera em Londres e acabara de ser nomeado adido do ar. Ele voaria para Cernăuți em seu próprio avião pela manhã e se ofereceu para me levar com ele.

Quando chegamos ao aeródromo de Bucareste pela manhã, fomos saudados por uma estranha cena. Vinte e quatro horas antes, o alto comando polonês ordenara que seus aviadores fossem para a Romênia a fim de evitar que seus aviões caíssem em mãos alemãs. Quase trezentos aviões — quarenta bombardeiros bimotores e mais de duzentos caças — haviam chegado ao aeródromo. Mais de cem pilotos, exaustos e com a barba por fazer, dormiam no chão da sala de espera; seus uniformes estavam rasgados e sujos e muitos tinham curativos nas mãos e no rosto.

Um dos oficiais pilotara um avião com dezesseis buracos de bala após um combate contra os russos. Ele era um homem alto e esguio, com uma medalha na jaqueta marrom desbotada na qual se liam as palavras: "*Virtuti Militari*." Ele nos disse que a recebera em 1921, quando os poloneses haviam expulsado os bolcheviques de Varsóvia.

— Dessa vez — disse ele amargamente —, eles conseguiram.

Embora não comesse nada havia mais de 24 horas e parecesse próximo da exaustão, ele se recusou a aceitar dinheiro. Ele endireitou as costas, orgulhoso, negou com a cabeça e disse:

— *Non, merci*, sou oficial, coronel do Exército polonês.

Havia o mesmo orgulho indomável em todos os oficiais com quem conversamos. Não houve expectativa de pena nem pedidos de ajuda de nenhum tipo; somente a passional determinação de escapar da Romênia para se unirem à Força Aérea francesa. Um dos pilotos vinha de uma cidade no corredor polonês. Sua família morrera durante um bombardeio e seus dois irmãos, ambos aviadores, haviam sido abatidos em batalhas aéreas alguns dias antes.

— O que eles vão fazer conosco? — perguntou ele várias vezes a lorde Forbes. — Eles não podem nos calar. Precisamos *prosseguir*.

Nós o levamos ao restaurante e pedimos chá (a única bebida disponível) e, embora ele tivesse somente algumas moedas no bolso, tentou determinadamente pagar a conta. Felizmente, o gerente salvou a situação insistindo que éramos todos convidados do aeroporto.

A TRAGÉDIA POLONESA — EM SEGUNDA MÃO

A viagem de avião até Cernăuți levou cerca de duas horas e, quando chegamos, começava a escurecer. Alguns aviões poloneses também haviam pousado na cidade, assim como em Bucareste; um deles caíra de nariz e a cauda apontava para o céu cada vez mais escuro como uma grande cruz preta.

A primeira pessoa que encontrei no hotel foi Ed Beattie, o correspondente da United Press, que não via desde aquele dia sombrio e chuvoso em Carlsbad um ano antes. Ed chegara de Varsóvia e me disse que, nas primeiras 48 horas, a Força Aérea alemã conseguira destruir os centros telefônicos e telegráficos, as cabeças de ponte, os entroncamentos ferroviários — de fato, todas as principais linhas de comunicação do país. Dali em diante, não existia mais front, somente grupos espalhados e isolados, incapazes de se reunir ou mesmo transmitir ordens.

Esse combate total, que depende de destruir a vida civil da comunidade e reivindica como objetivos militares cidades e vilarejos a até 240 quilômetros da linha de frente — afirmando que são bases de alimentos ou centros de comunicação —, fora experimentado na Espanha. Na Polônia, foi levado à perfeição. Ed me disse que vira um mapa alemão no qual todos os entroncamentos, fábricas e cabeças de ponte importantes estavam marcados com o peso exato das bombas necessárias para destruí-los.

E, na Polônia, as atividades em larga escala da quinta coluna, desde então reconhecidas como parte integral da estratégia alemã, foram usadas pela primeira vez. Agentes com transmissores de ondas curtas estavam espalhados pelo país a fim de transmitir todas as informações que pudessem. Anthony Biddle, o embaixador americano, disse-me que o anel de espionagem era tão efetivo que os movimentos do governo polonês eram transmitidos de estações alemãs mais ou menos uma hora depois de as decisões mais secretas serem tomadas. Em várias ocasiões, ele ouvira seus próprios movimentos (mesmo quando ia de um vilarejo remoto a outro) sendo transmitidos antes mesmo de ele iniciar a jornada.

A estratégia do Exército soviético era mais sutil. O major Colbern, o adido militar americano em Varsóvia, que fora para a Romênia logo antes de a fronteira ser fechada, contou-me que, na manhã de domingo, dirigia por uma estrada rural polonesa, perto da fronteira russa, quando, subitamente, viu um regimento de tanques e uma coluna de tropas no cume de uma colina. Ele nunca vira tanques daquele tipo na Polônia e dirigiu em direção à coluna, muito confuso. Foi somente ao se aproximar que viu a estrela vermelha soviética no quepe do comandante. Perto do fim da coluna, soldados poloneses haviam se juntado aos russos e confraternizavam alegremente. O oficial soviético se aproximou do adido militar com um sorriso, inspecionou seus documentos, fez uma saudação e disse que ele podia passar. Quando ele perguntou ao oficial para onde ele estava indo, o soviético respondeu alegremente que eles estavam a caminho de lutar contra os alemães. Com isso, ordenou que a coluna se movesse para o lado da estrada, a fim de que o carro do adido pudesse passar, e se despediu com uma saudação cortês.

Inicialmente, pensou-se que muitos oficiais soviéticos realmente acreditavam estar entrando na Polônia para lutar contra os alemães, mas, mais tarde, ficou aparente que meramente haviam recebido ordens de dizer isso. Assim, em vez de oferecerem resistência, os poloneses os saudavam como irmãos, permitindo que as colunas soviéticas varressem vilarejo após vilarejo sem disparar um único tiro.

A primeira onda soviética não tentou desarmar os poloneses, e foi somente quando a vanguarda já avançara o suficiente que a retaguarda recebeu ordens de privar os poloneses de armas e munições. Isso deu ao governo soviético a oportunidade de anunciar que os poloneses saudavam seus camaradas russos de braços abertos.

* * *

Voltei para a Inglaterra muito abalada pelo vislumbre, mesmo que de segunda-mão, que tivera do massacre polonês. Voei de Bucareste para Milão e peguei o expresso para Paris. Chegamos à fronteira francesa por volta das 5 horas, e fui acordada por vozes exaltadas falando francês. Uma americana ignorara a necessidade de obter um visto para entrar na França. As autoridades, indignadas, disseram que ela devia sair do trem imediatamente, e eu ouvi sua voz, aguda e insistente, acima da confusão:

— Mas eu só quero comprar um vestido na Schiaparelli!

Ela foi depositada na plataforma e severamente repreendida, mas tenho a sensação de que, no fim, conseguiu o que queria. Se ainda estiver na moda, ela provavelmente está usando o vestido em coquetéis em Nova York.

5. A guerra "enfadonha"

Depois que você se habituava a capacetes de estanho, máscaras de gás, macacões e sacos de areia, Londres parecia surpreendentemente a mesma. Hitler, que até então se mostrara rápido em atacar aqueles que o desafiavam, parecia ter ignorado a grave declaração de guerra do sr. Chamberlain. Vigias de ataques aéreos e bombeiros permaneciam em seus postos e o público olhava ansiosamente para os céus, mas nada acontecia. As alas dos hospitais, prontas para lidar com 30 mil baixas ao dia, permaneceram vazias, e as pessoas começaram a se perguntar, timidamente, se a guerra seria tão selvagem quanto haviam pensado.

A guerra certamente perdera seu antigo glamour. Estavam ausentes o entusiasmo de 1914, as bandas, as bandeiras, as colunas de homens marchando, as garotas bonitas rifando beijos para contribuir para o fundo de guerra. Dessa vez, não havia enfeites nem decorações, nem mesmo slogans. Somente um digno painel sobre o Marble Arch, dizendo: "Doe para defender o direito de ser livre."

De fato, havia tão pouca atmosfera de guerra que era somente à noite que se podia sentir a terrível significância daquele momento. Eu estivera em Madri e Praga quando as luzes haviam se apagado, mas, de algum modo, em Londres a grande cortina de escuridão parecia uma experiência inteiramente nova. Aquelas primeiras noites permanecem em minha mente como uma série de impressões: edifícios tão completamente às escuras que o céu parecia quase branco; motoristas de táxi dirigindo pela escuridão mais rapidamente que nunca; vigias de ataques aéreos gritando "Desligue essa luz"; cigarros reluzindo como vagalumes; ônibus passando bruscamente pela Piccadilly com foscos faróis azulados; pessoas tropeçando e xingando nas ruas. John Gunther enviou aos Estados Unidos a notícia de que um porteiro (acho que do Dorchester), que recebera a Cruz Vitória na última guerra, tornara-se uma vítima do conflito ao tropeçar em alguns sacos de areia durante o blackout. E não foi o único. As baixas britânicas durante os dois primeiros meses da guerra foram: Exército, nenhuma; Força Aérea, 79; Marinha, 596; blackout, 1.130.

O período de inatividade parecia interminável. A concepção oficial da guerra, em linhas gerais, era de que a Grã-Bretanha bloquearia a Alemanha até que ela fosse forçada a atacar através da linha Maginot, que todo mundo sabia ser impenetrável; quando o Reichswehr tivesse se despedaçado e o povo alemão estivesse faminto e subjugado, o conflito chegaria ao fim. Mas o público britânico tinha a incômoda sensação de que não seria assim tão simples. As pessoas desligavam os rádios, preocupando-se com os lacônicos comunicados de guerra franceses e com a nada dramática campanha britânica de panfletos. Os panfletos se tornaram tão irritantes para o público que uma piada dizia que um piloto fora repreendido por seu oficial superior por não cortar o barbante que prendia um maço de panfletos antes de lançá-los do avião. "O que você está tentando fazer?", criticara ele. "Matar alguém?"

Os espirituosos imediatamente começaram a chamar a Segunda Guerra Mundial de *the bore war*,* e as engraçadas transmissões de lorde Haw-Haw se tornaram a principal diversão da nação. Mas, embora o mundo externo estivesse alarmado com a débil reação da democracia ao sombrio problema, a Inglaterra, a despeito de sua aparência plácida, já passara por uma mudança gigantesca. Da noite para o dia, a vida de todo mundo mudara. Casas haviam sido fechadas, famílias separadas, carreiras abandonadas e novos empregos iniciados. O grande motor econômico parara, estalando e gemendo; o operador dos freios puxara a alavanca e a máquina fora desviada para outro trilho: a produção de guerra.

O primeiro gosto do conflito não foi a morte, mas a adaptação. Para além das centenas de milhares de homens chamados para o serviço militar,

---

* Literalmente, "a guerra enfadonha", mas também um trocadilho com *the Boer war*, "a guerra bôer". (*N. da T.*)

A GUERRA "ENFADONHA"

outros milhares foram convocados para fábricas de munição, aeródromos e estaleiros. As mulheres eram chamadas a trabalhar na terra e as crianças eram evacuadas de suas casas. Veteranos da última guerra retornavam a seus antigos regimentos como subalternos e voluntários inundavam os serviços de ARP. Os impostos dispararam e o futuro de todos se tornou um ponto de interrogação. O dinheiro era uma mercadoria tão incerta que aqueles que o tinham o gastavam mais livremente que nunca; restaurantes e cabarés estavam lotados e debutantes e seus namorados passavam as noites em um hilário clube noturno chamado "The Nut House". No fundo, a maioria das pessoas sabia que o período de espera era somente a primeira rodada; antes que a luta terminasse, o sangue correria mais livremente que nunca.

* * *

Assim que voltei da Romênia, entreguei meu apartamento em Eaton Mews e fui morar com Freda Casa Maury. A proprietária do apartamento retornara, então a sra. Sullivan e Picles não ficaram desamparados. O marido da sra. Sullivan fora chamado para a reserva naval e, no Natal, ela me enviou um lápis com meu nome gravado para "ajudar em meu trabalho" e um cartão dizendo que trabalhava meio período para a ARP. De alguma forma, a portentosa figura da sra. Sullivan esvaziando as ruas quando as sirenes tocavam me parecia quase tão assustadora quanto os próprios ataques.

Freda era uma mulher inglesa e casada com um espanhol, Bobby Casa Maury, que servira na Força Aérea britânica na última guerra e agora retornara ao serviço. Como muitos outros, Freda estava horrorizada com uma segunda guerra em tão pouco tempo, mas se adaptou com determinação. Seu primeiro gesto foi cobrir os espelhos com tiras de papel pardo. A casa parecia inteiramente feita de vidro e Vernon, o mordomo, levou quase um mês para terminar a tarefa. Quando terminou, a casa parecia um exótico cenário de treliças.

— Se a casa for atingida — comentou Vernon morosamente —, haverá azar para o resto de nossas vidas.

Eu escrevia uma série de artigos sobre várias organizações de guerra e Freda trabalhava o dia todo nos clubes Feathers, que organizava nas áreas pobres de Londres. A despeito da guerra, havia pouca tristeza por lá. Uma vez por semana, os membros davam uma festa. Eles montavam suas próprias bandas e, a julgar pelos risos, gritos e cantorias, as festas eram um grande sucesso. A maioria procurava Freda para falar de seus problemas. Ela fez com que muitos começassem a trabalhar no esforço de guerra, mas uma de suas principais falhas foi uma garota de 16 anos que, quando perguntada em que era boa, prontamente respondeu "riso e amor". Nunca soube para onde seus talentos a conduziram.

Muito inteligente, Freda estava alarmada com o otimismo despreocupado do inverno. Ao contrário dos artistas de calçada do Hyde Park, que exibiam cartazes dizendo "Último rumor: Hitler pediu duas aspirinas", ela tinha saudável respeito pela força alemã.

— Nosso problema — queixou-se ela — é que somos complacentes demais.

Ela fazia tudo que podia para contrabalançar essa complacência, pois, sempre que alguém perguntava animadamente quanto tempo ela achava que a guerra duraria, respondia com firmeza:

— No mínimo dez anos. Possivelmente mais.

A maioria dos homens jovens estavam espalhados pelas várias estações de treinamento da Inglaterra. Os ingleses têm tal aversão natural pelo militarismo que, da primeira vez que entraram em Londres uniformizados, pareciam inseguros e constrangidos. Certa vez, eu caminhava pela rua com Tom Mitford e, quando um grupo de soldados o saudou, ele ficou muito vermelho.

Para muitos — particularmente aqueles por volta dos 30 anos —, desistir de empregos e carreiras e começar uma vida totalmente nova era um tremendo baque, mas nunca ouvi ninguém reclamar. Todos se alistaram como soldados regimentais e se deliciavam com piadas à própria custa e à custa uns dos outros. Quando fui visitar Roger Chetwode e Seymour Berry, oficiais em um regimento antiaéreo, eles reclamaram de só terem entrado em ação uma vez. Fora quando dois bombardeiros haviam sido avistados. Felizmente, eles erraram, pois ambos os bombardeiros eram britânicos.

A GUERRA "ENFADONHA"

Alguns meses depois, a monotonia foi quebrada quando um legítimo bombardeiro alemão — um avião lançador de minas — apareceu. Ele caiu, tarde da noite, bem no meio de Clacton-on-Sea, onde eles estavam havia algumas semanas. Eles foram para as ruas, ajudaram os inspetores a evacuar a área danificada, isolaram-na com cordas e, basicamente, assumiram o controle da situação. Ficaram interessados pelo curioso fato de a explosão ter lançado um aquecedor de cozinha bem no meio da estrada. Seymour se sentou sobre ele e acendeu um cigarro. Logo depois, um grupo de especialistas navais chegou e o aconselhou a sair dali, pois ele estava sentado sobre uma mina magnética.

De outra vez, fui visitar Aidan Crawley, que retornara ao 601º Esquadrão no início da guerra. O 601º era um esquadrão auxiliar formado cerca de quinze anos antes por homens que, em sua maioria, tinham dinheiro para comprar seus próprios aviões. A piada era que eles davam às namoradas o emblema do esquadrão, uma espada voadora, cravejado de rubis e diamantes, e que o vilarejo onde estavam estacionados tinha engarrafamentos de Rolls-Royces. Quando o 601º entrou em ação na primavera seguinte, ele se provou uma excelente força de combate; o líder do esquadrão, Max Aitken (filho de lorde Beaverbrook), recebeu a Cruz de Voo Distinto por derrubar dez aviões em seus primeiros três meses de combate.

Antes da guerra, Aidan pensara em entrar para a política como candidato socialista. Embora, naquele dia, tenha aparecido de uniforme azul com as asas bordadas, tinha debaixo do braço um grande livro de economia, que lia em seu tempo "livre". Para mim, caças que voavam a 640 quilômetros por hora e teorias econômicas pareciam uma estranha combinação.

Em outro fim de semana, fui a Oxfordshire passar alguns dias com Sheila e Freddie Birkenhead. Em tempos de paz, Freddie, filho do brilhante "F. E.", que já fora lorde chanceler da Inglaterra, fora secretário parlamentar de lorde Halifax; agora, era tenente de um regimento antitanques. Ele me pediu para falar sobre a Alemanha para seus soldados e, embora nunca tivesse feito um discurso, concordei, achando que seria apenas um pequeno grupo. Quando cheguei ao quartel, fiquei pasma ao encontrar várias centenas de homens. Mas foi a garantia de Freddie que quase me fez desmoronar:

— Não se preocupe — sibilou ele em meu ouvido —, eles não ousarão vaiar. Sabem que, se se comportarem mal, serão enviados para detenção.

Para ele, aquela era a melhor característica do Exército: sempre havia uma plateia e ninguém ousava retrucar. Mas sua observação teve duplo efeito, pois, quando os homens aplaudiram no fim, tive a desconfortável sensação de que haviam sido ameaçados com castigos a menos que demonstrassem apreço.

Freddie era um homem charmoso e esperto que, aos 31 anos, já publicara duas biografias — uma de seu pai e uma do conde de Strafford — e era considerado um dos jovens mais promissores da Inglaterra. Ninguém poderia ter menos espírito militar, mas ele aceitou sua nova vida com muita diversão irônica. Em certa ocasião, um especialista fez uma palestra sobre armas antitanques, dizendo, sem rodeios, que as chances de sobrevivência do regimento eram limitadas. Logo depois, Freddie almoçou com Winston Churchill e seu filho Randolph. Ele contou o que o especialista dissera e Winston retrucou, indignado:

— Que coisa monstruosa de se dizer! Ao contrário, você ficará lá sentado, derrubando um tanque atrás do outro.

— E quanto a mim? — interrompeu Randolph. O sr. Churchill esquecera que seu filho estava em um corpo de tanques. Ele coçou a cabeça e abandonou o assunto.

* * *

A maioria das grandes casas de Londres estava fechada, e houve pouco entretenimento naquele inverno. Uma das poucas exceções era o nº 58 da Romney Street, onde Maureen e Oliver Stanley viviam. Ao entrar pela porta vermelha, você encontrava na parede um cartaz avisando ao mordomo para ter cuidado ao receber pacotes que "podiam explodir". Oliver fazia parte do governo e o cartaz fora enviado a todos os ministros de Gabinete, em vista das recentes atividades do IRA.

Romney Street ficava em Westminster, a apenas alguns quarteirões das câmaras do Parlamento, e toda tarde, das 18 horas em diante, a casa ficava

A GUERRA "ENFADONHA"　　　325

lotada de ministros de Gabinete, membros do Parlamento, funcionários do Ministério do Exterior e chefes do serviço militar. Oliver entrara para o Gabinete aos 38 anos e era considerado um dos homens mais capazes do governo; ao ser nomeado ministro da Guerra em janeiro, fora a quarta geração da família Derby a ocupar o cargo.

Maureen também herdara grande senso político. Sua avó, a Lady Londonderry da época, fora uma grande anfitriã política no início do século. Sendo uma *tory* resoluta, ela se recusava a sequer cumprimentar os *whigs* e, quando Winston Churchill se filiou ao Partido Liberal, censurou selvagemente Lady Birkenhead por permitir que "F. E." se associasse a ele. Mulher de grande charme, também tinha opiniões muito decididas, o que às vezes era difícil para seus criados. Certa vez, uma criada ficara tão zangada ao ajudá-la a se vestir que trançara seu cabelo no encosto da cadeira e saíra do quarto.

A mãe de Maureen, a próxima Lady Londonderry, também exercera grande influência. Ramsay MacDonald era encantado por ela, e os bailes na Casa Londonderry supostamente tiveram grande influência em transformar a nacionalização das minas defendida por ele na menos drástica nacionalização do Gabinete.

Maureen, uma das mulheres mais populares de Londres, mantinha a tradição familiar de maneira mais informal, mas não menos efetiva. Suas reuniões costumavam incluir uma variedade de pessoas que ia de ministros de Gabinete britânicos a diplomatas romenos; de oficiais de Estado-Maior franceses a empresários suecos; de jornalistas americanos a oficiais italianos. Maureen conseguia fazer com que todo mundo se sentisse à vontade e jamais parecia desconcertada, não importando quantas pessoas decidissem ficar para jantar no último minuto.

Certo dia, uns três meses após a declaração de guerra, fui almoçar em Romney Street e me sentei ao lado de Winston Churchill. Ele era então Primeiro Lorde do Almirantado e, naquela ocasião, estava particularmente exuberante. Eu me lembro de ele contar a história do destróier que lançara uma mina de profundidade, mas, em vez de encontrar um submarino, atingira um antigo navio naufragado.

— E, acreditem ou não — acrescentou ele, deliciado —, havia uma porta flutuando entre os destroços, com minhas iniciais nela!*

Ele registrara o incidente em um de seus discursos, mas Neville Chamberlain cortara o trecho.

Também encontrei o sr. Churchill na festa de Ano-Novo de Maureen. A casa estava lotada e um músico ia de sala em sala tocando canções populares no acordeão. Eu me lembro do sr. Churchill cantando "Run, Rabbit, Run" com muita verve. Mas, quando o relógio deu as doze badaladas, o grupo se tornou solene. O sr. Churchill estendeu as mãos para Freda Casa Maury e para mim; de mãos dadas, cantamos "Auld Lang Syne". Na mente de todos, estava a pergunta sobre o que 1940 traria. Quando o sr. Churchill cantou sobre o ano que se passara, ele pareceu muito comovido, como se tivesse a premonição de que, alguns meses depois, seria chamado a guiar o Império Britânico pelos dias mais críticos que já enfrentara.

* * *

Aquela noite também teve significado especial para mim. A guerra na Finlândia começara três semanas antes. Quando as manchetes anunciaram que Helsinque fora bombardeada, pensei que seria outra Polônia, que o país seria obliterado tão rapidamente que haveria pouca chance de chegar até lá antes que tudo terminasse. Então os jornais começaram a registrar os incríveis feitos dos finlandeses: por mais inacreditável que pudesse parecer, o "rolo compressor" russo estava sendo contido.

Fiz meus preparativos para ir a Helsinque e parti alguns dias depois da festa de Ano-Novo. Maureen contratara um vidente naquela noite e, quando leu minha mão, ele disse:

— Você vai fazer uma longa viagem.

Fiquei impressionada, até que ele acrescentou:

— Você estará cercada de luzes, alegria e riso.

Não encontrei nenhuma dessas coisas.

---

* WC, em inglês, faria referência tanto a Winston Churchill como *water closet*, um banheiro público. (*N. da T.*)

PARTE VII

Davi e Golias

1. O céu que desabou

Foi estranho voar de uma guerra para outra. A transição foi gradual. Quando decolei de um aeródromo "em algum lugar da Inglaterra" e voei sobre o mar do Norte em um avião com as janelas congeladas, de modo que eu nada podia ver do lado de fora, tratava-se da Segunda Guerra Mundial. Ainda era a Segunda Guerra Mundial em Amsterdã e Copenhague; mas, em Malmo, um porto no sul da Suécia, a questão começou a ficar complicada. Quando eu pedia notícias sobre a guerra, a resposta era "Qual delas?" e quando cheguei a Estocolmo, já não havia dúvida: "a guerra" significava coquetéis Molotov e bombardeiros soviéticos.

Estocolmo estava em uma situação muito tensa. Os jornais publicavam anúncios pedindo voluntários, os restaurantes estavam cheios de mulheres arrecadando fundos e os hotéis tinham nas paredes cartazes dizendo: "Defenda a Suécia ajudando a Finlândia." A guerra na frente ocidental era tão remota quanto a China. Fiquei lá somente 24 horas; para além de uma impressão geral de excitação e confusão, a coisa de que mais me lembro é do frio. Eu usava um terninho de tecido muito espesso, botas forradas de pele e um casaco de lã de carneiro, mas, mesmo assim, o frio penetrava meus ossos. Eu tinha uma mala cheia de suéteres, roupas de baixo e meias de lã, um traje de esqui e uma parca. Vesti tudo com exceção do traje de esqui e tentei não pensar como seria quando chegasse ao Círculo Ártico.

Todos os dias, um avião finlandês voava de Estocolmo a Turku, no sul da Finlândia. O avião partia "em algum momento". A hora nunca era certa, pois Turku era bombardeada frequentemente e o piloto tinha que esperar pelo sinal de "céus limpos" antes de decolar. No dia em que parti, cheguei ao aeródromo às 15 horas, mas só decolamos perto das 18 horas. Havia somente meia dúzia de passageiros: quatro finlandeses — dois oficiais do Exército e duas mulheres —, um jornalista sueco e um fotógrafo judeu alemão. O fotógrafo me disse que partira para Turku na tarde anterior, mas, quando o avião estava na metade do caminho, o piloto recebera um alerta de bombardeiros e tivera que retornar a Estocolmo.

Estava escuro quando nosso avião decolou da pista dura e coberta de neve. Parecia estranho voar para uma guerra. Em um momento, eu caminhava pacificamente por ruas iluminadas e, uma hora depois, tateava no escuro, com os ouvidos alertas para os aviões. Quando voara da França para Barcelona e Valência, a transição fora tão rápida que se tornara quase incongruente. Ali dava-se o mesmo. Primeiro, as luzes de Estocolmo desapareceram, depois vi o lençol de gelo sobre o golfo de Bótnia e, finalmente, as florestas finlandesas parecendo manchas de tinta sobre quilômetros de campos e lagos congelados. Uma hora e meia depois, o piloto lançou um sinalizador que deixou um rastro cor-de-rosa na escuridão. Subitamente, bem abaixo, um círculo de luzes se acendeu como velas em um grande bolo de aniversário. Um aviso piscou na tela do avião — "Apertem os cintos para o pouso" — e, alguns minutos depois, as rodas tocaram a pista gelada.

Fomos conduzidos a um pequeno galpão de madeira onde nossa bagagem foi examinada. Duas jornalistas idosas esperavam para entrevistar os passageiros; uma delas me perguntou, com voz impressionada, se eu viera dos Estados Unidos para cobrir a guerra na Finlândia. Quando respondi que não, que viera de Londres, ela disse "Ah", mas pude ver por sua expressão que eu já não era matéria de capa.

Depois que a bagagem foi inspecionada, um ônibus nos levou à estação. Normalmente, uma viagem de trem até Helsinque levava três horas, mas, como a ferrovia frequentemente era bombardeada, fomos avisados de que a duração da jornada era incerta. De qualquer modo, o trem foi uma agradável surpresa. Eu estava preparada para congelar até a morte, mas me vi em um trem com aquecimento central. Estava tão quente que tirei três suéteres. A surpresa seguinte foi o vagão-restaurante. Eu esperara passar fome e, em vez disso, serviram-me um lauto jantar: sopa, carne, vegetais e muito pão com manteiga.

O CÉU QUE DESABOU

Para além do fotógrafo alemão, havia dois soldados finlandeses e uma mulher sueca em nosso compartimento. Essa última perguntava continuamente ao condutor, muito nervosa, a que horas chegaríamos. O condutor era um homem grandalhão com voz melancólica. Sua resposta era sempre a mesma, mas dada com um ar de profunda sabedoria:

— Nunca se sabe.

Em breve descobri o que ele queria dizer, pois, logo depois da meia-noite, ouvimos o guinchar dos freios, o trem parou subitamente e o condutor gritou para todo mundo sair e se proteger no bosque. Descemos um banco de neve de vários metros, mas, alguns minutos depois, ele gritou que fora um erro, os aviões não estavam vindo e podíamos voltar. Chegamos a Helsinque às 2 horas, sem mais excitação. Não havia carregadores ou táxis, então tivemos que caminhar até o hotel, a cerca de 1,5 quilômetro; o fotógrafo alemão carregou minha mala e pensei em como era bom ser a fêmea da espécie.

* * *

Vinte e quatro horas depois, fiz uma viagem pela costa até Hanko. Lá, vi pela primeira vez como era um bombardeio contínuo e implacável. O profundo silêncio da área rural coberta de neve era quebrado pelo lamento das sirenes cinco ou seis vezes ao dia, conforme onda após onda de bombardeiros soviéticos — às vezes chegando a quinhentos — atravessava o golfo da Finlândia partindo de suas bases na Estônia, a apenas vinte minutos de distância. Por toda a costa, passei por vilarejos e cidades que haviam sido bombardeados e metralhados; em Hanko, o porto finlandês que os soviéticos exigiam em seu ultimato, vinte edifícios haviam sido atingidos e, quando cheguei, dez ainda queimavam.

É difícil descrever o combate aéreo indiscriminado contra a população civil em temperaturas de 35 graus negativos. Mas tente imaginar garotas de fazenda tropeçando pela neve em busca da segurança incerta de seus porões; bombas caindo em vilarejos congelados e sem a proteção de uma única metralhadora antiaérea; homens impotentes diante de edifícios em chamas, sem aparato para lutar contra o fogo; e pessoas tentando desesperadamente salvar seus pertencentes das ruínas fumegantes. Se conseguir imaginar essas coisas e visualizar crianças de povoados remotos usando lençóis brancos sobre os casacos para se camuflar contra os atiradores russos voando baixo, terá uma ideia de como foi aquela guerra.

Parti de Helsinque no início da manhã com os dois jornalistas suecos. Viajamos em um carro de imprensa branco, camuflado, dirigido por um policial de 1,90 metro usando um grande chapéu de couro de rena com dois revólveres presos ao cinto. Ele dirigiu a 65 quilômetros por hora pela estrada branca e brilhante, mas o gelo se acumulava tão depressa que ele tinha que parar a cada poucos minutos para jogar glicerina no para-brisa. Passamos por quilômetros de lagos congelados, campos brancos e desolados e florestas intermináveis. Embora estivéssemos soterrados sob casacos de lã de carneiro e cobertores de pele, o frio era tão intenso que parávamos nos restaurantes dos vilarejos a cada meia hora, para tomar café.

Conforme nos aproximávamos de Ekenäs, uma cidadezinha não muito longe de Hanko, dois guardas surgiram no meio da estrada e fizeram sinal para pararmos. Eles gritaram que os aviões russos estavam vindo e nos disseram para procurar abrigo. Quando saímos do carro, ouvimos o ganido dos motores e, apertando os olhos na direção do céu, contamos quase vinte pontos prateados. Atravessamos o campo correndo e entramos no porão de uma casa de fazenda; já havia uma dúzia de pessoas lá dentro: várias mulheres e trabalhadores. O teto de tijolos era tão baixo que a maioria estava sentada no chão entre sacos de batatas, vidros de frutas em conserva e grandes baldes de leite. Não havia nenhum traço de alarme, somente um cansaço silencioso. Um fazendeiro mais velho, evidentemente o dono da casa, disse que, no dia anterior, eles haviam passado seis horas no abrigo; mais de duzentos aviões haviam voado sobre o vilarejo e lançado quase 150 bombas. A maioria caíra nos campos e lagos, e somente três casas haviam sido atingidas. Felizmente, estavam vazias e ninguém ficara ferido. Ele falava sem emoção, como se aquele suplício fosse um fenômeno natural, tão inevitável quanto um terremoto.

O CÉU QUE DESABOU

Os aviões logo desapareceram e, embora o sinal de que era seguro sair não tivesse soado, nosso motorista disse que continuaria a viagem, se concordássemos em assumir o risco. Dez minutos depois, ouvimos motores novamente. Deixamos o carro na estrada e buscamos proteção em um campo até que nove bombardeiros, voando muito baixo, passaram sobre nós.

Chegando a Hanko, vimos grandes nuvens de fumaça no ar. As estradas estavam cobertas de colchões, cadeiras e móveis que os soldados salvavam do fogo. A estrutura chamuscada das casas se destacava em preto contra a neve, mas não havia pedestres curiosos para inspecionar os danos, pois ventos gelados vindos do mar varriam as ruas. Jamais senti tanto frio. Um tenente do Exército de uns 20 anos, designado para nos mostrar a cidade, esqueceu-se de baixar uma das abas do chapéu e, alguns minutos depois, sua orelha ficou totalmente branca. Um dos jornalistas suecos gritou com ele e ele rapidamente esfregou a orelha com neve. Semicongelados, finalmente entramos em um café de esquina. O proprietário nos trouxe sanduíches de carne e café. Enquanto nos servia, ele informou alegremente que o último andar da casa estava em chamas. Fora atingido por uma bomba incendiária duas horas antes. Seus filhos tentavam apagar as chamas, e ele acreditava que tinham tudo sob controle. Foi uma experiência estranha e meio contraditória tomar café e tentar me aquecer em uma casa pegando fogo.

O jovem tenente finlandês passara tempo considerável nos Estados Unidos e falava inglês fluentemente. Ele era engenheiro em tempos de paz, e agora seu trabalho era detonar bombas não explodidas. Ele nos disse que soubera naquela manhã que sua casa, longe dali, fora bombardeada e completamente destruída. Felizmente, ele evacuara a esposa e os filhos na semana anterior. Com exceção de alguns comentários reservados, ele não discutiu a guerra. Foi somente quando nos despedimos e lhe desejamos boa sorte que disse:

— Será preciso um milagre para nos salvar, mas talvez aconteça um milagre. — Então, quase sussurrando, acrescentou: — *Precisa* acontecer.

Ele era como muitos finlandeses com os quais conversamos. Embora soubessem que não podiam resistir indefinidamente em um conflito tão desigual, eles se agarravam teimosamente à fé de que algum evento imprevisto os salvaria da destruição final.

Dirigimos de volta até Ekenäs, onde havíamos nos abrigado naquela tarde, e jantamos na hospedaria local. O alpendre fora perfurado por balas de metralhadora, mas a atmosfera jovial sugeria uma cidade mineira no auge, não uma guerra. O salão estava lotado de soldados, policiais e homens fortes com chapéus de pele e grandes botas de couro de rena. Não havia falta de comida: pratos de *hors d'oeuvres*, de carne e de batatas e grandes tigelas de manteiga. Na parede, havia uma fotografia do general Mannerheim, ainda enfeitada com o azevinho da decoração de Natal. Um dos soldados tentou ligar o gramofone, mas a garçonete disse que era proibido, pois, com a música tocando, era impossível ouvir as sirenes.

Nosso motorista, que era o inspetor de polícia daquele distrito, achou impossível partir para Helsinque antes da meia-noite, então passamos a noite bebendo schnapps com o burgomestre e seis oficiais do vilarejo. A tensão dos últimos dias fora tão grande, disse o burgomestre, que agora tudo que eles queriam era rir, e a conversa subsequente foi mantida em alto grau de hilaridade. Membros do grupo se alternavam relatando incidentes ocorridos durante os ataques. Alguém trouxe um saco de açúcar para a mesa e todos riram muito, pois a loja impressa na capa explodira naquela manhã.

Partimos para Helsinque à 1 hora e o clímax da viagem ainda estava por vir. A temperatura caíra para 38 graus negativos. A noite estava límpida e o céu cintilava com milhares de estrelas. Com somente os foscos faróis azulados do carro para iluminar o caminho e o gelo cada vez mais espesso no para-brisa, o motorista tinha dificuldade para distinguir onde a estrada terminava e onde os campos brancos começavam. Viajávamos havia quase duas horas e eu estava meio adormecida quando, subitamente, ouvi um barulho ensurdecedor, nosso carro derrapou pela estrada e bateu contra uma árvore. Havíamos colidido contra um caminhão branco vazio que fora deixado na lateral da estrada, sem luzes.

Nosso carro ficou muito avariado — vidros quebrados, radiador e faróis destruídos —, mas, felizmente, ninguém se feriu. Saímos do carro e nos deparamos com infindáveis quilômetros de florestas desoladas e campos congelados. Eram 4 horas e havia pouca perspectiva de alguém passar por ali antes do amanhecer. Estava tão frio que o motorista disse que era melhor nos mantermos em movimento, então começamos a caminhar ao longo da rodovia.

Tivemos sorte, pois, após uns 2 quilômetros, vimos um brilho opaco do outro lado do campo. Caminhamos pela neve de vários centímetros de profundidade e, finalmente, entorpecidos e exaustos, chegamos a um grande celeiro. Abrimos a porta e encontramos as luzes brilhando e mais de cem vacas marrons sendo ordenhadas por um grupo de camponesas. Uma das leiteiras nos levou até a casa e correu para acordar sua patroa. Alguns minutos depois, a dona da casa apareceu, uma mulher de meia-idade, imaculadamente arrumada, com um colar de pérolas no pescoço e, aparentemente, imperturbada pelo fato de serem cinco da manhã. Ela falava inglês fluentemente, simpatizou com nosso problema, trouxe dezenas de cobertores e, em breve, havia fogo na lareira e um bule de chá cantarolando no fogão.

Ela disse que não esfriava assim havia muitos anos, mas acrescentou que isso era uma vantagem para o Exército finlandês; o mesmo se dera durante a terrível campanha de inverno nos dias de Carlos XII da Suécia, quando os finlandeses haviam repelido o ataque russo. Ela contou que tinha quarenta evacuados, a maioria crianças, em sua casa, e que raramente se passava um dia sem que bombardeiros soviéticos sobrevoassem o local, mas ele era tão isolado que ela não tinha medo das bombas. Mas dizia às crianças para entrarem quando ouvia motores, pois temia que os aviões voassem baixo e metralhassem as estradas.

Quando um carro chegou às 7 horas para nos levar a Helsinque e nós lhe desejamos boa sorte, ela respondeu baixinho:

— Acredito que Deus não nos deixará perecer sob um inimigo tão terrível; no fim, tudo ficará bem.

Uma hora depois, quando chegamos a Helsinque, as sirenes gemiam novamente. Eu estava tão cansada que me arrastei até a cama e dormi imediatamente.

336 DAVI E GOLIAS

* * *

Se estivesse almoçando no Hotel Torni, em Helsinque, quando as sirenes de ataque aéreo soassem, você poderia subir no telhado e ver a cidade se recolhendo em sua concha. Por entre os telhados cobertos de neve, era possível ver as pessoas correndo em busca de abrigo, os limpa-neves parando no acostamento e os policiais assumindo suas posições nas esquinas. Logo, o silêncio se tornava tão ominoso que era possível ouvir uma porta batendo a muitos quarteirões.

Ocasionalmente, via-se o flash cinzento dos bombardeiros contra o céu, mas, em geral, os aviões voavam tão alto que só era possível ouvir o zumbido dos motores. Eu conseguia contar o baque surdo das bombas caindo a 20 ou 25 quilômetros; quando o ar subitamente era cortado por uma *mélange* de metralhadoras, canhões e baterias costeiras atirando todos ao mesmo tempo, sabia que os aviões estavam passando sobre a cidade. Embora eles a sobrevoassem várias vezes ao dia, Helsinque só fora bombardeada uma vez. Isso fora quando os russos, mirando nas docas, haviam destruído vários quarteirões de casas perto da água. No geral, o dano não fora muito grande.

Helsinque não era uma cidade bonita. A longa dominação primeiro sueca e depois russa deixara poucas marcas, e a maioria dos prédios era moderna, quadrada e feia. Quem quer que a tenha chamado de "cidade branca do norte" tinha alma romântica, pois as ruas cobertas de gelo, em vez de acrescentar glamour, pareciam acentuar a atmosfera desanimadora e lúgubre. É claro que a guerra não ajudava: a população normal de 300 mil habitantes caíra para 30 mil, os carros haviam sido requisitados para economizar gasolina e a maioria das lojas estava fechada. Havia poucas pessoas nas ruas. Elas andavam depressa, enroladas em casacos grossos e gorros de peles, com a cabeça abaixada para se proteger do frio terrível.

O Hotel Kämp era o centro da capital em tempos de guerra. Quando cheguei, tarde da noite, ele estava deserto. Mas, quando desci na manhã seguinte, o encontrei lotado de uma ruidosa conglomeração: soldados finlandeses, voluntárias, políticos, jornalistas estrangeiros e fotógrafos de uma dúzia de nacionalidades. As pessoas chegavam batendo os pés, para tirar a neve das botas, com os rostos muito vermelhos por causa do frio. Algumas usavam trajes de esqui, outras vestiam casacos de lã de carneiro, jaquetas de couro e parcas. As mais extraordinárias eram as jornalistas suecas. Todo jornal sueco parecia ter enviado uma "correspondente especial", e havia dúzias delas. Todas eram loiras, tinham grandes olhos azuis e usavam delicados casacos brancos de pele e chapeuzinhos com fitas amarradas sob o queixo. Elas pareciam a primeira fileira de um coral de Cochran.

Em meio à confusão geral, consegui encontrar Webb Miller, da United Press, e almocei com ele. Ele acabara de voltar da linha Mannerheim e estava tomado de admiração pelos soldados finlandeses.

— Eles são os melhores combatentes que já vi. Não parecem ter medo de nada. E improvisam tudo: inventam armas conforme precisam. Eles têm um novo truque, que consiste em amarrar uma mina na ponta de um arame, esconder-se na trincheira até que os tanques russos passem e então puxar o arame até o meio da estrada. Conversei com um soldado que abateu três tanques de 30 toneladas dessa maneira!

Enchi Webb de perguntas e ele me disse que a única maneira de entender o que estava acontecendo era ter em mente que duas guerras paralelas estavam em curso. A primeira era a guerra regular de trincheiras, baseada nos métodos da frente ocidental, sendo lutada por trás das defesas da linha Mannerheim no istmo da Carélia; a segunda era o combate de guerrilha nas florestas em todos os outros fronts da Finlândia. Na guerra de trincheiras, o ataque russo à linha Mannerheim fora rechaçado e, na guerra de guerrilha, não somente o avanço russo fora impedido como os finlandeses, através de uma estratégia brilhante e uma coragem feroz, haviam conseguido destruir divisões inteiras.

Estávamos na segunda semana de janeiro e a luta no istmo tivera uma pausa temporária; assim, decidi viajar para o norte e tentar ver algo das patrulhas nas florestas. Contudo, quando apresentei minha solicitação ao gabinete de imprensa finlandês, tive um terrível choque. Em uma viagem a Viipuri no dia anterior, uma jornalista sueca relatara que um dos oficiais de imprensa finlandeses fizera avanços sexuais. As autoridades, exasperadas, haviam imediatamente implementado a regra de que nenhuma mulher podia visitar o front. Meu coração afundou e eu me perguntei se percorrera todo aquele caminho desde a Inglaterra para meramente ficar sentada em Helsinque. Felizmente, meu estágio na Espanha foi útil: após uma série de telegramas para o ministro finlandês em Londres, finalmente recebi permissão para viajar até Rovaniemi, a capital da Lapônia, onde ficava a sede de imprensa da região norte.

Parti com Harold Denny, o correspondente do *The New York Times* que conhecera em Moscou. A viagem levou 24 horas; durante a noite, vimo-nos em um mundo de florestas brancas e lagos vítreos. Quando chegamos a Rovaniemi, estávamos a 2,5 quilômetros do Círculo Ártico.

2. Terra dos mortos

Nunca soube o que os finlandeses pensavam dos seis jornalistas estrangeiros carregados de sacos de dormir, mochilas e máquinas de escrever que desciam do trem em todas as paradas e corriam até o restaurante da estação para tomar xícaras e mais xícaras de café. Todos sabíamos a palavra finlandesa para café — *kahvi*, uma palavra fácil — e conseguíamos contar até quatro (os números soavam como *ícsi, cócsi, cólume, nélia*). Para qualquer outra coisa, tínhamos que usar gestos ou nos servirmos sozinhos.

Quando finalmente chegamos a um hotel bastante primitivo na cidadezinha de Kajaani, a proprietária nos recebeu com espanto, como se fôssemos parte de um circo itinerante. Brevemente, acho que ela decidiu ser mais provável que tivéssemos fugido de um hospício, pois, durante as 48 horas seguintes, o telefone tocou o tempo todo com chamadas de Nova York, Amsterdã e Copenhague e todo mundo passava as noites em claro datilografando intermináveis matérias. Além de mim e de Harold Denny, estavam lá Walter Kerr, do *Herald Tribune*; Edward Ward, da BBC; Desmond Tighe, da Reuters; e Ebbe Munck, um jornalista dinamarquês.

Kajaani servia como quartel-general do comando central. Lá, na estreita cintura da Finlândia, ocorriam algumas das batalhas mais ferozes da guerra. Durante as sete semanas anteriores, mais de 100 mil soldados russos haviam cruzado a fronteira, em repetidas tentativas de dividir a Finlândia ao meio. Mas os finlandeses haviam rechaçado os ataques em alguns dos mais espetaculares combates da história, aniquilando divisões inteiras e empurrando outras por 50 ou 60 quilômetros até a fronteira de onde eles começaram.

Para entender como fizeram isso, você precisa imaginar um país de florestas sob uma camada muito espessa de neve e estradas cobertas de gelo. Precisa visualizar patrulheiros de esqui, pesadamente armados, deslizando como fantasmas pelas florestas, esgueirando-se por trás das linhas inimigas e cortando suas comunicações até que batalhões inteiros estivessem isolados, e então caindo sobre eles em furiosos ataques-surpresa. Naquela parte da Finlândia, esquis manobravam melhor que tanques, trenós competiam com caminhões e facas desafiavam rifles.

Na noite em que chegamos a Kajaani, jantamos com o general Tuompo, o brilhante ex-jornalista de 50 anos que começara sua carreira militar dez anos antes e que, até o fim da guerra, tiraria quase 85 mil vidas russas. Ele providenciou para que visitássemos o front na fronteira russo-finlandesa, onde vimos as patrulhas em ação e tivemos nosso primeiro gosto do fogo de artilharia soviético. Partimos com a ideia de acompanhar uma das patrulhas de fronteira em uma rápida incursão à Rússia. Nenhum de nós imaginava que o congelado cenário russo se provaria interessante, mas achávamos que seria divertido colocar os pés na União Soviética sem a formalidade de um visto.

Acompanhados de um tenente do Exército, partimos às 4 horas, esperando chegar ao front antes do nascer do sol. Mas as estradas estavam tão escorregadias que nosso carro deslizou para o acostamento três vezes, atrasando-nos consideravelmente; isso nos deu uma ideia do que as unidades mecanizadas russas enfrentavam. Chegamos ao vilarejo de Suomussalmi junto com a alvorada, e lá testemunhei o espetáculo mais horrendo de minha vida.

Fora naquele setor que os finlandeses, algumas semanas antes, haviam aniquilado duas divisões russas de aproximadamente 30 mil homens. A estrada pela qual passamos ainda estava coberta de cadáveres congelados, e as florestas de ambos os lados eram conhecidas como "terra dos mortos". Talvez a beleza da manhã tornasse a ruína russa ainda mais horrenda. O sol nascente se derramava sobre as florestas cobertas de neve, com as árvores parecendo desenhos rendilhados e uma estranha luz rosada brilhando por quilômetros. O cenário era conspurcado apenas pela estrutura chamuscada

TERRA DOS MORTOS

de uma casa, um caminhão virado e dois tanques semidestruídos. Então fizemos uma curva e chegamos ao horror. Por quase 7 quilômetros, estrada e florestas estavam tomadas por corpos de homens e cavalos, tanques destruídos, cozinhas de campanha, caminhões, carroças de metralhadora, mapas, livros e roupas. Os corpos estavam congelados e duros como madeira petrificada, e sua pele tinha a cor do mogno. Alguns estavam empilhados como lixo, cobertos somente pela misericordiosa manta de neve; outros estavam encostados nas árvores em posições grotescas.

Todos estavam congelados nas posições em que haviam morrido. Vi um com as mãos fechadas sobre um ferimento no estômago; outro tentando abrir a gola do casaco; um terceiro segurando pateticamente uma ilustração barata, feita em cores brilhantes e infantis, que provavelmente fora uma posse valiosa que ele tentara salvar quando fugira para a floresta. Eles estavam por toda parte, centenas e centenas de grotescos cadáveres de madeira; no acostamento, sob as árvores e até mesmo em abrigos escavados na neve nas quais haviam tentado se esconder da fúria do ataque. Descobri, chocada, que aqueles eram os membros da 44ª Divisão — a mesma que, um ano antes, estivera nas estradas rurais da Ucrânia.

Não era difícil imaginar o que os soldados deviam ter sofrido naquele frio. Eles vestiam somente gorros comuns de tricô sob os capacetes de aço, e nenhum usava luvas. Isso se devia ao fato de os russos não usarem luvas que liberavam o dedo do gatilho como os finlandeses, mas somente luvas de neve, sem divisão para os dedos, que precisavam tirar para atirar. E como devem ter sofrido com a fome! Os cavalos haviam comido até mesmo as cascas das árvores.

Fiquei atônita com a quantidade de equipamento que haviam levado. Embora os finlandeses tivessem recolhido todas as coisas úteis, as valas estavam cheias de caminhões semidestruídos, metralhadoras, baionetas, capacetes — até mesmo um tanque anfíbio, que parecia bastante inútil em um país de lagos congelados. Nosso guia finlandês disse que, durante ao menos uma semana após a batalha, fora impossível passar de carro pela estrada. Mesmo então, nosso motorista teve que abrir caminho lentamente por aquele trecho. Perto do fim, passamos por um grupo de meninos finlandeses brincando ao lado da estrada, cutucando curiosamente os corpos. Eles haviam enterrado um cadáver de cabeça para baixo na neve; tudo que se podia ver eram dois troncos marrons com botas nas pontas. Quase vomitei.

Cerca de uma hora depois, chegamos a nosso destino. Um guarda de casaco branco saiu da floresta, foi até o meio da estrada e fez um gesto para que parássemos. O carro foi levado até uma clareira e, conforme seguíamos nosso guia pelos caminhos tortuosos, as florestas subitamente se encheram de robustos soldados finlandeses, com somente os rifles pretos visíveis contra a neve, movendo-se silenciosamente entre as árvores.

A cabana do major era de toras, semienterrada no solo e coberta de neve. A camuflagem era tão boa que só soubemos ter chegado ao ver os esquis apoiados nas árvores. Rastejamos para entrar no abrigo, que tinha duas camas, uma escrivaninha comprida coberta de mapas e um peque-no fogão que mantinha a temperatura em 1 grau negativo. O major, um homem vigoroso de rosto vermelho, nos saudou em um inglês hesitante e disse que o café da manhã estava pronto; então nos conduziu a uma mesa contendo café, pão, manteiga, carne de rena, queijo e peixe em conserva. Alguns minutos depois, fomos interrompidos pelo ganido de um motor, que se transformou em um rugido quando o avião passou a somente algumas centenas de metros acima. O major disse que os aviões russos patrulhavam as florestas por várias horas a cada dia e frequentemente as metralhavam.

— É isso que *nós* queremos: aviões.

Então ele perguntou se, em nossa opinião, o mundo externo enviaria aviões para a Finlândia e perscrutou nossos rostos atentamente enquanto esperava pela resposta.

— Eu gostaria que aquelas senhorinhas gentis dos Estados Unidos, que nos enviaram cobertas, pudessem tricotar alguns aviões e armas antitan-ques — murmurou ele.

Quando perguntamos se havia alguma possibilidade de nos esgueiramos pela fronteira russa, ele sorriu e disse que nos enviaria ao posto de observação, onde poderíamos avaliar a situação. Se ainda quiséssemos atravessar, ele daria permissão. Então designou um capitão para nos acompanhar.

TERRA DOS MORTOS

A cabana do capitão ficava a certa distância; era feita de compensado e fora construída em torno do tronco de uma árvore, de modo que a fumaça do fogão era dissipada pelos grossos galhos. O capitão era um sujeito animado que nos mostrou com grande prazer o samovar russo que capturara durante a batalha de Suomussalmi. Ele também tinha um par de binóculos que pegara de um oficial inimigo, mas sua posse mais valiosa era a metralhadora de um tanque russo. Todas as vezes que um avião passava, ele atirava; esse não era exatamente seu trabalho, mas, com a metralhadora à mão, era difícil resistir.

O capitão nos conduziu pela floresta até o posto de observação. Ele ficava a certa distância e fomos acompanhados por uma patrulha de oito homens equipados com rifles e pistolas de ar maléfico. Eles deslizavam pelas árvores como assombrações, manobrando os esquis com espantosa agilidade. Em um minuto, desapareciam atrás das árvores e achávamos que haviam se perdido; no minuto seguinte, estavam à nossa frente no caminho.

O posto de observação era somente uma vala rasa escavada na neve; nela havia um observador com um par de binóculos e um telefone. Mas não precisamos de binóculos para ver a União Soviética. A apenas 280 metros, do outro lado de um lago congelado, estavam as terras gélidas da Rússia.

Estávamos na vala havia apenas alguns minutos quando a artilharia finlandesa abriu fogo à nossa retaguarda. Os projéteis passaram somente alguns metros acima de nossas cabeças, caíram no lago a nossa frente e geraram uma fonte de gelo e neve. O oficial de observação corrigiu a distância pelo telefone e, em breve, os projéteis desapareciam adequadamente nas árvores do outro lado. Os russos não demoraram a responder e, alguns minutos depois, o ar ressoou com o horrível assobio dos projéteis, o gemido baixo das granadas e o baque dos morteiros. Por duas vezes galhos arrancados por granadas caíram sobre nós e, quando dois projéteis passaram a apenas 20 metros, ferindo dois soldados finlandeses, o capitão decidiu que devíamos retornar à cabana. Ele nos disse para partir em pares, a fim de que os russos não nos vissem; meu coração batia forte enquanto abríamos caminho pela floresta com projéteis explodindo dos dois lados da trilha. Pensei: *As armas russas podem ter perdido prestígio, mas ainda me assustam.*

Antes de irmos embora, o capitão nos serviu chá. Enquanto bebíamos, um robusto soldado finlandês rastejou até o abrigo. Suas bochechas estavam vermelhas por causa do frio, mas seus olhos azuis brilhavam de excitação. Ele acabara de chegar de uma patrulha de cinco horas atrás das linhas russas, que penetrara por quase 5 quilômetros. Ele pegou um mapa e explicou ao capitão as várias mudanças nas posições inimigas. Aprendemos que era fazendeiro e se destacara como um dos homens mais corajosos da patrulha. O capitão disse que, durante a batalha de Suomussalmi, ele destruíra um tanque pulando sobre ele, abrindo a escotilha com um pé de cabra e jogando uma granada no interior. Alguns minutos depois, outro soldado entrou na cabana para dizer que uma patrulha russa de duzentos homens se aproximava das linhas finlandesas. O capitão ordenou que ele partisse com um destacamento e os interceptasse.

Entendemos que as coisas ficariam muito agitadas e decidimos que era melhor ir embora. Do lado de fora, um grupo de soldados já separava rifles e ajustava esquis. Quando nos despedimos do capitão, ele disse:

— Bem, e quanto à Rússia? Se quiserem ir com a patrulha, têm minha permissão.

Agradecemos muito, e eu disse que estava bastante feliz onde eu estava.

* * *

Como o Exército finlandês, com uma força de pouco mais de 300 mil homens, fora capaz de conter a onda russa até aquele momento? Acho que isso se devera, primeiro, ao fato de pessoas livres estarem lutando, com uma coragem nunca superada, contra o despotismo asiático, em defesa de suas casas, liberdades e vidas; segundo, à brilhante estratégia dos líderes militares finlandeses; terceiro, aos obstáculos naturais do terreno, cortado por 70 mil lagos e com mais de três quartos do território cobertos por florestas; quarto, aos erros soviéticos.

Do ponto de vista militar, o ataque russo será estudado como uma das mais fantásticas campanhas da história. Em todo o norte, o alto-comando russo ignorou a necessidade elementar de manter abertas as linhas de

TERRA DOS MORTOS

comunicação. Milhares de soldados russos foram enviados às regiões inóspitas da Finlândia para serem isolados de suas bases e engolidos pelas florestas. Essa extraordinária estupidez era difícil de entender. A única explicação era que a Rússia achara que a blitzkrieg duraria apenas alguns dias e organizara a campanha de acordo. As primeiras divisões estavam equipadas com uma enorme quantidade de propaganda, faixas e flâmulas que esperavam distribuir entre um povo vencido; no norte, uma divisão chegara com uma banda de metais, realmente esperando ser recebida de braços abertos pelas pessoas que fora enviada para "libertar". Talvez o Kremlin estivesse tão imensamente desinformado sobre o vigor político da Finlândia porque os observadores soviéticos não revelavam o verdadeiro estado de coisas, por medo de serem fuzilados como sabotadores.

Durante dias, fui assombrada pela cena dos corpos congelados e retorcidos da 44ª Divisão. Mas a história dessa divisão (incidentalmente, uma das que invadiram a Polônia em setembro) era típica de uma estratégia desastrada pela qual a ditadura do proletariado agora pagava livremente com as vidas do proletariado. A 44ª entrara na Finlândia em 30 de dezembro para substituir a 163ª, que estava isolada e sem suprimentos perto do pequeno vilarejo de Suomussalmi. Ela marchara 30 quilômetros por uma estrada difícil e coberta de neve até o coração da floresta, mas fora incapaz de se unir à outra divisão, a 9 quilômetros de distância, quando a estrada terminara. Os finlandeses haviam primeiro derrotado a 163ª e, depois, voltado sua atenção para a 44ª: eles interromperam sua linha de fornecimento e, cinco dias depois, atacaram e aniquilaram a divisão inteira.

Antes de partirmos de Kajaani, um dos oficiais de imprensa nos levou a um campo de internamento em Pelso, onde ouvimos uma versão da batalha de um alto oficial da 44ª Divisão que fora capturado pelos finlandeses. O oficial era um homem de meia-idade, bem barbeado, que servira no Exército Vermelho durante 22 anos. O carcereiro finlandês pediu que omitíssemos seu nome e patente, e informou ao prisioneiro que ele não era obrigado a responder nossas perguntas a menos que quisesse.

Mas o oficial fez um relato que correspondia exatamente à versão finlandesa. Ele disse que a divisão fora isolada em 2 de janeiro e ficara sem comida até a derrota final no dia 7. Seus únicos suprimentos eram seis sacos de biscoitos lançados de um avião. Em 2 de janeiro, vários oficiais haviam implorado ao comandante, o general Vinogradov, para recuar, mas o general respondera que isso seria impossível sem ordens diretas do Kremlin. E a ordem chegara tarde demais.

O oficial disse três coisas interessantes: que o Exército estivera mal--informado sobre a resistência finlandesa e muitos líderes realmente acreditavam estar invadindo para libertar o povo finlandês, que o Exército estava mal organizado para uma campanha severa e que os soldados russos, supersticiosos por natureza, eram particularmente inadequados para o terreno finlandês, já que tinham um medo mortal das florestas escuras.

Quando perguntei sobre o sistema de comissários, ele respondeu evasivamente que eles eram necessários para infundir o espírito adequado nos soldados. Perguntei qual seria o resultado final da guerra e ele hesitou; foi somente quando o carcereiro o incentivou a fornecer sua opinião sincera que ele respondeu sentir que a União Soviética, com sua preponderância de homens e material, provavelmente venceria no final.

Dos 18 mil homens da 44ª Divisão, somente algumas centenas haviam sobrevivido. Caminhamos pelo campo e conversamos com eles, acompanhados pelo carcereiro e um intérprete russo. Na primeira sala, havia um grupo de trinta ou quarenta vestindo uniformes marrons e botas de feltro de cano alto. Muitos tinham as mãos e os pés congelados envoltos em bandagens, mas, comparados a seus camaradas amontados ao lado da estrada, tiveram sorte. Eles se levantavam quando entrávamos na sala, mas não havia ressentimento ou reticência neles; seus olhos se iluminavam com amigável interesse e eles pareciam satisfeitos por ter visitantes. Como grupo de soldados de uma divisão de elite, no entanto, eram patéticos. A maioria era baixa, com testas curtas e rostos feios. Sua inteligência era tão elementar que fiquei dividida entre a pena e a repulsa pela civilização que seu governo estava tão ávido para expandir. Alguns dos prisioneiros nos encaravam estupidamente, com melancolia nos olhos castanhos; outros interrompiam afobadamente os colegas durante a conversa.

TERRA DOS MORTOS

Quando os questionei sobre a guerra, responderam terem sido mobilizados para repelir a invasão finlandesa da Rússia. Alguns disseram entender que haviam sido grosseiramente mal-informados, mas fiquei atônita ao descobrir que muitos estavam inconscientes de terem sido capturados em território finlandês; eles achavam que a batalha de Suomussalmi ocorrera "em algum lugar no norte da Rússia".

Quando os questionamos sobre as condições gerais na Rússia, um homenzinho baixo e esguio, de barba muito escura, tornou-se o autonomeado porta-voz do grupo e silenciou os camaradas com olhares ameaçadores. Com a típica astúcia eslava, ele respondia às perguntas com o que achava que queríamos ouvir. Denunciou a União Soviética com uma ênfase tão exagerada e cobriu os finlandeses de tantos elogios que, obviamente, suas respostas não tiveram valor.

A segunda sala à qual fui levada estava cheia de caminhoneiros russos que pertenciam ao corpo de serviço do Exército ligado à 44ª Divisão. A maioria jamais recebera treinamento militar de nenhum tipo; eram meramente motoristas de caminhão recolhidos das ruas de Kiev. Falaram amargamente sobre o fato de terem sido mobilizados e, apontando para um deles, disseram:

— Veja o Feodor. Ele tem mais de 40 anos, é casado e tem muitos filhos.

Feodor pareceu contente com a atenção e assentiu enfaticamente, declarando que, realmente, tinha 42 anos e nunca ouvira o disparo de uma arma até se ver dirigindo um caminhão de suprimentos no front de Suomussalmi.

A história mais incrível de todas, porém, foi a da enfermeira russa com a qual conversei. A jovem de 23 anos, a única prisioneira na Finlândia, fora capturada quando os finlandeses derrotaram a 163ª Divisão. Ela tinha estatura mediana, o rosto largo dos eslavos e olhos muito tristes. Vestia um vestido de lã fornecido pelos finlandeses; suas únicas outras roupas eram o uniforme masculino do Exército que usava ao ser capturada.

Alguns meses antes, vivia tranquilamente em Leningrado com o marido e o filho pequeno, então recebera a ordem de mobilização. Pensando que se tratava somente de manobras durante o outono, não ficara particularmente preocupada. Em novembro, no entanto, fora designada para a 163ª Divisão e, um mês depois, forçada a cruzar a fronteira da Finlândia. Embora infeliz e apavorada, fora enviada com duas outras enfermeiras para o posto de primeiros socorros na linha de frente. As outras enfermeiras haviam sido feriadas e removidas para um hospital de campanha atrás das linhas; quando veio a ordem para recuar, ela fora incapaz de retornar à base e, durante 24 horas, vagueara pelas florestas com um médico russo. A dupla finalmente fora recolhida por uma patrulha finlandesa, à beira de um lago.

Os corpos das duas outras enfermeiras mais tarde foram encontrados pelos finlandeses no hospital de campanha — uma antiga casa de fazenda —, juntamente com os de centenas de soldados. Ebbe Munck, que visitou o hospital quatro dias após o recuo, disse que a visão era horrenda. O pátio e os fundos da casa estavam repletos de pilhas de corpos nus: quando os pacientes morriam, os médicos russos simplesmente jogavam os cadáveres pela janela, a fim de abrir espaço para os recém-chegados. Do lado de dentro, centenas de homens feridos morreram em suas camas; quando a ordem para recuar chegara, eles haviam sido abandonados. Ebbe disse que um homem fora deixado na mesa de operações, ainda com as incisões abertas.

Quando o carcereiro finlandês ouviu essa história, comentou amargamente:

— E essa é a civilização que eles querem trazer para a Finlândia.

3. Os melhores círculos árticos

Em razão dos ataques aéreos durante o dia, as horas logo antes do amanhecer costumavam ser as mais seguras para viajar. Quando Harold Denny, Desmond Tighe e eu partimos para Rovaniemi, em uma viagem de 320 quilômetros pelo Ártico, eram 2 horas. A temperatura era de 36 graus negativos, considerada moderada. Eu usava um traje de esqui, uma parca, um casaco de lã de carneiro, oito suéteres, quatro pares de meias, três cachecóis e dois pares de luvas e, de algum modo, sobrevivi. A 2,5 quilômetros de Rovaniemi, passamos por uma grande placa branca pregada a uma árvore. À luz dos faróis, lemos, em inglês, alemão, sueco e finlandês: "Círculo Ártico."

Quando os soviéticos deslizaram sobre o teto do mundo, o porto de Petsamo, no oceano Ártico, eles iniciaram a guerra mais fria da história. Nunca antes houvera uma guerra tão ao norte. Rapidamente as florestas cobertas de gelo, habitadas somente por rebanhos de renas, foram tomadas pelo som dos rifles e o pipocar das metralhadoras. Os russos avançaram 100 quilômetros, mas, a despeito de repetidas tentativas de prosseguir na "rodovia do Ártico" — que atravessava a Lapônia até o centro da Finlândia —, foram impedidos por patrulhas finlandesas escondidas nas profundas florestas cortadas pela estrada.

A linha de frente finlandesa era uma série de barracas e postos de metralhadora espalhados pelas florestas. Toda vez que as colunas mecanizadas russas tentavam avançar, os finlandeses se esgueiravam pelas florestas e cortavam suas linhas, às vezes bloqueando a estrada gelada ao explodir um tanque, às vezes colocando minas e interrompendo as linhas de fornecimento na retaguarda.

Quando nós três partimos de Rovaniemi para visitar esse front, acompanhados por Hugo Mäkinen — um oficial de imprensa finlandês —, colegas jornalistas que já haviam feito a viagem disseram que não conseguiríamos muito material: a batalha chegara a uma espécie de impasse. Sem querer nos desencorajar, acrescentaram que o cenário era digno de visita e garantiram que poderíamos escrever matérias muito boas sobre a Mãe Natureza. No fim, a viagem foi uma das mais desconfortáveis que qualquer um de nós já fizera. Os russos escolheram aquele momento particular para iniciar um intenso bombardeio da rodovia do Ártico, a fim de impedir que reforços finlandeses chegassem ao front.

Inicialmente, as coisas estavam quietas. Dirigimos a noite toda pelas desoladas florestas brancas, com as luzes da aurora boreal criando padrões misteriosos no céu; durante cinco horas, não passamos por um único carro ou vimos um único sinal de vida, com exceção da ocasional rena atravessando a estrada, sobressaltada por nossos faróis. Ao amanhecer, paramos em uma casa de fazenda para tomar café.

A família consistia em um fazendeiro e sua esposa, uma garotinha de 10 anos e dois garotos de uns 14 anos. Eles acenderam a lareira, trouxeram café e pãezinhos e fizeram um relato dos bombardeios nos últimos dias. No meio da conversa, o telefonou tocou e um dos garotos voltou com a notícia de que o ataque matutino começara e três aviões vinham em nossa direção. (Não havia sirenes no distrito e cabia ao telefonista avisar a todos.) Todo mundo vestiu seus casacos e a garotinha, que parecia ver tudo como uma grande brincadeira, nos conduziu pela floresta até um grande pinheiro. Sob os galhos, havia uma pequena barraca com quatro tapetes.

Alguns minutos depois, ouvimos motores e três bombardeiros apareceram, voando baixo. Quando estavam sobre a casa, um deles mergulhou com um rugido alto: ouvimos uma explosão que soou como um busca-pé gigante, seguida pelo staccato das balas de metralhadora. Quando os aviões se afastaram, corremos de volta à casa para ver o dano que fora causado e descobrimos que as bombas haviam caído em um campo a 20 ou 30 metros. Alguns segundos depois, um garoto chegou esquiando, quase sem fôlego.

Descobrimos que ele fora o alvo, não a casa. Ele se esquecera do casaco branco e os russos evidentemente o haviam visto se movendo contra

OS MELHORES CÍRCULOS ÁRTICOS

a neve. Eles haviam lançado dezoito bombas pequenas e depois tentado metralhá-lo. O gesto parecia extravagante, para dizer o mínimo. Desmond comentou secamente:

— Se essa é uma indicação de como a economia soviética é gerida, não admira que haja gente passando fome em Moscou.

Embora houvesse uma hospedaria grande e confortável em Ivalo, a menos de 100 quilômetros, "Mak", nosso oficial de imprensa, recusou-se a continuar até que estivesse escuro. Bravios como leões no campo de batalha, os finlandeses eram supercautelosos, de maneira quase tola, no front doméstico. Quando as sirenes de ataque aéreo soavam, todos eram empurrados para um abrigo, querendo ou não. Em Helsinque, os jornalistas usavam crachás especiais que lhes permitiam continuar acima do solo, mas, durante as viagens, ficávamos à mercê do oficial de imprensa. Para nós, as chances pareciam as mesmas em ambas as situações, mas fomos incapazes de convencer "Mak" e só seguimos viagem no fim da tarde.

Foi o dia mais desconfortável de minha vida, pois o fazendeiro estava convencido de que os aviões procuravam sua casa e retornariam em breve para bombardeá-la. Todas as vezes que o telefone tocava com um alerta, ele insistia para nos refugiarmos sob o pinheiro. Pedimos e argumentamos, mas sem resultado: éramos sempre empurrados para o frio terrível lá fora. Umas cinco horas agachados na neve sob uma árvore nos deram uma ideia do que a vida se tornara na Finlândia.

Finalmente chegamos a Ivalo, a tempo para o jantar. Tratava-se de um pequeno vilarejo em um entroncamento rodoviário que tinha a distinção de ser o local mais bombardeado da Finlândia; quase 4 mil bombas foram lançadas, mas a maioria caíra nos campos e lagos e, surpreendentemente, poucas casas foram destruídas. O vilarejo fora quase inteiramente evacuado, mas a loja local ainda estava aberta e, nela, era possível comprar chocolates e passas.

A hospedaria em que jantamos era administrada pelos trabalhadores que patrulhavam e consertavam a rodovia. A atmosfera era a de um grande campo de madeireiros: meia dúzia de jovens inclinadas sobre grandes caldeirões ajudavam a cozinhar, enquanto os homens chegavam batendo os pés por causa do frio, esfregando as mãos e sacudindo a neve das botas. Todo mundo comia na cozinha porque era mais quente perto do fogão, e nos sentamos juntos à mesa para um jantar de filé de rena, batatas cozidas e leite.

Quando estávamos prontos para ir embora, veio o alarme de ataque aéreo. Harold, Desmond e eu nos entreolhamos e gememos. Um gongo ressoou pela hospedaria, as jovens vestiram seus casacos, pegaram seus cobertores e lideraram o caminho até o abrigo. Ele era feito de troncos enterrados profundamente na neve. A temperatura devia ser de 40 graus negativos, mas Harold, Desmond e eu parecíamos os únicos a se importar, pois as garotas mantiveram um animado fluxo de conversação, como se estivessem em uma festa. Ficamos lá sentados por duas horas, durante as quais contamos os baques de 25 bombas.

Quando o sinal de que estávamos seguros finalmente foi soado, Hugo telefonou para a sede do Exército e perguntou sobre a situação. Ele voltou com uma expressão séria e disse que os russos estavam bombardeando a rodovia inteira até o front. Não sabíamos disso na época, mas os russos preparavam uma nova ofensiva: a rodovia do Ártico era a única através da qual suprimentos podiam ser enviados aos soldados finlandeses, e aquele era o início de uma desesperada tentativa de isolá-los. "Mak" queria voltar, mas imploramos para continuar. Nenhum de nós era particularmente corajoso, mas, após dirigir 240 quilômetros e sofrer horas de tédio e frio, voltar a Rovaniemi sem uma história parecia impensável.

Finalmente conseguimos convencê-lo, e a viagem não foi prazerosa. Para começar, embora "Mak" fosse extremamente cuidadoso em relação aos abrigos antiaéreos, ele permitia que o motorista dirigisse com os faróis ligados. Como as nossas pareciam ser as únicas luzes em toda a floresta ártica, era quase certo que seriam notadas. Com o motor rodando e os vidros fechados, era impossível ouvir o som dos aviões, então tínhamos que parar a cada poucos quilômetros, sair do carro e escutar. Passamos por um trecho isolado de floresta e, ao nos aproximarmos de uma casa de fazenda, um grupo de homens caminhou até o meio da estrada e acenou freneticamente para que parássemos. Um deles disse que outro alarme

OS MELHORES CÍRCULOS ÁRTICOS

soara e os bombardeiros estavam próximos. Decidimos nos abrigar em um campo assim que ouvíssemos os motores e começamos a caminhar pela estrada, a fim de nos mantermos aquecidos.

Foi uma noite estranha, com a imobilidade da floresta rompida somente pelo som baixo de vozes masculinas, os pinheiros cobertos de neve assumindo formas estranhas na escuridão e a aurora boreal brincando no céu como um holofote gigantesco. Eu olhava para o céu quando, subitamente, notei a maior estrela que já vira. Achei que era uma peculiaridade do Ártico quando outra se acendeu. Um dos homens correu até nós e disse que os russos estavam lançando sinalizadores com paraquedas para iluminar o terreno. Hoje em dia, quando Londres é bombardeada, há dezenas de sinalizadores no céu, mas aqueles foram os primeiros que vimos — movendo-se lentamente em direção ao solo, com uma beleza terrível que iluminava o caminho para a destruição, eles pareciam quase sobrenaturais. O telefone da casa tocou, avisando que os aviões vinham em nossa direção. Não havia abrigo, então um guarda nos fez atravessar a estrada e rastejar para baixo de uma pequena ponte que ficava a uns 60 centímetros de um lago congelado. Eu fui primeiro, depois Desmond, Harold e meia dúzia de finlandeses.

O último trabalho de Desmond fora no Egito.

— Se alguém tivesse profetizado, dois meses atrás, que em breve eu estaria deitado no gelo no meio do Círculo Ártico — ofegou ele —, eu teria lhe dito para procurar um médico.

Harold só conseguiu dizer:

— Meu Deus, e somos pagos para usar a cabeça!

Felizmente, não ficamos lá por muito tempo, pois o rugir dos motores ficou mais alto e então esmaeceu novamente quando os aviões continuaram rumo ao leste. Rastejamos para fora e vimos um deles, totalmente iluminado, movendo-se pelo céu: um amargo testemunho da falta de armas antiaéreas dos finlandeses.

Só chegamos à linha de frente nas primeiras horas da manhã. Um guarda nos esperava na estrada. Estacionamos e caminhamos até uma cabana na floresta. Do lado de dentro, havia meia dúzia de oficiais sentados em torno de uma mesa. Todos tinham mais de 1,80 metro e eram guardas-florestais, tendo passado a maior parte da vida naquelas florestas. O major se desculpou pelos atrasos que havíamos sofrido e "Mak" traduziu seu comentário:

— Quanto tivermos armas antiaéreas, prometemos manter a rodovia desimpedida.

A cabana era quente e confortável, mas as portas e paredes estavam perfuradas por balas das metralhadoras russas. Enquanto nos aquecíamos ao lado do fogo, uma mulher veio da sala ao lado com um bule de café e alguns pãezinhos. Ela era uma mulher de meia-idade, plácida e maternal. Normalmente, trabalhava em uma loja em Helsinque, mas, quando a guerra começara, filiara-se à Lotta Svärd e se voluntariara para trabalhar em Petsamo. Ela tinha a distinção de ser a única mulher no posto do extremo norte. Perguntamos se ela não se assustava quando os aviões metralhavam a casa, e os homens riram e disseram que ela era a mais calma de todos. Então o major disse, em tom casual, que seria incapaz de nos levar à linha de frente, pois os russos haviam atacado duas companhias às 8 horas e a batalha ainda estava em curso a 1,5 quilômetro dali.

— Para onde eles estão indo? — perguntei, nervosa.

— Para cá. Mas não se preocupe, eles não vão passar.

Graças a Deus, pensei, *estou cobrindo essa guerra do lado finlandês*. Fiquei em silêncio, concentrada nos tiros, mas nada ouvi. Imaginei os finlandeses serpenteando entre as árvores e o súbito brilho de uma lâmina e me perguntei quantos corpos grotescos a luz da manhã revelaria. A floresta escura e solitária parecia suficientemente assustadora de dentro da barraca, e tive pena das pobres criaturas à mercê daqueles furtivos caçadores.

Soubemos que somente oitocentos finlandeses haviam contido todo o Exército russo naquela região. O major disse que os aviões eram o maior problema, mas acrescentou que tinha um atirador especialista que já abatera três. Ele nos mostrou uma maleta pertencente a um piloto russo. Do lado de dentro, havia um exemplar do *Pravda*, alguns mapas e um cartão impresso com multiplicações elementares.

Harold perguntou se os russos já haviam aprendido a esquiar e o major hesitou.

OS MELHORES CÍRCULOS ÁRTICOS

— Quando estão com muita pressa, eles tiram os esquis e saem correndo.

Todos riram, pois não havia nada de que os finlandeses gostassem mais que de fazer piadas à custa dos russos.

Parecia estranho estar sentada lá, bebendo café, enquanto uma batalha de vida e morte ocorria a menos de 2 quilômetros. Antes de irmos embora, o telefone tocou. A batalha terminara e os russos haviam sido rechaçados. O major vestiu o casaco, pegou um rifle e desapareceu na noite. Enquanto caminhávamos até a estrada, uma grande ambulância branca passou correndo por nós e nos perguntamos quantas teriam sido as baixas.

Passamos o dia seguinte em um campo de madeireiros a alguns quilômetros do front, que "Mak" declarou ser o local mais seguro da Finlândia, em razão dos abrigos profundos. A esposa de um madeireiro se ofereceu para fazer café, mas os alertas soaram tão continuamente do amanhecer até o meio-dia que ela não teve tempo de prepará-lo. Protestamos junto ao gerente do campo, perguntando se era necessário nos abrigarmos a cada alerta, e ele respondeu:

— Sim, é. O local está cheio de dinamite. Se uma única bomba nos atingir, o campo inteiro explodirá.

"Mak" se sobressaltou, mas não fez nenhum comentário.

Partimos para Rovaniemi no início da noite e a viagem foi tranquila, com exceção de um último incidente. A alguns quilômetros de Ivalo, ouvimos o incrível rumor de que os russos haviam lançado um esquadrão de paraquedistas na vizinhança e fomos avisados a permanecer alertas. Na hora, ninguém levou a sério a ideia de soldados chegando de paraquedas, mas, mesmo assim, dirigindo por um trecho particularmente deserto de floresta, era difícil ignorá-la completamente. Subitamente, fizemos uma curva e vimos um homem iluminado pelo feixe de nossos faróis. Ele usava roupa e capacete brancos e fez sinal para pararmos. O motorista sacou a pistola, saiu do carro e avançou cautelosamente.

Nem preciso dizer que foi um alívio descobrir que era somente um voluntário sueco cuja motocicleta ficara sem combustível — se é que você consegue imaginar alguém ficando sem combustível no meio do Ártico.

Colocamos um pouco de nossa gasolina em uma garrafa e nos despedimos dele.

* * *

Rovaniemi fora intensamente bombardeada durante nossa ausência. A rua principal era uma massa de vigas chamuscadas nos locais onde casas haviam queimado até as fundações, mas o objetivo principal, a ponte sobre o rio Kemi, ainda estava intacto.

O proprietário do Hotel Pohjanhovi, onde os jornalistas estavam hospedados, ficara muito abalado com a experiência. Como os bombardeiros russos tinham o hábito de voltar várias vezes ao mesmo local, ele se recusou a permitir que qualquer um permanecesse no hotel durante o dia. A despeito de muitos protestos, éramos arrastados para fora às 8h30 e instruídos a só retornar depois das 15 horas. Em tempos de paz, Rovaniemi era um centro de esportes de inverno e, a alguns quilômetros do hotel, havia uma excelente pista de esqui e um grande pavilhão onde conseguimos café e sanduíches. Também havia uma galeria de tiro ao alvo, e organizamos uma competição.

Como representávamos meia dúzia de nacionalidades, fizemos duplas e iniciamos uma miniolimpíada: Inglaterra, França, Finlândia, Suécia, Estados Unidos e Alemanha. Os finlandeses venceram, e tenho vergonha de contar que fui uma parceira tão ruim para Walter Kerr que os Estados Unidos receberam o troféu abacaxi. Herbert Uexküll, um alemão báltico que trabalhava para a United Press, virou-se para Eddie Ward e disse, com voz melancólica:

— Suponho que eu e você deveríamos atirar um no outro.

— Deus do céu, por quê?

— A guerra.

— A guerra? Ah, você quer dizer a *outra* guerra! Pensando bem, deveríamos mesmo. É extraordinário termos esquecido dela.

Extraordinário, pensei eu, *como o mundo é insano*: aquela foi a primeira vez que ouvi "a outra guerra" ser mencionada. De fato, era difícil pensar

OS MELHORES CÍRCULOS ÁRTICOS

na guerra mais próxima ao deslizar pela pista de esqui e contemplar o céu profundamente azul e o sol cintilando na neve. A única coisa que fazia lembrar dela era a estranha experiência de desviar dos postos de metralhadora espalhados pela floresta.

Uso a palavra "deslizar" fantasiosamente, pois eu tinha sorte quando conseguia percorrer um quarto da pista — na verdade, tinha sorte quando conseguia me levantar depois de cair. Quando caía, eu normalmente ficava no chão até alguém me socorrer. Um jovem tenente do Exército finlandês se apiedou de mim e começou a me seguir nas descidas. Todas as vezes que eu caía, ele me ajudava a me levantar, dizendo:

— Pronto, pronto. Você vai se sair melhor na próxima.

Isso nunca aconteceu e, na ocasião em que mais precisei, ele não estava lá. Um dia, Herbert Uexküll, Eddie Ward e eu esquiávamos sobre o rio Kemi a caminho do hotel. O rio congelado estava cheio de buracos de bombas, de quando os russos haviam mirado na ponte e errado, e estávamos no meio do caminho quando as sirenes de ataque aéreo soaram. Corremos em busca de abrigo. Tentei tirar os esquis, mas só consegui soltar um. Ouvi o rugir dos motores; Eddie e Herbert gritaram comigo da margem, mas caí no chão e me atrapalhei tanto com as amarras do esqui que não conseguia me mexer.

— Pelo amor de Deus — gritou Eddie —, agora não é hora de fazer acrobacias!

Ele desceu correndo da margem, soltou meu esqui e me ajudou a levantar. O som dos aviões estava cada vez mais alto e corremos para uma frágil cabine de banho, esperando pela chuva de bombas. Três aviões passaram rugindo a somente 150 metros do solo, mas, para nossa surpresa, vimos que eram caças finlandeses — Gloster Gladiators britânicos pilotados por oficiais suecos. Foram os únicos caças que vi em todo o meu tempo na Finlândia; pouco depois, o sinal de que estávamos seguros ressoou triunfalmente pela cidade.

* * *

Os russos, com seus ataques aéreos implacáveis e contínuos, evidentemente tentavam copiar o método que os alemães haviam usado contra os poloneses. Quando os alemães atacaram a Polônia, eles tinham cada objetivo no país marcado em um mapa; esses objetivos incluíam entroncamentos ferroviários, estradas, pontes, comunicações telegráficas, estações de rádio, prédios telefônicos e usinas elétricas. Após 48 horas de bombardeio preciso e intensivo, eles interromperam as comunicações entre as duas metades do país e paralisaram as operações do inimigo.

Na Finlândia, os russos não tiveram o mesmo sucesso; após dois meses de bombardeio, os trens ainda rodavam, as estradas ainda estavam intactas e, embora eu tivesse percorrido muitos quilômetros pelo interior, nunca vi uma ponte atingida diretamente. Isso não significa que os russos sempre erravam seus alvos. Eles atingiam muitas estradas e trilhos, mas os finlandeses, a despeito de precisarem de todo homem em boas condições físicas no Exército, sabiam da importância de manter as linhas de comunicação abertas. Patrulhas rodoviárias eram organizadas e trabalhavam rapidamente para consertar os danos assim que ocorriam. As espessas camadas de gelo nas estradas evitavam que as bombas causassem muitos prejuízos, e as pequenas crateras eram rapidamente enchidas de neve. Quanto às ferrovias, a maioria dos trilhos era construída em seções, e estimava-se que cem homens podiam reparar 50 quilômetros de trilhos ao dia. Embora as viagens de trem demorassem quatro ou cinco vezes mais que o normal, durante toda a guerra foi possível chegar a qualquer ponto da Finlândia de trem — e trens aquecidos! Isso significava que a distribuição de alimentos era possível e que mesmo vilarejos isolados tinham bom estoque de carne, batatas, pão, manteiga e leite.

A despeito dos pesados ataques, poucas vidas foram perdidas. Dia após dia, havia entre quinhentos e oitocentos aviões sobre o país, mas a lista de baixas a cada noite não chegava a mais de trinta ou quarenta pessoas. Isso se devia, primeiro, ao fato de três quartos da Finlândia serem compostos de florestas e lagos e as casas serem muito distantes uma das outras e, segundo, ao fato de as pessoas sempre obedecerem aos alertas e se refugiarem nos abrigos.

OS MELHORES CÍRCULOS ÁRTICOS

Os danos materiais, todavia, eram muito maiores do que eu vira após dois anos de guerra na Espanha. A maioria das casas finlandesas era feita de madeira e queimava até virar cinzas quando atingida por bombas incendiárias. Os russos alegavam bombardear somente objetivos militares, mas sua definição desses objetivos era muito elástica. Eles já não se limitavam a fábricas de munição, aeródromos e concentrações de tropas, aparentemente incluindo todas as comunicações do país. Era raro o vilarejo ou cidade que podia se considerar imune. Por exemplo, os russos não se detiveram nos entroncamentos ferroviários, alegando que até mesmo os trilhos que atravessavam vilarejos rurais eram objetivos legítimos. Quando um vilarejo era destruído por bombas que passavam muito longe de seu alvo, isso ainda era considerado uma operação militar.

Tantos hospitais foram atingidos que as cruzes vermelhas foram removidas dos telhados. Circulava a história (nunca pude confirmar sua veracidade) de um piloto russo que, ao ser perguntado por que bombardeara um hospital, respondera que seu comandante o instruíra a ir até certa cidade e marcara o objetivo no mapa com uma cruz vermelha. Ele cumprira a ordem literalmente.

4. O crepúsculo

Éramos os únicos civis em um trem de tropas. Os corredores estavam tão lotados de kits, rifles e sobretudos que era quase impossível passar. Os soldados haviam tirado licença e agora retornavam ao front. Eram homens robustos, de ombros largos, e estavam muito animados; alguns dormiam, outros olhavam silenciosamente pela janela, mas a maioria ria e conversava, de vez em quando iniciando um alto coro de canções de marcha. Lamentamos não poder conversar em finlandês, pois eles nos olhavam com curiosidade e nos ofereceram damascos secos, pães e salsichas. Ed Hartrich tirou do bolso um maço de cigarros; tudo com que Ed Beattie pôde contribuir foi uma barra de chocolate que encontrou no fundo da mochila — um remanescente do cerco de Varsóvia.

Estava quente no trem, e tão abafado que descíamos sempre que podíamos e caminhávamos pela plataforma. Em uma ocasião, fomos todos a um restaurante tomar café e comer sanduíches. As janelas haviam sido quebradas pela explosão de uma bomba e estavam cobertas com papelão. A luz no interior era muito tênue e, na semiescuridão, seis garçonetes prepararam xícara após xícara de café atrás do balcão, servindo todo mundo em vinte minutos.

Os soldados evidentemente estavam a caminho do istmo. Era 20 de fevereiro e, três semanas antes, os russos haviam iniciado seu segundo grande ataque contra a linha Mannerheim. Eles haviam preparado uma barragem de artilharia mais feroz que qualquer outra desde a Primeira Guerra, em um desesperado esforço para romper as defesas finlandesas. Eles avançavam lentamente, e os finlandeses, com seu minúsculo Exército, usavam todo homem disponível para tentar conter o terrível massacre. Olhei para os rostos à minha volta e me perguntei quantos retornariam.

Os russos também haviam tentado forçar a porta dos fundos do istmo. Eles haviam enviado várias divisões pelo norte do lago Ladoga, tentando flanquear a linha Mannerheim pela retaguarda. Mas, naquele setor, os finlandeses foram capazes de usar táticas de guerrilha. Eles atacaram e destruíram uma divisão e fragmentaram a outra em pequenos grupos, cercados e isolados de suas bases. Ed Beattie, Ed Hartrich e eu estávamos a caminho do quartel-general do front do lago Ladoga, perto da cidade de Sortavala, para ver os espólios da vitória.

Normalmente, a viagem de Helsinque a Sortavala durava somente seis ou sete horas, mas as ferrovias haviam sido danificadas pelos bombardeios e levamos quase dois dias. Líamos ou olhávamos pela janela. A grande extensão de neve não era monótona; havia nela uma deslumbrante grandiosidade e, de vez em quando, eu capturava um retrato que se fixava vividamente em minha memória. Lembro dos trens-hospitais se movendo lentamente pelo cenário branco, com as janelas fechadas e cruzes vermelhas pintadas nas laterais congeladas; e dos trens cargueiros resfolegando até as estações, alguns com vagões perfurados por balas de metralhadora ou grandes mossas onde as bombas os haviam atingido. Lembro do trem da cavalaria indo em direção ao front; os vagões estavam abertos e tivemos um vislumbre de soldados e cavalos. Alguns estavam em pé no vão das portas, homens grandalhões de bochechas vermelhas, usando gorros de pele e casacos compridos — uma raça de gigantes indo para a guerra.

Durante o dia, com o céu azul e a neve cintilante, era difícil sentir o drama do conflito, mas, à noite, uma cortina sombria se fechava. Chegamos à cidade de Pieksämäki ao anoitecer e, de lá até Elisenvaara, a cerca de 160 quilômetros, viajamos no rastro de uma terrível destruição. Aviões russos haviam bombardeado a região durante toda a tarde, e éramos o primeiro trem a passar por ali desde então. Frequentemente parávamos por várias horas enquanto os trabalhadores testavam os trilhos. Passamos por incontáveis vilarejos com somente as estruturas das casas formando silhuetas contra a neve; outras haviam ruído de maneira desordenada;

O CREPÚSCULO

outras ainda estavam escurecidas pelo fogo e pelas explosões. Em uma das estações, esperamos por tanto tempo que atravessamos a plataforma e perguntamos ao chefe da estação onde ficava o hotel. Ele era um homem grandalhão de casaco branco e chapéu. Não falava inglês muito bem, e só conseguiu sacudir a cabeça, apontar para o céu e dizer "Molotov". Mas sabíamos o que ele queria dizer.

Ao chegarmos a Elisenvaara, encontramos a estação queimando. Foi um espetáculo terrível, pois o vento gelado transformava as chamas em um inferno estrondoso. Elas lambiam o céu escuro com selvageria, pintando a neve de cor-de-rosa por quilômetros. Homens com baldes e mangueiras tentavam controlar o fogo, mas a tarefa parecia inútil. Os soldados saíram correndo do trem para fazer outra conexão, e nosso último vislumbre deles foi em pé na plataforma, silhuetas negras contra a noite vermelha.

Chegamos a Sortavala na manhã seguinte. Normalmente, a cidade tinha uma população de 13 mil habitantes, mas agora estava quase deserta. A despeito das casas alegremente pintadas de rosa e branco, tinha uma aparência desolada. Passamos por uma rua destruída após a outra, com somente uma triste fileira de chaminés e um monte de tijolos para marcar o local onde antes houvera residências. Embora tivesse restado pouco para bombardear, o oficial de imprensa finlandês que nos encontrou no hotel disse que os bombardeiros ainda retornavam várias vezes ao dia.

Ao contrário da maioria dos finlandeses, geralmente reservados e bastante austeros, nosso oficial de imprensa, conhecido como "Larry", era um jovem animado. Ele contou que aprendera inglês assistindo ao musical *A última canção*, com Al Jolson, dezoito vezes. "Larry" nos levou de carro até uma vila a 25 quilômetros da cidade, que era usada como sede da imprensa. Foi lá que dormimos nas duas noites seguintes. Era uma vila charmosa à beira de um lago e, no verão, devia ser um lugar delicioso. No inverno, não era. O vento assobiava pelas paredes finas e era impossível acender a lareira ou o fogão, por medo de que a fumaça atraísse a atenção do inimigo.

— Nenhuma das casas aqui acende fogo — explicou "Larry". — Se os russos acharem que há alguém vivendo nas vilas, eles com certeza as bombardearão.

Quando saíamos, éramos aconselhados a nos manter na trilha para não deixar pegadas na neve. A despeito de todas essas precauções, a vila foi bombardeada alguns dias depois de partirmos, e "Larry" me informou alegremente que uma das bombas caíra diretamente sobre meu quarto.

"Larry" nos levou para visitar o front no dia em que chegamos. Como as estradas eram continuamente vigiadas por aviões inimigos, era impossível viajar durante o dia, e só partimos no fim da tarde. Paramos no quartel--general para pegar um oficial do Exército finlandês — um capitão que participara da batalha. Dirigimos por quilômetros de áreas rurais, desertas com exceção de uma ou outra casa, mas, ao nos aproximarmos do front, ouvimos o ronco dos caminhões e o tilintar dos trenós. Passamos por uma longa fila de caminhões carregando armas de campo capturadas e então por uma coluna de soldados vestidos de branco em pequenos trenós puxados por cavalos e lotados de munição. Pelos 8 quilômetros seguintes, a estrada esteve repleta de soldados finlandeses carregando seu butim. Anoitecia e não conseguíamos discernir muito bem os objetos que passavam por nós.

A cena no front era ainda mais terrível que a "terra dos mortos" de Suomussalmi. A noite acentuava o horror: a lua cheia brilhava incerta em meio às nuvens escuras e o vento gemia entre os pinheiros, soprando súbitas rajadas de neve sobre a rodovia, como se fosse a esporádica passagem de espíritos maléficos. Diante de nós, revelava-se a pavorosa destruição da batalha. A estrada estava tomada por carcaças de tanques semivirados como besouros gigantescos, cozinhas de campanha, caminhões danificados e armas pesadas. E, do outro lado, espalhados pela floresta, havia centenas de cadáveres, montes disformes sob a cobertura da neve recém-caída.

Foi somente ao ver a carnificina que entendi realmente quão letais e dramáticas eram as batalhas nas florestas. Eu conseguia visualizar as colunas russas se movendo pelas estradas, com tanques e tratores pesados lutando contra bancos de neve e, às vezes, bloqueando o avanço por horas; conseguia visualizar os soldados russos, com seu medo profundamente supersticioso das florestas, insistindo teimosamente em permanecer na estrada, e os invisíveis finlandeses vestidos de branco se esgueirando por trás das árvores para iniciar seus ataques. Eu me lembrei dos prisioneiros

O CREPÚSCULO

russos no campo de internamento resumindo ingenuamente a situação: "O problema era que jamais conseguíamos *ver* os finlandeses!"

Caminhamos por 3 quilômetros ao longo da estrada até fazermos uma curva e vermos as linhas russas, sobre uma colina escura a 800 metros de distância. Conforme avançávamos, ouvíamos os estampidos secos das balas cantando pela floresta e, de quando em quando, o ronco surdo da artilharia. O céu se iluminava com flashes súbitos quando as armas finlandesas abriam fogo atrás de nós. Na floresta dos dois lados da estrada, havia centenas de valas escavadas na neve e escoradas por toras, onde os russos haviam vivido. Perto de uma delas, entre livros e cartuchos, encontramos um objeto estranho: um sapato feminino. Descobrimos que era um sapato finlandês que provavelmente fora roubado por um dos soldados para dar de presente ao retornar à Rússia.

O sofrimento que os soldados russos devem ter suportado vivendo semana após semana no frio enregelante das florestas não era difícil de imaginar. Sua comida acabara algum tempo antes e, nos últimos dez dias, eles haviam sobrevivido com um pouco de carne de cavalo e ocasionais e escassos suprimentos lançados de avião.

— Mas mesmo completamente cercados e sem nenhuma esperança — disse o capitão finlandês —, eles se recusaram a se render.

Isso se devia parcialmente aos panfletos de propaganda lançados de avião, prometendo que a ajuda chegaria em breve, e parcialmente ao fato de os soldados russos ouvirem sistematicamente que os finlandeses fuzilavam seus prisioneiros. Carl Meidner, um fotógrafo trabalhando para a *Life*, contou que, quando os finlandeses haviam chegado com um prisioneiro russo em Salla, ele pedira que o guarda o levasse até o celeiro, para que pudesse fotografá-lo. O russo caminhara até o barracão e, quando o flash da câmera disparara, desfalecera no chão. Alguns segundos depois, levantara-se lentamente, esfregando braços e pernas e com uma expressão atônita no rosto. Ele achara estar sendo levado ao celeiro para ser fuzilado; quando ficou convencido de ainda estar intacto, correu até Carl, segurou suas mãos e agradeceu repetidamente.

O capitão finlandês liderou o caminho para fora da estrada e penetramos alguns metros na floresta. Ele disse que, quando o ataque ocorrera, muitos russos haviam se agrupado como ovelhas; em certo momento, quinhentos deles, recusando-se a se render, haviam sido abatidos de uma única vez. Mas o sinal mais pavoroso era a equipe da metralhadora. Ao luar, eles pareciam estátuas de cera malfeitas: um deles caíra sobre a carroça, com as mãos ainda nas correias; dois estavam caídos sobre as rodas; e um quarto estava apoiado em uma árvore, como se ainda desse ordens.

— Pobres-diabos! — disse o capitão com súbita compaixão. — Suponho que eles nem mesmo sabiam pelo que estavam lutando.

Curiosamente, embora os soldados finlandeses estivessem em um dos mais desesperados conflitos de sua história, a maioria não sentia ódio pelos soldados russos. Seus sentimentos eram mais próximos da pena. Ouvi muitos deles expressarem horror pelo fato de o inimigo ser obrigado a avançar como gado em ataques sem nenhuma chance de sucesso.

— Não ligamos de atirar neles com rifles — continuou o capitão —, mas é horrível quando eles não se rendem e temos que abater grupos inteiros com metralhadoras!

Lembrei do oficial em Suomussalmi que me contara que, em uma ocasião similar, um de seus operadores de metralhadora não aguentara e voltara para o abrigo escavado com lágrimas escorrendo pelo rosto.

Caminhamos por 3 quilômetros. Descobri que os finlandeses haviam usado somente alguns milhares de homens contra duas divisões russas que somavam 30 mil. Mas o capitão parecia muito mais preocupado com o avanço russo no istmo que com sua própria vitória.

— Conseguimos pará-los nas florestas — disse ele —, mas, no istmo, as coisas são diferentes.

Então perguntou, com quase comovedora ansiedade:

— Você acha que o mundo ficará decepcionado com o Exército finlandês?

A despeito de suas fantásticas vitórias, os finlandeses, um povo silencioso e reservado, não faziam bravata. A única coisa da qual se gabavam abertamente era a captura de material bélico russo. Em quase todos os fronts, os oficiais adoravam mostrar armas e binóculos capturados. En-

O CREPÚSCULO

quanto caminhávamos, o capitão encontrou uma pistola semienterrada na neve, e o motorista teve a sorte de conseguir um rifle. Por todo o caminho de volta, eles discutiram os méritos de suas armas recém-adquiridas, felizes como crianças.

Partimos para a vila em Sortavala por volta da meia-noite. Deixamos o capitão no quartel-general. Antes de apertar minha mão, ele tirou uma estrela vermelha do bolso — uma estrela bordada com a foice e o martelo, usada no quepe dos oficiais russos.

A primeira vez que eu vira uma daquelas estrelas fora em um trem vindo do norte. Em uma das paradas, dois soldados finlandeses feridos haviam embarcado. Eles claramente vinham do front, pois ainda usavam capas brancas. Um deles tinha a cabeça enfaixada e o outro uma tala na perna. Eles se sentaram no banco em frente ao meu e me cumprimentaram polidamente com a cabeça. Então o segundo apontou para a perna e disse: "Molotov." Ele não deixou dúvidas sobre o que acontecera aos russos azarados o bastante para atirar nele, pois tirou uma carteira do bolso do uniforme e orgulhosamente me mostrou três estrelas vermelhas. Evidentemente, ele as coletara com o mesmo fervor com que os caubóis costumavam riscar a coronha de suas armas.

O capitão me entregou a estrela, curvou-se solenemente e disse:

— Com os cumprimentos de um major russo.

Eu a usei em meu bracelete por alguns dias, mas, todas as vezes em que a via, eu me perguntava a quem pertencera. Finalmente a tirei do bracelete e guardei na bagagem.

* * *

Voltamos a Helsinque e descobrimos que o ataque ao istmo era cada vez mais intenso. Nos 16 quilômetros da seção Summa, os russos haviam disparado 300 mil projéteis em 24 horas — quase o triplo dos projéteis usados diariamente pelo Exército britânico durante a Primeira Guerra. Os russos haviam empregado quase 400 mil homens no ataque, 100 mil a mais que todo o Exército finlandês lutando em quatro frentes. Embora o comunicado finlandês pouco revelasse, estudando o mapa era possível ver que os russos avançavam lentamente pela zona Mannerheim de fortificações. Mas só podíamos especular, pois nenhum jornalista tinha permissão para cobrir o ataque.

Tínhamos permissão para visitar a linha de frente antes das batalhas; para conversar com prisioneiros russos; para inspecionar material bélico capturado; e para sermos bombardeados o quanto quiséssemos — ou não quiséssemos. Podíamos visitar as patrulhas florestais e alguns tinham tido a sorte de estar em quartéis-generais durante conflitos menores. Mas nenhum jornalista podia estar na linha de frente durante uma grande batalha. Para obter notícias, tínhamos que contar com o lacônico comunicado oficial publicado em Helsinque todas as noites; os comunicados sobre operações terrestres geralmente se limitavam a 150 palavras.

A razão para essas restrições era o fato de o sucesso finlandês depender do segredo de seus movimentos, da surpresa de seus ataques pelos flancos e da astúcia de suas estratégias. Eles não podiam correr o risco de correspondentes com informações de primeira mão sobre suas táticas deixarem o país e inadvertidamente passarem informações para o inimigo. Também era proibido pela censura criticar as táticas russas, por medo de que o inimigo lesse sobre seus erros e os corrigisse; e, é desnecessário dizer, o número de tropas e baixas finlandesas jamais era revelado.

Desse modo, os jornalistas só podiam trabalhar com conjecturas. A sala de imprensa do Hotel Kämp ficava lotada de correspondentes de doze capitais diferentes, discutindo, duvidando, reclamando e questionando. O telefone tocava continuamente. De uma ponta à outra do hotel, era possível ouvir jornalistas gritando suas matérias para toda a Europa — Estocolmo, Copenhague, Amsterdã, Paris, Londres — e até mesmo para Nova York, do outro lado do Atlântico. Para irritação geral, Nova York era a única conexão realmente boa. Eu normalmente telegrafava minhas matérias para Londres, mas muitas vezes elas atrasavam cinco ou seis horas e eu era forçada a telefonar. A linha era tão ruim que eu precisava repetir cada palavra três ou quatro vezes, e odeio pensar no custo dos telefonemas. Mas parte do atraso se devia ao fato de o telégrafo do *Sunday Times* não

O CREPÚSCULO   369

conseguir entender meu sotaque; certa vez, exasperada, entreguei o telefone a Eddie Ward.

— Realmente é o sr. Ward falando? Eu o ouvi no rádio há apenas uma hora! E realmente estou falando com *Helsinque*? Meu Deus! Como estão as coisas por aí? É muito frio, não é?

O comunicado era publicado todas as noites por volta das 20 horas, e sempre havia uma corrida entre as grandes agências para ver quem telegrafava primeiro. Todos telefonavam para Amsterdã, Estocolmo e Copenhague, em chamadas emergenciais de tempos de guerra que custavam nove vezes a tarifa normal. Certa vez, o correspondente da Associated Press ficou ao telefone por 25 minutos esperando que o comunicado fosse publicado. Cinco minutos depois de ele desistir e desligar, foi completada a ligação da United Press e, no mesmo momento, um garoto entrou na sala com o comunicado. Olhares sombrios foram trocados. Por sinal, quase todas as ligações completadas pareciam ser do correspondente da United Press, e mais tarde descobri que isso se devia a um arranjo muito vantajoso com os operadores telefônicos do Hotel Kämp.

A rotina diária era constantemente interrompida pelas sirenes de ataque aéreo. Embora Helsinque tenha sido bombardeada somente duas vezes durante a guerra — e não muito intensamente —, quando os alertas soavam tudo parava automaticamente. Ao contrário da Espanha, todo mundo era forçado a procurar abrigo. Os clientes eram convidados a se retirar de lojas e restaurantes, os funcionários eram expulsos dos escritórios e os pedestres eram removidos das ruas. A cidade ficava tão quieta que quase se podia ouvir um alfinete caindo.

Como as sirenes soavam cinco ou seis vezes ao dia, o tédio era imenso. Os policiais nas esquinas tentavam ocasionalmente quebrar a monotonia iniciando batalhas de bolas de neve. Os hóspedes no restaurante do Kämp sacudiam a cabeça, furiosos, pegavam seus pratos e os carregavam até o outro lado da rua, para os abrigos no parque. Era possível ouvir os operadores interrompendo as chamadas para o mundo externo com vozes irritadas: "Desculpe, Copenhague, estamos recebendo outro alerta."

Os jornalistas tinham permissão especial para permanecer acima do solo, mas, mesmo assim, era impossível continuar trabalhando. Além de os operadores interromperem as ligações, os oficiais de imprensa saíam em disparada para os abrigos subterrâneos e até mesmo os censores paravam de censurar. Os censores, aliás, eram pessoas misteriosas que viviam atrás de portas fechadas. Ninguém jamais os via. Um garoto levava a cópia até eles e, quando ela voltava marcada com lápis vermelho, você podia reclamar com o bispo, se quisesse. Costumávamos observar as pessoas entrando nos abrigos e tentar adivinhar quem eram os censores. Havia um cavalheiro muito idoso que sempre carregava uma bolsa preta. Estávamos certos de que era um censor e tínhamos grande cuidado em sempre sorrir para ele, até descobrirmos que era o veterinário local.

Devido à inconveniência dos alarmes, muitos diplomatas e adidos estrangeiros se mudaram para Grankulla, a uns 25 quilômetros de Helsinque, onde podiam trabalhar sem serem perturbados. Foi lá que encontrei Frank Hayne, o vice-adido militar americano em Moscou com quem eu viajara pela Ucrânia no ano anterior. Ele fora transferido para a Finlândia para a guerra e me saudou jovialmente.

— Achei que você apareceria mais cedo ou mais tarde. Vi sua amiga Martha Gellhorn há algumas semanas e estávamos nos perguntando por onde você andaria.

Martha fora à Finlândia em dezembro para escrever um artigo para a *Collier's* e partira alguns dias antes do início da guerra. Frank não a conhecia, mas, na noite em que os russos deram seu ultimato aos finlandeses, ameaçando tirar Helsinque do mapa a menos que suas demandas fossem aceitas, ele viu uma loira bonita e discreta sentada em um canto do restaurante do Kämp. Concluiu que era americana e precisava de proteção. Então foi até ela, apresentou-se, contou sobre o ultimato e perguntou se ela queria ser evacuada.

— Meu Deus, sim.

Frank, meio surpreso, disse a ela para subir e pegar suas coisas.

— Cinco minutos depois — disse ele —, ela desceu com um pijama e uma garrafa de uísque. Eu soube imediatamente que *aquela* jovem já fora evacuada antes.

O CREPÚSCULO   371

As atividades de Frank eram ainda mais restritas que as dos jornalistas. As autoridades finlandesas não estavam dispostas a permitir adidos militares alemães e italianos no front e, sendo incapazes de diferenciar entre eles, determinaram que nenhum adido podia ir até lá. Frank analisava mapas e estudava as posições na linha Mannerheim, mas, com informações tão escassas, era difícil determinar o real estado de coisas. Certo dia, seu motorista finlandês recebera uma carta do irmão, que era oficial no istmo. Frank traduzira a carta para o inglês e, um dia, durante um almoço comigo e Ed Beattie, ele a mostrou. Esta era a carta:

Abrigo Gato, 10 de fevereiro de 1940, 6h35

Querido irmão,

Agora sei o que é uma barragem de artilharia. O amigo "Klim" Voroshilov certamente fez tudo que podia para apaziguar o "pai das nações" e saciar sua sede por sangue. Ele tentou, tentou e continua tentando vencer nossa resistência, mas, uma vez após a outra, os russos foram rechaçados com as cabeças sangrando.

Milhares deles sangram, formas silenciosas e imóveis nos cintilantes campos nevados de fevereiro. Eles partilham o destino de milhares de outros que, no passado, convidaram as aves carniceiras e os lobos de nossas florestas para um banquete.

Se não fosse pelo veloz e medonho fogo de artilharia, com suas explosões dilacerantes, eu quase sentiria pena das massas cinzentas de russos que, com seus longos sobretudos, avançaram, afundados até as coxas na neve macia, contra as bocas cuspidoras de morte de nossas metralhadoras. Obediente e silenciosamente eles avançaram, tentando usar escudos blindados, mas em vão. Tudo foi inútil. O fogo letal varreu os campos uma vez após a outra, deixando somente montes retorcidos de corpos, que logo se imobilizaram.

Os tanques avançando à frente da artilharia foram destruídos por nossas armas antitanques e por punhados de granadas de mão amarradas umas às outras e lançadas com muita habilidade. Eu sentiria pena dessas hordas cinzentas marchando para o massacre, mas o incessante fogo de artilharia gera um ódio impiedoso naqueles que são sujeitados a ele.

Não tenho vergonha de confessar que o fogo de artilharia é, para mim e para a maioria dos outros, simplesmente revoltante. Ainda não fui acometido pela "doença da artilharia", mas tenho vontade de colocar as mãos nos ouvidos e chorar de dor. A explosão de projéteis de 6 polegadas a cada quatro segundos durante nove horas consecutivas, as detonações incessantes, os estilhaços que guincham e as cegantes explosões de chamas criam indizível terror em nossos corpos, e esse terror só pode ser superado pelo exercício de muita coragem física. É extenuante tentar ser um exemplo para os homens, tentar fazer piada e fumar calmamente meu cachimbo enquanto meus nervos estão tensos como as cordas de um violino.

É extenuante saber que, se eu perder o controle por apenas um segundo, minhas mãos começarão a tremer, minha cabeça a sacudir e meus olhos a se fechar, como aconteceu com vários de meus homens. É terrível tentar fazer um homem nessa situação cumprir seu dever com encorajamento e ameaças, mas tenho conseguido e, todas as vezes em que a ação foi necessária, meus homens estavam prontos.

Se os russos fossem sujeitados a uma fração da bateria de fogo lançada sobre nós nas últimas 24 horas, todo o Sétimo Exército da URSS estaria em pânico, voltando desabaladamente para suas estepes. A superioridade de material e de massas é tão esmagadora que é inconcebível conseguirmos resistir, mas conseguimos.

Até agora, achei que tínhamos que escolher entre a resistência e a ruína, mas agora não há mais alternativa: resistiremos. O batalhão só perdeu um homem (ele morreu em um hospital de campanha) e temos uma média de um homem ferido a cada dois dias. Em geral, os ferimentos não são perigosos. Nenhum de meus homens morreu ou foi ferido, embora nossos abrigos estejam longe de ser seguros.

Dois homens perderam a cabeça, e outros dois seguem pelo

mesmo caminho, mas por causa dos exaustivos turnos de vigia e patrulha e da consequente falta de sono, e não por causa da ansiedade. Estamos cansados e, além de aviões, armas e instrumentos antitanques, precisamos de homens, muitos homens que, ao menos, façam o trabalho manual e montem guarda, a fim de podermos dormir de vez em quando. Sei que seremos substituídos em breve e poderemos descansar na retaguarda, e espero então conseguir alguns dias de licença. Mas, ao mesmo tempo, minha mente está cheia de ansiedade pelos homens que permanecerão aqui. Não por qualquer medo da derrota, mas porque, enquanto os russos trocam seus homens quatro vezes, só podemos trocar os nossos uma vez, e sempre enfrentamos novas forças. Meu querido irmão, o que a Suécia está fazendo por nós? A Inglaterra e os Estados Unidos nos ajudarão? Escreva em breve e me informe. Estou faminto por notícias.

Com amor,
Lassie

5. Bandeiras a meio mastro

Um grupo de finlandeses patrulhando a baía de Viburgo encontrou um soldado russo que estava perdido e vagueava pelo gelo havia horas. Ele apresentava um espetáculo miserável, semicongelado, com a barba desgrenhada e as roupas em farrapos. Quando viu os finlandeses, ele ergueu os braços em sinal de rendição:

— Não atirem! Sou um russo capitalista.

Nunca descobri se essa história era verdadeira; ela foi publicada em todos os jornais finlandeses e forneceu às pessoas uma de suas poucas risadas naqueles dias sombrios. No início de março, um comunicado finlandês anunciou que os russos lutavam na periferia de Viburgo — o que significava que haviam rompido as defesas Mannerheim. A equipe de imprensa finlandesa estava pálida e tensa ao chegar. A srta. Helsinkius, que geralmente organizava as viagens, tinha lágrimas nos olhos. Nenhum de nós sabia quantas haviam sido as baixas finlandesas. Se os finlandeses continuariam a lutar depois que Viburgo caísse era tema de especulação.

A situação era extraordinária. Em todos os outros fronts, os avanços russos haviam sido impedidos em algumas das mais espetaculares batalhas da história; no front da Cintura, as tentativas russas de chegar ao golfo de Bótnia, dividindo a Finlândia ao meio, haviam resultado em derrotas esmagadoras e na perda de quase 5 mil vidas; no front ártico, o avanço russo pela rodovia do Ártico até o centro da Finlândia fora interrompido após uma penetração de somente 112 quilômetros; e, no front norte, no lago Ladoga, o ataque projetado para flanquear a linha Mannerheim fracassara.

Mas, no istmo, a história era diferente. Embora os finlandeses superassem os russos em todas as ocasiões nas quais estratégias e táticas estavam em jogo, no front do istmo — o único setor da Finlândia no qual ocorria combate real de trincheiras — somente duas coisas contavam: homens e armas. Onda após onda de russos haviam caído sob o fogo finlandês, mas sempre havia outros para tomar seu lugar. Os finlandeses, com um Exército total de somente 300 mil homens — dos quais somente metade podia lutar no istmo —, não haviam sido capazes de arriscar seus soldados em contra-ataques de larga escala, e os russos, através de sua tremenda superioridade numérica, haviam conseguido abrir caminho.

Mas, com exceção dos chefes das Forças Armadas, dos políticos e de um punhado de pessoas no gabinete de imprensa, a maioria dos finlandeses sabia pouco sobre a situação real. Os jornais só falavam das vitórias no norte, e os comunicados oficiais sobre a batalha do istmo eram tão breves que era impossível tirar conclusões. Os finlandeses sabiam que não podiam resistir indefinidamente a forças esmagadoras, mas a maioria se agarrava à profunda e obstinada fé de que algum evento imprevisto os salvaria da destruição. O moral estava alto e feroz e, por toda parte, ouvia-se a frase: "Os russos só nos conquistarão quando todos os finlandeses estiverem mortos."

Grande parte dessa passional determinação se devia ao desdém inato pelos russos. Os orgulhosos e capazes finlandeses os viam como uma horda incivilizada. Certa noite, andei por Helsinque em um trenó conduzido por um finlandês grandalhão com um enorme bigode de pontas viradas. Ele tinha uma medalha presa ao casaco, que ganhara contra os russos em 1918. Passamos pela antiga igreja ortodoxa grega, com seus domos em forma de cebola brilhando como diamantes ao luar, e pela seção bombardeada, onde os remanescentes chamuscados das casas sob o lençol de gelo ofereciam um contraste medonho. As janelas da abandonada legação russa haviam sido quebradas por uma bomba, e as cortinas brancas esvoaçavam no ar noturno como centenas de braços fantasmagóricos.

— Qual é o animal — perguntou o motorista — que mais se parece com um ser humano?

BANDEIRAS A MEIO MASTRO

A resposta era tão óbvia que ele não me deu a chance de responder:

— O russo — rugiu ele, e deu uma gargalhada que ecoou por toda a rua.

Com esse sentimento comum em mente, os finlandeses estavam determinados a lutar até o fim; quando o seguinte parágrafo foi publicado, sem comentários, em 8 de março, o público o ignorou com uma risada:

De acordo com informações em posse do governo finlandês, acredita-se que a União Soviética planeja apresentar à Finlândia demandas de caráter ainda mais extenso que as feitas no último outono. Mas ainda não temos detalhes sobre elas.

Algumas pessoas ficaram intrigadas, mas chegaram à otimista conclusão de que as enormes perdas começavam a ser sentidas e os russos tentavam iniciar conversações em um esforço para conseguir uma paz que lhes permitiria manter a dignidade.

Mas, na sala de imprensa, o tom era outro. O telefonava tocava continuamente com perguntas vindas de toda a Europa. "É verdade que os finlandeses perderam um terço de seu Exército? As negociações de paz já começaram? Que termos estão sendo discutidos? Você pode verificar se a Suécia está agindo como mediadora?"

Não podíamos verificar nada. Presos como estávamos em Helsinque, tampouco sabíamos o que estava acontecendo. Todo jornalista tinha sua própria teoria. Alguns alegavam que a captura de Viburgo não tinha importância estratégica e os russos ainda tinham um longo caminho a percorrer; outros, que os finlandeses estavam vencidos; outros ainda, que lutariam até o amargo fim. Ed Beattie estava pessimista. Ele tinha uma longa e triste lista de guerras atrás de si: Abissínia, China e Polônia.

— Os finlandeses estavam se saindo bem até eu chegar — comentou ele sombriamente. — Agora acabou.

Havia tão pouca informação em Helsinque que decidi ir a Estocolmo para ver se conseguia uma matéria. Eddie Ward também estava partindo, então viajamos juntos de trem até Vaasa e, de lá, cruzamos o golfo de avião. Negociações ou não, os bombardeiros russos estavam ativos como sempre. A jornada levou quase 36 horas: novamente cidades queimando, esperas intermináveis e os curtos apitos da locomotiva que faziam todo mundo sair tropeçando pela neve a fim de se abrigar na floresta.

Havia um francês no trem, uma criatura bastante tímida, que perdeu a passagem e a bagagem e perguntou ao inspetor uma dúzia de vezes, em uma voz nervosa e exausta, quando chegaríamos. Ele parecia tão desalentadamente perdido que ficamos com pena. Foi somente quando embarcamos no avião em Vaasa que descobrimos que aquele era o coronel de la Roque, o ativo líder da Croix de Feu (fascista) na França.

Chegamos a Estocolmo em 11 de março. No mesmo dia, os finlandeses publicaram um comunicado admitindo que discussões de paz estavam sendo realizadas em Moscou e que a Suécia agia como mediadora. Isso foi tudo. Não havia detalhes, e o saguão do Grand Hotel estava lotado de jornalistas tentando conseguir informações sobre as discussões. Naquela noite, Gordon Young, da Reuters, nos convidou para jantar com ele e o sr. Erkko, o ministro finlandês na Suécia. Erkko foi evasivo, mas cordial; ele nos ofereceu champanhe, mas nenhuma informação. Contamos que retornaríamos a Helsinque em um ou dois dias e, como era impossível conseguir lugar no avião sem reservar vários dias antes, ele se ofereceu para providenciar as passagens.

No dia seguinte, houve mais rumores sobre a paz. Encontrei um jornalista dinamarquês — não sei seu nome — que tinha certeza de que houvera um acordo em Moscou, mas não conseguia obter confirmação oficial. Ele disse que a Suécia, intimidada pela Alemanha, recusara-se a permitir a passagem das tropas da Inglaterra e da França e forçaria os finlandeses a se renderem. Eddie e eu decidimos retornar a Helsinque naquela noite e telefonamos para o sr. Erkko a fim de conseguir as passagens. Sem realmente esperar resposta, Eddie perguntou:

— É verdade que houve um acordo em Moscou?

Para nosso espanto, Erkko respondeu que sim. (Jamais descobri por que ele admitiu, pois passou o resto da noite negando enfaticamente.)

Isso deu a Eddie um furo de escala mundial. Ele enviou um telegrama a Londres que foi lido no jornal das 18 horas da BBC: o primeiro relato semioficial de que a guerra russo-finlandesa chegara ao fim. Chegamos ao aeródromo de Estocolmo por volta das 19 horas — uma hora depois — e ouvimos as pessoas na sala de espera discutindo a notícia. Um dos passageiros, um coronel finlandês, estava muito irritado. Ele se virou para Eddie e disse:

— Você ouviu o relato da BBC? Aquele sujeito, acho que o nome é Ward Price, deve ser maluco. Paz! Faremos paz quando os russos retirarem seu último soldado da Finlândia. Não antes!

Eddie assentiu e se afastou rapidamente.

Quando decolamos e as luzes de Estocolmo brilharam como diamantes contra a neve, nos perguntamos que preço a Suécia pagara para manter aquele fulgor. Foi uma viagem triste. Eddie e eu aparentemente éramos os únicos a saber para o que estávamos retornando, e isso pareceu piorar as coisas. Olhei para os rostos à minha volta, fortes e confiantes, e não ousei pensar no que o dia seguinte traria. O piloto era o mesmo de meu voo para Turku dois meses antes. Ele tomou as precauções habituais de enviar um telegrama perguntando se o caminho estava livre, circular sobre o aeródromo e lançar sinalizadores. Tudo estava igual, exceto o fato de que a viagem foi ligeiramente mais perigosa, pois seis ou sete assentos haviam sido removidos e o chão do avião estava cheio de caixas com os dizeres: "Explosivos — segunda classe."

Chegamos a Turku por volta da meia-noite e, na manhã seguinte, fomos de ônibus até Helsinque. Embora fosse 12 de março, o dia em que os termos da paz foram anunciados, as pessoas ainda não sabiam o que as esperava. O jornal matutino de Turku trazia manchetes sobre o número de aviões russos derrubados no dia anterior. A única referência às negociações era uma pequena caixa de texto no canto da primeira página, anunciando que estações de rádio estrangeiras relatavam que uma solução fora conseguida em Moscou. Ao lado do texto, havia um grande ponto de interrogação.

Isso não pareceu chamar muita atenção. O ônibus estava lotado de camponesas e trabalhadores rodoviários com capas brancas sobre as roupas, que liam os jornais casualmente e não pareceram encontrar nada incomum. Paramos em um dos vilarejos para tomar café e o motorista disse que, se o alarme de ataque aéreo soasse, devíamos embarcar o mais rapidamente possível, a fim de podermos prosseguir antes que a polícia nos parasse e nos obrigasse a ir para o abrigo.

Paramos em frente ao Hotel Kämp às 11 horas, no exato momento em que o rádio anunciava o acordo de paz. Mas foi somente uma hora depois, com o pronunciamento do ministro do Exterior, o sr. Tanner, que o povo da Finlândia percebeu que fora derrotado.

O choque foi avassalador. Nenhum deles imaginava estar sequer perto da capitulação, e muitos achavam que os russos é que tinham sido obrigados a aceitar condições para a paz. As pessoas nas ruas pareciam completamente atordoadas. A finlandesa na sala de imprensa começou a chorar e os homens viraram o rosto. Nenhum dos jornalistas sabia o que fazer. A comiseração parecia inadequada. Eu estava tão miserável que desci e me sentei em um canto do restaurante quase vazio. Um grupo de oficiais ocupou a mesa ao lado da minha e começou a ler silenciosamente a última edição do jornal matutino, na qual os termos da paz haviam sido publicados. Um deles amassou o jornal com raiva e o jogou no chão. Ninguém falou. Eles só ficaram sentados lá, olhando para o vazio. Saí do restaurante e decidi caminhar pelas ruas. As bandeiras da Finlândia estavam todas a meio mastro.

Naquela mesma tarde, trabalhadores começaram a trocar as lâmpadas dos postes e a arrancar as proteções de madeira das vitrines das lojas. Para além disso, pouco mudou em Helsinque. Espera-se que uma crise nacional marque a face de uma cidade, mas, estranhamente, isso nunca acontece. Guerra ou paz, paz ou guerra, a vida consegue se arrastar para diante de maneira mais ou menos rotineira. As pessoas enchem as lojas, os restaurantes e os cinemas, como sempre. O único contraste real estava na sala de imprensa. Alguns dias antes, ela era uma imensa confusão; agora estava quase deserta. A lousa que costumava anunciar o horário em que o comunicado seria liberado estava limpa, mas, pregado com tachinhas acima dela, havia um pedaço de papel:

"NOTÍCIAS SOBRE OS BOMBARDEIOS SERÃO FORNECIDAS ÀS 23 HORAS."

Ninguém se dera ao trabalho de removê-lo.

BANDEIRAS A MEIO MASTRO

* * *

Vinte e quatro horas depois, com as bandeiras ainda a meio mastro, quilômetros de estradas rurais ressoaram com o ronco dos caminhões e o tilintar dos trenós quando teve início a evacuação de 400 mil pessoas.

A cidade portuária de Hanko, a cerca de 130 quilômetros de Helsinque, foi o primeiro território a tombar sob a foice e o martelo. Fui de carro até lá com Frank Hayne e Eddie Ward. As ruas estavam cheias de uma miscelânea de bombeiros, fazendeiros, artilheiros, lojistas e policiais que haviam se voluntariado para ajudar com a evacuação; havia caminhões do Exército e trenós por toda parte, gemendo sob móveis e utensílios domésticos.

Passamos várias horas caminhando a esmo, em uma temperatura de 26 graus negativos. O espetáculo era lúgubre, pois Hanko fora intensamente bombardeada e, passando por um quarteirão após o outro, encontramos somente cavernas escancaradas marcando o local onde antes houvera casas. Da última vez que eu estivera em Hanko, dois meses antes, dez edifícios da avenida principal, atingidos por bombas incendiárias, queimavam. Agora não havia incêndios ou alarmes antiaéreos; somente o vento varrendo desoladamente as casas sem vidro nas janelas; somente lojas com tetos desabados e ruínas carbonizadas enterradas sob camadas de gelo e neve.

Em meio às lúgubres ruínas, a evacuação continuava. Em uma casa com uma cratera de bomba a somente 3 metros de distância e a fachada escurecida pela explosão, dois soldados carregavam mesas e cadeiras nas costas; em outra, três criancinhas traziam utensílios de cozinha e os colocavam cuidadosamente sobre um pequeno trenó; em uma terceira, um velho carregava um colchão sobre o qual estavam empilhadas lâmpadas e vasilhas de cerâmica. As calçadas em frente às casas estavam cobertas de cômodas, máquinas de costura, bicicletas, fotografias e fogões aguardando para serem colocados nos caminhões.

Conversamos com muitas pessoas e descobrimos que o pesar já dera lugar ao amargo ressentimento. Por que a Finlândia concordara com a paz? De acordo com o general Mannerheim, os finlandeses haviam perdido somente 15 mil homens e, "em dezesseis semanas de batalhas sangrentas, sem descanso, dia e noite, nosso Exército não foi conquistado".

O que acontecera? Por que a Finlândia não continuara a lutar? Em sua última ordem do dia, o general Mannerheim dissera:

Não estávamos preparados para a guerra contra uma grande potência. Enquanto nossos bravos soldados defendiam nossas fronteiras, nós tivemos, através de insuperáveis esforços, que obter aquilo que não tínhamos. Tivemos que construir linhas de defesa onde não havia nenhuma. Tivemos que tentar conseguir ajuda, que falhou em vir. Tivemos que encontrar armas e equipamentos em uma época na qual todas as nações se armavam febrilmente contra a tempestade que varria o mundo. Seus feitos heroicos conquistaram a admiração mundial, mas, após três meses e meio de guerra, ainda estamos praticamente sozinhos. Tudo que obtivemos em termos de ajuda estrangeira foram dois batalhões reforçados equipados com artilharia e aeronaves para nossos fronts, onde nossos próprios homens, lutando dia e noite sem a possibilidade de serem substituídos, tinham que enfrentar ataques de forças inimigas sempre renovadas, ultrapassando todos os seus limites físicos e morais [...]. Infelizmente, as valorosas promessas de assistência que as potências ocidentais nos fizeram *não puderam se concretizar porque nossas vizinhas (Suécia e Noruega), preocupadas com sua própria segurança, recusaram o direito de trânsito de tropas.* (Grifo meu.)

Lá estava a mão da Alemanha. Mas por que, perguntavam as pessoas, a Finlândia começara uma guerra desesperançada se pretendia aceitar, sem ter sido derrotada, termos ainda mais drásticos que os apresentados inicialmente? Não somente em Hanko, mas dos finlandeses em Helsinque, muitos comentários amargos eram ouvidos: "Nossos políticos nos traíram. Não há como viver assim. Teria sido melhor lutar até o fim..."

As pessoas sendo evacuadas sentiam isso ainda mais intensamente. Eddie e eu conversamos com um soldado empurrando uma bicicleta

BANDEIRAS A MEIO MASTRO

pela neve, com o motorista finlandês-americano de Frank atuando como tradutor. Ele nos disse que era mecânico e vivera toda a vida em Hanko. Quando ouvira sobre a paz, ele se recusara a acreditar. Mesmo agora, tudo parecia um sonho ruim:

— Se era necessário fazer concessões, tudo bem. Mas os russos deveriam ter que *lutar* por cada centímetro de Hanko.

Perto da delegacia, conversamos com mãe e filha que administravam uma pequena pensão. Elas tinham acabado de se registrar para que um caminhão evacuasse seus pertences.

— Quando ele chegar, não sei para onde iremos. Não temos familiares nem outra forma de ganhar a vida. — A mãe sacudiu a cabeça tristemente. — Talvez seja errado dizer isso, mas eu quase ficaria feliz em ouvir as sirenes novamente.

Mas descobrimos que o que mais deixava as pessoas ressentidas era entregar suas casas aos russos, temendo que eles não cuidariam bem delas. Três enfermeiras em pé na esquina nos disseram que não seria tão ruim se outra nação ocupasse Hanko, mas, segundo uma delas, era impossível pensar nos russos como seres humanos. A segunda concordou:

— Ao menos, eles não encontrarão em minha casa nada além de quatro paredes e um teto. Tirei até as torneiras de latão.

— Sim — disse a terceira —, mas é uma pena termos que deixar a torre de água para eles.

Ela apontou na direção da torre de tijolos, um antigo ponto de referência no centro da cidade.

— Ah, não se preocupe. Após um ou dois dias, eles certamente farão com que ela pare de funcionar.

Um homem idoso, operário de uma fábrica, uniu-se ao grupo logo antes de partirmos:

— Muitas bombas caíram em Hanko desde 30 de novembro, mas a pior de todas foi essa paz.

Todo mundo assentiu.

* * *

Richard Busvine, do Chicago *Times*, Eddie e eu fomos embora de Helsinque alguns dias depois. Novamente, tivemos a estranha experiência de passar de uma atmosfera de guerra para outra. Pegamos um avião para Estocolmo, um trem para Malmo, outro avião para Londres. Em Malmo, a sala de espera do aeródromo estava lotada de pessoas. Subitamente, um homem gritou:

— Por favor, formem duas filas. Passageiros para Berlim à esquerda. Passageiros para Londres à direita.

Todo mundo se separou e se encarou raivosamente. Então passaram pela porta e embarcaram em seus respectivos aviões. Os motores rugiram. Primeiro um desapareceu na neblina cinzenta, depois o outro.

— Quem disse "esses dois nunca devem se encontrar"? — perguntou Richard.

— Meio constrangedor isso — disse Eddie. — Eu queria que eles ficassem em seu maldito país.

— Você e 100 milhões de outros — respondeu Richard azedamente.

PARTE VIII

A queda da França

1. A primavera é a estação de Hitler

Londres foi um lugar agradável para passar a última semana de março e a primeira semana de abril. O sol brilhava sobre as primeiras flores da primavera e o ar estava cálido e doce. Caminhei pelo parque St. James pensando em como era bom ver grama verde novamente. Bebi com os olhos a cena ao meu redor: as crianças gordinhas de bochechas rosadas com suas babás; as duas senhoras idosas sentadas em um banco, com botas de botão e grandes chapéus, parecendo um desenho de George Belcher; o homem de terno listrado, chapéu cinzento, polainas e guarda-chuva fechado caminhando vigorosamente em direção a Whitehall. À minha frente, dois cavalheiros muito idosos mantinham uma conversa animada. Quando passei, ouvi um deles reclamar indignado sobre o número de casas antigas sendo derrubadas para abrir espaço para novas construções.

Sorri. Com o mundo no limiar de um conflito titânico, com centenas de milhares de casas prestes a serem destruídas, o gentil protesto parecia quase cômico. Era o tipo de conversa que se esperaria ouvir de dois cavalheiros muito idosos passeando no parque St. James. Quando eu chegara a Londres, esse curioso distanciamento conhecido como "insularidade inglesa" costumava me confundir e alarmar. Mas, naquele momento, encontrei algo estranhamente reconfortante na plácida e imperturbável atmosfera. Eu sentia que, o que quer que acontecesse, Londres sempre iria permanecer. Tudo nela era lento, metódico e deliberado. A rotina parecia tão determinada quanto os movimentos regulares da natureza. Até mesmo as casas sólidas e os ônibus pesados pareciam ter um ar de estabilidade. Lembrei do comentário de Martha: "Se o mundo chegar a um fim e só sobrar uma pessoa, sei que será um inglês!" Tive a sensação de que ela estava certa.

388 — A QUEDA DA FRANÇA

Sob esse ar de serenidade, todo mundo sabia que a grande prova ocorreria em breve. Mas a maioria estava determinada a só se preocupar com isso quando acontecesse; lojas e restaurantes estavam lotados e as debutantes ainda passavam todas as noites na The Nut House.

Freda fechara sua casa e eu fui morar com Anne O'Neill na praça Montagu. Quando o marido de Anne, Shane, servia em um regimento no norte da Irlanda e seus dois filhos estavam no interior, metade da casa estava fechada, mas a atmosfera nada tinha de sombria. Alegre e bonita, Anne se recusava a permitir que a administração doméstica em tempos de guerra a perturbasse e, todas as tardes, dezenas de pessoas chegavam para o chá. Um dia sua criada irlandesa, Lily, que estava com ela havia muitos anos, resmungou sobre a irregularidade da residência, dizendo que nenhum dos criados trabalhava direito:

— Eles todos estão tirando vantagem da situação. Sabem que a dona da casa é jovem e tola.

Jovem, mas longe de ser tola, Anne se manteve imperturbável, e o número 35 da praça Montagu continuou a ser dirigido da maneira alegre e casual de sempre. A Finlândia parecia muito distante. Eu permaneci na cama até meio-dia e passei o resto do dia fazendo compras. Aquela última semana da guerra "enfadonha" foi pacífica. Nem mesmo as manchetes dos jornais eram alarmantes: 1º de abril, "Aliados intensificam bloqueio"; 2 de abril, "Custo da guerra pesa sobre trabalhadores alemães"; 3 de abril, "Nazistas acusam Noruega de violar neutralidade"; 4 de abril, "Reynaud diz: 'Sem falsa paz'"; 5 de abril, "Chamberlain diz: 'Hitler perdeu o ônibus'"; 6 de abril, "Halifax envia mensagem à Noruega e à Suécia: 'Não temam os valentões nazistas'"; 7 de abril, "Enviados britânicos planejam intensificar o controle comercial em relação à Alemanha".

Durante a semana, fui buscar alguns livros que deixara com a sra. Sullivan e me surpreendi ao encontrá-la apreensiva. Desastres iminentes normalmente a deixavam impassível. Seu rosto redondo se iluminou quando ela me viu.

— Meu Deus, a senhorita deve ter passado tanto frio na Finlândia! Tremi só de pensar. Quando Sullivan veio para casa de licença, eu disse a ele: "Coi-

A PRIMAVERA É A ESTAÇÃO DE HITLER   389

tada da srta. Cowles, como ela costumava sentir frio naquele apartamento sem aquecimento central. Acho que jamais a veremos novamente. Esse é o problema das americanas, que vivem em casas superaquecidas e nunca comem nada, são só pele e osso." O velho Sullivan respondeu: "Agora, se fosse eu, não teria passado frio de jeito nenhum." Atrevido, não é? Mas diga, senhorita, que tipo de pessoa são os finlandeses? De que cor eles são?

Seu rosto mostrou sua decepção quando eu disse que eram pessoas comuns como ela.

— Eu achava que eles eram vermelhos como os esquimós. Mas é bom terem se livrado de todos aqueles russos. Havia uma russa no meu bairro. Não sei o que aconteceu com ela, mas nunca gostei muito dela. Ela tinha aqueles costumes estrangeiros. Sabe como é, nunca tomava banho. Uma vez, ela me enganou em 3 xelins. Depois disso, sempre achei que gostava mais dos russos mortos do que vivos.

A sra. Sullivan foi buscar os livros e os trouxe em uma caixa de papelão.

— Meu marido gostou muito de lê-los. Ele gostou particularmente do livro do sr. Lloyd George... chama-se *World Crisis* [Crise mundial], não é? A senhorita se lembra daquelas maçãs? Que pena a senhorita não poder visitá-lo novamente. Talvez ele nos desse mais algumas. Mas Henry, do pub, disse que é melhor fazer com que ele volte rapidamente ao governo, ou algo terrível vai acontecer. Ele disse que não gostou do comentário do sr. Chamberlain ontem, sobre Hitler perder o ônibus. Não podemos esquecer que os ônibus passam a cada dez minutos.

Ninguém se esqueceu disso por muito tempo. Quatro dias depois, quando Hitler atacou, eu pensei nas palavras da sra. Sullivan. Naquela noite, escrevi em meu diário de guerra pela primeira e última vez. Um ou dois dias após a declaração de guerra, Anne e eu fomos a pé até a Smythson, em Bond Street, e compramos grandes cadernos com capa de couro e páginas com bordas douradas, determinadas a manter registros diários. Com exceção de 9 de abril, o meu ainda está em branco. Eis o que escrevi no dia 9:

Hoje os alemães invadiram a Dinamarca e a Noruega. Suponho que, a essa altura, deveria estar acostumada a esses momentos terríveis,

390 A QUEDA DA FRANÇA

mas ainda assim senti um frio na espinha. Às 10 horas, Esmond Harmsworth telefonou para Anne com a notícia de que Oslo fora bombardeada; às 11 horas, Seymour nos enviou uma cesta de ovos de lavadeira; ao meio-dia, Poppy Thursby e Bridget Parsons chegaram e os comeram.

Ligamos o rádio e ouvimos o relato de que os alemães já haviam desembarcado com sucesso em vários pontos da costa norueguesa. Poppy estava beligerante:

— O que quero saber é o que aconteceu com nossa Marinha. Anne, você não pode telefonar para Esmond e descobrir?

— Querida, você sabe como ele é lúgubre. Vai dizer que ela está no fundo do oceano.

— Mas, se não temos uma Marinha — insistiu Poppy —, o que *temos*?

— O sr. Chamberlain — respondeu Bridget.

— Estou falando sério — continuou Poppy. — Vocês sabem que nosso Exército é ridículo. Ainda treinando com cabos de vassoura e tudo o mais. Mas a Marinha é diferente. Se Hitler, com seus navios de 2 centavos, pode ir para onde bem entender, onde estamos?

— Perdidos! — respondeu Anne alegremente.

Poppy insistiu para que eu telefonasse para alguém e conseguisse notícias. Liguei para Webb Miller, mas ele disse que todas as comunicações com a Escandinávia haviam sido interrompidas e ninguém sabia de nada.

Anne e eu almoçamos com Maureen e Oliver Stanley. Entendi que, seja qual for a situação na Noruega, acredita-se que a invasão da Holanda seja iminente. O ministro holandês telefonou para Maureen durante o almoço e disse que o país estava em grande estado de tensão e todas as precauções haviam sido tomadas, mas, até então, não havia novos desenvolvimentos.

À tarde, Eddie Ward e Richard Busvine apareceram para um drinque. Eles vinham do consulado sueco, onde haviam tentado conseguir vistos, mas, como disse Richard, era somente uma von-

A PRIMAVERA É A ESTAÇÃO DE HITLER 391

tade, pois como chegariam à Suécia? Eu os aconselhei a não ir. Do ponto de vista jornalístico, parecia mais sensato esperar pela invasão da Holanda ou da Romênia que correr até lá e ficar preso na Suécia durante toda a guerra — ou, aliás, em um campo de internamento alemão.

Jantei com Tommy Thompson, que falou indignadamente sobre os neutros, sempre evitando se comprometer e só se aliando à Grã-Bretanha quando era tarde demais. O governo implorara aos noruegueses para imobilizar alguns de seus portos e aeroportos algumas horas antes do ataque alemão, mas eles não atenderam. E agora, claro, estavam todos em mãos alemãs. Ele disse que os americanos aprenderam havia muito que "Unidos, venceremos; divididos, cairemos". Por que eles não aprendem isso na Europa? Por quê? (Em vez disso, parecem olhar diretamente para a boca do pobre cavalo dado. Antes do jantar, telefonei para Freda, que tem uma cozinheira norueguesa; ela disse que sua cozinha estava cheia de noruegueses chorando, torcendo as mãos e lamentando: "O problema com os britânicos é que eles estão sempre muito atrasados.")

O maître veio até nossa mesa — jantamos no Scott — e disse ter acabado de ouvir que tropas britânicas já haviam embarcado para a Noruega. Eu me pergunto se isso é verdade. Ele também nos disse que o gerente do Scott — um dinamarquês com família em Copenhague — desabara e chorara ao saber da invasão.

— Ele não é o tipo de homem que chora — disse o maître. — Vivemos dias terríveis.

Sim, pensei, *e dias piores virão.*

Aqui acaba a entrada em meu diário, mas não preciso de notas para me lembrar das semanas seguintes. A guerra realmente começara. Durante seis meses, os poderes aliados haviam bloqueado a Alemanha com o objetivo de forçá-la a atacar defesas que eles acreditavam impenetráveis.

Mas a Noruega foi uma surpresa. O Serviço de Inteligência britânico estava consciente de que a Alemanha praticava manobras de embarque em larga escala, mas os exercícios haviam começado durante a guerra finlandesa e se acreditava que tinham atingido seu propósito quando a Escandinávia ouvira o alerta nazista e se recusara a permitir direito de trânsito às tropas aliadas.

A primeira reação do governo fora otimista. O sr. Chamberlain chamara o movimento alemão de "ato precipitado"; o sr. Churchill dissera: "Trata-se de uma falha estratégica e de um erro político tão grandes quanto os cometidos por Napoleão ao invadir a Espanha."

Mas aquele era um novo tipo de guerra. Era a primeira guerra de total "quinta coluna" da história. A traição dera aos alemães 70% de suas vitórias; documentos forjados e ordens falsas proibiram os noruegueses de atirar em navios alemães. Aliás, os traidores noruegueses estavam tão espertamente organizados que muitas cidades e portos haviam caído em mãos inimigas já nas primeiras horas. Quando as tropas britânicas desembarcaram, suas posições já eram estrategicamente impossíveis de defender. Em 2 de maio, o sr. Chamberlain tivera a triste tarefa de anunciar à Câmara dos Comuns que a Noruega estava perdida e a retirada britânica começara.

A campanha norueguesa teve tremendas repercussões. Primeiro, fez com que as pessoas tomassem consciência dos traidores, alertando-as para o aspecto revolucionário do nazismo; segundo, despertou os britânicos para o fato de que ilhas não são inconquistáveis; terceiro, desalojou o governo Chamberlain e levou Winston Churchill ao poder.

Veja, o sr. Churchill estivera certo sobre a maioria das questões em que o sr. Chamberlain estivera errado. É curioso que, na ocasião particular que o levou ao poder, seu julgamento tenha sido tão falho quanto o de qualquer outro. No debate da Câmara dos Comuns, ele assumiu, como Primeiro Lorde do Almirantado, total responsabilidade pelo fiasco. Mas o sr. Lloyd George, em um devastador ataque ao governo ("O mundo inteiro sabe que estamos na pior posição estratégica em que este país já foi colocado"), respondeu rispidamente à aceitação de total responsabilidade do sr. Churchill, dizendo esperar que o Primeiro Lorde não "se permitisse ser convertido em um abrigo antiaéreo a fim de evitar que os estilhaços atingissem seus colegas".

A PRIMAVERA É A ESTAÇÃO DE HITLER

A explosão arrancou o sr. Chamberlain do cargo. O país perdia continuamente a fé no primeiro-ministro desde a fatídica ocupação alemã de Praga; agora, sua frase infeliz — "Hitler perdeu o ônibus" — estava na boca de todos. Quando a oposição pediu uma divisão e a Câmara votou, os parlamentares conservadores ignoraram a opinião do parlamentar Margesson (pela primeira vez) e o painel mostrou os números:

A favor da postergação: 281

Contra a postergação: 200

A maioria de somente 81 votos era pequena demais para que o primeiro-ministro continuasse. Ele convidou a oposição a se unir ao Gabinete, mas foi recusado. Em 10 de março, o dia em que a Alemanha invadiu a Holanda e a Bélgica, Chamberlain renunciou e Winston Churchill se tornou primeiro-ministro.

Eu não estava em Londres na ocasião. Em 2 de maio, o dia em que o governo anunciou a retirada da Noruega, voei para Roma. Logo antes de partir, encontrei o sr. Churchill na casa de Maureen Stanley. A despeito das desalentadoras notícias da época, ele estava em um ânimo vigoroso. Quando eu disse que estava indo para Roma e perguntei se, na opinião dele, os italianos entrariam na guerra, ele sacudiu a cabeça:

— Não sei. Certamente espero que não. Adoro o povo italiano. Mas, se entrarem — e aqui seus olhos brilharam —, estou certo de uma coisa: não será necessário ir até Pompeia para ver ruínas.

2. As velas romanas queimam rapidamente

Eu não via John Whitaker desde a noite que passamos sob a mira de uma metralhadora sudeta na fronteira austríaco-tcheca, quase um ano e meio antes. Agora estávamos em um café de calçada no início da Via Veneto, tomando sorvete de morango. O sol brilhava, o vento soprava gentilmente entre as árvores e concordamos que aquele era um belo lugar para se estar.

— Mas não é — disse John enfaticamente. — Por que diabos os britânicos estragaram tudo na Noruega? Isso teve um efeito desastroso aqui. Particularmente em face de todo o otimismo inicial que fluía de Londres. Isso tirou o chão dos que são contrários aos alemães. Pessoas que estavam irritadas com o Duce por se aliar aos nazistas começaram a dizer que talvez ele esteja certo, afinal. Nenhum italiano quer estar no lado perdedor. Não acho que eles pretendam entrar na guerra agora, mas Mussolini está muito determinado e tudo pode acontecer. Nos últimos dias, a temperatura subiu uns 50 graus.

Isso foi em 4 de maio, cinco semanas antes de a Itália entrar na guerra. Já era possível sentir a tensão. A preguiçosa indiferença de agosto do ano anterior desaparecera; agora todo mundo lia os jornais, ouvia o rádio, falava, gesticulava, protestava, argumentava e gemia.

Era possível sentir o punho nazista se apertando. Havia alemães por toda parte: a equipe da embaixada crescera para mais de oitenta pessoas e Roma estava cheia de oficiais nazistas, especialistas militares, técnicos de todo tipo e um fluxo incessante de turistas. Você os via dançando nos restaurantes dos hotéis à noite e passeando pelas ruas durante o dia, com guias Baedeker nas mãos. O gabinete de turismo italiano exibia grandes cartazes anunciando viagens para a Alemanha a preço reduzido; os jornais publicavam matérias virulentas assinadas pelo Deutsches Nachrichtenbüro; os cafés estavam repletos de exemplares do *Völkischer Beobachter* e do *Berliner Tageblatt*. Fiquei surpresa ao descobrir que muitos camareiros, porteiros e cabeleireiros nos principais hotéis haviam sido substituídos por alemães. Por toda parte, ouviam-se sussurros de que a Gestapo nazista já operava por conta própria.

Sobreposta à atmosfera apreensiva, havia uma alegria artificial. Aquela era a grande temporada de Roma, e a cidade fora tomada por uma onda de entretenimento febril que me lembrava os dias agitados em Londres no verão antes da guerra. Descobri, para minha surpresa, que os cavalheiros ociosos e as damas elegantes da sociedade romana, em geral considerados decadentes, resistiam ferozmente (ainda que inutilmente) à corrente pró--alemã. Eles se recusavam a ter qualquer relacionamento com os alemães. Seu maior orgulho era o fato de nenhum alemão jamais ter entrado em seu elegantíssimo clube de golfe. Eles se excediam para entreter membros das embaixadas britânica e francesa e professavam visões antinazistas com perigosa franqueza. Até mesmo a bela princesa Bismarck, esposa do conselheiro alemão, era ignorada. O rumor era que os nazistas a haviam enviado até Roma para conquistar os aristocratas mais indiferentes — sem se esquecer do conde Ciano. (No que dizia respeito a ele, no entanto, o governo francês saíra na frente, tendo exportado uma belíssima atriz de 19 anos que já monopolizava sua atenção.)

Eu tinha bons amigos em Roma e todos me perguntavam, ansiosos, se os Estados Unidos entrariam na guerra. Muitos deles estavam desesperados.

— Já somos vassalos da Alemanha. O que quer que aconteça, estamos arruinados. Fomos pegos entre a cruz e a caldeirinha.

Um homem sugeriu seriamente que eu conseguisse uma entrevista com Mussolini e atirasse nele:

— Você terá a gratidão de toda a nação italiana.

— Sim — concordei. — Também vou ganhar uma harpa.

A despeito do pessimismo geral, alguns diplomatas franceses e britânicos acreditavam que, no fundo, Ciano era pró-Aliados e se agarravam

AS VELAS ROMANAS QUEIMAM RAPIDAMENTE

à esperança de que ele impediria Mussolini de se aliar completamente aos alemães. Nunca acreditei nisso. Eu ouvira frequentemente demais, de fontes confiáveis, que Ciano era o único homem em quem Mussolini confiava. Isso nunca soou para mim como se houvesse graves diferenças de opinião entre os dois. Além disso, Ciano era peso-leve demais para manter uma linha independente; eu sentia que ele estava somente interpretando um papel e obedecendo à instrução de manter relações amigáveis com os diplomatas britânicos e franceses para que Mussolini pudesse barganhar melhor com os alemães. No entanto, naquela ocasião particular, tive pouca oportunidade de julgar por experiência pessoal. No primeiro dia em que fui ao clube de golfe, vi Ciano e Alfieri almoçando juntos. Eles me olharam de relance e desviaram cuidadosamente os olhos. Mais tarde, perguntei a Benedetto Cappo Mazzo, chefe da imprensa estrangeira (que eu conhecera na embaixada italiana em Washington), qual era o problema.

— Eles não gostaram do último artigo que você escreveu — respondeu ele. — Você disse que o povo italiano não está com o Duce e não quer lutar.

— Mas o povo italiano não quer lutar, quer?

— A questão é que você *disse* isso. Além do mais, eles acham que você é perigosa. Muito pró-Aliados.

Durante a semana seguinte, devo ter encontrado Ciano meia dúzia de vezes no clube de golfe, mas, em todas as ocasiões, ele se esforçava tanto para me ignorar que eu comecei a me sentir como Mata Hari.

Eu conversei, no entanto, com seu principal assessor, o moreno e esguio *signor* Anfuso, especialista do Ministério do Exterior. Mas foi por engano. Fui colocada ao lado dele durante um almoço. Ele me lançou um olhar desconfortável e então iniciou uma violenta arenga pró-alemã. Perguntei se ele já lera o que Cláudio, o imperador romano, escrevera sobre os alemães e ele respondeu friamente:

— O mundo moderno não tem nenhuma relação com o antigo. É isso que as democracias parecem não entender. Seus estadistas fracos gostam de imaginar que somos secretamente hostis aos alemães. Posso garantir o contrário. Temos as mesmas ideias, a mesma filosofia e o mesmo propósito. Na verdade, complementamos perfeitamente uns aos outros. O que temos, eles não têm; e o que eles têm, nós não temos. (*E como!*, pensei.) Não se engane sobre isso: os alemães são nossos aliados. Estamos praticamente na guerra agora.

Perguntei qual seria a posição italiana se a Alemanha vencesse e ele respondeu:

— Há espaço suficiente para duas grandes potências na Europa.

Assenti:

— A questão é quais duas.

Com isso, ele se virou para seu outro parceiro e a conversa terminou. Vi somente outro oficial italiano durante minha estadia de dez dias: o marechal do ar Balbo. Ele passou 24 horas em Roma para conversar com Mussolini. Havia muitos rumores de que ele se opunha à aliança do Eixo, e acho que eram verdadeiros. Ouvi de um amigo que ele avisara Mussolini para não julgar a resistência aliada somente pelo fiasco norueguês; ele acreditava que Inglaterra e França, com ajuda dos Estados Unidos, venceriam no fim, através da preponderância de reservas e material de guerra. Meu amigo disse que, embora o próprio Balbo estivesse preocupado com a companha norueguesa, ficara muito impressionado com o debate na Câmara dos Comuns que ocorrera no dia anterior (8 de maio). "É preciso admitir", teria dito ele, "que, quando estão errados, eles assumem e admitem. É isso que admiro nos ingleses!"

Encontrei Balbo no saguão do Hotel Excelsior quando ele partia para pegar o avião que o levaria de volta à África. Ele estava animado e tempestuoso como sempre.

— Por que você não vem para a Líbia comigo? Agora mesmo. Talvez possamos voar sobre o deserto! Ou você ainda tem medo da minha barba? Um dia eu irei raspá-la, mas então você não me reconheceria. Você se perguntaria "Quem é aquele homem de aparência engraçada?". Mas, de qualquer forma, talvez você já diga isso. Ele gargalhou estrondosamente da própria piada. Nesse momento, vários amigos o interromperam e o instaram a se apressar. Ele perguntou para onde eu iria depois de Roma e, quando disse que para a Inglaterra, deu uma piscadela e sussurrou:

— *Bonne chance. Bonne chance!*

AS VELAS ROMANAS QUEIMAM RAPIDAMENTE

Foi a última vez que o vi.

Passei a maior parte de meu tempo em Roma conversando com especialistas econômicos e adidos navais e militares, tentando avaliar a força bélica da Itália. Os rumores se tornavam mais animados a cada dia. Quando o príncipe Filipe de Hesse chegou subitamente a Roma, as especulações chegaram ao auge. Filipe era um príncipe alemão casado com a princesa Mafalda, filha do rei da Itália. Ele era um nazista fanático, incumbido por Hitler de agir como intermediário entre ele e Mussolini.

Eu o conhecera no verão anterior, quando estivera hospedada na casa de Mona Williams em Capri. Ele era um alemão impassível de meia-idade, com modos agradáveis e uma devoção passional a Hitler. Sobrinho do antigo kaiser, era o único membro do grande clã Hesse a ter adotado o nazismo, e concluí que era visto como a ovelha negra da família. Ele se filiara ao partido antes de Hitler chegar ao poder e, em 1933, fora recompensado com o governo da província prussiana de Hesse-Nassau.

Todas as manhãs ele costumava aparecer na casa de Mona para nadar. Era um homem simples e amigável que sentia muito prazer em usar o poderoso telescópio no terraço para observar os pequenos barcos se movendo pelo porto; os visitantes de verão gostavam de remar em torno da ilha, e ele frequentemente pegava casais em beijos amorosos que o divertiam imensamente.

Somente uma vez ele discutiu a Alemanha comigo. Quando falou de Hitler, seus olhos se iluminaram e ele iniciou uma eloquente adulação da extraordinária personalidade do Führer, sua alegria, sua amabilidade, sua gentileza e seu humor! Ele disse que Hitler e Mussolini eram indubitavelmente os maiores homens que o mundo já vira. Quando Mussolini fora à Alemanha assinar o acordo de Munique, o príncipe Filipe viajara até a fronteira para conhecê-lo. Ele disse que, no momento em que Hitler embarcara no trem, os dois ditadores haviam unido suas mentes e, cinco minutos depois, todo o problema tcheco estava resolvido.

— É disso que gosto — comentou o príncipe Filipe entusiasticamente.
— De homens que conhecem suas próprias mentes.

Ele acrescentou que, embora os ditadores partilhassem muitas qualidades dinâmicas, em termos de temperamento eram opostos complementares. Enquanto Hitler era sociável, Mussolini era recluso; Hitler gostava de receber em casa, Mussolini raramente recebia pessoas, com exceção do escritório; Hitler confiava em todo mundo, Mussolini não confiava em ninguém.

— É claro que nenhum deles se daria bem no país do outro — continuou o príncipe Filipe. — Imagine confiar em alguém na Itália! Ele seria arrancado do cargo em uma semana!

Agora, naquela primavera ansiosa, o príncipe Filipe evidentemente estava em uma nova missão. Li sobre sua chegada com interesse, mas, como eu era *persona non grata*, não esperei vê-lo. Um dia, no entanto, quando retornei ao hotel, encontrei uma mensagem me convidando a ir ao palácio para tomar um drinque às 18 horas. Presumi que ele estava oferecendo um coquetel, mas, quando cheguei, era a única convidada. Ele esperava por mim na entrada e me saudou amavelmente; então me conduziu até a sala de estar e preparou meu drinque.

— Soube que você passou o inverno na Finlândia — disse ele. (Eu me perguntei por que os alemães sempre pareciam saber de tudo.) — Conte-me a respeito. Tenho grande admiração pelos finlandeses.

Nos dez minutos seguintes, ele fez várias perguntas, interrompendo de vez em quando para elogiar a galante resistência de Mannerheim. No meio da conversa, sua esposa, a princesa Mafalda, entrou na sala.

— Estamos conversando sobre a Finlândia — explicou ele. — Eu estava dizendo a Virginia o quanto lamento nós em Berlim não termos podido ajudar os finlandeses. Mas, naturalmente, nosso pacto com a Rússia nos impedia de interferir.

— Mas, querido — disse a princesa Mafalda —, você me disse que *interferiu*. Que persuadiu os finlandeses a assinarem o tratado de paz ao prometer consertar as coisas mais tarde.

O príncipe Filipe corou.

— Certamente não. Você está totalmente enganada. Era impossível interferir. Não tivemos nada com isso.

AS VELAS ROMANAS QUEIMAM RAPIDAMENTE

— Mas, querido, você disse...

O príncipe Filipe a olhou com ar severo. Ela ficou em silêncio e, alguns minutos depois, saiu da sala.

Bebemos nossos coquetéis e falamos sobre amenidades. Parecia estranho eu ser a única convidada e me perguntei, curiosa, o que se passava pela mente do príncipe Filipe. Subitamente, ele abordou o tema da guerra. Seus olhos brilharam de prazer.

— No verão passado, eu disse a você que Hitler era um gênio. Agora acho que ele é ainda mais genial. Você sabia que ele mesmo planejou as campanhas da Polônia e da Noruega? Acho que ele é o maior homem que já viveu. Nenhum outro tomou duas capitais no mesmo dia. Oslo e Copenhague em doze horas! Deve ter sido uma grande surpresa para os britânicos, não?

Respondi que sim, fora. Então ele disse:

— Claro, a verdadeira guerra ainda não começou. Quando começar, haverá destruição em uma escala sem precedentes. Metade da Europa será destruída. O triste é que isso é desnecessário. E poderia ser evitado, se a Grã-Bretanha fosse razoável. Naturalmente, envolveria uma pequena perda de prestígio, mas ela deveria abandonar suas ideias antiquadas e perceber que o mundo está mudando. Gosto muito dos ingleses. Afinal, tenho sangue inglês correndo nas veias — minha avó foi a rainha Vitória —, mas sei quão obstinados eles podem ser. Parece repugnante que causem toda essa miséria ao mundo. Posso lhe garantir que Hitler está profundamente aborrecido com isso. Dirigi até Varsóvia com ele e, quando viu a devastação, ele empalideceu, seu rosto ficou literalmente branco. Nunca esquecerei disso. Ele se virou para mim e disse: "Como é cruel as pessoas resistirem e nos *forçarem* a tais medidas!" — (Eu pensei comigo que nem mesmo o dr. Goebbels teria inventado uma lorota melhor.)

O príncipe Filipe continuou:

— Não tenho muita esperança de a Inglaterra cair em si, mas, é claro, os Estados Unidos poderiam forçá-la a isso.

(Então esse era o objetivo do convite.)

— Como? — perguntei, fascinada.

— Muito simples. Tudo que os Estados Unidos precisam fazer é dizer à Inglaterra e à França, clara e simplesmente, que não fornecerão nenhuma ajuda. Se a posição americana for firme, eles serão forçados a ceder. Vocês escritores americanos deveriam usar sua influência para esse efeito. É trágico pensar em todas as belas coisas europeias sendo destruídas em pedaços.

— Mas quem as está destruindo? Certamente não os poloneses, dinamarqueses ou noruegueses.

— Você não entende? Em todas essas ocasiões, a Inglaterra forçou nossa mão.

— Nesse caso, você realmente acha que Hitler estaria disposto a aceitar a paz? Eu acho que o rancor que ele sente é amargo demais.

— De modo algum. Tenho certeza de que ele aceitaria a paz. Hitler é astuto e prático. Aliás, é o homem mais prático que já conheci. Ele jamais permitiria que o ressentimento ou a raiva influenciassem seu julgamento.

— O mundo certamente não o vê sob essa luz. Se alguém criou um retrato de temperamento forte e instável, foi ele.

O príncipe Filipe sorriu.

— Ah, esse é somente o modo alemão. Gostamos de um pouco de drama. É característico dos alemães, assim como é característico dos ingleses serem excessivamente reservados.

Nos meses que se seguiram, pensei com frequência nessa extraordinária conversa. Após a destruição da França, Hitler anunciou que a "guerra contra o Ocidente" estava terminada. Estou certa de que ele se acreditava capaz de persuadir a Inglaterra a fazer a paz; o problema, claro, era a "pequena perda de prestígio".

* * *

Na manhã de 10 de maio, o Exército alemão iniciou o muito esperado ataque ao Ocidente. Eu ficara acordada até as 2 horas escrevendo meu artigo para o *Sunday Times*, que combinara de enviar a Londres por telefone na tarde seguinte. Trabalhara duro e por muito tempo. Com todas as várias correntes em Roma, todas as contingências interdependentes e a possibilidade

AS VELAS ROMANAS QUEIMAM RAPIDAMENTE

de ataque tanto nos Bálcãs quanto na frente Ocidental, era difícil prever o próximo movimento italiano. Finalmente, comecei assim:

A primavera de 1940 indubitavelmente verá os Exércitos alemão, francês e britânico envolvidos em um conflito tão decisivo que seu resultado afetará muitas gerações futuras. O papel da Itália ainda é imprevisível. Mas, a julgar pela vulnerabilidade italiana, há muitas razões para acreditar que Mussolini não renunciará a seu atual estado de neutralidade beligerante, a menos que os alemães obtenham uma importante vitória no front ocidental. A Itália não está preparada para ajudar a Alemanha a um alto custo; ela não pode se dar ao luxo de participar ativamente da guerra sem acreditar que a vitória alemã está a uns três meses de se realizar.

Às 8 horas do dia seguinte, o telefone tocou e John Whitaker disse:
— Rasgue seu artigo, querida. Ninguém quer ler sobre os carcamanos agora. Hitler invadiu a Holanda e a Bélgica.

Combinei de jantar com John e decidi partir para Paris no dia seguinte. Levantei-me e comecei a me vestir. Enquanto escovava o cabelo, a criada trouxe meus sapatos. Ela era uma mulher gorda de meia-idade, e fiquei surpresa ao notar que parecia ter chorado. Ela fechou a porta, olhou cuidadosamente em torno do quarto, desconectou o telefone (no caso de um ditafone) e perguntou, em voz baixa:

— A senhorita ouviu as notícias?

Eu não falava italiano e ela não falava inglês, então não conversamos muito. Mas entendi o que ela queria dizer quando afirmou:

— *È terribile. Il povero Belgio. Terribile. Odio i Tedeschi. È sempre lo stesso. È terribile.*

Seu pobre rosto rechonchudo ficou contorcido de angústia.

E ela não foi a única. Em toda Roma, naquela manhã, vi pessoas lendo os jornais com ar infeliz. Durante meses, todo mundo se preparara para isso, mesmo assim foi um choque. Os eventos pareciam trazer de volta os terríveis dias de 1914, mas com uma nova violência, e o horror da repetição piorava tudo. Muitos italianos se lembravam bem da última guerra e sentiam profunda simpatia por seus antigos aliados. Quando fui a uma loja na Piazza di Spagna a fim de cancelar uma encomenda, a proprietária tinha lágrimas nos olhos.

— Se for a Paris, *mademoiselle*, diga aos franceses que *nenhum* de nós sente inimizade por eles.

Mais tarde, quando fui providenciar a fotografia para meu passaporte, o fotógrafo balançou a cabeça e disse, com repugnância:

— Aqueles alemães...

Passei a maior parte da tarde tentando obter os vistos necessários. O dia estava lindo e fui ao consulado francês de carruagem. Enquanto abríamos caminho pelas ruas tortuosas, passando pelo Campo di Fiori, coberto de flores primaveris, era difícil aceitar que, naquele exato momento, armas estavam sendo disparadas e sangue estava correndo. Mas, quando cheguei ao consulado, ficou mais próximo. As salas estavam cheias de pessoas com ar cansado e ansioso, todas tentando voltar para a França. *Quão frequentemente*, pensei, *vi esses rostos tensos; em breve, ninguém na Europa saberá como sorrir.*

Naquela noite, John e eu jantamos com "Taffy" Rodd, o vice-adido naval britânico, e George Labouchère, segundo-secretário da embaixada britânica, no apartamento de George na Via Nomentana, com vista para as colinas Albanas. Nenhum de nós tivera notícias durante a tarde, e por volta de nove horas ligamos o rádio para tentar captar uma estação londrina. Todas as línguas pareceram flutuar pela sala, com exceção do inglês, até ouvirmos uma voz dizendo:

Hitler escolheu o momento no qual talvez lhe tenha parecido que este país estava em meio a uma crise política. Ele contou com nossas diferenças internas para ajudá-lo. Ele calculou mal a mentalidade desse povo.

Era o sr. Chamberlain. Ele continuou, dizendo que, após o debate parlamentar de 7 e 8 de maio (o debate sobre a Noruega), não tinha dúvidas de que ações drásticas deviam ser tomadas para que a confiança na Câmara dos Comuns fosse restaurada e a guerra enfrentada com o vigor e a energia necessários à vitória. Era aparente que a essencial unidade só poderia ser garantida por um novo primeiro-ministro. Nessas circunstâncias, meu dever era claro. Pedi uma audiência com o rei e entreguei minha renúncia.

O rei confiou a meu amigo e colega (aqui houve uma ligeira pausa e John sussurrou "Lorde Halifax?"), o sr. Winston Churchill, a tarefa de formar uma nova administração.

Gritamos, deliciados. John celebrou:
— Ah, caramba, agora todos nós iremos a algum lugar!

Estávamos tão animados que, após o jantar, decidimos celebrar. "Taffy" Rodd, que conhecia bem a Itália, nos levou a um café em uma fascinante pracinha em um local afastado de Roma. Havia um acordeonista e um violinista, que tocaram nossas músicas favoritas; nós bebemos uma jarra de vinho e cantamos muito.

Não queríamos ir para a cama, então voltamos ao carro e dirigimos até o Janículo, o cume mais alto da capital. Foi uma noite maravilhosa. Havia tantas estrelas que o céu parecia um grande e esplêndido candelabro. A oeste, podíamos ver a silhueta escura do Vaticano; a leste, o brilho das luzes nas sete colinas de Roma. Céu e terra pareciam unidos e iguais: as estrelas eram luzes e as luzes eram estrelas, todos brilhando através da mesma escuridão.

Por volta da meia-noite, decidimos ir embora. As ruas estavam desertas e o ruído do carro penetrava a quietude. Fizemos uma curva e vimos um grupo de homens na esquina. Alguns quarteirões depois, outro grupo. Então outro.
— O que está acontecendo? — perguntou "Taffy".
John se inclinou para fora da janela.
— Eles parecem os *squadristi*, as gangues de rua dos velhos tempos.
— Talvez seja um golpe de Estado — disse eu, esperançosa. — Talvez estejamos vendo a segunda marcha de Roma.

406 A QUEDA DA FRANÇA

Passamos pela Piazza Barberini e dirigimos pela Via Veneto até chegar ao meu hotel. Vimos centenas de grandes cartazes brancos colados nos edifícios. Quando chegamos a meu hotel, o Regina, encontramos dois de cada lado da porta. George traduziu o título: "A Inglaterra perdeu o ônibus!" Em seguida, um ataque virulento, chamando os britânicos de covardes e degenerados.

Ficamos indignados.

— Então era isso que os *squadristi* estavam fazendo — disse John.

George estendeu a mão e tocou um dos cartazes:

— Sim. Eles ainda estão úmidos.

Nesse momento, ouvimos gritos selvagens:

— *Inglesi! Inglesi!*

A gangue de fascistas que colara os cartazes esperava na esquina. Evidentemente achando que iríamos arrancar os cartazes, eles se aproximaram, sacudindo os punhos e gritando. Havia uns cinquenta deles.

Eles caíram sobre George, "Taffy" e John, vindo de todas as direções. O barulho foi terrível. O proprietário do hotel saiu para a calçada de pijama e tentou restaurar a ordem, mas foi derrubado imediatamente.

Fiquei perto da porta, sem saber o que fazer. George, com o rosto sangrando, foi jogado contra mim, e o proprietário, que já se levantara, conseguiu nos puxar para dentro e fechar a porta.

— O que quer que vocês façam, não abram essa porta — disse ele, agitado. — Vou telefonar para a polícia.

Desobedeci imediatamente. A comoção do lado de fora parecia estar ficando mais alta e eu imaginei John e "Taffy" em uma poça ensanguentada na calçada. Eu sabia que, se abrisse a porta, todo mundo entraria, mas achei que isso poderia ao menos servir de distração. Não estando eu em perigo, já que era improvável que eles batessem em uma mulher, disse a George para ficar fora de vista, caminhei até a porta e soltei as pesadas traves. Dei um grande passo para trás e, um segundo depois, a multidão irrompeu pela porta. Ao mesmo tempo, o gerente saiu do escritório gritando:

— O que você fez?

Foi imediatamente derrubado pela segunda vez.

AS VELAS ROMANAS QUEIMAM RAPIDAMENTE 407

"Taffy" e John entraram com a multidão; para além de alguns cortes e hematomas, eles pareciam estar se defendendo bem. Mas a gangue evidentemente queria George, pois o ar se encheu de gritos de *altro inglese*. Para meu desespero, George apareceu na entrada.

— Lá está ele!

Foi um momento horrível. "Taffy" e George relutavam em bater em alguém da gangue por medo de criarem um "incidente internacional" em um momento tão crítico, e John não desejava perder seu emprego como correspondente permanente do *Chicago Daily News* em Roma. Mas, sem falar italiano, havia pouco que eu pudesse fazer. Decidi tentar ser patética.

— *Messieurs, s'il vous plaît. Il est mon mari. Mon mari* — comecei a repetir, torcendo para que a palavra italiana para "marido" começasse com "m".

Tirei um lenço da bolsa e o líder do grupo hesitou. Ele respondeu em um jorro de italiano que não entendi.

— *Mon mari...*

Ele se virou e murmurou algo para seus seguidores, que começaram a falar todos ao mesmo tempo. Subitamente, um recém-chegado abriu caminho pela multidão. Era um italiano moreno e esguio usando terno preto, botas de montaria e chicote. Ele falou enfaticamente, apontando para George e sacudindo o chicote. O líder pareceu incerto e disse algo em um tom que me pareceu de protesto.

— Então diga a ela para sair daqui — rosnou o recém-chegado. Os outros repetiram a frase aos gritos e voltaram a sacudir os punhos. O líder pareceu inquieto.

— *S'il vous plaît, monsieur* — implorei. — *Mon mari...*

O homem com o chicote estava ficando indignado:

— Arraste-o para a rua, então.

Alguns no grupo gritaram *si, si* e começaram a avançar; os outros, incluindo o líder, gritaram *no, no* e os empurraram para trás. Antes de entendermos o que estava acontecendo, a multidão se dividiu em dois grupos e, um minuto depois, eles começaram a lutar selvagemente entre si. Foi exatamente como em uma comédia de Mack Sennett: uma *mélange* insana de braços e pernas, com corpos batendo contra a recepção e cadeiras e mesas sendo quebradas.

— Essa é nossa chance — disse John. — Vamos dar o fora daqui.

Nós quatro corremos para o elevador, apertamos o botão e fomos para o quinto andar. O pandemônio ecoava por todo o hotel, mas, gradualmente, a comoção morreu, o que parecia indicar que nosso lado vencera. O gerente subiu com um grande esparadrapo na testa e disse que eles haviam ido embora. George telefonou para Sir Noel Charles, o ministro britânico, a fim de relatar o incidente e, meia hora depois, ele chegou ao hotel para levar meus amigos embora em seu carro.

Fui para a cama e só soube do restante da história na manhã seguinte. Quando John e os três ingleses voltaram para a rua, a multidão, que esperava por eles na esquina, veio correndo e os cercou. Eles os incomodaram por mais de uma hora, empurrando-os e se recusando a deixá-los partir. Mas estavam evidentemente intimidados pelo corpo diplomático no carro de Sir Noel, pois ninguém ousou bater neles. A polícia, ausente durante todo esse tempo, obviamente fora instruída a não interferir. Dois policiais se aproximaram, mas se recusaram a ajudar; algum tempo depois, outro passou e, finalmente, a despeito de grande indignação geral, dispersou a multidão.

Fui de Roma para Paris no dia seguinte. Tentei sacar um cheque em um banco na Piazza Colonna, mas fui informada de que o dinheiro inglês já não era aceito. Caminhei de volta ao hotel pela Via delle Muratte, passando pela fonte de Trevi. Uma antiga superstição convida os viajantes que estão indo embora de Roma a jogar uma moeda na fonte a fim de garantir seu breve retorno. Fiz questão de passar por ela com minha bolsa bem fechada.

3. Deus é inglês

Vinte e quatro horas depois de chegar a Paris, encontrei Fruity Metcalfe, ajudante de ordens do duque de Windsor.

— Eles conseguiram! — disse ele.

— Quem conseguiu o quê?

— Os hunos cruzaram o Mosa em três lugares e entraram na França por Sedan.

— O que isso significa?

— Deus do céu, significa qualquer coisa! *Pode* significar que eles estarão em Paris em duas semanas. Ou mesmo antes.

Olhei para Fruity com incredulidade. Durante nove meses, Inglaterra e França haviam se preparado para esse ataque; durante nove meses, haviam bloqueado a Alemanha com o propósito de forçá-la a destruir a si mesma chocando-se contra o aço e o concreto invencíveis da linha Maginot. Eles até mesmo haviam feito um convite formal: "Venha, Hitler", dissera o general Ironside, comandante em chefe do Estado Maior do Império Britânico, "estamos prontos para você". De fato, a invulnerabilidade das fortificações belgas e franceses era tão inquestionável que as pessoas começavam a temer que a Alemanha *não* atacasse e a guerra "enfadonha" se estendesse por anos. Quando o ataque finalmente ocorreu, por mais brutal e selvagem que tenha sido, elas disseram, aliviadas: "Finalmente a guerra está à vista."

— Deus sabe que o Mosa é formidável o suficiente— continuou Fruity.

— Um rio grande e largo, com forte correnteza. Há somente uma semana fiquei em sua margem perto de Mézières e um oficial francês disse: "Esse é um obstáculo que eles não poderão ignorar." E o que aconteceu? Eles simplesmente marcharam até o rio, lançaram pontões e o cruzaram como se fosse uma poça d'água. Isso não é uma guerra, é uma corrida. Blitz é uma palavra muito conservadora. Não conseguimos nem mesmo colocar o mapa na parede, que dirá adicionar as tachinhas, antes de tudo acabar. Quatro dias atrás, o duque passou duas horas procurando por um mapa da Holanda nas lojas. Quando chegou esta manhã, ele perguntou: "Em que país estamos agora, Fruity?" Suponho que, hoje à noite, teremos que remover o mapa da Bélgica e pendurar o da França.

Achei que Fruity estava sendo alarmista e encarei suas palavras com ceticismo; mesmo assim, Sedan era um mau agouro. A última vez que os alemães haviam invadido por Sedan fora em 1870 — quando chegaram a Paris. Pensei no poema de Chesterton no qual a velha de Flandres diz:

Celeiros baixos e marrons cobertos de palha, remendados e destruídos
Onde tive sete filhos até hoje —
Um pequeno monte de feno que suas esporas desmancharam...
Aqui não é Paris. Você está perdido.
Você, olhando para sua espada e achando-a frágil,
Surpreso com a surpresa que era seu plano,
Que, sacudindo e quebrando muitas barreiras,
Encontrou a porta da morte de Sedan.

A porta da morte. Eles a haviam encontrado novamente. Ela ainda levava a Paris? Naquele maravilhoso dia de primavera, era uma possibilidade impossível de contemplar. Talvez fosse o silêncio incomum, mas Paris parecia tão magnificamente altiva que eu não conseguia imaginá-la espoliada. Muitas pessoas, com medo dos ataques aéreos, já haviam partido, e havia pouco trânsito nos bulevares; lojas e restaurantes estavam meio vazios e até o Ritz perdera suas fiéis clientes de desvairados chapéus. Em meu hotel perto da Place Vendôme, não havia ninguém com exceção do concierge, do gato e de mim mesma.

De alguma forma, essa aparência deserta de domingo de manhã dava à capital uma beleza renovada; havia uma nova suavidade no vento soprando entre as árvores, nas graciosas curvas das longas avenidas e no maravilhoso azul-acinzentado das casas ao longo do Sena. De vez em quando, as sirenes rompiam o silêncio, mas nunca havia aviões e ninguém se dava ao trabalho de procurar abrigo; todo mundo fazia exatamente o que lhes fora dito para não fazer, colocando a cabeça para fora da janela e olhando para o céu.

Mas, a despeito da tranquilidade, havia uma corrente de apreensão. As pessoas pareciam muito dispostas a acreditar nas histórias sobre a invencibilidade alemã. Quando o concierge me trouxe o jornal da manhã, ele acrescentou suas próprias informações: os alemães não estavam fazendo prisioneiros, mas atirando em todo mundo indiscriminadamente, e a Holanda inteira estava em cinzas. Ele tinha histórias incríveis sobre paraquedistas, sobre como os céus estavam negros por causa deles e como eles chegavam atirando com metralhadoras e lançando bombas enquanto ainda estavam no ar.

Ele não era o único. Histórias sobre paraquedistas pareciam estar na boca de todos. Ouvi que padres e freiras caíam dos céus, além de companhias inteiras de bailarinas. Quando fui ver a baronesa na tarde de terça-feira, uma amiga dela entrou correndo no apartamento com a notícia de que um deles (não sei qual) acabara de aterrissar na Champs-Élysées. Corremos até a varanda: por toda a avenida, grupos de pessoas olhavam para o céu. Nunca descobri a verdade, mas Alexander Werth, em *The Last Days of Paris* [Os últimos dias de Paris], afirma que era somente um balão em formato de salsicha que caíra na Place de la Madeleine. A baronesa estava indignada.

— Já é horrível — disse ela — ter os boches invadindo seu país por terra, mas ver eles chegarem flutuando pelo céu vestidos de freiras, de *freiras*, é revoltante. Aqueles porcos imundos!

Depois que me despedi da baronesa, caminhei pela Champs-Élysées, atravessei a Faubourg Saint-Honoré e parei na embaixada britânica para conversar com Sir Charles Mendl. A Força Expedicionária Britânica (FEB) tinha uma regra de barrar mulheres correspondentes no front, e perguntei a Charles se havia qualquer possibilidade de contorná-la. Ele achou que seria difícil conseguir isso em Paris e me aconselhou a tentar em Londres.

Charles não estava feliz com a situação:

412 A QUEDA DA FRANÇA

— As armas e os aviões alemães são formidáveis, mas não acho que sejam tão perigosos quanto o moral francês. Se o moral continuar alto, estou confiante de que tudo ficará bem, mas, se não continuar...

Eu conhecia Charles Mendl havia mais de quatro anos. Ele fora um de meus primeiros amigos na Europa e eu nunca ia a Paris sem visitá-lo. Ele era uma das pessoas mais sensatas que eu conhecia e seus 25 anos na França haviam lhe fornecido profundo entendimento de seu povo; em muitas ocasiões, ele fizera previsões contrárias às principais crenças em curso e elas haviam se provado invariavelmente verdadeiras. Eu duvidara de seu julgamento sobre a França na época de Munique e ele estivera certo, mas não aprendera minha lição e, naquele momento, duvidei dele novamente. Os políticos franceses podiam ser derrotistas, mas certamente não o Exército francês: todo mundo sabia que os homens franceses lutavam como tigres em seu próprio solo. Era uma das coisas que se aprendia ainda na infância. Eu disse que seus medos não seriam confirmados e ele respondeu:

— Espero que não, mas não acho que as pessoas sejam como eram há vinte anos.

Segui o conselho de Charles e planejei voltar para Londres no dia seguinte. A caminho do hotel, encontrei Euan Butler. Eu não o via desde a noite em que Robert e Lucy haviam cavalgado no clube Golden Horseshoe em Berlim. No início da guerra, ele desistira de seu emprego como correspondente do *Times* e se juntara ao Exército. Agora trabalhava no quartel-general e estava em Paris por algumas horas, para tratar de assuntos oficiais. Ele retornaria ao front pela manhã, então decidimos celebrar e fomos jantar no Le Boeuf Sur Le Toit. Havia poucos clientes no restaurante, e todos olharam com curiosidade para suas calças xadrezes (ele estava com os cameronianos). Algumas pessoas sorriram um pouco. Embora a atmosfera fosse bastante sombria, tivemos um bom jantar e Euan estava animado — ele foi a única pessoa realmente otimista que encontrei durante minha estadia de 48 horas. Quando perguntei se as histórias sobre os paraquedistas eram verdadeiras, ele respondeu que alguns homens haviam descido de paraquedas por trás das linhas francesas, mas certamente não vestidos de freiras e bispos. Ele acrescentou que alguém comentara jocosamente que os

DEUS É INGLÊS

franceses deviam dizer aos alemães que, se eles aterrissassem fantasiados de bailarinas, deviam esperar avanços sexuais das tropas. Segundo ele, o moral era excelente no Gabinete de Guerra francês e ninguém estava minimamente perturbado com os últimos relatos. Quanto mais os alemães avançassem, mais provável que suas linhas fossem cortadas no momento do contra-ataque.

É claro! Por que eu não pensara nisso antes? Fui para a cama imensamente mais tranquila e, no dia seguinte, parti para Londres com o otimismo totalmente restaurado. Nem mesmo o comunicado francês que, confirmando o relato de Fruity, admitia laconicamente que "entre Namur e Mézières tropas alemãs cruzaram o rio em três pontos" foi capaz de me alarmar. Conforme o ônibus chocalhava pelas ruas de Paris a caminho do Le Bourget, não imaginei que reveria a capital quatro semanas depois — exatamente 24 horas antes de o Exército alemão chegar rugindo à Champs-Élysées.

* * *

Em Londres, todos tinham fé em um contra-ataque francês que nunca ocorreu. Os franceses, diziam as pessoas, eram improvisadores excelentes. Embora tivessem sido surpreendidos por certos fatores do novo combate móvel, eles se reagrupariam e, quando atacassem, seria com uma força terrível. Dia após dia, as pessoas pegavam os jornais matutinos esperando ler que a grande ofensiva começara, mas os comunicados só relatavam novos avanços alemães. Então, em 28 de maio, o rei Leopoldo da Bélgica subitamente se rendeu.

Naquela noite, jantei com um funcionário do Estado-Maior britânico que acabara de retornar do front. Quando contei que eu estava tentando ir para a França, ele disse:

— Descubra por que os franceses não lutarão. Descubra por que não vão ficar em seus postos nem se engajar no combate, por que nem sequer contra-atacam.

Quando perguntei se a resposta não estava na esmagadora superioridade alemã, ele negou com a cabeça. Na última guerra, disse ele, os Exércitos

414 A QUEDA DA FRANÇA

britânico e francês haviam enfrentado ataques muito mais letais que os da guerra atual. A carga de explosivos das barragens de artilhariam era infinitamente superior à que os alemães podiam lançar pelo ar. Ele também refutou as alegações de que as armas antitanques francesas eram leves demais para penetrar os pesados tanques alemães. (Os especialistas alegavam que as armas antitanques comuns de 900 gramas, com as quais os franceses estavam bem equipados, eram poderosas o suficiente para incapacitar mesmo os tanques mais pesados.)

Perguntei quais eram as chances da FEB, agora que o rei Leopoldo se rendera, e ele respondeu sem rodeios:

— Absolutamente nenhuma. Eles não têm nenhuma chance. Estão todos perdidos. Teremos sorte se conseguirmos 10 mil homens de volta.

Algumas horas depois, na Câmara dos Comuns, o sr. Churchill aludiu ao mesmo desastre. Ele disse:

Enquanto isso, a situação dos Exércitos britânico e francês engajados em severa batalha e acossados por três lados e pelo ar, evidentemente, é muito grave. A rendição do Exército belga aumentou consideravelmente esse sério perigo [...]. Espero fazer uma declaração à Câmara sobre a posição geral quando o resultado do intenso conflito agora em curso for conhecido e mensurado. Isso só deve acontecer no início da próxima semana. Até lá, a Câmara deve se preparar para notícias duras e pesadas. Só tenho a acrescentar que nada do que aconteça nessa batalha diminuirá de qualquer maneira nosso dever de defender a causa mundial com a qual nos comprometemos, nem deve destruir a confiança em nosso poder de abrir caminho, como fizemos em outras ocasiões da história, através do desastre e do pesar, até a derrota final de nossos inimigos.

A despeito desse aviso, o público em geral parecia inconsciente da gravidade da situação. A governanta de Anne O'Neill, a sra. Kinch, tinha dois sobrinhos na FEB, mas seu único comentário foi:

DEUS É INGLÊS

— As coisas também pareciam ruins na última guerra. No fim, tudo dará certo.

Mas, para as pessoas conscientes, a semana seguinte foi sombria. Na quinta-feira, 30 de maio, a tentativa de evacuação começou. Dois dias depois, fui a Mereworth com Anne passar o fim de semana com Esmond Harmsworth. Os alemães haviam chegado aos portos do Canal e, embora a casa ficasse a 65 quilômetros da costa, o solo reverberava de tempos em tempos com a explosão distante de bombas. Loelia Westminster estava lá, silenciosa e deprimida; foi somente no fim do domingo que ela nos contou que seu irmão estava na FEB. Deve ter sido uma experiência desagradável para ela, pois, durante o dia todo, caças e bombardeiros passavam sobre a casa a caminho da batalha. Nós nos sentávamos no terraço e os observávamos passar, com as asas prateadas quase indistinguíveis contra o céu. Sempre parecia haver mais aviões partindo que retornando e, morbidamente, começamos a contar.

Agora o milagre da evacuação já entrou para a história. Todo mundo sabe como centenas de pequenas embarcações, barcos pesqueiros e de arrastão e navios detectores de minas cruzaram o Canal e trouxeram de volta mais de 270 mil homens das praias de Dunquerque. Anne e eu dirigimos até Dover e vimos parte das tropas desembarcando. Centenas de soldados enchiam as docas, sujos e cansados. Alguns tinham equipamentos, outros não; alguns estavam de uniforme, outros usavam uma estranha mistura de suéteres e calças. A maioria parecia animada e acenava para a multidão reunida contra os guarda-corpos para saudá-los. Os soldados ingleses gracejavam, tímidos, e faziam piadas; os soldados franceses jogavam beijos para as garotas. Voltei para Londres de trem e, em todo o caminho, vi bandeiras do Reino Unido.

O irmão de Loelia Westminster, lorde Sysonby, foi um dos últimos a retornar. Alguns dias depois, almocei na casa de Loelia e o conheci. Eu queria muito um relato da batalha, mas, como a maioria dos ingleses, ele falava pouco e por eufemismos, e foi difícil reunir as poucas peças de informação em um retrato. Ele disse que seu regimento lutara ao lado de uma unidade belga. Quando souberam da rendição do rei Leopoldo, as

416 A QUEDA DA FRANÇA

coisas ficaram extremamente constrangedoras. Eles sentiam que seria de mau gosto tocar no assunto, mas, ansiosos para saber o que aconteceria em seguida, finalmente recorreram a perguntas veladas. "É provável que... bom... vocês acham que... vocês vão dar no pé?" Os belgas responderam com olhares furiosos e anunciaram que, com ou sem rei, lutariam até o fim.

Ele descreveu os refugiados ao longo da estrada e os milhares de tanques, caminhões e metralhadoras abandonados nos campos. Disse que muitos vilarejos e cidades haviam sido esvaziados de civis, mas a evacuação mais estranha que vira fora a de um monastério trapista francês. Como os trapistas faziam voto de silêncio, a coisa toda fora organizada com sinais e gestos frenéticos.

Embora sua unidade tivesse lutado em uma das últimas batalhas da retaguarda, ele minimizou o papel que eles desempenharam. Quando perguntei se ficara face a face com os alemães, respondeu:

— Só uma vez. Muitos deles chegaram ao topo de uma colina, e que visão extraordinária! Usavam uniformes muito peculiares. Calças cinzentas e gravatas estranhas. Pareciam alunos de Eton.

Basil Dufferin, também presente ao almoço, fez uma péssima tentativa de humor:

— Eles corriam tão rapidamente quanto os alunos de Eton?

— Sim, graças a Deus!

Se eu não soubesse que lorde Sysonby era inglês, todo o recuo através de Flandres até Dunquerque teria me parecido um episódio hilário atrás do outro e seu próprio papel poderia ser descrito como o de um observador distante. Mas, como ele era inglês, não fiquei surpresa ao ler no *The Times*, algumas semanas depois, que recebera a Ordem por Serviço Distinto.

* * *

Enquanto isso, eu tentava retornar à França. Quando a FEB caiu, pedi permissão para ir até a zona do Exército francês. O ministro francês da Informação me disse que, embora fosse impossível fornecer credenciais oficiais, eles indubitavelmente seriam capazes de conseguir um "passeio" pelo front. Mas, os dias se passaram e eu não tinha notícias. Finalmente, na manhã de segunda-feira, 10 de junho, o ministro me telefonou, sugerindo que eu fosse a Paris e acertasse os últimos detalhes lá. O cônsul francês carimbou meu visto de um mês; isso foi quatro dias antes de os alemães ocuparem a capital.

Na época, a viagem não me pareceu extravagante, pois os jornais ingleses mantinham um otimismo persistente. Embora o general Weygand tivesse feito um apelo desesperado em sua ordem do dia de domingo ("Chegamos à hora final. Permaneçam firmes"), na segunda-feira as manchetes do *Daily Telegraph* diziam: "Franceses resistem ao ataque alemão. Defesa mais intensa da história. Prisioneiros nazistas falam de sérios contratempos. Ataque ao Aisne totalmente rechaçado."

Na primeira página, também estava o seguinte artigo:

De nosso correspondente.

Paris, domingo.

Paris jamais será de Hitler intacta, de acordo com o que disse hoje um porta-voz do governo francês. Quando perguntei se, na pior das hipóteses, os franceses declarariam Paris "cidade aberta" em um esforço para poupar a cidade mais bela do mundo, o porta-voz respondeu:

— Jamais. Estamos confiantes de que as hordas mecanizadas de Hitler jamais chegarão a Paris. Mas, se chegarem, você pode dizer a seus conterrâneos que defenderemos cada pedra, cada torrão de terra, cada poste e cada edifício, pois preferimos ver nossa cidade arrasada a vê-la em mãos alemãs.

Confrontados com a decisão de escolher entre o destino de Varsóvia e o destino de Roterdã, os franceses — leais às melhores tradições de uma nação que jamais se rendeu — decidiram que preferiam que sua cidade, com seus melhores tesouros artísticos, fosse destruída a oferecer qualquer tipo de capitulação aos invasores. Se o Exército sem rosto quiser Paris, terá que lutar por ela. Incidentalmente, há

A QUEDA DA FRANÇA

o fato de que, contra uma grande cidade, os tanques são completamente impotentes. Os mortos alemães formarão pilhas altas nos subúrbios antes que um único nazista entre no que será então um grande monte de ruínas.

Parecia que Paris resistiria por algum tempo. Minhas chances de chegar até lá, porém, eram poucas, pois, naquela noite, os italianos entraram na guerra, os alemães cruzaram o Sena 50 quilômetros a sudeste de Rouen e o sr. Rogers, do Cook's Travel Bureau, telefonou para dizer que todos os voos haviam sido cancelados. Mas, naquele dia, almocei com Baba e Fruity Metcalfe. Lorde Halifax estava presente e fiquei esperançosa ao ouvir seu comentário:

— Não tenho nenhuma razão para me mostrar otimista, mas tenho a sensação de que as coisas vão melhorar de agora em diante.

Talvez eu consiga, pensei. De fato, na manhã seguinte o sr. Rogers telefonou às 9h30 e disse que um avião estava partindo. Eu conseguiria chegar ao estande da Imperial Airways em vinte minutos? Eu ainda estava na cama. Toquei todas as sinetas da casa, joguei algumas coisas descuidadamente na valise, pus um vestido e saí pela porta. Consegui. Meia hora depois, estava em um ônibus para Croydon.

Foi só então que tive a chance de dar uma olhada nos jornais. No *Telegraph*, li:

Enquanto o Exército francês prepara seu último gesto de resistência diante dos portões de Paris e os cidadãos da capital francesa fogem para o sul, o inimigo redobra seus esforços 65 quilômetros ao norte. O combate feroz continuou durante todo o dia.

Um último gesto de resistência diante dos portões de Paris. O cerco poderia durar dias.

4. As últimas 24 horas de Paris

Havia uma dúzia de passageiros no avião, e ninguém sabia onde pousaríamos, somente que seria "em algum lugar da França". Partimos em direção ao Canal, voamos muito baixo sobre Guernsey e ainda mais baixo quando chegamos à costa francesa. Às vezes, parecia que passávamos a centímetros do telhado das casas de fazenda ao longo do caminho.

O nariz do avião apontava primeiro para um lado, depois para o outro, enquanto seguíamos um curso em zigue-zague. Após cerca de uma hora e meia, começamos a circular sobre um grande aeródromo. A pista estava tomada por crateras de bombas e dois hangares haviam sido destruídos. Pessoas saíram dos edifícios, gesticulando e apontando para o avião.

O campo fora transformado em aeródromo militar e, quando aterrissamos, centenas de trabalhadores de macacões azuis cercaram o avião, olhando-nos com tanta curiosidade que parecíamos ter chegado de Marte. Perguntei a um deles onde estávamos e ele respondeu:

— Tours.

Eu não conseguia imaginar por que todo mundo nos encarava com tanto estranhamento até descobrir que o nosso era o primeiro avião a chegar em 48 horas; a única razão de termos conseguido fora o fato de o piloto ter discutido com a empresa aérea, finalmente convencendo-a a deixá-lo assumir o risco de voar.

Certamente ninguém nos esperava. Após uma longa demora, um ônibus chegou e nos levou a um pequeno pátio nos fundos da estação. Não podíamos sair do ônibus até que um inspetor da alfândega chegasse, e ninguém sabia onde ele estava. Ficamos sentados lá por cinco horas, enquanto numerosos oficiais franceses, todos muito inquietos, criticavam a situação. Imploramos permissão para ir até o restaurante, mas as autoridades foram inflexíveis; houve um argumento feroz entre elas e um dos passageiros, um senhor idoso determinado a ir ao banheiro. Ele finalmente conseguiu, acompanhado por uma escolta.

A maioria dos passageiros era inglesa. Dois ficariam em Tours; três tentavam chegar a Marselha para pegar uma conexão para a África do Norte; três se dirigiam a Bordeaux; e a última, uma jovem, ia para a Suíça, a fim de se juntar ao marido que trabalhava na legação britânica. Além de mim, a única outra pessoa com destino a Paris era um homenzinho gordo e excitável, de pele amarelada e oleosa e cujo cabelo escuro precisava muito de um corte. Ele falava inglês com sotaque, e me perguntei qual seria sua nacionalidade. Ele parecia tremendamente agitado e ficava perguntando a que horas sairia o trem para Paris. Quando uma das autoridades deu de ombros e disse secamente que Paris estava fora de questão e ninguém mais ia para lá, ele pareceu perto das lágrimas.

— *Preciso* ir para Paris. Certamente há alguma maneira...

Imediatamente fiquei do lado dele.

— Eu também preciso ir a Paris — disse com firmeza.

— *Je crois que c'est impossible. C'est très dangereux.*

— Não ligo para o perigo — ofegou o homenzinho. — Os trens estão funcionando? Isso é tudo que quero saber.

O oficial deu de ombros e se afastou.

— Não se preocupe — disse eu. — Chegaremos lá de alguma maneira. Se os trens não estiverem funcionando, talvez possamos alugar um carro.

— Sim, sim — gemeu ele. Seu rosto gordo estava mais oleoso que nunca e ele pegou um lenço para secar a testa.

Às 17 horas, o inspetor alfandegário chegou e inspecionou nossa bagagem. Um dos funcionários da Air France estava com ele e, quando perguntamos sobre os trens, respondeu, como se fosse a coisa mais natural do mundo:

— Paris? *Certainement!* Há um trem partindo em vinte minutos.

O homenzinho e eu saímos correndo para a estação.

Ela oferecia uma visão extraordinária. Absolutamente lotada, parecia o tipo de estação que se vê na Índia, com pessoas se empurrando, dormindo e até mesmo comendo na plataforma. Todo mundo tinha dezenas de malas e sacos e centenas de pessoas esperavam pelos trens.

O homenzinho abriu caminho até um dos balcões de passagem e fez perguntas, mas lhe disseram que o trem só era esperado às 20 horas. Compramos nossas passagens e fomos a um café do outro lado da rua, a fim de comer algo.

Foi a primeira vez que tive a chance de analisar o cenário a meu redor. Caminhões e carros carregando pilhas altas de bagagem atravessavam Tours. Havia refugiados por toda parte: vagueando pelas ruas e entrando em restaurantes e cafés, a fim de terem um lugar para se sentar. Inicialmente, o proprietário do café se recusou a nos deixar entrar, até que o persuadimos de que realmente iríamos *comprar* alguma coisa.

O homenzinho (nunca soube seu nome) me disse que era egípcio e estava na França havia alguns meses. Ele era funcionário do governo egípcio — subsecretário de Estado de Obras Públicas — e passara alguns dias em Londres a negócios. Devido à suspensão das viagens aéreas, só conseguira voltar para a França agora. Ele deixara os dois filhos pequenos em Paris, além de mais de mil libras em dinheiro, que sacara do banco e escondera em casa.

— Não ligo para o dinheiro — repetia ele. — Mas meus filhos... Eles estão com a babá, mas ela não saberá o que fazer. Só Deus sabe o que acontecerá a eles se eu não chegar a Paris.

Tentei acalmá-lo, mas ele estava tão nervoso que não conseguia ficar sentado. A cada dez minutos, corria até a praça e perguntava novamente a que horas o trem chegaria. Finalmente, sugeriu que esperássemos na estação, a fim de não corrermos o risco de perder o trem; assim, carregados de malas, abrimos caminho pela multidão e nos sentados na plataforma varrida pelo vento.

Ficamos sentados lá por exatamente seis horas, pois o trem, que devia chegar às 20 horas, só chegou à meia-noite. O egípcio estava certo em insistir que ficássemos perto dos trilhos, pois, quando o trem chegou,

422   A QUEDA DA FRANÇA

houve grande confusão e centenas de pessoas se aproximaram. Nosso compartimento estava tão lotado que mal conseguíamos respirar. Mas isso só durou alguns momentos, pois o trem parou em uma estação a cerca de 30 quilômetros e todo mundo desceu para fazer conexão para Bordeaux. Durante o restante do caminho, fomos somente três passageiros: o egípcio, eu e um francês de meia-idade que tinha uma loja no Quartier Latin e retornava para cuidar dela.

Foi uma viagem estranha, com o trem vazio trovejando sobre os trilhos, o vento soprando pelas janelas e a terrível tranquilidade da área rural às escuras. O francês estava pessimista e disse que a situação era desesperançada.

— Podemos chegar a Paris e encontrá-la tomada por alemães.

— De jeito nenhum! — respondi. — Eles não conseguirão romper as defesas da cidade da noite para o dia. Se tiverem que lutar para avançar rua por rua, isso não será fácil. As coisas sempre soam piores do que são. Provavelmente chegaremos e encontraremos Paris em uma situação mais normal que a de Tours.

Não falei somente para encorajar o egípcio; realmente acreditava nisso. Eu me lembrava dos alarmantes relatos que ouvira antes de ir para a Espanha; de como as tropas de Franco haviam marchado até os portões de Madri e, mesmo assim, a capital resistira por dois anos. A confusão em Tours não fora reconfortante, mas a experiência me ensinara que, muitas vezes, quanto mais perto do front, mais calmas são as coisas. Eu ainda não percebera estar vendo o início do colapso da França.

Certamente, eu não estava preparada para a cena que vi ao chegar à estação Austerlitz, em Paris. Eram umas cinco da manhã e a aurora estava apenas partindo. A estação estava quase deserta e não havia ninguém para coletar nossas passagens. Aliás, não havia sinal de vida; nenhum carregador, taxista, jornaleiro — ninguém. Mas, quando saímos para a rua, a situação era diferente. Os grandes portões de ferro da estação estavam trancados e, na frente deles, uma enorme multidão gritava e esbravejava. Ela formava um vasto mar de rostos. Todo mundo carregava malas e sacos, até mesmo gaiolas e todo tipo de animal de estimação. Um esquadrão de policiais escalara as grades e gritava para que todos fossem embora:

AS ÚLTIMAS 24 HORAS DE PARIS

— Não há mais trens saindo de Paris! O último trem já partiu! Vão para casa, não há mais trens saindo de Paris.

E a multidão gritava de volta:

— Abram os portões! Abram os portões!

A voz de um homem se fez ouvir sobre o tumulto:

— Se ninguém operar os trens, vamos operá-los nós mesmos!

Os policiais, cansados e exasperados, responderam sem esperança que não havia mais trens, mas não pareceu funcionar. O tempo todo, mais pessoas chegavam à praça, vindas de todas as direções.

— Bem — disse acidamente o empresário francês —, o que você pensa sobre isso? Era o que esperava? Não acho que conseguiremos um táxi.

Abrimos caminho pela multidão e caminhamos até a rua. Um táxi se aproximou e nove pessoas desembarcaram. Perguntamos ao motorista se ele estava livre e ele assentiu. Na hora, não percebi que golpe de sorte fora aquele, mas, mais tarde, descobri que aparentemente havíamos pegado o único táxi em funcionamento em toda Paris.

O francês disse que vivia a um quarteirão dali e preferia andar. O egípcio e eu embarcamos e, quando estávamos partindo, uma jovem francesa bateu no vidro e perguntou se podíamos lhe dar uma carona. O egípcio solicitou que eu o deixasse no caminho; quando nos despedimos, eu disse meu nome e pedi que ele me avisasse se houvesse algo que eu pudesse fazer. Então perguntei à jovem para onde ela queria ir. Ela era jovem e bonita e estava muito bem-vestida. Ela sorriu e disse:

— Para lugar nenhum. Só quero dar uma volta.

Ela certamente deu uma grande volta, pois dirigimos por Paris durante quase duas horas. Primeiro, toquei a campainha do Ritz. Após cinco ou dez minutos, o concierge apareceu, abriu a porta cautelosamente e disse que o hotel estava fechado.

— Todo mundo foi embora.

Implorei que ele me deixasse ficar em um quarto, mas ele simplesmente repetiu:

— Não, não, o hotel está fechado. Todo mundo foi embora.

E bateu a porta.

Em seguida, fui ao Hotel Vendôme, a alguns quarteirões de distância; disseram-me a mesma coisa. Então começou a interminável jornada por Paris. Devo ter tentado uns quinze hotéis. Alguns porteiros bateram a porta na minha cara, outros gritaram furiosamente e outros ainda se recusaram a atender. Quando eu perguntava se sabiam de algum hotel aberto, eles me encaravam soturnamente e sacudiam a cabeça. O tempo todo, a jovem permaneceu sentada no táxi, fumando e observando com interesse.

— O que aconteceu? — perguntei. — *Todo mundo* foi embora de Paris?

— Ah, não, *mademoiselle*. É uma coisa curiosa, não é? Não houve evacuação oficial. As únicas pessoas partindo são as que temem as bombas. Elas acham que Paris será bombardeada.

— E quanto a você? Não vai partir?

— Só se os alemães chegarem mais perto. Eu irei embora antes de os boches chegarem. Mas isso ainda vai demorar.

— Você está me dizendo que todas essas pessoas estão partindo simplesmente por que estão com medo? Certamente os boches devem estar muito próximos.

— Não, *mademoiselle*, é somente por causa das bombas. Se houvesse perigo real, o governo nos teria dito para partir.

— Você tem família em Paris?

— Não, estou sozinha. Mas vivi aqui a vida inteira. Sou parisiense.

— Você trabalha? Tem emprego?

— Não, *mademoiselle*. (Foi então que me dei conta: ela obviamente era uma *cocotte*.)

— Mas, se as pessoas estão apenas assustadas, por que todos os hotéis estão fechados?

— As bombas, *mademoiselle*. Somente as bombas.

O motorista do táxi assentiu simpaticamente, apoiando a teoria. Que me parecia extraordinária. A despeito de todos os relatos sobre o "último gesto de resistência diante dos portões de Paris", a capital não parecia uma cidade preparada para se defender. Onde estavam as barricadas? As tropas? As armas? Aliás, onde estavam todos? As únicas pessoas que eu vira até então haviam sido uma dúzia de concierges, três policiais e uma multidão de civis em pânico, tentando fugir.

AS ÚLTIMAS 24 HORAS DE PARIS

Finalmente desisti dos hotéis e decidi procurar meus amigos. Disse ao motorista para ir até o Quai de Bethune, onde Knickerbocker morava. As grandes portas estavam fechadas, mas, após tocar a campainha por dez minutos, finalmente houve um zumbido e entrei no pátio.

— *Qui est là?* — perguntou o concierge pela janela.

— O sr. Knickerbocker está?

— Não, não. Ele foi embora de Paris há três ou quatro dias.

Pela primeira vez, comecei a ficar preocupada. Se Knickerbocker partira, a situação devia ser ruim. Fomos à Place Madeleine, onde Eddie Ward estava hospedado, mas ele também fora embora. Então fomos até a Champs-Élysées, ao apartamento da baronesa, mas encontrei as portas trancadas e o edifício deserto.

Fiquei parada no meio da rua e me perguntei o que fazer. A jovem ainda estava sentada confortavelmente no táxi, fumando; o motorista, um homem de meia-idade com um grande bigode, parecia ter aceitado que a corrida duraria a manhã toda. Eu só levara 100 francos e gastara 90 na passagem para Paris. Só tinha dinheiro inglês para pagá-lo, e me perguntei o que aconteceria quando ele soubesse disso. Do outro lado da avenida, ficava a Rue de Berri. No fundo de minha mente, lembrei vagamente de Walter Kerr comentando, na Finlândia, que alguns jornalistas costumavam ir ao Hotel Lancaster para jogar pôquer. Decidi conversar com o concierge e ver se ele tinha notícias.

— O sr. Kerr está hospedado aqui?

— *Oui, mademoiselle.*

Fiquei tão atônita que não consegui acreditar em meus ouvidos.

— Preciso falar com ele imediatamente.

O concierge argumentou que Walter ainda não acordara, mas finalmente o persuadi a chamá-lo pelo interfone.

— Quem é? — perguntou uma voz sonolenta.

— Virginia Cowles. Você pode me emprestar 200 francos para pagar o táxi? Não tenho dinheiro.

— O que, em nome dos céus, você está fazendo aqui? Veio para a ocupação?

— Meu Deus, não! Só vim passar um ou dois dias.

— Escute — disse Walter. — Um de nós não está dizendo coisa com coisa. Enviarei o dinheiro imediatamente e a encontrarei para o café da manhã em uma hora. Duzentos francos são suficientes?

Dei tudo ao motorista de táxi e disse a ele para levar a jovem aonde ela quisesse ir e retornar ao meio-dia, caso eu precisasse dele. Mas ele evidentemente recebeu uma oferta melhor, pois desceu rugindo a Champs-Élysées e aquela foi a última vez que vi qualquer um dos dois.

* * *

Na manhã de terça-feira, 11 de junho, as pessoas na Inglaterra e nos Estados Unidos abriram os jornais matutinos e leram: "Alemães a 30 quilômetros de Paris." Eu me pergunto quantos visualizaram Paris. Ninguém jamais a vira daquela maneira antes; somente um punhado de estrangeiros podia contar a história da cidade mais alegre do mundo silenciosa e abandonada, com seus bulevares e cafés vazios, as cortinas fechadas, sem telégrafos ou telefones — a história de uma Paris tão silenciosa que, literalmente, não havia sequer um gato se espreguiçando nas ruas.

Eu estava pasma. Às 5 ou 6 horas, não havia nada incomum em cortinas fechadas e ruas vazias. Mas agora eram 10 horas. Quando Walter Kerr e eu passamos de carro pela Champs-Élysées, o sol brilhava através das castanheiras, como sempre fazia em maio, mas isso era tudo que restara da Paris que eu conhecia. Não havia multidões ruidosas, nem o rico cheiro de tabaco ou água jorrando das fontes. Havia somente vazio. O nosso era o único carro em toda a avenida. Tudo estava tão silencioso que o clique de nossos pneus produzia eco.

Ainda era um choque saber que Paris não seria defendida. Deve ter sido um grande choque para muitas pessoas, pois fora somente naquela manhã que cartazes haviam sido colados nos edifícios declarando a capital "cidade aberta" — o primeiro aviso que os parisienses receberam. Pensei na *cocotte* e me perguntei o que ela diria quando lesse os cartazes. Eu não conseguia entender por que o governo não se dera ao trabalho de orientar os civis sobre o que fazer, mas Walter disse que eles se comportaram de

AS ULTIMAS 24 HORAS DE PARIS

forma desonrosa desde o início. Os oficiais haviam declarado firmemente que permaneceriam em Paris. Então, na madrugada de segunda-feira, haviam fugido sem uma palavra. Com exceção do fato de que a polícia assumira o controle das lojas e de que homens em idade militar que ainda não haviam sido mobilizados eram instruídos a partir, as pessoas não haviam sido informadas de nada.

Dirigimos pela Champs-Élysées até o Arco do Triunfo. A chama eterna ainda queimava e três policiais faziam uma vigília solitária. Então dirigimos até a avenida Marceau, cruzamos a ponte d'Alma e chegamos à Rue des Invalides, onde uma frota de quinhentos ou seiscentos táxis estava parada em filas, evidentemente aguardando a evacuação de última hora de papéis e documentos. Passamos pela École Militaire. Ali também homens carregavam caixas de documentos até o porta-malas dos carros.

Atravessamos algumas das transversais do Quartier Latin e, nos bairros mais pobres, encontramos as ruas lotadas. Vendedores com carrinhos de frutas e vegetais faziam negócios como sempre, e as donas de casa barganhavam persistentemente como sempre. Aquelas eram as pessoas pobres demais para abandonar Paris. Nos bulevares, os únicos sinais de vida eram grupos ocasionais cheios de malas e sacos, saindo da capital a pé, e, de vez em quando, um automóvel passando por uma transversal, gemendo sob o peso dos utensílios domésticos empilhados no teto.

Walter balançou a cabeça sombriamente.

— Essa é uma manhã que jamais esqueceremos.

— Sim. Suponho que é isso que as pessoas chamam de ver a história sendo feita... ou desfeita. Mas gostaria de ter perdido esse capítulo.

Eu não queria me lembrar de Paris daquela forma. Era como assistir alguém amado morrer, como ver um rosto se tornar irreconhecível por causa da doença. Com somente mais 24 horas de vida, o pulso da capital já era tão fraco que mal podíamos ouvi-lo.

— Você não conseguirá ir embora antes de os alemães chegarem — disse Walter. — Não há como ir embora. Não há como conseguir um carro, por amor ou por dinheiro, em nenhum lugar da cidade. Eu lhe daria o meu, mas tenho exatamente um galão de gasolina, que não a levariam muito

428 A QUEDA DA FRANÇA

longe. De qualquer modo, eles podem chegar a qualquer momento. Deus sabe que não há nada para impedi-los.

— Você quer dizer que não está havendo combate?

— Ouça com atenção. Você ouve alguma arma disparando? Os alemães não podem estar a mais de vinte minutos de carro e, mesmo assim, você ouve alguma arma?

Prestei atenção durante todo o dia, mas não houve fuzilaria, somente um silêncio mortal. Quando Walter e eu voltamos à Place de la Concorde, vimos um grupo de soldados — uma meia dúzia — atravessando a praça. Seus rostos eram sombrios e suas roupas estavam cobertas de lama. Dois mancavam, um terceiro tinha a cabeça enfaixada, um quarto caminhava só de meias, carregando os sapatos. Evidentemente haviam se perdido ou desertado e voltavam para casa. Mas não havia ninguém para notá-los. Ninguém tinha tempo para soldados agora.

Walter era correspondente permanente de Paris do *Herald-Tribune* e um de seis jornalistas americanos que permaneceram em Paris para a ocupação alemã. Todos os outros haviam partido três dias antes. Parecia que eu também veria a ocupação, querendo ou não, e comecei a pensar em como voltaria para a Inglaterra.

— Com a Itália na guerra, sua única esperança será viajar pela Rússia, atravessar o Oriente e chegar aos Estados Unidos. Ou talvez você possa atravessar a Noruega e a Suécia, chegar à Finlândia e pegar um navio em Petsamo para cruzar o mar do Norte.

Nenhuma das alternativas me atraía. Eu me via viajando pelo restante da guerra.

— Você está me dizendo que *não sabia* que seria assim? — insistiu Walter. — Aqui em Paris os jornalistas sabiam desde terça-feira que a cidade não seria defendida.

Eu disse que não lia um jornal há 24 horas, mas nunca houvera sinal, nos jornais ingleses, de que Paris seria cidade aberta. Ao contrário, eles haviam publicado artigos de seus correspondentes alegando que ela seria defendida até a última vala. Eu ainda tinha comigo o *Daily Express* do dia anterior e mostrei a ele a matéria da British United Press datada de terça-feira:

AS ULTIMAS 24 HORAS DE PARIS

Hoje, as autoridades militares assumiram o controle de Paris. Todas as rodovias que dão acesso à cidade foram barricadas e estão sendo feitos preparativos para defendê-la rua a rua, se necessário. Aviões foram ouvidos durante toda a noite e armas antiaéreas a intervalos. Fuzilaria mais pesada também é ouvida de tempos em tempos, vinda do norte.

Enquanto isso, o êxodo de civis continua. Durante toda a noite, mulheres, crianças e idosos partiram para o sul, e hoje esse fluxo continua. Mas Paris se recusa a entrar em pânico. O espírito da França é exemplificado pelo *Le Matin* de hoje, que diz: "Há 2 mil anos, pontes foram destruídas e subúrbios incendiados para conter o inimigo. Então não há nada novo sob o sol. Nas piores crises, Paris permanece altiva. Paris nunca se submete."

Walter admitiu que a matéria não dava nenhuma indicação da situação real.

— Mas o que os parisienses pensam? — perguntei. — Eles querem ver sua cidade entregue sem luta?

— Não sei. A maioria está em tal estado de pânico que é difícil dizer. Os coitados sequer sabem o que está acontecendo. E, se soubessem, não poderiam fazer muita coisa a respeito. Nesse momento, não consigo me forçar a conversar com eles. Durante as últimas 24 horas, fugi deles como se foge da peste e conversei somente com jornalistas. É horrível demais falar sobre isso.

Eu partilhava dos sentimentos de Walter. A última coisa que queria era tocar no assunto. Aliás, a única conversa que tive foi com um dos homens de uma oficina perto do Lancaster. Enquanto esperava por Walter, decidi descobrir quão ruim era a situação em relação aos automóveis. Entrei na oficina e perguntei se havia carros para vender ou alugar. O proprietário era um homem grandalhão e corpulento que me olhou com fúria nos olhos:

— Escuta, se houvesse um carro em Paris, um *único* carro, eu o compraria. Digo mais, se fosse possível roubar um carro, eu o roubaria. Eu até mataria alguém por um. Ao invés disso, tenho que ficar aqui e ver os boches imundos entrarem em Paris.

430 A QUEDA DA FRANÇA

Ele sibilou a palavra "boches" e então cuspiu violentamente no chão.

Walter e eu decidimos que a embaixada americana era minha única esperança. O embaixador, William Bullitt, e sua equipe permaneceriam para a ocupação, e a bandeira americana ainda flutuava de modo reconfortante em seu mastro. Quando paramos em frente à embaixada, um homem idoso que estava no pátio correu até nós e implorou que o ajudássemos a sair de Paris. Ele falava inglês com forte sotaque e nos disse ser judeu alemão, o chefe de uma organização antinazista.

— Se eles me encontrarem aqui, serei fuzilado.

Ele estava tão agitado que mal conseguia falar. Dissemos que tampouco tínhamos como sair de Paris e perguntamos se a embaixada não podia ajudá-lo, mas ele sacudiu a cabeça e disse que já havia tentado de tudo. Ele se afastou, com os ombros curvados pelo desespero. Walter disse que a embaixada fora acossada por centenas de pessoas e ajudara todas que pudera.

— Mas esse pobre-diabo não tem muita chance. Antinazista ou não, ninguém vai dar carona a um alemão, por medo de que ele seja um quinta-colunista.

Walter e eu entramos na embaixada e falamos primeiro com o coronel Fuller, o adido militar. Ele não se mostrou muito cordial, mas não o culpamos: uma mulher jornalista perdida provavelmente era a gota d'água para ele. Ele disse que faria o que pudesse, mas ofereceu pouca esperança. Então fomos conversar com o secretário do embaixador, que se mostrou muito mais simpático, mas não mais otimista.

Descemos a escada de mármore branco.

— Não há mais nada a fazer — disse eu. — Aqui estou e aqui ficarei.

Foi quando ouvi uma voz:

— Oi, Walter!

Era Henry Cassidy, da Associated Press. Eles discutiram a situação e então Walter falou sobre a minha difícil situação.

— Acho que posso ajudar — respondeu ele alegremente. — Tom Healy, o correspondente do *Daily Mirror* de Londres, acaba de chegar a Paris. Como você, ele não sabia da situação. Estava cobrindo a fronteira ítalo-francesa, ficou sem notícias por alguns dias e chegou aqui por acidente. Ele tem um

AS ÚLTIMAS 24 HORAS DE PARIS 431

Chrysler de dois lugares e, se já não tiver prometido levar alguém, tenho certeza de que lhe dará uma carona.

O suspense da hora seguinte, enquanto Cassidy tentava falar com Tom, pareceu interminável. Às 13 horas, ele finalmente enviou uma mensagem dizendo que Tom partiria no fim da tarde e me levaria com ele.

— Se os alemães já não tiverem chegado — disse Walter sombriamente.

Passei as duas horas seguintes datilografando minha matéria no escritório do *Herald-Tribune*. Walter escreveu sua própria, que prometi enviar de Tours. Havia um pequeno bistrô perto do escritório e tentamos conseguir algo para comer, mas tudo que eles tinham era café. Havia muita comida em Paris, disseram, mas nenhuma van ou caminhão para distribuí-la. Walter tinha alguns biscoitos, pelos quais fiquei muito grata; com exceção de uma xícara de chá no dia anterior e uma xícara de café pela manhã, eu não comia há quase 48 horas.

Deixei Paris por volta das 17 horas. Quando fui buscar minha mala no Hotel Lancaster, o porteiro, que estava sentado soturnamente na recepção, disse:

— Você também está indo embora?

Seu tom era quase reprobatório e me senti subitamente culpada, como se não tivesse o direito de partir.

— Seu país é nossa única esperança agora — acrescentou ele amargamente. — Os americanos sempre amaram Paris. Talvez agora eles nos ajudem.

Que esperança, pensei. Durante os últimos nove meses, os Estados Unidos haviam observado oito países serem invadidos. A terra da liberdade demonstrava muita simpatia, mas fazia pouco mais que isso. "Como isso afeta nossos interesses?" Era isso que ela se perguntava, enquanto a Europa se afogava em sangue. Senti minha raiva crescer. Qual era o problema com meu país, para permanecer tão indiferente à obliteração do mundo civilizado — do seu mundo?

O carro de Tom Healy seguiu rumo ao sul, afastando-se de Paris. Dirigimos ao longo das margens do Sena e vimos o reflexo das maravilhosas casas azul-acinzentadas brilhando na água. Nenhum de nós olhou para trás.

5. O começo do fim

Tente pensar em termos de milhões. Tente pensar em barulho e confusão, no cheiro espesso de gasolina, no arranhar do câmbio dos automóveis, em gritos, gemidos, xingamentos, lágrimas. Tente pensar no sol quente e, sob ele, um fluxo incessante de pessoas rumando para o sul de Paris, e você terá um retrato do gigantesco êxodo civil que pressagiou o avanço alemão.

Eu já vira refugiados antes. Eu os vira abrindo caminho pelas estradas da Espanha e da Tchecoslováquia, dispersando-se pela fronteira polonesa--romena, arrastando-se pelas trilhas geladas da Finlândia. Mas nunca vira nada como aquilo. Aquela era a primeira evacuação *mecanizada* da história. Havia algumas pessoas em carroças, em bicicletas ou a pé. Mas a maioria estava de carro.

Esses carros, sacudindo, chocalhando, quebrando, representavam uma Arca de Noé automotiva. Tudo que tinha quatro rodas e motor fora usado, não importando seu estado de decrepitude: táxis, caminhões de sorvete, vans de padarias, peruas de perfumarias, carros esportivos de dois lugares e ônibus parisienses, todos lotados de seres humanos. Vi até mesmo um carro funerário carregado de crianças. Eles se arrastavam pelas estradas em filas duplas ou triplas, às vezes atravessando campos ou valas. Tom e eu nos unimos ao fluxo na estrada Paris-Dourdan-Chartres a 1,6 quilômetro da capital e, nas três horas seguintes, percorremos somente 14 quilômetros.

Vimos coisas terríveis. Ao longo do caminho, carros que ficavam sem gasolina ou quebravam eram empurrados para os campos. Pessoas idosas, doentes ou cansadas demais para continuar se deitavam no chão sob o sol inclemente. Vimos uma mulher idosa no acostamento, com a família em torno tentando fazer com que ela bebesse um pouco de vinho. Frequentemente, o tráfego era interrompido por carros cujo motor parara de funcionar. Um carro ficou sem gasolina enquanto subia uma colina. Era uma van de padaria dirigida por uma mulher. Todo mundo gritou e buzinou enquanto ela ficava parada no meio da estrada, com os quatro filhos implorando por um pouco de gasolina. Ninguém tinha nenhuma para oferecer. Finalmente, três homens desceram de um caminhão e, a despeito de seus agoniados protestos, empurraram a van até a vala ao lado da estrada. Foi um choque. O eixo traseiro quebrou e os utensílios domésticos empilhados no topo se espalharam pelo campo. Ela gritou freneticamente, então se jogou no chão e começou a soluçar. A procissão retomou seu avanço.

Naquele mundo de terror, pânico e confusão, era difícil acreditar que aqueles eram os cidadãos de Paris, cujos antepassados haviam lutado como tigres por sua liberdade e invadido a Bastilha com as mãos nuas. Pela primeira vez, comecei a entender o que acontecera na França. Moral é uma questão de fé: fé em sua causa, em seu objetivo, mas, acima de tudo, fé em seus líderes. Como aquelas pessoas podiam ter fé em líderes que as haviam abandonado? Líderes que não haviam fornecido direções, informações nem garantias, que não haviam providenciado sua evacuação ou orientado-as a permanecer em casa e lutar por Paris até o fim? Se aquele era um exemplo da liderança francesa, não surpreendia que a França estivesse condenada. Por toda parte, o maquinário parecia ter quebrado. A barragem começara a se romper e a histeria, inicialmente um fio d'água, transformara-se em dilúvio.

Até mesmo as estradas militares estavam tomadas por civis em pânico. Tom tinha credenciais de correspondente de guerra, então entrou em uma delas. Embora a entrada fosse patrulhada por policiais que exigiram nossas credenciais, não havia ninguém para evitar que os carros entrassem nela nas intercessões e, 1 ou 2 quilômetros adiante, encontramos novamente carros civis se movendo em filas duplas ou triplas. Em certo ponto, uma unidade de artilharia a caminho da nova frente de batalha no sudeste de Paris foi bloqueada por um caminhão de mobília que quebrara na estra-

O COMEÇO DO FIM

da. O motorista, com o suor escorrendo pelo rosto, tentava fazer o motor pegar enquanto os soldados gritavam e o xingavam. Um deles caminhava furiosamente de um lado para o outro, dizendo:

— Malditos civis. Malditos, malditos civis.

Finalmente, o caminhão voltou a rodar e a unidade o ultrapassou. Em outro momento, uma procissão de ambulâncias, com os gongos ressoando freneticamente, foi contida por quase uma hora por um congestionamento perto de um vilarejo. Os motoristas xingaram e gritaram, mas sem efeito. Eu me perguntei o que estaria acontecendo aos pobres coitados no interior das ambulâncias.

As únicas unidades militares que encontravam caminho livre eram os tanques. Certa vez, olhamos para trás e vimos dois poderosos monstros de 15 toneladas trovejando em nossa traseira. Eles viajavam a 65 quilômetros por hora e seu efeito era notável. As pessoas davam uma olhada e enfiavam os carros nas valas do acostamento. Eles continuavam a avançar, com as grandes esteiras moendo o solo e jogando torrões de terra no ar, como uma fonte. Depois deles, vinham vários caminhões em alta velocidade e soldados de motocicleta com metralhadoras nos sidecars. Todos eles pareciam muito animados: o nome de um dos tanques fora alegremente escrito com giz na lateral, *La Petite Marie*, e os caminhões e as metralhadoras estavam enfeitados com flores. Dois motociclistas gritaram perguntando se tínhamos cigarros. Tom me disse para jogar alguns maços. Eles ficaram tão felizes que, com um gesto, disseram-nos para segui-los, escoltaram-nos por uma longa fila de carros civis até o meio do comboio e nos posicionaram firmemente entre os dois tanques. Pelos próximos dez ou quinze minutos, avançamos a 65 quilômetros por hora. Infelizmente, uns 15 ou 20 quilômetros adiante, eles saíram da estrada, os motociclistas acenaram e mandaram beijos e, novamente, retornamos à lenta procissão de evacuados.

Eram quase 21 horas e havíamos percorrido pouco mais de 30 quilômetros.

— Eu me pergunto se conseguiremos — disse Tom, olhando para o relógio.

Quando saímos de Paris às 17 horas, já havia relatos de que os alemães cercavam ambos os lados da capital, a fim de impedir a passagem pela retaguarda. Tom tinha um mapa militar e decidimos tentar as estradas rurais. Algumas eram pouco mais que trilhas, mas, ao menos, mantínhamos uma velocidade de até 30 quilômetros por hora, o que foi um grande progresso. Estava escurecendo e havia pouca visibilidade. Por duas vezes, quase batemos em pessoas em bicicletas sem luzes. Subitamente, o céu se acendeu com um flash e ouvimos um rugido distante. Era a primeira fuzilaria que eu ouvia o dia todo.

— Alguém está se aproximando — disse Tom. — Mas, se mantivermos esse ritmo, acho que ficaremos bem.

Dirigimos pela estrada serpenteante por 8 ou 9 quilômetros. Foi um alívio estar em terreno aberto, longe do cheiro sufocante de gasolina, mas a estrada era tão escura que dirigir era exaustivo. Tom tinha um pouco de comida no banco de trás e decidimos parar para comer. Ele queria achar um monte de feno para nos encostarmos, mas, pelos próximos quilômetros, o cenário se mostrou árido e rochoso. Finalmente, vimos algumas árvores delineadas contra a escuridão. Parecia o melhor que conseguiríamos, então tentamos parar ao lado da estrada. O carro deu uma guinada violenta e caiu em uma vala de quase 2 metros. Somente os pneus do lado direito ficaram na estrada. Todo o lado esquerdo estava encostado no solo. Ficamos suspensos em um ângulo tão pronunciado que foi difícil forçar a porta do lado direito, mas, finalmente, conseguimos sair do carro.

O ronco das armas parecia mais alto e os flashes no céu mais frequentes.

— Boches ou não — disse Tom —, parece que vamos ficar aqui por algum tempo. Vamos escolher um lugar para comer e então ver se encontramos alguém para nos ajudar.

Mas até nisso fomos frustrados. O campo estava molhado. Nele, havia um miserável monte de feno, mas estava encharcado. Voltamos para a estrada e andamos de um lado para o outro por uns dez ou quinze minutos, esperando alguém passar. Estava frio e comecei a tremer. Após termos xingado o tráfego por horas, era ligeiramente irônico nos vermos desejando encontrar um ser humano.

O COMEÇO DO FIM

Tom finalmente partiu na direção do último vilarejo que passamos, a vários quilômetros, e eu voltei ao carro (o que foi como descer por um tobogã) para tentar me aquecer. Era uma bela noite. O céu estava claro e estrelado, e os únicos ruídos a romper o silêncio eram o ciciar dos grilos e o trovejar espasmódico das armas. Eu me perguntei até onde os alemães haviam avançado. Era engraçado pensar que as pessoas nos Estados Unidos sabiam mais que nós sobre o que estava acontecendo.

Era quase meia-noite quando Tom voltou. Ele tentara uma dúzia de fazendas, mas todo mundo já estava dormindo. Finalmente (com a ajuda de uma nota de 100 francos), conseguira de um fazendeiro a promessa de ir até nossa localização ao amanhecer e nos puxar da vala com uma parelha de cavalos.

O amanhecer seria sete preciosas horas mais tarde, mas fora o melhor que ele conseguira. Como cidadã americana, eu não estava em perigo, mas, se Tom fosse capturado, isso significaria um campo de internamento pelo restante da guerra. Ele, no entanto, permaneceu impassível e comentou, com uma calma caracteristicamente inglesa:

— Bom, não há nada a fazer. Vamos comer. Estou faminto.

Nós nos sentamos ao lado da estrada, bebendo vinho e comendo pão com queijo. Então vestimos todos os casacos e suéteres que conseguimos encontrar e voltamos ao carro. O ângulo era tão desconfortável que só consegui dormir alguns poucos minutos de cada vez, sempre esperando ser acordada pelo som dos tanques alemães. Por sorte, nada assim aconteceu. O fazendeiro manteve sua promessa e, logo depois das 5 horas, apareceu com dois grandes cavalos brancos que puxaram o carro tão facilmente quanto se fosse um carrinho de bebê. Pegamos a estrada novamente.

Paramos no vilarejo seguinte — não consigo lembrar do nome — para tomar café. A primeira coisa que vimos foram seis soldados britânicos em formação na rua irregular de paralelepípedos. Diante deles estava um cabo, repreendendo-os por alguma má conduta. Eles eram homens grandes e fortes que poderiam ter saído das páginas da *Punch*. Quando o cabo os dispensou, sorriram timidamente e fizeram algumas piadas. Tom perguntou a um deles onde estavam alojados os oficiais e eu fui ao café

438 — A QUEDA DA FRANÇA

tentar tirar a sujeira das roupas. Apesar da hora, havia grande atividade do lado de dentro. Várias pessoas ocupavam as mesas e um rádio tocava a todo volume. O locutor dizia algo sobre a "heroica resistência de nossas tropas". Um homem idoso fez um gesto de descrença e murmurou algo que não consegui ouvir. A mulher ao lado dele respondeu em um tom furioso, e sua voz ecoou rispidamente pelo café:

— *Ne dîtes pas ça. Il faut espérer.*

Perguntei à garçonete se havia café, mas ela me olhou com branda surpresa e respondeu que os refugiados haviam passado pelo vilarejo como um enxame de gafanhotos.

— Por onde passaram — disse ela —, eles consumiram tudo.

Levei algum tempo para me limpar e, quando saí do café, encontrei Tom esperando por mim com dois oficiais usando a insígnia dos Engenheiros Reais. Eles nos ofereceram café da manhã e nos conduziram até a cantina. Pareciam saber pouco mais que nós e disseram ter acabado de receber ordens para se deslocar até uma nova posição. A maioria estava na França havia cinco ou seis meses e tinha muitas perguntas ansiosas sobre a Inglaterra. O moral francês podia estar baixo, mas não havia nada desanimado naquele grupo.

— Você não acha que nosso pessoal será desencorajado por esse contratempo, não é?

Contratempo! *Essa é boa*, pensei. Quando voltamos ao carro, eles nos cercaram e um deles disse:

— Bom, até logo. Vejo vocês em Colônia no Natal!

Percorremos os próximos 160 quilômetros até Tours em cerca de cinco horas. Havíamos aprendido o truque e nos mantivemos nas estradas rurais, que, embora precárias, estavam praticamente livres de refugiados. Foi somente a 15 quilômetros de Tours que fomos forçados a voltar à estrada principal, e o leve fluxo de carros se transformou novamente em uma poderosa torrente. Além disso, o radiador começou a vazar. A água ferveu e nuvens de vapor começaram a subir do motor. Levamos quase uma hora para chegar à cidade. A grande ponte sobre o rio Loire parecia um farelo de pão, comprido, fino e coberto de formigas.

Finalmente, às 13h30, com o carro de Tom arquejando e fervendo, paramos em frente ao Hotel de l'Univers. A primeira pessoa que vi foi Knickerbocker, saindo pela porta.

— Meu Deus! Como você chegou até aqui?

— Você está sempre me perguntando isso.

— Mas de onde você veio?

— Paris.

— Paris! Mas os alemães entraram em Paris horas atrás. Quando você partiu?

Contei a ele.

— Eles estavam no Bois de Boulogne ontem à noite. Você deve ter passado por eles ao partir. Provavelmente não os reconheceu — acrescentou ele com um grande sorriso. — À noite todos os soldados são pardos.

* * *

Tours estava um hospício. O alto comando francês anunciara que o rio Loire seria a próxima linha de defesa e muitos rumores desvairados começaram a circular: primeiro, que a Força Aérea alemã ameaçara obliterar a cidade; segundo, que unidades de motociclistas alemães estavam em Le Mans, a apenas 50 quilômetros, e provavelmente chegariam trovejando pelas ruas a qualquer momento. O governo já partira para Bordeaux, e os refugiados que, em pânico, haviam corrido até Tours agora tentavam sair dela, em um pânico ainda maior. Encontrei Eddie Ward, da BBC, que disse que a Press Wireless, o único meio de comunicação com o mundo externo (todos os telegramas para a Inglaterra eram enviados via Estados Unidos, a 8 centavos por palavra), ainda funcionava, e que ele e a equipe da Reuters ficariam mais um dia. Como essa era a única chance de enviar minha matéria, decidi ficar também. Eddie disse que a Reuters provavelmente poderia me fornecer uma cama e ele me daria um lugar em seu carro até Bordeaux pela manhã.

Havia muitas especulações sobre a conversa entre Winston Churchill, Reynaud e Weygand três dias antes; acreditava-se que Churchill urgira os franceses a continuar a luta na África do Norte se o pior acontecesse. Embora tivesse sido anunciado em Londres que um acordo fora alcançado "em relação às medidas a serem tomadas para enfrentar os desenvolvimentos da guerra", a maioria dos jornalistas estava pessimista sobre as chances de a França continuar na luta. Os oficiais franceses pareciam totalmente desmoralizados; até mesmo a censura parecia ter sido suspensa, mas ninguém reclamou disso. Até então, as matérias haviam sido censuradas tão rigidamente que era impossível fornecer qualquer indicação sobre a situação real. Agora, subitamente, todo mundo podia dizer o que quisesse. Escrevi um longo artigo sobre o pânico e a confusão na saída de Paris, e nenhuma palavra foi cortada. Gordon Waterfield enviou uma matéria sugerindo que a França corria o risco de uma derrota similar à de 1870 e, na manhã seguinte, Harold King enviou um telegrama ainda mais pessimista. Gordon disse mais tarde que, quando esses textos chegaram a Londres, os censores ficaram tão surpresos que os retiveram por um tempo considerável, até averiguarem junto às autoridades se a situação na França realmente era tão ruim.

Eddie me levou de carro até a sede da Reuters, uma construção grande e bonita a quase 2 quilômetros do centro da cidade. A casa fora alugada por seis meses ao custo de 40 mil francos, e acabou sendo usada por somente 48 horas. Passei a noite lá, em uma espécie de estranho interlúdio. De um mundo de sujeira e desconforto, passei subitamente para uma cama digna de Hollywood, decorada com espelhos e chita, um tapete branco e felpudo e um telefone verde-pálido. Naquela noite, oito de nós jantaram à luz de velas, usando brilhantes talheres de prata. Comemos sopa de tartaruga, *tournedos* com molho *béarnaise*, vegetais frescos e uma maravilhosa torta de cereja. O mundo podia estar de cabeça para baixo, mas, lá dentro, era difícil perceber.

A casa era administrada por um charmoso casal de meia-idade: o zelador e sua esposa. A esposa, gordinha e maternal, também era firme e desafiadora; ela se recusava a permitir que as más notícias a alarmassem e se agarrava ferozmente à crença de que a França se recuperaria no fim.

— Se houvesse mais pessoas como ela — disse Eddie —, não haveria um fim. Mas, infelizmente, não há.

O COMEÇO DO FIM

Passei a tarde escrevendo minha matéria para o *Sunday Times*. Por volta das 19 horas, o lamento das sirenes ecoou pela cidade e, alguns minutos depois, ouvi o zumbido dos bombardeiros. Tentei ignorá-los e continuei datilografando. Subitamente, ouvi um grito vindo da saleta. Desci as escadas correndo e encontrei os filhos de 8 e 9 anos dos zeladores pulando de alegria:

— *Nous avons vu les Boches!*

Então ambos se inclinaram na janela, apontando para o céu. Era possível distinguir alguns pontinhos circulando no céu acima. Eu gostaria de poder sentir o mesmo entusiasmo por um ataque aéreo; a despeito de toda a conversa sobre poupar as crianças dos terrores dos bombardeios, elas pareciam ser as únicas a gostar deles.

Fiquei surpresa por sua mãe não ordenar que fossem para um abrigo, mas, mais tarde, descobri que ela sentia desdém pelas pessoas que se escondiam. Na manhã seguinte, quando os aviões alemães voltaram, várias bombas caíram perto de nós, sacudindo a casa violentamente. Eddie e eu fomos até a cozinha. Ela nos lançou um olhar inquiridor.

— Vocês não estão com medo dos boches, estão?

— Ah, não — disse Eddie debilmente. — Só pensei que a senhora talvez tivesse outra xícara de café para oferecer.

— Certamente! — O rosto dela se iluminou. — Não gosto de ver as pessoas com medo dos boches. Eles são todos uns valentões imundos e covardes. Meu marido esteve na última guerra e disse que, sempre que enfrentavam números iguais, eles fugiam. Eles são todos iguais. Não há nada a temer.

— Nada — concordei, com o coração ainda batendo de modo irregular. Eddie me lançou um olhar azedo.

Partimos logo depois do almoço para Bordeaux. Éramos seis: Gordon Waterfield, Harold King, Courtenay Young, Joan Slocombe (a bela filha de 19 anos de George Slocombe, do *Sunday Express*), Eddie e eu. Gordon tinha um Ford esportivo de dois lugares e Eddie um Citroën com placa da Força Aérea Real que ele pegara em algum lugar entre Bruxelas e Tours. Eles haviam tido a sensatez de comprar suprimentos e levamos quase meia hora para carregar os carros com cobertores, sacos de dormir, utensílios de cozinha e alimentos — sem mencionar máquinas de escrever, malas, papelada de escritório, uma barraca e uma canoa dobrável.

Logo antes de partirmos, Courtenay Young e eu corremos até o escritório da Press Wireless e enviamos um último telegrama. Ao voltarmos, ouvi alguém me chamar. Quando olhei em torno, vi o egípcio baixinho com quem viajara para Paris. Seu cabelo estava caído no rosto, suas roupas estavam sujas de lama e ele parecia mais agitado que nunca. Passara por uma experiência terrível. Encontrara sua casa deserta e ainda não descobrira o que acontecera aos filhos. Ele saíra de Paris apenas 24 horas antes e vira os alemães entrando na cidade através do portão de Aubervilliers. Unidades de motocicleta haviam passado a 200 metros de onde ele estava. Ele disse que a ocupação fora um choque para muitas pessoas, e as cenas de desespero haviam sido inacreditáveis. Homens e mulheres choravam abertamente nas ruas.

— Alguns quase enlouqueceram — ofegou ele. — Vi uma mulher pegar um revólver e atirar no cachorro, antes de colocar fogo na casa.

O egípcio estava a caminho de Bordeaux. Estava com tanta pressa que não pôde me dizer mais, e jamais fiquei sabendo como conseguira fugir de Paris.

6. Triste separação em Bordeaux

"Você se manteve leal a mim? Quando tudo estava bem,
Sim, mas nos afastamos quando não estava.
E, quando a tentação tocou sua cidadela,
Sua fraqueza venceu novamente, e você esqueceu —
Esqueceu de seu Ego, e de sua liberdade e de seus amigos,
Até mesmo de seus interesses; e agora nosso celebrado brilho
Torna-se rubor, pois a longa história termina
Em uma triste separação em Bordeaux."

Robert Vansittart

Nossa viagem até Bordeaux não foi por caminhos muito trilhados. Quando me lembro dela agora, penso em grandes castelos, rios de água fria, vales recobertos de árvores, vinho, sol e flores. Embora as principais estradas sufocassem sob o terror e a miséria, o cheiro de gasolina e o rolar de armas pesadas, as estradas rurais pertenciam a outro mundo. Encontramos donas de casa fofocando nas ruas irregulares dos vilarejos e camponeses trabalhando nos campos tão pacificamente quanto sempre. Suas vidas pareciam tão distantes do tumulto a nossa volta que começamos a nos perguntar se eles sabiam que havia uma guerra em andamento.

Certamente poucos pareciam saber quão crítica era a situação. Quando conversamos com eles, a maioria deu de ombros e disse que, com tão poucas informações, era impossível julgar a situação. Muitos sequer sabiam que os alemães haviam ocupado Paris 24 horas antes. (O comunicado francês não anunciava a entrada alemã; simplesmente declarava que as tropas francesas haviam recuado para ambos os lados da capital, "de acordo com os planos do comando francês, com o objetivo de poupar Paris da devastação que sua defesa teria causado". Depois disso, Paris não era mencionada novamente.) O povo no interior não ouvira o comunicado nem entendera o que ele significava. De qualquer modo, demonstravam estar pouco alarmados. A dúvida mais profunda que expressaram veio de um fazendeiro idoso que se inclinou sobre a cerca, de forcado na mão, para conversar comigo e com Eddie. Ele disse que não gostava de como as coisas soavam, coçou a cabeça e perguntou gravemente:

— Vocês têm certeza de que vamos vencer?

Passamos a noite perto de um riacho, nas cercanias de um minúsculo vilarejo. Montamos uma barraca e pegamos cobertores, comida e utensílios para cozinhar. Jantamos patê de foie gras, galantina de frango, sardinhas, picles, cebolas, pão, queijo e vinho. Deitamo-nos na grama e conversamos por horas sobre a França. Subitamente, Harold King disse:

— É engraçado como já discutimos a França no passado.

— Bem, não adianta nos enganarmos — disse Eddie. — Ela *é* passado. A França está acabada. Meu Deus, pensem nos alemães bebendo esse vinho!

Na manhã seguinte, caminhamos até o vilarejo, a cerca de 800 metros. Ele consistia em uma dúzia de casas reunidas em torno de uma velha igreja; uma bomba de gasolina, um café e uma loja atulhada que vendia tudo, de laços a vinho.

Às 11 horas, os sinos da igreja chamaram para a missa de domingo, e mães e crianças, em suas melhores roupas e sapatos limpos e engraxados, começaram a se reunir no pátio. Fomos até o café, onde havia meia dúzia de pessoas. Pedimos o *vin du pays* e um menino nos trouxe uma jarra de Vouvray. Aquela certamente foi uma estranha e pacífica cena em um domingo que entrará para a história como o dia em que o governo Reynaud caiu e a República da França entrou na fase final de seu colapso. As pessoas no café discutiam a guerra; estavam confusas com o que acontecera em Paris, pois achavam que ela seria defendida até o fim. Uma delas disse, esperançosamente:

TRISTE SEPARAÇÃO EM BORDEAUX

— Talvez seja um truque para enganar os alemães.

Uma mulher de rosto amplo e mãos vermelhas e ásperas respondeu:

— Paris não é importante. É somente outra cidade.

Como Paris era tão querida para a maioria dos franceses quanto seus próprios vilarejos, o comentário me pareceu extraordinário. Entendemos quando descobrimos que ela era uma refugiada belga, vinda de Liège. Quando perguntamos sua opinião sobre o rei Leopoldo, ela ergueu as mãos com raiva e disse:

— *Cochon.*

A personagem mais vívida do vilarejo era a proprietária do café, de 78 anos. Ela parecia ter saído de um romance de Flaubert: usava um vestido preto com saia volumosa e um gorrinho branco na cabeça. Tinha um rosto moreno e enrugado que se iluminava de divertimento. Evidentemente, era a matriarca do vilarejo, pois as pessoas a ouviam respeitosamente e, sempre que ela queria algo, saíam correndo em meia dúzia de direções. Ela estava tão empolgada com nossa chegada que insistiu em nos servir pessoalmente. E ficou o tempo todo a nossa volta, murmurando:

— Bravos, bravos ingleses. Juntos, rechaçaremos os boches. Não é?

Ela sempre exigia uma resposta e, quando a dávamos, assentia com imensa satisfação. Ela disse não estar deprimida com as notícias sobre Paris. Durante toda a vida, fora perturbada pelos boches, mas, no fim, as coisas sempre davam certo. Ela se lembrava da guerra de 1870, pois tinha 8 anos na época. Na guerra de 1914, seus filhos haviam lutado e, agora, seus netos estavam no front.

— Essa guerra é a mais dura de todas — suspirou ela. — Mas, como seria melhor morrer que viver sob Hitler, jamais devemos nos render. É ou não é?

Assentimos.

— *Bon!* Agora vocês, bravos ingleses, vão beber um pouco mais de vinho, não vão?

Os bravos ingleses beberam. De fato, a única coisa que nos fez partir para Bordeaux foi o rádio portátil de Gordon Waterfield, informando que o Gabinete francês se reuniria novamente naquela tarde e faria um importante pronunciamento à noite. Partimos com relutância. Embora o

446 A QUEDA DA FRANÇA

marechal Pétain possa ter a maior parte da França no bolso hoje em dia, estou disposta a apostar que nosso pequeno vilarejo ainda é inflexivelmente contrário a Hitler — e o será enquanto a velha proprietária viver.

No último trecho de nossa jornada até Bordeaux, passamos por muitas cidades e vilarejos inundados de refugiados. Sempre que os víamos, víamos pânico. O dr. Goebbels não teria encontrado um método mais efetivo de disseminar alarme e desânimo, mas foi somente naquele dia, 16 de junho, que o governo francês tomou medidas para evitá-los, pela primeira vez pedindo às pessoas para ficarem onde estavam.

Bordeaux foi uma repetição de Tours: cafés e hotéis lotados, carros achatados sob utensílios domésticos, pessoas acossando o consulado espanhol em busca de vistos, mais rumores sobre ameaças da Força Aérea alemã, mais histórias sobre iminentes unidades de motociclistas e tanques, mais pessoas furiosas, confusas e derrotadas. Descobrimos que o Gabinete ainda discutia se a França devia capitular ou continuar a luta na África do Norte. Dizia-se que Reynaud, Mandel, Marin, Monnet e Delbos queriam continuar lutando, mas a dupla Pétain-Laval pressionava fortemente pela rendição. O rosto escuro e sinistro de Laval estava em grande evidência no restaurante do Hotel Splendide; eu o vi com um grupo de amigos, a cabeça inclinada sobre a mesa, argumentando e gesticulando veementemente. Knickerbocker foi conversar com ele e, durante a conversa, disse:

— O que quer que façam, não se rendam. Se vocês continuarem lutando, tenho certeza de que os Estados Unidos os apoiarão e vocês terminarão vencendo. Mas, se desistirem agora, estarão acabados.

Laval sorriu.

— Talvez — respondeu ele. — Mas não tenho certeza. Veja bem, não acho que a França seja o principal objetivo da França. Acho que seu *real* objetivo é a Rússia soviética.

Isso em um momento no qual o Exército alemão entrava livremente na França, as cidades eram bombardeadas e as pessoas fugiam, confusas, de uma extremidade para a outra do país.

Laval não era o único: muitos outros franceses, a maioria reacionários de direita, argumentavam do mesmo modo. Quando retornara à Inglaterra

TRISTE SEPARAÇÃO EM BORDEAUX

vinda da Itália, quatro dias após o início da invasão alemã, eu conversara com um francês que era membro da Missão Econômica Francesa em Londres. Ele já estava pessimista sobre as chances de vitória.

— Em algumas semanas — dissera ele —, a França enfrentará a decisão mais difícil de sua história. Ela terá que escolher entre ser completamente aniquilada pelos alemães ou conseguir uma paz que a reduzirá a uma potência de terceira classe.

Fora a primeira vez que eu ouvira falar em paz; eu me lembro de quão atônita ficara.

— Mas vocês não serão uma potência de terceira classe. Serão somente uma província alemã.

— Não — respondera ele —, é impossível destruir a França. A Inglaterra sim, mas não a França. Sempre haverá um *bloco* de franceses no continente e, um dia, eles se erguerão novamente e ganharão de novo seu antigo poder, assim como os alemães fizeram.

Na época, eu ficara tão alarmada com a conversa que a repetira para um amigo do Ministério do Exterior. Ele dera pouca importância, acreditando que tais sentimentos pertenciam a um grupo pequeno e insignificante de derrotistas crônicos. Mas era o mesmo tipo de argumento que agora ganhava terreno em Bordeaux. "Diminua suas perdas e consiga a melhor barganha que puder": era assim que o partido da paz pedia a rendição. Em um desesperado esforço para persuadir o governo francês a continuar resistindo, fosse em solo francês ou em seus territórios ultramarinos, o governo britânico se oferecera para concluir um ato de união entre os dois países. Um esboço foi enviado ao governo francês pelo embaixador naquele fatídico domingo. Eis o que dizia:

No momento mais fatídico da história do mundo moderno, os governos do Reino Unido e da República da França fazem esta declaração de indissolúvel união e inflexível determinação na defesa comum da justiça e da liberdade, contra a sujeição a um sistema que reduz a humanidade a uma vida de robôs e escravos.

448   A QUEDA DA FRANÇA

Os dois governos declaram que França e Grã-Bretanha já não são duas nações, mas uma única União Franco-Britânica. A constituição da União criará órgãos conjuntos de defesa e de políticas externa, financeira e econômica. Todo cidadão francês gozará de imediata cidadania na Grã-Bretanha. Todo súdito britânico se tornará cidadão francês.

Ambos os países dividirão a responsabilidade de reparar a devastação da guerra sempre que ocorrer em seus territórios, e os recursos de ambos serão igualmente aplicados nesse propósito.

Durante a guerra, haverá um único Gabinete de Guerra, e todas as forças da Grã-Bretanha e da França, na terra, no mar ou o ar, serão colocadas sob sua direção. Ele governará de onde for melhor. Os dois Parlamentos serão formalmente associados.

As nações do Império Britânico já formam novos Exércitos. A França manterá suas forças disponíveis na terra, no mar e no ar.

A União apela aos Estados Unidos para fortalecer os recursos econômicos dos Aliados e fornecer seu poderoso auxílio material à causa comum. A União concentrará toda sua energia contra o poder do inimigo, onde quer que seja a batalha, e assim venceremos.

Os líderes franceses rejeitaram a oferta. Eles tinham muito pouca fé em sua causa, muito pouca fé na Terceira República. Naquela noite, coube ao sr. Mandel, um severo e amargo antinazista, anunciar a meia dúzia de jornalistas, em uma sala encardida e sem graça na prefeitura, que Reynaud renunciara e Pétain era o novo primeiro-ministro — o primeiro-ministro da paz. Jamais me esquecerei dele lá em pé, pequeno e pálido, com a cabeça erguida e a voz firme, dizendo as palavras contra as quais lutara até o fim, palavras que soavam como a sentença de morte da França. Como ele era conhecido por ser inabalavelmente contrário à capitulação, um dos jornalistas franceses perguntou se ele tinha planos de partir.

— Não. Permanecerei aqui.

Então acrescentou, com um sorriso irônico:

— Estou começando a conhecer um pouco de Bordeaux.

TRISTE SEPARAÇÃO EM BORDEAUX

(No dia seguinte, Mandel foi preso como líder do partido "pró-revolta", mas, por insistência de Herriot e do presidente Lebrun, foi solto rapidamente. Ele exigiu desculpas por escrito do marechal Pétain, e as fofocas afirmavam que, não satisfeito com o primeiro esboço do velho, teria dito severamente: "Isso não serve. Eu ditarei uma carta de desculpas *adequada*", e o marechal concordara, anotando as frases profusas e abjetas que lhe eram ditadas.)

O que aconteceu ao rijo espírito francês? O que causou esse total colapso moral? Inumeráveis e conflitantes explicações foram fornecidas; eu deixo a questão para os especialistas. Mas uma coisa é certa: se o povo francês tivesse líderes convictos e íntegros, o fiasco jamais teria ocorrido. Reynaud, um profeta sincero e acurado, não possuía a forte personalidade necessária para capturar a imaginação popular. Sua fraqueza se tornou aparente quando ele finalmente desistiu e se ajoelhou perante Pétain. Churchill teria renunciado? Se os líderes não tivessem perdido a fé em sua causa, o povo não teria perdido a fé em seus líderes. Os tanques alemães teriam penetrado as defesas do país, mas Paris teria sido defendida rua a rua; cidades teriam sido bombardeadas, mas não teria havido um fluxo de refugiados histéricos disseminando o desespero como uma doença contagiosa; o governo seria forçado a fugir para o exterior, mas a frota francesa estaria agora lutando ao lado da inglesa.

Em vez disso, o povo da França foi traído e abandonado. Os cidadãos não recebiam notícias nem direções. Gordon Waterfield, em seu livro *What Happened to France* [O que aconteceu à França], resumiu a situação neste parágrafo:

Acredito que se possa demonstrar que aqueles que lideraram a França em sua hora mais difícil carregam nove décimos da responsabilidade [...]. O governo repetia que lutaria até o fim. "Paris", afirmou ele, "está em estado de defesa". Alguns dias depois, declarou-a cidade aberta. "Lutaremos na África do Norte, se necessário", proclamou ele. Pouco tempo depois, perguntou quais eram os termos alemães. "Não aceitaremos um armistício desonroso", disse ele. Então en-

450 A QUEDA DA FRANÇA

tregou um cheque em branco a Hitler. Aquele governo não só era incapaz de liderar, como enganou o povo. São os promotores do caso Riom que deveriam estar no banco dos réus.

* * *

Partimos para a Inglaterra no dia seguinte, a bordo de um navio de carga britânico. Fomos de carro até Le Verdon, um porto no estuário da Gironda a 95 quilômetros de Bordeaux, onde nosso navio estava ancorado. Houve uma confusão de último minuto entre os jornalistas que queriam se livrar de seus francos: todo mundo correu até as lojas para comprar o que fosse possível, a maioria voltando com vidros de perfume para as namoradas.

A mudança de governo fora anunciada brevemente nos jornais matutinos, mas o francês comum ainda não entendera o que ela significava. Foi somente ao meio-dia que Pétain fez um discurso anunciando que a França pediria um armistício aos alemães. Eddie Ward, Knickerbocker, Ed Angly e eu estávamos sentados em um pequeno café portuário em Pointe de Grave, a uns 2 quilômetros de Le Verdon. Fazia um dia maravilhoso. Diante de nós, havia uma centena de navios ancorados no porto, a areia branca brilhava ao sol e os altos pinheiros pareciam esplêndidas sentinelas. Nossa garçonete, uma jovem roliça e sorridente, encheu nossas taças e anotou nosso pedido. Um rádio foi ligado na cozinha. Subitamente, ela ouviu a voz de Pétain: "É com o coração pesado que digo que devemos parar de lutar. Perguntei a nosso oponente se ele está pronto para um acordo, um acordo entre soldados após a luta, feito com honra, como maneira de encerrar as hostilidades..." Ela voltou à sala com lágrimas escorrendo pelo rosto e ofegou:

— Não podemos viver sob os boches. Não podemos. Não é possível.

Ed Angly tentou confortá-la, mas, durante o restante da refeição, ela nos serviu de olhos vermelhos e soluçando.

A chalupa só apareceu às 16 horas. No último minuto, foi anunciado que ninguém poderia levar mais que uma mala; houve uma frenética comoção enquanto as pessoas tentavam decidir o que era mais importante.

TRISTE SEPARAÇÃO EM BORDEAUX

Quando finalmente partimos, o cais estava repleto de carrinhos de bebê, malas e caixas abandonadas — sem mencionar uma longa fila de veículos. Entre eles estavam o valente Chrysler de Tom Healy, o Ford de Gordon e o Citroën de Eddie.

Ficamos no porto por mais de 24 horas. A cada hora, chalupas chegavam trazendo mais passageiros, até que, finalmente, nosso pequeno navio de carga de 9 mil toneladas, o SS *Madura*, que normalmente comportava 180 passageiros, foi abarrotado com mais de 1.600 pessoas — o volume normal do *Queen Mary*. Havia banqueiros, oficiais, ministros de Gabinete, esposas, crianças, soldados, enfermeiras, empresários, damas inválidas, coronéis aposentados, tias solteironas e cinquenta ou sessenta jornalistas. Embora a maioria dos passageiros fosse inglesa, havia várias centenas de franceses: muitos deles subiram a bordo chorando convulsivamente, por causa da separação dos familiares e da incerteza quanto a verem sua terra nativa novamente. Lá no porto, com o sol brilhando e a pacífica silhueta da costa francesa à distância, era difícil acreditar que a França chegara a um fim.

A maioria das pessoas, no entanto, tinha pouco tempo para meditar sobre isso, pois a preocupação imediata era encontrar um lugar para dormir: todas as cabines, mesas e cadeiras estavam ocupadas. Todo mundo começou a se ajeitar nos deques e nas passagens. Rapidamente, o navio estava tão lotado que não havia 1 centímetro livre. O sr. Comert, o chefe de imprensa estrangeira francês, montou uma cama em cima da mesa de pingue-pongue. No deque inferior, havia um destacamento de fuzileiros navais para manter a ordem entre a tripulação das Índias Orientais (que podia entrar em pânico em caso de perigo); um grupo de artilheiros sendo transferido para a África; trinta ou quarenta enfermeiras e motoristas de ambulância; e vários soldados britânicos feridos.

O navio estava tão lotado que, se tivesse sido atingido, poucos teriam sobrevivido. Era difícil decidir onde dormir, pois, embora o deque inferior fosse preferível em caso de bombas, era mais sensato ficar no deque superior em caso de torpedos. Eddie, Gordon Waterfield e eu jogamos uma moeda e colocamos nossos cobertores no deque superior; logo em seguida, duvidamos da astúcia de nossa decisão, pois um bombardeiro alemão saiu das nuvens, mergulhou em nossa direção e tentou atingir o porto. Nosso navio estava armado, e as armas na popa explodiram com um alto pipocar. Vimos bombas caírem à distância e observamos a água disparar para cima como um gêiser. Então três caças franceses rugiram nos céus e, mais tarde, soubemos que o alemão fora derrubado. Não sei se os eventos dos últimos dias haviam embotado a sensibilidade de todos, mas, enquanto tudo isso acontecia, as pessoas se mantinham tão indiferentes que algumas permaneceram sentadas nas cadeiras do deque, lendo romances tão calmamente quanto se estivessem em um cruzeiro pelos mares do sul. Mais tarde naquela noite, enquanto ainda estávamos ancorados, sofremos outro ataque, mas não ouvimos nenhuma bomba e, alguns minutos depois, o sinal de "tudo limpo" foi soado. No dia seguinte, uma rádio alemã alegou que havíamos sido afundados.

Partimos de Le Verdon na tarde de 18 de junho. Viajamos a somente alguns metros de distância de outro navio de carga levando refugiados, em um curso paralelo, e fomos escoltados por um destróier, um pequeno mas reconfortante pontinho à distância. O capitão pediu voluntários para a vigia contra submarinos e a maioria dos jornalistas se ofereceu. Cada um vigiava por uma hora, mas a única excitação ocorreu quando Bill Stoneman, do *Chicago Daily News*, localizou uma pequena frota de barcos pesqueiros espanhóis. Para além disso, tudo estava quieto, e o capitão nos disse que a única ocasião em que houvera tiros fora quando eles haviam cometido um erro e matado uma baleia na costa oeste da África.

Os passageiros originais de nosso navio estavam em uma jornada cansativa, para dizer o mínimo. Eles estavam misturados ao fluxo de refugiados e nenhum de nós conseguiu descobrir quem eram, mas soubemos que haviam embarcado na África Oriental para uma viagem de duas semanas à Inglaterra, e já viajavam há quase dois meses. Quando haviam chegado ao canal de Suez, o Mediterrâneo fora subitamente fechado para navios britânicos e eles haviam sido forçados a dar toda a volta por Cape Town. Eles haviam permanecido no porto por uma semana enquanto o navio era "desmagnetizado" contra minas magnéticas e então haviam retomado a jornada. Ao se aproximarem do Canal inglês, haviam recebido um SOS pedindo que parassem em Bordeaux e recolhessem os refugiados.

TRISTE SEPARAÇÃO EM BORDEAUX

Embora o capitão não tivesse obtido rações extras desde Cape Town, o chef conseguiu fornecer a todos os 1.600 passageiros duas refeições diárias; no café da manhã, uma xícara de chá e uma fatia de pão e, no jantar, uma fatia de carne, um pouco de arroz e uma batata. A tripulação nativa recebia uma ração mais substancial e se mostrou disposta a dividir um pouco com Knickerbocker e Ed Angly em troca de uma quantidade substancial de dinheiro. Tínhamos um pouco da comida que restara da viagem entre Tours e Bordeaux: nada prático, mas muito caviar e patê de foie gras, que devorávamos esfomeadamente no café da manhã.

Durante a jornada de 36 horas, as notícias eram obtidas espasmodicamente pelo rádio, datilografadas por um dos jornalistas e presas ao painel. Todo tipo de rumor percorria o navio em relação às demandas alemãs e às respostas francesas. Mas a pergunta na boca de todos era o destino da Marinha francesa. Os passageiros franceses eram veementes a respeito: "Eles jamais devem entregá-la aos alemães; se não conseguirem passá-la para a Grã-Bretanha, devem afundá-la."

Mas, o que quer que acontecesse, uma coisa era certa: a Inglaterra continuava lutando. Na mesma tarde em que nosso navio partiu do porto de Le Verdon e a costa francesa se desvaneceu na distância, o sr. Churchill disse na Câmara dos Comuns:

O que o general Weygand chamou de batalha da França terminou. Acredito que a batalha da Grã-Bretanha está prestes a começar. Dessa batalha depende a sobrevivência da civilização cristã. Dela dependem o estilo de vida britânico, a continuidade de nossas instituições e nosso império. Toda a fúria e todo o poderio do inimigo devem em breve se voltar contra nós. Hitler sabe que terá de destruir nossa ilha ou perderá a guerra. Se pudermos resistir a ele, toda a Europa pode ser livre e a vida do mundo pode continuar, movendo-se para terras mais altas, amplas e ensolaradas. Mas, se falharmos, então o mundo inteiro, incluindo os Estados Unidos, incluindo tudo que conhecemos e com que nos importamos, afundará no abismo de uma nova Idade das Trevas tornada ainda mais sinistra, e talvez mais prolongada, pelas luzes da ciência pervertida. Assim, cabe a nós cumprirmos nosso dever e nos comportarmos de maneira tal que, se o Império Britânico e a Commonwealth durarem mil anos, os homens dirão: "Aquela foi sua melhor hora."

Sim, a Inglaterra estava lutando e as pessoas na Inglaterra já embarcavam em sua "melhor hora" com a branda e inabalável imperturbabilidade que lhes era tão característica. Quando desembarcamos em Falmouth, um grupo de mulheres maternais de meia-idade nos trouxe limonadas e sanduíche, preocupando-se com os momentos difíceis que devíamos ter passado.

— Mas agora vocês estão em segurança na Inglaterra — disse uma delas —, e tudo ficará bem.

Sim, a Inglaterra era outro mundo. Uma segunda voluntária me entregou meu cartão de emigração, com o carimbo "Refugiada".

Protestei:

— Não sou refugiada. Sou uma jornalista americana.

— Todo mundo que não é inglês é refugiado — respondeu ela com firmeza.

Assenti e assinei o cartão. Perguntei o que ela pensava da situação.

— No geral, as coisas estão melhorando. Ao menos, não sobrou ninguém para nos abandonar.

Ela disse isso sem sarcasmo, amargura ou reprovação, mas em um tom de voz animado e até satisfeito.

Graças a Deus pela enlouquecedora insularidade inglesa, pensei eu.

PARTE IX

A Inglaterra entra na luta

1. Não havia hora melhor que esta

"Os ingleses serão vistos como os aliados mais valiosos do mundo, desde que se possa esperar de seus líderes e das amplas massas a implacabilidade e a resistência que estão determinadas a levar até o fim vitorioso quaisquer lutas que tenham começado, sem preocupação com o tempo ou sacrifícios."

Adolf Hitler, *Mein Kampf*

Fazendeiros carregaram suas espingardas. Soldados barricaram as rodovias. Trabalhadores retiraram as placas das estradas. Moradores dos vilarejos começaram a patrulhar a área rural. Voluntários inundaram a Home Guard, os esquadrões de bombeiros e os serviços de ambulância. Os olhos se voltaram para os céus enquanto a nação esperava que a Força Aérea alemã atacasse com toda a fúria de seu poderio. A Inglaterra entrara no conflito.

Oito Estados soberanos da Europa, desarmados, humilhados e destruídos, jaziam nas garras da Alemanha; outros tantos eram seus vassalos. Portos e aeródromos de Stavanger a Brest estavam nas mãos da Força Aérea nazista. A Inglaterra, o último posto avançado da civilização europeia, estava sozinha. Sua Marinha estava engajada no mar do Norte, no Atlântico e no Mediterrâneo, e havia a ameaça de uma nova agressão no Extremo Oriente. Suas armas, tanques e caminhões jaziam espalhados por Flandres e pelas praias de Dunquerque. Sua frota aérea tinha somente um terço do tamanho da alemã. Ela seria forçada a barganhar pela paz? A resposta já fora dada por Winston Churchill:

> Iremos até o fim [...]. Defenderemos nossa ilha a qualquer custo; lutaremos nas praias, lutaremos nos locais de desembarque, lutaremos nos campos e nas ruas, lutaremos nas colinas. Jamais nos renderemos, e mesmo que — algo em que não acredito nem por um momento — a ilha ou grande parte dela se encontre subjugada e faminta, nosso império ultramarino, armado e guardado pela frota inglesa, continuará na luta até que — no tempo de Deus — o Novo Mundo, com todo o seu poder e potência, avance para resgatar e libertar o Velho.

Desde criança eu admirava a Inglaterra. Os primeiros livros que me lembro de ler eram histórias ilustradas sobre os Cavaleiros da Távola Redonda; sobre Alfredo, o Grande; Ricardo Coração de Leão; Robin Hood; e Drake. A Inglaterra parecia uma terra maravilhosa na qual todos os homens eram muito corajosos e usavam roupas esplendidamente belas. Minha admiração aumentara com o tempo, ao invés de diminuir, e, nos últimos anos, aguçara-se com o entendimento mais profundo sobre o que significara sua longa e persistente luta pela liberdade: a segurança que levara aos mares, a lei e a justiça que disseminara pelos cantos sombrios no mundo, os julgamentos refletidos e compassivos que dera a seu povo.

Mas jamais a admirei mais que durante os perigosos dias de junho e julho. Pela primeira vez, entendi o que significava a máxima "A Inglaterra nunca sabe quando foi vencida". Nem uma única vez ouvi falar de rendição. Ao contrário, nas palavras da sra. Sullivan, "após todo o trabalho que Hitler nos deu, o mínimo que podemos fazer é vencer".

Embora os líderes britânicos soubessem como era precária a situação, jamais hesitaram. Não houve "partido da paz" com o qual argumentar na Inglaterra. Quanto às pessoas comum, elas não somente acompanhavam, mas se animavam com a nova situação. Durante todo o caminho de retorno da França, eu me perguntava qual seria a reação britânica. Eu estava preparada para a coragem, mas descobrir que o público em geral parecia revigorado pelo colapso de seu último aliado foi tão surpreendente que só poderia ser descrito como "tipicamente inglês". "Agora", diziam eles, "estamos todos juntos novamente."

Psicologicamente, a explicação se devia parcialmente ao fato de que os ingleses sempre consideraram os estrangeiros esquisitos e imprevisíveis e se confortavam porque seu próprio povo seria mais confiável; e parcialmente ao fato de que as mulheres sentiam um curioso alívio ao saber que seus filhos e maridos não teriam que lutar no continente. Durante os séculos, os soldados britânicos haviam deixado seus ossos em solo estrangeiro. Eles haviam sido enterrados na Crimeia, na África, na Índia, em quase todo país europeu, mas agora o povo da Inglaterra enfrentava a perspectiva, nova para ele, de uma guerra em suas próprias terras.

Fiquei mais que impressionada. Fiquei boquiaberta. Entendi não somente a máxima "A Inglaterra nunca sabe quando foi vencida", como também por que a Inglaterra *jamais* fora vencida. Em 29 de junho, transmiti para os Estados Unidos pela BBC:

> Os relatos enviados aos Estados Unidos de que a Inglaterra será forçada a negociar um compromisso — o que significa rendição — são infundados e inverídicos. Qualquer um que conheça a Inglaterra sabe quão inverídicos. O caráter anglo-saxão é *rijo*. Os ingleses se orgulham de ser ingleses. Eles foram a raça mais poderosa da Europa por mais de trezentos anos e acreditam em si mesmos com passional convicção. Durante toda a história inglesa, os regimentos de guardas lutaram até a morte. Quando um inglês diz que "é melhor morrer que viver sob Hitler", prestem atenção a suas palavras. Ele fala sério.

O inglês comum ficaria perplexo de saber que alguém especulava sobre a determinação britânica — ou, aliás, sobre as chances britânicas de sobrevivência. Eu me senti constrangida só de entregar meu roteiro à BBC. Embora as pessoas soubessem que seriam bombardeadas, cercadas e sitiadas, sua insularidade, cujas raízes podiam ser encontradas em quase

460   A INGLATERRA ENTRA NA LUTA

mil anos de independência, ajudava a mantê-las firmes; elas tinham certeza de que sua ilha não seria invadida. Sabiam que a Inglaterra já tivera poucos e pequenos navios e, mesmo assim, vencera a Armada da Espanha; sabiam que Napoleão, com todos os seus Exércitos e todo o seu poderio, jamais conseguira cruzar o Canal. Tinham uma fé inabalável na Marinha e nenhum chiste as divertia mais que o fato de Hitler ser um homem de terra firme e não conhecer o mar.

Assim, não foi surpresa que a oferta de paz de Hitler em 19 de julho tenha caído em ouvidos moucos: "Não vejo razão pela qual esta guerra deva continuar. Lamento pensar nos sacrifícios que ela exigirá [...]. Talvez o sr. Churchill devesse acreditar em mim quando profetizo que um grande império será destruído, um império que jamais foi minha intenção destruir ou mesmo prejudicar. Mas sei que, se o conflito continuar, só terminará com a completa aniquilação de um dos adversários. O sr. Churchill pode acreditar que será a Alemanha. Eu sei que será a Grã-Bretanha."

A resposta inglesa foi: "Ah, é?"

Embora a situação fosse muito mais ameaçadora que nos dias de Napoleão, ela oferecia um paralelo tão extraordinário que procurei em minha biblioteca pelo livro de Paul Frischauer, intitulado *England's Years of Danger* [Os anos de perigo da Inglaterra]. Tratava-se de uma compilação de cartas e documentos redigidos durante o longo período de ameaça de invasão napoleônica. Eu o li novamente, fascinada: ali estava a história se repetindo, quase que evento a evento. Napoleão, que, como Hitler, tinha todo o continente sob seus pés, também fizera ofertas de paz. Que também foram rejeitadas. Embora a Inglaterra lutasse sozinha, sua Marinha agiu audaciosamente, em um esforço para bloquear os portos sob seu controle. Napoleão, dolorosamente surpreso com o desafio da solitária ilha, escreveu uma carta ao almirante Decres em junho de 1805 (exatamente 135 anos antes):

Quando a Inglaterra perceber a seriedade do jogo em que está entrando, será forçada a desistir do bloqueio de Brest. Realmente não sei que medidas preventivas ela *pode* adotar para se proteger do terrível perigo que paira sobre ela. Quão tola é uma nação que não possui

NÃO HAVIA HORA MELHOR QUE ESTA

Exército nem fortificações, e, ainda assim, arrisca-se a ser invadida por uma força de 100 mil homens escolhidos a dedo. Essa é a obra--prima de nossa flotilha. Ela custa caro, mas precisamos de somente seis horas para dominar o mar — e a Inglaterra deixar de existir.

Alguns meses depois, Napoleão ordenou que o almirante Villeneuve, que estava em Cádis, partisse imediatamente para Brest e limpasse o Canal para a passagem de sua vasta frota de navios de fundo chato na qual Exército, artilharia e cavalos já estavam acomodados. Sua ordem foi a seguinte:

Bolonha, 22 de agosto de 1805.
Almirante, espero que tenha chegado a Brest. Parta agora. Não perca um minuto, e parta com os esquadrões para o Canal inglês. A Inglaterra é nossa. Estamos prontos. Tudo está a bordo. Chegue lá em 24 horas e tudo estará concluído.

O velho almirante, porém, não podia sair do porto de Cádis porque a força inglesa que o esperava do lado de fora era muito poderosa. Mais uma vez, a invasão foi adiada. E como os ingleses reagiram? Confiantes no poder de sua frota e na Home Guard, trataram as ameaças como piada. Caricaturas de Napoleão (na categoria de "Você perdeu o ônibus") foram publicadas nos jornais. Frischauer reimprimiu a seguinte paródia de um periódico londrino. Ela foi escrita na forma de proclamação a ser feita após a entrada vitoriosa de Napoleão em Londres. O calendário revolucionário francês foi usado:

11 de Termidor.
PALÁCIO ST JAMES.

Habitantes de Londres, fiquem tranquilos. O Herói, o Pacificador, está entre vocês. Sua moderação e sua misericórdia são conhecidas. Ele se delicia em restaurar a paz e a liberdade para toda a humanidade.

Nenhum abuso será cometido nas medidas que os soldados franceses serão obrigados a executar.

Aos soldados franceses!

Soldados! Bonaparte os liderou até a capital desta orgulhosa ilha. Londres, a segunda Cartago, está liberada para saque por três dias.

12, 13 e 14 de Termidor.

Londres saqueada! As portas das residências forçadas. Bandos de soldados bêbados arrancando esposas e filhas dos braços de maridos e pais. Chamas vistas em centenas de lugares. Igrejas arrombadas e o ouro da Igreja roubado, com os bancos e altares convertidos em estrebarias e quatro bispos assassinados.

15 de Termidor.

As casas dos principais nobres e aristocratas são apropriadas para uso dos generais franceses.

16 de Termidor.

Insurreições em diferentes partes da capital. Canhões em todas as principais avenidas. Os lordes Nelson, St. Vincent e Duncan, os senhores Addington, Pitt, Sheridan e Grey e vinte pares do reino e cidadãos comuns sentenciados ao fuzilamento. A sentença é executada imediatamente em Hyde Park.

A ilha será dividida em departamentos. O nome "Londres" será alterado para Bonapartópolis e o país passará a ser chamado de La France Insulaire.

Hitlerópolis tampouco era uma ideia bem aceita. Novamente, as pessoas se prepararam para a invasão. Elas o fizeram com certo humor misturado a determinação, pois a perspectiva de homens vestidos como bispos e vigários caindo dos céus com submetralhadoras lhes parecia extremamente cômica, mas ninguém corria riscos. Dirigi até a costa, onde os habitantes dos vilarejos bloqueavam as estradas com velhas carroças e automóveis;

onde os fazendeiros enchiam seus campos com obstáculos para atrasar os caminhões de tropas; e onde os voluntários da Home Guard percorriam as estradas procurando paraquedistas. Anne O'Neill, Margaret Douglas-Home e eu passamos o fim de semana com amigos que viviam perto da costa. Certa noite, dirigíamos por uma região isolada quando dois homens saíram dos arbustos, agitando lanternas e gritando para que parássemos. Eles enfiaram as armas nos vidros, iluminaram nossos rostos e perguntaram nossos nomes e nosso destino. Após certo tempo de interrogatório, um deles disse:

— Elas podem ir. Não parecem paraquedistas.

— Não sei — respondeu o outro, cético. — Precisamos ser cuidadosos. Pelo que me disseram, eles gostam de saltar de saias.

Fomos embora rapidamente, antes que as dúvidas se aprofundassem.

As pessoas no interior não eram as únicas preparadas para uma emergência. Em toda cidade, milhares se voluntariavam para a Home Guard. Em Osterley Park, Tom Wintringham, apoiado por Edward Hulton, do *Picture Post*, organizou turmas para treinar os homens em táticas de guerrilha. Mineiros asturianos que haviam participado da guerra espanhola instruíam importantes funcionários públicos e corretores sobre como se arrastarem de bruços sobre a grama, como lançar granadas e coquetéis Molotov, como esfaquear, estrangular e atirar. Dirigi até lá certo dia com Eddie Ward. Um homenzinho de maneiras brandas, supervisor de vendas em uma loja de departamentos, subitamente interrompeu o instrutor, um oficial aposentado do Exército britânico:

— Perdoe-me, senhor. Talvez o senhor possa nos ensinar a maneira mais rápida e barata de matar um grande grupo de prisioneiros.

O instrutor foi pego de surpresa.

— Aqui na Inglaterra, não matamos prisioneiros.

O homenzinho insistiu:

— Pode haver uma emergência. Pode ser difícil cuidar deles, com coisas mais urgentes a serem feitas.

O instrutor, ainda desconfiado, recomendou acidamente a baioneta, e o homenzinho assentiu com imensa satisfação.

Não havia dúvida: a Inglaterra estava se tornando "consciente da guerra".

2. *Per Ardua Ad Astra**

Em um dia quente e bonito em agosto, Knickerbocker e eu dirigimos pela costa, de Dover a Southampton. Houve combate aéreo sobre nós por mais de uma hora. Embora pudéssemos ouvir os motores, os aviões estavam tão altos e o sol tão brilhante que só conseguíamos ter vislumbres ocasionais das minúsculas asas prateadas, como o rápido cintilar de peixinhos em um rio de águas claras. Ela ainda estava em curso quando entramos na silenciosa cidade de Hastings, onde ocorrera a grande batalha de 1066, depois que os invasores normandos haviam chegado à Inglaterra. Achamos que seria interessante visitar o campo de batalha. Vimos três homens sentados em uma cerca, com os olhos nos céus, e paramos para perguntar o caminho.

— Batalha de 1066? — repetiu um deles. — Nunca ouvi falar.

— Olhe para ele! — disse o segundo, enérgico. — Ele está na cauda agora. Olhe!

Era bastante óbvio que ninguém estava interessado na batalha de Hastings. Knick comentou, com ar pensativo:

— Você acha que algum dia, daqui a mil anos, algum jovem brilhante escreverá um livro chamado *1940 e tudo aquilo*?

Tratava-se de uma ideia espantosa, mas uma coisa era certa: seria necessário bastante tempo para descrever "tudo aquilo". Desde 8 de agosto, a grande armada aérea alemã lutava contra os caças da Força Aérea Real em um esforço titânico para destruir a resistência britânica, dizimar a ilha e selar seu destino com uma invasão. A quieta cidade de Dover, a somente 32

---

* "Da adversidade às estrelas." (*N. da T.*)

quilômetros da base alemã mais próxima, subitamente se tornara o centro jornalístico do mundo, em função das selvagens e terríveis batalhas que ocorriam sobre a costa.

Centenas de jornalistas e operadores de câmera passavam pelo saguão do Grand Hotel — um hotel provinciano à beira-mar, que anteriormente acolhera clientes abastados a caminho de um fim de semana na França. Eu vira os mesmos jornalistas em hotéis em Praga, Berlim, Varsóvia, Helsinque e Paris, mas, ali, era diferente: aquela era a última parada. Depois dali, não haveria mais hotéis para onde ir.

De outra forma, havia a mesma atmosfera que os jornalistas sempre parecem carregar consigo: excitação, confusão, atividade. Embora muitas pessoas tivessem sido evacuadas e a praia vazia fosse protegida por barricadas de arame farpado para manter os pedestres afastados, as ruas estavam lotadas de soldados, marinheiros, operadores de balões de barragem e voluntários da ARP. O pavilhão de patinação na pequena praça perto do hotel estava lotado de clientes, com a música do gramofone retumbando alegremente pela praia, exatamente como fazia em tempos de paz.

Quando os alarmes soavam, uma bandeira vermelha flamejava sobre o castelo Dover, em uma colina bem acima do nível do mar. Os lojistas fechavam as portas, os pedestres corriam em busca de abrigo e os inspetores da ARP assumiam suas posições nas ruas — as mesmas cenas que eu vira tão frequentemente, mas agora ligeiramente estranhas, porque se tratava da Inglaterra. Então se ouvia o ruído distante de motores, crescendo até que o zumbido se transformava em um poderoso estrondo, como o de uma cachoeira, e a batalha começava.

Alguns de nós costumavam escalar até o topo do penhasco de Shakespeare, a mais ou menos 2 quilômetros da cidade, e observar de lá. O cenário era majestoso. Em frente, estendia-se a água azul do canal e, à distância, era possível distinguir a desfocada silhueta da costa francesa. Bem abaixo ficavam as casas do vilarejo brilhando ao sol e os pequenos barcos pesqueiros ancorados no porto; na colina do outro lado, os grandes torreões do castelo se projetavam contra o céu; e, acima disso tudo, vinte ou trinta grandes balões cinzentos flutuavam no azul, agitando-se um pouco, como baleias emergindo em busca de ar.

PER ARDUA AD ASTRA

Eu me deitava na relva alta, com a brisa soprando gentilmente, e observava as centenas de aviões prateados enxameando pelos céus como nuvens de mosquitos. Em torno, armas antiaéreas estremeciam e tossiam, esfaqueando o céu com pequenas explosões brancas. Era possível ver o flash das asas e as longas plumas brancas dos exaustores; era possível ouvir o gemido dos motores e o matraquear das metralhadoras. Eu sabia que o destino da civilização estava sendo decidido 450 metros acima de minha cabeça, em um mundo de sol, vento e céu. Eu sabia, mas, mesmo assim, era difícil entender.

Às vezes, os aviões voavam baixo, serpenteando, guinando, disparando e mergulhando com um gemido que fazia meu estômago se contrair; às vezes, eu os via caindo como uma bola de fogo, deixando como último testamento uma grande mancha negra no céu. Muitos deles caíam no mar e, lá embaixo, eu via os barcos de resgate correndo até o meio do Canal para recolher os sobreviventes. Frequentemente, quando os aviões alemães caíam, os artilheiros nos penhascos gritavam e davam vivas. Ninguém tinha mais respeito pelos pilotos de combate.

— Por Deus — disse um deles —, você precisa ver um desses garotos para acreditar em como eles são durões!

Eu os vira. Apenas algumas semanas antes, Knickerbocker e eu havíamos dirigido até o aeródromo onde o Esquadrão 601 estava estacionado. Ficamos na pista e observamos os Hurricanes dispararem do solo como projéteis e, um segundo depois, transformarem-se em pontinhos minúsculos no horizonte. Eles haviam sido enviados para interceptar um grupo de bombardeiros alemães se aproximando da costa de Brighton, mas, naquela ocasião particular, foi um alarme falso, pois os invasores deram meia-volta e, em breve, os Hurricanes pousaram novamente.

Enquanto circulavam para aterrissar, o oficial da Força Aérea que nos acompanhava — um garoto alto e moreno de 19 anos — perguntou se eu gostaria de conversar com um dos pilotos no ar. Ele caminhou até um avião perto do hangar, conectou o rádio e me disse para perguntar pelo nº 1.

— Mas o que eu direi?

468 A INGLATERRA ENTRA NA LUTA

— Só diga: "Número 1, você está fazendo uma péssima aterrissagem." Repita duas vezes, de modo muito distinto.

Obedientemente, fiz o que fora instruída a fazer. Então veio a resposta:

— Diga ao controlador para calar sua maldita boca.

Meu instrutor perdeu o fôlego de tanto rir. Quando o nº 1 se aproximou a passos largós, ele o saudou calorosamente e disse:

— Você precisa conhecer essa dama. Acabou de falar com ela pelo rádio.

— Oh — murmurei. — Eu não fazia ideia. Espero que...

O piloto era um jovem dolorosamente tímido e, a essa altura, seu rosto estava escarlate. Ele usava a Cruz de Voo Distinto e me disseram que derrubara onze aviões, mas não tive a oportunidade de saber os detalhes, pois ele prontamente desapareceu e não o vimos mais pelo restante da tarde.

O esquadrão estava dividido em três turnos: "prontidão", que podia estar no ar em poucos segundos; "disponibilidade avançada", que tinha dez minutos para se preparar; e "disponibilidade", que podia ser chamado em uma ou duas horas. Os pilotos de "prontidão" ficavam acomodados em pequenas cabanas em torno da pista e o oficial comandante nos levou até lá para conversar com eles. Eles tinham rostos inteligentes e entusiasmados e usavam as condecorações que haviam conquistado em Dunquerque. Eram extremamente modestos sobre seus feitos e, se eu tivesse dito que os achava incríveis, teriam ficado profundamente constrangidos. De fato, quando Winston Churchill disse em seu discurso que "nunca, no campo dos conflitos humanos, tantos deveram tanto a tão poucos", um deles comentou, sem graça:

— Acho que ele está se referindo a nossa conta na cantina.

No grupo havia dois poloneses, recém-chegados ao esquadrão e que ainda não tinham passado por seu primeiro combate. Como só sabiam algumas palavras em inglês, Knickerbocker se dirigiu a eles em alemão, que falavam fluentemente.

— Se você não se importa — disse um deles, em tom de gentil reprovação —, preferimos falar inglês.

Embora a conversa tenha sido quase ininteligível, lembrei dos pilotos poloneses que vira na Romênia, implorando pela chance de continuar

PER ARDUA AD ASTRA

lutando contra os alemães, e não precisei perguntar como eles se sentiam a respeito.

Nosso dia terminou com chá no jardim, atrás de uma velha casa de fazenda nos limites do aeródromo. O fazendeiro se mudara, por medo de ficar tão perto da ação, e um grupo de pilotos assumira o controle da casa. Eles pareciam crianças satisfeitas. E se esforçaram muito durante o chá, entrando e saindo da cozinha para ver se tudo estava a contento, trazendo bandejas de bolos e sanduíches e se desculpando profusamente por estarmos visitando em um dia tão parado. Eles haviam estado no ar somente uma vez, ao passo que estavam acostumados a entrar em combate quatro ou cinco vezes ao dia! Eu não conseguia superar o fato de serem tão jovens — garotinhos loiros de bochechas rosadas que deveriam estar na escola. Fiquei lá sentada, encarando-os como se fossem ligeiramente irreais: aqueles eram os homens que estavam salvando a Inglaterra. Toda vez que decolavam, era para lutar até a morte: ou eles morriam ou matavam o inimigo. Foi então que um dos pilotos interrompeu meu devaneio:

— Vocês precisam visitar um dos esquadrões de bombardeiros — disse ele, antes de acrescentar, com reverência na voz: — Aqueles caras são *realmente* durões.

Pela primeira vez na vida, não soube o que dizer.

* * *

Mais ou menos uma semana depois, Knick e eu seguimos o conselho do piloto e visitamos uma estação de bombardeiros em Lincolnshire. Embora isso tenha acontecido há quase um ano, quando a Inglaterra ainda estava em grande desvantagem numérica, os bombardeiros ingleses já atacavam a Alemanha cinco vezes mais vigorosamente do que os alemães respondiam. Em 15 de agosto, os números oficiais estimavam que a Força Aérea Real lançara mais de 30 mil bombas na Alemanha, contra 7 mil bombas alemãs na Inglaterra. Desde a invasão da Holanda, três meses e meio antes, houvera somente duas noites nas quais alvos inimigos não haviam sido atacados.

470 A INGLATERRA ENTRA NA LUTA

Knick e eu observamos seis bombardeiros gigantescos e muito carregados decolarem no fim do dia para a longa viagem que haviam passado a conhecer tão bem. O retrato era bastante dramático: os motores aquecendo, as luzes sinalizadoras brilhando do outro lado da pista e o rugido súbito e muito alto quando um avião atrás do outro percorriam a pista e desapareciam na luz desvanecente. Em seguida, o operador de rádio no solo começou a conversar com os pilotos para testar o aparato sem fio:

— Vocês conseguem me ouvir? Conseguem me ouvir?

E, de algum lugar da escuridão a quilômetros de distância, veio a resposta:

— Ok! Ok!

Os bombardeiros se dirigiam para as refinarias de petróleo no Ruhr. Cada avião era tripulado por seis pessoas: dois pilotos, dois artilheiros, um navegador e um operador de rádio que também era artilheiro. Uma ou duas horas antes do voo, houvera uma reunião de instrução. O comandante chamara os pilotos e fornecera os objetivos primários e secundários da missão, além de instruí-los severamente a trazerem as bombas de volta se não conseguissem localizar os alvos.

— É claro que — disse o comandante —, se algum de vocês voar sobre o aeródromo Skipol (Amsterdã) e ainda tiver bombas...

Todos riram. O Skipol era um antigo favorito. Pelos próximos dez ou quinze minutos, os pilotos fizeram perguntas e conferiram posições nos mapas. Eles formavam um grupo resiliente, entusiástico e bem-humorado. Aquele esquadrão particular fizera uma média de cem viagens mensais à Alemanha durante os últimos cinco meses.

Ao vê-los em pé com a cabeça inclinada sobre os mapas, plotando seus objetivos, lembrei da história que alguém me contara sobre a vez em que Sir Archibald Sinclair, o ministro do Ar, visitara um esquadrão de bombardeiros durante uma reunião de instrução. Sir Archibald estava ansioso para dizer algumas palavras aos pilotos, então o comandante o levou até a sala onde, segundo ele, os homens estudavam suas instruções. Ele encontrou os pilotos inclinados sobre uma mesa, chorando de rir. No centro, havia um grande pacote. Ao remover o papel de embrulho, havia

PER ARDUA AD ASTRA 471

outro. Depois outro e outro. Dentro do último pacote, havia um gato morto. Os homens haviam tido o cuidado de fazer com que ele se parecesse com uma estranha e formidável bomba. No interior, haviam escrito todo tipo de piada suja, e planejavam soltar o pacote sobre Berlim, "com amor e beijos da Força Aérea" — torcendo, é claro, para que os sérios alemães o levassem rapidamente para ser estudado em um laboratório.

Knick e eu ficamos no aeródromo até as primeiras horas da manhã, esperando pelo retorno de nossos bombardeiros. Sentada lá, hora após hora, imaginando se todos retornariam, comecei a entender a tensão das longas e difíceis viagens que haviam se tornado tão rotineiras. Pensei neles voando em meio à névoa e ao vento, sobre quilômetros de oceano, e me perguntei como aguentavam fazer isso noite após noite. O silêncio na sala de operações parecia intensificar o drama. Vários homens estudavam mapas enormes, plotando velocidades e posições; o comandante trabalhava em sua mesa; o operador de rádio estava na escuta, esperando mensagens. O único ruído era o chiar da chaleira que um auxiliar colocara para ferver sobre o fogão improvisado.

Os pilotos eram instruídos a só se comunicar com suas estações quando estivessem retornando e próximos do território inglês, a fim de que os alemães não descobrissem suas posições. Por volta das 2 horas, o primeiro avião enviou uma mensagem; então, uma a uma, chegaram outras, até que todos os aviões foram marcados no quadro. Cerca de meia hora depois, o zumbido de um motor penetrou a escuridão. Corremos para fora e vimos as luzes do aeródromo se acenderem. O avião circulou por vários minutos e, finalmente, fez uma aterrissagem perfeita.

Cinco bombardeiros chegaram, com 45 minutos de diferença entre cada aterrissagem; mas o sexto, não. O comandante andava de um lado para o outro, ansioso, pois o combustível do avião era limitado. Uma hora se passou, depois duas, depois três. Parecia improvável que o piloto retornasse, mas, subitamente, a sede reportou que um bombardeiro se aproximava da costa inglesa e, meia hora depois, ouvimos o zumbido familiar do motor Wellington.

472 A INGLATERRA ENTRA NA LUTA

O piloto entrou na sala de operações, tirou o capacete e desabotoou a jaqueta de couro forrada de pele. Ele estava ruborizado e muito constrangido. Explicou que passara de seu alvo e então se perdera. Em vez de chegar à costa inglesa, descobrira estar voando sobre a Holanda. Seu nível de combustível era tão baixo que ele fora forçado a lançar as bombas no mar e voltara para casa com pouco mais de 1 litro no tanque. O comandante perguntou se fora erro do navegador, mas o garoto sacudiu a cabeça enfaticamente:

— Não, senhor. Assumo total responsabilidade.

Ele foi embora ainda murmurando apologeticamente, e o comandante nos disse:

— Acho que ele está protegendo o navegador. Ele é um de meus melhores pilotos, e já tivemos problemas com os navegadores antes. Mas será impossível fazê-lo admitir isso!

Quando as tripulações retornavam de seus voos, eram entrevistadas por um oficial da Inteligência cujo trabalho era estabelecer exatamente os resultados obtidos e os fatos observados. Com exceção de um piloto, forçado a retornar porque sua arma traseira parara de funcionar, todos haviam bombardeado o alvo primário.

Eles relataram pesado fogo antiaéreo. Um dos bombardeiros fora atingido várias vezes pelos projéteis; uma asa estava quebrada e o tanque direito fora perfurado. O piloto era um jovem alegre, com um grande bigode que lhe rendera o apelido de "Hank Bigode de Guidão". Ele já fizera mais de trinta viagens à Alemanha e inspecionou os danos com a indiferença dos veteranos. Ele disse que achara ter ouvido um ruído, mas não tinha certeza.

Quando as entrevistas terminaram, fomos à cantina para um enorme café da manhã de bacon, ovos e feijões cozidos. Todo mundo estava tão animado que seria difícil acreditar que haviam acabado de retornar de um voo exaustivo sobre território inimigo. Um dos pilotos, que fizera sua primeira viagem somente alguns dias antes, contou-me, entre pedaços de torrada, que ficara surpreso com o espetáculo que os alemães haviam organizado. Houvera tantas explosões de armas antiaéreas que fora quase como o Dia do Império.

PER ARDUA AD ASTRA 473

— Quando percebi que eles estavam se dando a todo aquele trabalho por nossa causa — disse ele, sorrindo abertamente —, eu me senti *muito* importante.

Aquele era um ângulo que nunca me ocorrera.

* * *

Os comandos de bombardeiros e caças não eram os únicos grupos da Força Aérea atacando o inimigo. Todas as manhãs, ao alvorecer, os hidroaviões Sunderland do comando costeiro deslizavam de seus silenciosos portos e rugiam nas névoas do Atlântico. Seu trabalho era ajudar a Marinha a proteger as grandes e vitais rotas marítimas das Ilhas Britânicas. Às vezes, a tarefa do dia eram somente horas de patrulha solitária; às vezes, ia de sinalizar a posição de navios inimigos e atacar submarinos a resgatar vítimas dos U-boats, proteger os navios que chegavam e combater aviões inimigos.

Em certo fim de semana, visitei a estação na qual um esquadrão australiano operava. Durante os seis meses anteriores, o esquadrão estabelecera o espantoso recorde de voar até a Lua e metade do caminho de volta. Perguntei a um dos oficiais se havia alguma chance de participar de um dos voos e, em função de um deslize em algum lugar (que causou infinita indignação no ministro do Ar), fui registrada como piloto e levada em uma patrulha de treze horas e quase 2.800 quilômetros.

Havia dois oficiais — um piloto e um engenheiro — e sete tripulantes. Os oficiais eram homens experientes com um longo registro de voo que pareceram se divertir imensamente com os olhares confusos da tripulação quando subi a bordo.

— Eu só espero que você não fique entediada — disse um deles ansiosamente. — Um navio foi torpedeado na costa da Irlanda há algumas horas e Jim (um dos outros pilotos) foi recolher sobreviventes, então talvez também encontremos alguma excitação.

Partimos às 6 horas, voando a 240 quilômetros por hora. Logo estávamos em alto-mar, com nada além de uma sólida extensão de azul abaixo e acima de nós e o sol cintilando nas ondas. Todo mundo estava muito ocupado. Os racks de bombas estavam lotados e os artilheiros assumiram suas posições, observando o horizonte brilhante em busca de submarinos inimigos. O engenheiro se sentou em frente aos controles duplos, ao lado do piloto; atrás deles, o mecânico-chefe verificava a temperatura e a pressão do motor; o navegador estava inclinado sobre seus mapas, calculando velocidade e posição; e o operador de rádio estava na escuta, aguardando mensagens.

Nossa embarcação tinha dois deques e era feita inteiramente de metal. Ela carregava combustível para 3.200 quilômetros e tinha armas na proa, na popa, a bombordo e a estibordo. (O piloto disse que eles cuspiam fogo de tantos ângulos que os alemães os chamavam de *Fliegende Stachelschwein*, ouriços voadores.) Também estava equipada com câmeras de reconhecimento, sinalizadores com paraquedas para aterrissagens noturnas, bote de borracha dobrável que inflava ao tocar a água e uma gaiola de pombos-correios. Um dos artilheiros disse que as coisas andavam tão quietas que as pombas botavam ovos de puro tédio. Mas o equipamento mais indispensável do avião era um piloto automático chamado "George". George fora inventado para os voos de longa distância: ele mantinha o avião em curso tão perfeitamente que o piloto não precisava tocar nos controles durante horas.

Não estávamos no ar havia muito tempo quando o operador de rádio interceptou uma mensagem do hidroavião que fora recolher os sobreviventes do navio torpedeado, relatando duas aeronaves inimigas. Mas elas evidentemente não estavam ansiosas por combate, pois, alguns minutos depois, recebemos uma segunda mensagem dizendo: "Inimigo fora de vista." Durante as próximas quatro horas, o único objeto que vimos foi um pequeno barco pesqueiro espanhol. Centenas de gaivotas o seguiam; de acordo com o piloto, essa era a única maneira indisputável de dizer se o barco era ou não "honesto".

Às 10h30, tomamos café da manhã: bacon, ovos, frutas, café, torradas e geleia. O artilheiro frontal, que também era mecânico, exercia o triplo papel de cozinheiro.

PER ARDUA AD ASTRA

— É possível dizer quão ocupado ele está — disse o piloto — por quão forte é o gosto de combustível nas batatas.

Ele era um homem amável e brincalhão, orgulhoso de ter aprendido a cozinhar no interior da Austrália. Disse que era bem difícil alimentar dez pessoas com uma cozinha tão pequena, mas, em contrapartida, ninguém esperava que a comida fosse como a do Ritz. Eu perguntei se ele gostava de patrulhar o Atlântico e ele disse que gostaria mais depois de "dar uma porrada nos alemães". Segundo ele, alguém rogara uma praga em nosso hidroavião, pois era o único do esquadrão a ainda não ter participado da ação.

Logo após o almoço, achei que teríamos alguma excitação. O engenheiro estava nos controles e o piloto e eu terminávamos nosso chá quando o avião subitamente saiu de curso. O piloto deu um pulo e foi até a janela. Estávamos descendo rapidamente e, abaixo de nós, havia um longo rastro de óleo na água. Ele murmurou "submarino" e subiu a escada até a cabine.

Um segundo depois, um ruído que soava como uma buzina antiga ressoou pelo avião — o sinal para ativar todas as armas. Da cozinha, veio o súbito retinir de panelas e potes, e o cozinheiro correu até a arma frontal. Viramos lentamente, como um pássaro gigantesco dando a volta para arremeter contra sua presa. Subitamente, tudo terminou. O sinal de "tudo limpo" soou, o avião ganhou altitude e voltou ao curso. O cozinheiro retornou para suas panelas como uma criança decepcionada.

— Só destroços velhos — resmungou ele. — Achei que íamos dar alguns tiros dessa vez.

Ele não foi o único a ficar decepcionado. O mecânico-chefe balançou a cabeça sombriamente.

— O problema é que, em um dia claro como hoje, os alemães conseguem nos ver a 60 quilômetros. A pescaria sempre é ruim nesse tempo.

O engenheiro se desculpou pela falta de excitação, mas disse que me compensaria me colocando na torre de tiro traseira. Essa se provou uma das experiências mais aterradoras que já tive. A torre era um cubículo redondo de vidro que pendia sobre o mar. Subitamente, vi-me trancada, com o vento assobiando ominosamente pela abertura da arma e, abaixo de mim, nada além de uma vertiginosa queda.

— Quero sair! — gritei.

— Qual foi o problema? — perguntou o engenheiro, sorrindo de orelha a orelha, quando voltei para a cabine. — Estávamos pensando em alistá-la como nossa artilheira permanente.

Isso deu a ele a ideia de organizar uma pequena prática de tiro. A tripulação colocou seus capacetes, que continham microfones, permitindo que se comunicassem uns com os outros de todas as partes do avião. O engenheiro então transmitiu um ataque inimigo com um realismo assustador:

— Agora eles estão em nossa cauda! Estão mergulhando a estibordo! E aí vêm mais dois! A bombordo!

Depois de praticarem os movimentos com as armas, alvos foram lançados e os artilheiros disparam curtas rajadas.

Logo tudo terminou, mas dois artilheiros se esqueceram de desconectar os microfones. O piloto subitamente ouviu um deles dizer:

— Eu me pergunto quanto tempo vai demorar para que seja permitido trazer *nossas* garotas a bordo.

O piloto respondeu:

— Eu aconselho quem quer que esteja falando a retirar o capacete.

Ouve um clique agudo e então silêncio.

Não houve mais incidentes naquela tarde, e patrulhamos hora após hora com somente o mar e o céu se estendendo infinitamente diante de nós. Aterrissamos no porto ao anoitecer.

A sequência dessa história é triste, pois, na manhã seguinte, o cozinheiro australiano que desejava tanto "dar umas porradas nos alemães" partiu em um voo para Gibraltar. Seu avião avistou e atacou um Dornier 18. Embora o Dornier tenha fugido, o cozinheiro, que atuou como artilheiro frontal, foi seriamente ferido e morreu algumas horas depois.

Eu senti como se tivesse perdido um velho amigo.

3. A ponte de Londres ainda está de pé

Anne manteve a casa aberta e, todas as tardes, amigos iam tomar chá. O local era muito tranquilo, com vista para as árvores verdes no meio da praça silenciosa, e a guerra parecia muito distante. Eu assistira aos combates aéreos dos altos penhascos na costa e sabia que a batalha da Grã-Bretanha estava em curso, hora após hora; mesmo assim, em Londres era difícil perceber isso.

Londres ainda tinha seu antigo ar de tranquilidade. Não que sua aparência não tivesse mudado: somente um ano antes, as ruas estavam tomadas pelo tráfego, os hotéis cheios de visitantes estrangeiros e o salão de bailes do palácio de Buckingham brilhando com mais diamantes que qualquer outro salão do mundo. Agora as ruas estavam semivazias. As entradas dos edifícios governamentais eram protegidas por sacos de areia e barricadas de arame farpado, os parques estavam cheios de tropas antiaéreas e até mesmo as túnicas vermelhas e os chapéus pretos de pele de urso dos guardas na frente do palácio haviam dado lugar a capacetes de estanho e uniformes cáqui.

Mas, a despeito da transição, a capital perdera pouco de seu charme plácido. Para mim, ainda parecia um lugar maravilhoso para viver. A vida era mais informal que nunca — eu até mesmo vira mulheres na Bond Street de suéteres e calças folgadas, com chapéus de abas largas, passeando seus pequineses. As pessoas almoçavam e jantavam fora, enchiam os restaurantes ao ar livre e iam ao cinema, às partidas de futebol e às corridas. Ocasionalmente, as sirenes soavam, mas somente alguns caças penetraram as defesas

478 A INGLATERRA ENTRA NA LUTA

da capital durante o verão, e os civis raramente se davam ao trabalho de procurar abrigo.

No primeiro sábado de setembro, Anne e eu fomos de carro até Mereworth, cerca de 65 quilômetros ao sul de Londres, para passar o fim de semana com Esmond Harmsworth. O dia estava quente e ensolarado e tomamos chá no gramado. Subitamente, ouvimos aviões. Inicialmente, nada vimos, mas em breve o som se tornou um rugido profundo, como o trovejar distante de uma gigantesca cachoeira. Nós nos deitamos na grama, com os olhos grudados no céu, e vimos um conjunto de minúsculos pontos brancos, como nuvens de insetos, movendo-se para noroeste, na direção da capital. Alguns deles — os bombardeiros — voavam em formação, ao passo que outros — os caças — se aglomeravam protetoramente em torno.

Um dos hóspedes de Esmond, um cavalheiro idoso que via e ouvia mal, recusou-se a acreditar. Para ele, o mundo era um lugar pacífico, e ele queria que continuasse assim. Mesmo quando os estilhaços das armas antiaéreas explodiram no céu, ele insistiu que eram somente armas no estande de tiro. Durante a hora seguinte, Anne e eu contamos mais de 150 aviões. Eles não encontravam nenhuma resistência e chegavam em tal volume que percebi que provavelmente haviam rompido nossas defesas.

— Pobre Londres — disse Anne.

— Tolice! — disse o cavalheiro idoso. — Você tem ficado acordada até tarde. É melhor ir descansar.

Isso foi no sábado, 7 de setembro, a data que marcou o início dos selvagens ataques noturnos a Londres. Das 17 horas até as primeiras horas da madrugada, bombas choveram sobre a capital no mais furioso ataque que o mundo já vira. Durante o ataque, a Alemanha transmitiu relatórios de hora em hora. O locutor dizia, agitado:

Bombas caem por toda parte, e as chamas são cada vez maiores. Espessas nuvens de fumaça se espalham sobre os telhados da maior cidade do mundo. Explosões são detectadas até mesmo na altitude dos aviões alemães. Os esforços das armas antiaéreas britânicas são malsucedidos.

A PONTE DE LONDRES AINDA ESTÁ DE PÉ 479

Ondas de aviões chegam constantemente, ao passo que uma seção dos aviões alemães, aqueles que já descarregaram suas bombas, retorna para casa. O coração do Império Britânico está sob ataque da Força Aérea alemã.

Os alemães atingiram docas, fábricas, comunicações ferroviárias e usinas de gás e eletricidade. Mas foram os armazéns que criaram as maiores chamas. Durante toda a noite eles queimaram, com milhões de quilos de lã, tabaco, borracha e açúcar alimentando o mais formidável incêndio que Londres já vira desde aquele outro setembro em 1666. Mesmo onde estávamos, a 65 quilômetros, o céu ficou rosado.

O serviço telefônico comum de Londres foi desconectado, mas Esmond tinha uma linha privada com seu jornal, o *Sunday Dispatch*; o editor tinha poucas informações, exceto que o céu estava mais vermelho que nunca, os aviões ainda estavam chegando, as bombas ainda estavam caindo e, se o jornal fosse para a gráfica, ninguém ficaria mais surpreso do que ele. Até mesmo o cavalheiro idoso pareceu pensativo. Às 21 horas, ligamos o rádio e ouvimos a voz impassível do locutor da BBC lendo o comunicado do ministro do Ar:

No fim desta tarde, grande número de aeronaves inimigas cruzou a costa de Kent e se aproximou da área de Londres. Eles enfrentaram pesada resistência de nossos caças e armas antiaéreas, mas alguns conseguiram penetrar a área industrial de East London. Como resultado desses ataques, incêndios foram causados nos alvos industriais dessa área. Houve danos à iluminação e outros serviços públicos e alguns problemas com as comunicações. Também houve ataques às docas.

Isso não dizia muito. Era tão vago que ficamos ainda mais apreensivos. Ainda podíamos ouvir o ruído dos motores acima de nós. Esmond disse que, em tempos de paz, Mereworth ficava na rota direta dos pilotos civis alemães vindo de Berlim para Londres, via Holanda. Evidentemente, eles ainda seguiam o mesmo curso. Como o zumbido constante se manteve durante a noite, começamos a nos perguntar se restaria algo da capital.

Logo após irmos para a cama, houve uma violenta explosão quando uma bomba de 450 quilos caiu a 400 metros da casa. Mereworth, uma sólida construção do século XVIII, sacudiu violentamente. Um momento depois, estávamos no corredor, perguntando uns aos outros o que acontecera. O cavalheiro idoso estava ausente. Fomos a seu quarto e o encontramos lendo na cama, com as janelas abertas e as luzes acesas. Desligamos as luzes, repreendemos sua negligência indignadamente, descemos as escadas e fomos ao terraço. Podíamos ouvir armas à distância, e o brilho rosado parecia ter ficado mais intenso. Fomos até a saleta e ligamos o rádio, esperando ter alguma notícia, mas tudo que conseguimos foi uma série de melodias havaianas vindas dos Estados Unidos. Anne animou todo mundo ao dizer que o domo no topo da casa provavelmente se parecia com um enorme gasômetro quando visto do ar e certamente seria tomado por objetivo militar. Com esse pensamento firmemente em mente, voltamos sombriamente para a cama.

Na manhã seguinte, descobrimos que Londres ainda estava de pé. Mas inúmeras casas no East End haviam sido destruídas e milhares de pessoas estavam sem abrigo. Eu voltaria naquela tarde e marcara de tomar chá com um amigo em Brentwood, no caminho. Para chegar até lá, teria que dirigir até Gravesend, a 25 quilômetros, e pegar a barca para cruzar o Tâmisa; embora parecesse pouco provável que as estradas estivessem transitáveis, parti por volta das 15 horas.

A área rural tinha uma aparência tão complacente que era difícil acreditar que algo fora do comum acontecera. O primeiro sinal que vi foi quando cheguei à balsa: grandes nuvens de fumaça negra desciam o estuário, vindas das docas de Woolwich. Mas ninguém parecia desconcertado, pois a cena de tarde de domingo era pacífica como sempre: dois balseiros tomando sol preguiçosamente; um dos funcionários das docas lendo o jornal matutino; e o coletor de passagens resmungando que os alemães eram barulhentos e ele mal conseguira fechar os olhos. Por seu entediado tom de voz, parecia que a perturbação fora causada por nada mais incomum que um gato na cerca dos fundos.

A PONTE DE LONDRES AINDA ESTÁ DE PÉ   481

De Tilbury a Brentwood, outros 25 quilômetros, passei por meia dúzia de prédios destruídos e fiz vários desvios onde as bombas haviam caído, mas, no geral, a área parecia surpreendentemente ilesa. Quando cheguei ao hotel, encontrei meu amigo, oficial de um regimento de artilharia, muito animado. Comentei sobre os armazéns incendiados, mas ele ignorou meus comentários, insistindo que o objetivo primário dos alemães não era acabar com as docas, mas disseminar alarme e desânimo ao destruir todos os bares e pubs. Os bombardeiros haviam passado novamente naquela tarde, mas os caças britânicos faziam seu trabalho. Ele acabara de voltar de um aeródromo no qual operava um esquadrão de caças e disse que muitos pilotos fizeram o "giro da vitória" — o sinal de que haviam abatido seus alvos. Um caça fizera três giros da vitória e os operadores no solo haviam comemorado.

Parti para Londres, a uns 30 quilômetros de distância, às 19h30. Se tivesse me dado conta de que a blitz da noite anterior seria repetida, teria tomado o cuidado de chegar em casa antes de as sirenes soarem. Como no dia anterior, o triste lamento soou alguns minutos depois de eu ter partido. Anoitecia e eu dirigia o mais rapidamente possível para aproveitar a última luz do dia. Embora estivesse passando por um dos subúrbios mais congestionados de Londres (Stratford, a menos de 2 quilômetros de East Ham), as ruas se esvaziavam rapidamente: as pessoas corriam em todas as direções em busca de abrigo e os ônibus e caminhões paravam no meio do caminho. Havia filas de bondes vazios. Em breve, fez-se um silêncio ominoso e o meu carro se tornou praticamente o único na estrada.

Dois soldados me fizeram sinal para parar e eu lhes dei carona. Era difícil dirigir na semiescuridão, e o silêncio era opressivo. Subitamente, algumas centenas de metros a nossa frente, ouvimos um assobio nauseante e uma explosão ensurdecedora. Uma bomba aterrissou no meio da rua e houve uma chuva de vidro e detritos das casas de ambos os lados. Os apitos soaram e os trabalhadores da ARP e policiais especiais assumiram quase imediatamente; estava escuro demais para ver os danos causados às casas, mas a rua estava coberta de destroços.

A polícia nos disse para ter cuidado e nos fez pegar um desvio para outra estrada. Logo ouvimos a sirene de uma ambulância. À frente, o céu se acendera com um brilho vermelho e podíamos ouvir mais bombas caindo na escuridão. Fechamos os vidros a fim de não sermos atingidos pelos estilhaços (a coisa errada a se fazer) e continuamos nosso caminho. Os soldados estavam em silêncio. Estava tão escuro que eu não conseguia vê-los muito bem; eles eram apenas formas escuras no banco de trás do carro. Ocasionalmente, um deles murmurava "Vamos pegá-los por isso", mas isso era tudo. Seu destino era a ponta de Londres e, de algum modo, com o som das bombas e das armas e o céu tingido de um rosa profundo, não consegui deixar de pensar nos antigos versos infantis: "A ponte de Londres está caindo". Eles evidentemente também pensavam nisso, pois ouvi um dizer ao outro "Aposto que a velha ponte *não* caiu", e ele estava certo, pois 1 ou 2 quilômetros depois, ela surgiu diante de nós, sólida e substancial como sempre.

Passei pelo coração da cidade, que parecia misteriosa e deserta como um cemitério. Parei para perguntar o caminho a um inspetor da ARP e ele me pediu para levar dois colegas seus até Piccadilly. Os homens não trocavam de roupa há 48 horas. Haviam acabado de chegar de um edifício onde cinco pessoas haviam sido retiradas das ruínas.

— Três mulheres e duas crianças — disse um deles sombriamente, e então, quase sussurrando: — Os alemães terão um alto preço a pagar quando a guerra terminar.

Finalmente cheguei à praça Montagu e encontrei o sr. e a sra. Kinch (o zelador e sua esposa) na cozinha, jantando calmamente. Era possível ouvir os aviões e, de vez em quando, a casa estremecia e as janelas sacudiam quando uma bomba caía em algum lugar na vizinhança. Perguntei se eles não estavam com medo e a sra. Kinch respondeu:

— Ah, não. Se estivéssemos, que bem isso nos faria?

Certamente não havia resposta para isso; embora estivesse com o estômago contraído, pensei que, se eles podiam aguentar, eu também podia, e fui para a cama torcendo para que, se chegasse, a morte fosse instantânea.

A PONTE DE LONDRES AINDA ESTÁ DE PÉ 483

Na manhã seguinte, o céu estava azul e inocente. Se não tivesse visto as enormes crateras e os detritos, eu poderia pensar que sonhara com a noite anterior. O trânsito estava normal, as lojas estavam cheias, senhoras idosas tomavam sol no parque e soldados passeavam por Piccadilly de braços dados com as namoradas. Almocei no restaurante Berkeley e o encontrei barulhento e lotado como sempre. Subitamente, houve um estrondo. O salão estremeceu quando uma bomba-relógio explodiu a alguns quarteirões. Uma jovem bonita de chapeuzinho elegante se virou para o jovem subalterno do Exército a seu lado e perguntou, com a voz ressoando por todo o restaurante:

— Você derrubou alguma coisa?

* * *

Eu poderia escrever sobre os flashes cegantes de fuzilaria e o prolongado assobio das bombas; sobre o ruído profundo das paredes caindo, parecido com o trovejar das ondas se quebrando na praia. Poderia escrever sobre o brilho vermelho das chamas em meio à escuridão e a luz dos holofotes, das estrelas e dos sinalizadores se misturando no céu. Poderia escrever sobre essas coisas, mas é improvável que elas forneçam as sensações conflitantes daquele momento. O barulho dos aviões era o pior — um zumbido inconstante parecido com a broca de um dentista. Às vezes, ele ficava tão alto que eu prendia a respiração, perguntando-me dolorosamente se os racks de bombas estavam abertos. Certa vez, Vincent Sheean se interrompeu no meio de uma frase e olhou furiosamente para o nada.

— O que foi? — perguntei.

— Nada. Estou esperando que o bastardo saia da sala.

Essa me parece a melhor descrição.

Todo mundo me perguntou se os ataques eram iguais aos de Barcelona e Helsinque. As pessoas diziam "Você provavelmente está tão acostumada com esse tipo de coisa que já nem liga". Bem, eu não estava. Era muito pior que qualquer coisa que eu já presenciara antes. Os outros ataques aéreos haviam durado quinze ou vinte minutos e então *acabado*. Aqueles duravam

484 A INGLATERRA ENTRA NA LUTA

a noite inteira e não havia parte de Londres para a qual você pudesse ir e se sentir em segurança. A vida virou de cabeça para baixo enquanto todo mundo tentava se adaptar a uma rotina inteiramente nova. As conversas eram devotadas a um único tópico: onde e como dormir. Os ricos não estavam melhor que os pobres, pois não havia nenhum abrigo em Londres (incluindo o do palácio de Buckingham) profundo o suficiente para suportar um golpe direto. Todo mundo tinha teorias: alguns preferiam o porão; outros diziam que o topo da casa era mais seguro que ficar preso sob os destroços; alguns recomendavam uma trincheira estreita no quintal; e outros ainda insistiam que era melhor esquecer tudo isso e morrer confortavelmente em sua própria cama. (Lorde e Lady Camrose tiveram a primeira discussão de sua vida de casados. Lorde Camrose dizia que, como havia um abrigo a apenas alguns metros da casa, era ridículo não usá-lo; Lady Camrose dizia que qualquer concessão, por menor que fosse, era uma vitória moral para os alemães. Acho que Lady Camrose venceu.)

Durante as primeiras noites, ônibus, bondes e táxis pararam. As pessoas ficaram ilhadas por toda Londres, sem poderem ir para casa. Encontrei Eddie Ward, da BBC, e perguntei onde ele estava hospedado.

— Em lugar nenhum. Eu durmo onde comer.

Muitos outros faziam a mesma coisa. As convenções foram abandonadas e todo mundo dormia onde conseguia encontrar uma cama. Algumas poucas pessoas tinham carros e estranhos as cercavam pedindo carona. Mas ninguém queria ficar sozinho, e era possível ouvir jovens respeitáveis dizendo aos acompanhantes: "Só vou para casa se você prometer passar a noite."

Os saguões dos hotéis formavam um estranho retrato, pois, para além de visitantes ilhados dormindo em poltronas, muitos hóspedes permanentes, com medo de ficar nos andares superiores, levavam seus colchões e travesseiros para o térreo e dormiam onde houvesse espaço. As mulheres caminhavam por lá nos trajes mais estranhos: pantalonas de praia, calças folgadas, macacões ou simplesmente camisolas arrastando pelo chão. Muitas se sentavam em suas camas improvisadas e tricotavam, enquanto trechos tocados pela orquestra ecoavam pelo saguão e as pessoas passavam

A PONTE DE LONDRES AINDA ESTÁ DE PÉ

de um lado para o outro. Certa vez, tropecei na irmã do rei Zog, que dormia pacificamente em frente à porta do restaurante do Ritz.

Alguns dias depois, as defesas de Londres foram fortalecidas. Toda arma antiaérea disponível foi arrastada até a capital e, durante toda a noite, explodiu e rugiu em um crescendo ensurdecedor. Na primeira noite de barragem, nosso grupo jantava no Hotel Dorchester, a alguns metros das baterias do Hyde Park; as janelas sacudiram e até mesmo o lamento do saxofone foi silenciado. Em certo momento, uma bomba incendiária explodiu na calçada. Alguém afastou a cortina e a janela era um lençol de chamas. A banda tocou mais alto e os casais continuaram dançando. Vincent Sheean disse que isso o fez se lembrar tão intensamente da cena em *Este mundo louco* que ele se sentiu constrangido.

Naquela noite particular, Seymour Berry me levou para casa, juntamente com Anne. Havia muitos incêndios grandes no parque e ouvimos uma mulher dizer, em lágrimas:

— Lá se foi o Hyde Park. E eu amava *tanto* aquele lugar.

Do lado de fora, as luzes piscavam no céu e o ruído era aterrorizante. Anne e eu estávamos com medo, mas Seymour, capitão de um regimento antiaéreo, parecia pensar que as armas produziam um belo som e insistiu em dirigir por Park Lane a 10 quilômetros por hora, a fim de aproveitar todo o esplendor do momento.

— Anda logo, seu idiota! — dissemos, exasperadas.

— Agora, vocês duas sosseguem o bico. Não há razão para alarme. Imaginem um garoto de 19 anos voando na escuridão lá no alto, duas vezes mais amedrontado que vocês...

— Ah, cale a boca! — gritou Anne.

Finalmente chegamos em casa e, dali em diante, fiz questão de dirigir meu próprio carro.

As pessoas aceitavam as estranhas situações em que se encontravam não apenas com calma, mas também com uma boa dose de humor. Na noite em que a loja de departamentos John Lewis queimou até o chão, nosso grupo estava no Hotel Claridge, a alguns quarteirões. O incêndio iluminou o céu por quilômetros, e os alemães continuaram a atingir a

486   A INGLATERRA ENTRA NA LUTA

área iluminada durante toda a noite. Eu jantava com Basil Dufferin. Por volta das 23 horas, tentamos ir embora. Meu carro estava estacionado na esquina, e havíamos dado somente alguns passos quando ouvimos um apito. Um homem da ARP do outro lado da rua gritou:

— Abaixem-se!

Basil era soldado, mas eu o superei facilmente na velocidade de resposta. Por sorte, a bomba não explodiu. Insisti em retornar ao hotel. Um soldado alto e usando óculos estava parado no meio do saguão, discutindo com a esposa sobre ir embora. Ela disse que era perigoso e ele respondeu que era tolice; finalmente, saiu sozinho na noite. Voltou cinco minutos depois, pálido como um fantasma. Ele se jogou em uma cadeira, respirando pesadamente; a esposa o abanou com uma revista e o garçom trouxe um copo de brandy. Quando ele chegara à esquina, uma bomba explodira. A explosão o lançara do outro lado da rua. Ele dera duas cambalhotas no ar e pousara na calçada oposta, milagrosamente sem quebrar nada.

A essa altura, o saguão estava mais lotado que nunca. Dezenas de pessoas desciam as escadas com suas roupas de cama nas mãos. Todo mundo falava com todo mundo, uma rodada de bebidas foi pedida e, pela alegria geral, seria possível pensar que se trava de uma agradável (embora estranha) festa à fantasia. Finalmente, o inspetor da ARP entrou e aconselhou todo mundo a se manter do outro lado do hotel, pois uma bomba caíra em Davies Street e podia explodir a qualquer momento. Alguns minutos depois, vimos uma dama idosa descendo as escadas. Ela usava um longo casaco preto, chapéu também preto e óculos escuros. Nós a reconhecemos, era a rainha Guilhermina da Holanda. Estava acompanhada por três damas de companhia e, quando passou pelo saguão, todos ficaram em silêncio. Havia algo muito galante naquela velha senhora; ela parecia durona. Só de olhar para ela, você sabia que, se não tivesse recebido ordens para evacuar, nada a teria obrigado a ir para um abrigo.

Enquanto isso, os amigos de Anne haviam batizado a praça Montagu de "canto do Inferno". Muitas bombas haviam caído em torno da casa, mas ela se recusava obstinadamente a partir.

— Se eu for embora — perguntou ela —, onde tomaremos o chá da tarde?

A PONTE DE LONDRES AINDA ESTÁ DE PÉ

Esse era um problema importante. O sr. e a sra. Kinch pegavam seus cobertores e passavam a noite em um abrigo a alguns metros, mas, como ele não era mais seguro que a residência em caso de ataque direto, Anne e eu preferimos o conforto de nossas próprias camas. Finalmente perdemos a coragem, no entanto, quando a casa do outro lado da rua foi destruída. Era uma visão macabra. Pedaços de pedra e mobília pulverizada se espalhavam pela rua: uma saia vermelha, uma blusa e um par de meias-calças flutuavam no topo das árvores em frente a nossa janela; durante todo o dia, os trabalhadores escavaram os escombros, tentando recuperar os sete corpos presos sob eles. A única pessoa que sobreviveu foi a criada que dormia no último andar; ela caiu com os destroços e escapou com apenas alguns cortes e ferimentos.

Anne fechou a casa, enviou a mobília para um depósito e se mudou para um hotel. Ela foi para o interior descansar por alguns dias, mas mesmo lá algumas bombas caíram de ambos os lados da casa. A criada entrou correndo em seu quarto:

— O sr. Harmsworth (o anfitrião de Anne) está enterrado sob os destroços.

Anne, a essa altura mais resistente e engenhosa, respondeu:

— Não acenda as luzes. Temos que procurar por ele no escuro.

Mas fora um engano, e o sr. Harmsworth não estava sob os destroços.

— Mas, mesmo que estivesse — disse ele acidamente —, vocês poderiam ao menos procurar por mim com uma lanterna.

Nesse meio-tempo, fui até St. John's Wood e me hospedei com Freda Casa Maury. Ela se mudara para uma casinha de paredes brancas e mesas com tampo espelhado. Havia uma metralhadora móvel na rua e, quando ela disparava, os candelabros balançavam e os vasos invariavelmente caíam no chão e se quebravam. Ter uma poderosa metralhadora operando em frente à porta era tão grotesco que parecia cômico. O barulho era tão alto que precisávamos gritar para conversar. Na primeira noite que passei lá, Vernon, o mordomo, subiu as escadas correndo às quatro da manhã, gritando:

488   A INGLATERRA ENTRA NA LUTA

— Há uma mina terrestre na colina. Saiam o mais depressa que puderem.

Cinco minutos depois, estávamos amontoados no carro de Freda — Vernon, a cozinheira e eu, todos em vários estados de nudez —, correndo colina abaixo. Os nervos de Vernon estavam no limite e Freda suspeitou que ele sonhara a coisa toda, mas, na manhã seguinte, descobrimos ser verdade. Por sorte, uma mina terrestre presa a um paraquedas caíra gentilmente sobre uma camada de vegetação, sem explodir. Soube por um amigo que fora dar uma olhada que um oficial e seus soldados haviam visto a bomba e pensado se tratar de paraquedistas aterrissando. Eles haviam avançado com as armas em punho.

— Alto! — gritara o major ferozmente. — Quem vem lá?

Quando vira "quem" estava lá, ele descera correndo a colina. Contei a história a Basil Dufferin, que a repetiu para um oficial mais velho no Bucks Club. O oficial não achou engraçado. Não surpreende: ele era o referido major.

* * *

Todo mundo tinha experiências similares. Não acredito que houvesse uma única pessoa, entre os 8 milhões de habitantes de Londres, que não estivesse familiarizada com o assobio de uma bomba. Milhares foram mortos, milhares foram feridos e milhares ficaram destituídos. Se não me demorei nos horrores dessa provação, não foi por falta de empatia. Deixo o terror da escuridão, o gemido das sirenes das ambulâncias e o choro dos feridos para a imaginação do leitor. O horror e o sofrimento não precisam de descrições detalhadas. Ainda assim, foi desse horror que a Inglaterra se ergueu para alcançar sua segunda grande vitória. Os caças britânicos haviam acabado com os ataques diurnos; agora o espírito britânico se elevava para acabar com os ataques noturnos. Fora esse mesmo espírito que enviara os britânicos para conquistar os mares e explorar os quatro cantos da Terra; que afastara os inimigos da Inglaterra de suas praias e, uma vez após a outra, levara a ilha a liderar o maior império que o mundo já conheceu.

Não havia fissuras na represa, como houvera na França. Até mesmo o elo mais fraco da corrente era confiável. Dos mais elevados aos mais humildes, cada um fazia sua parte. Inspetores, policiais, bombeiros, médicos, enfermeiras, telefonistas, motoristas de caminhão, impressores de jornais, operários, oficiais e centenas de outros fizeram seu trabalho e mantiveram a imensa organização da capital ativa. A coordenação entre o governo e o povo era um tributo magnífico à solidariedade e à eficiência da democracia inglesa.

Freda trabalhava o dia inteiro em seus clubes Feathers, agora lotados de pessoas que haviam perdido suas casas durante os bombardeios. Ela servia cinco ou seis refeições ao dia e ajudava centenas de pessoas a se reajustarem e encontrarem novos lugares para morar. Ela costumava voltar para casa à noite abalada pelas coisas que vira.

— Quando você vê quão maravilhosos os seres humanos podem ser, é duro entender como essas coisas assustadoras continuam a acontecer pelo mundo.

Eu achava que *ela* era maravilhosa, mas essa era a última coisa que teria lhe ocorrido: todos estavam impressionados com a coragem a sua volta, mas ninguém parecia pensar em si mesmo como extraordinário de qualquer maneira. Às vezes, o padrão de autocontrole que eles consideravam normal me deixava perplexa. Eu me lembro da noite em que uma bomba caiu na colina. Nuvens de poeira e fumaça se ergueram na escuridão. Vernon colocou um chapéu de estanho e correu até o outro lado da rua. Alguns minutos depois, voltou com o zelador e sua esposa, um soldado e um cachorro. A explosão destruíra as portas da casa, esmigalhara a mobília e arrancara o gesso. Eles tinham conseguido sair dos destroços sem ferimentos, com exceção de alguns cortes e hematomas. Vernon os levou até a cozinha e serviu chá. A esposa do zelador parecia pálida e assustada. Nunca me esquecerei de seu marido a admoestando severamente:

— Não fique tão perturbada, Elizabeth. Está tudo bem. Não é como se você tivesse explodido.

Da maneira como ele falou, parecia que a pobre mulher estava tendo um ataque histérico, em vez de sentada silenciosamente a um canto.

490 A INGLATERRA ENTRA NA LUTA

O soldado tivera uma licença de 24 horas e passara por ali para ver os amigos. Eu não conseguia entender por que ele tinha uma expressão tão satisfeita no rosto até que ele me contou que nunca fora bombardeado antes — agora tinha uma boa história para contar quando voltasse ao "front"!

O East End foi o mais atingido, mas, mesmo lá, não houve enfraquecimento da fibra moral. Fui até lá certa tarde com Eddie Ward. Dirigimos por quilômetros de depósitos arruinados perto das docas e pelas áreas congestionadas onde centenas de habitações haviam sido destruídas pelas explosões. Eram 17 horas e as pessoas corriam para achar abrigo antes de escurecer. Paramos em um local particularmente desolado. O bloco de casas de um lado da rua era uma massa de destroços, e as do outro lado haviam sido varridas pelas explosões. Falei com duas garotas que passavam por ali, com os braços cheios de travesseiros e cobertores. Perguntei se os aviões ainda bombardeavam aquele local, e uma delas respondeu:

— Toda maldita noite! Você não sabe que somos a linha de frente?

As duas riram e se afastaram para montar suas camas em um abrigo sob uma pilha de destroços. Que chances tinha Hitler de destruir o moral de pessoas como elas?

* * *

As pessoas rapidamente reajustaram suas vidas. O *Daily Express* iniciou a campanha "Não seja o chato das bombas"; lojas colocaram cartazes de "Funcionando normalmente" (uma barbearia ao lado de um edifício destroçado oferecia "Close Shave?");* e Florence Desmond cantava, em voz melancólica:

I've got a cosy flat,
There's a place for your hat;
I wear a pink chiffon negligée gown

---

* Aqui há a ambiguidade que pode significar tanto "cortar o cabelo bem rente" quanto "escapar por um triz". (*N. da T.*)

And do I know my stuff?
And if that's not enough,
I've got the deepest shelter in town...

Eu tenho um apartamento confortável,
Com um lugar para o seu chapéu;
Uso um négligé cor-de-rosa de chiffon
E se conheço meu métier?
E, se isso não for suficiente,
Tenho o abrigo mais profundo da cidade...

Os colchões desapareceram dos saguões dos hotéis; bondes, ônibus e táxis voltaram a rodar; as condições nos abrigos melhoraram; os desabrigados receberam alojamento; e uma nova rotina foi estabelecida. Multidões já não se reuniam para olhar as crateras nas ruas — a novidade acabara.

Certa noite, lorde Londonderry saiu do Hotel Dorchester. Tudo estava incomumente silencioso. Ele perguntou ao porteiro se havia um sistema de alarme.

— Sim, senhor.

— E houve alguma bomba?

— Não, senhor. Aliás, se posso dizer, até agora tem sido um show *muito* fraquinho.

Pessoas da Inglaterra, *salaam*.

4. Fim de semana da invasão

Sexta-feira, 13 de setembro, marcou o início do "fim de semana da invasão". A lua estava cheia, e a maré, alta. Os portos do outro lago do Canal fervilhavam de soldados alemães e barcaças de fundo chato para o transporte de tropas; aquela era a última oportunidade de Hitler antes das tempestades do equinócio. A Marinha britânica dobrou as patrulhas, o Exército ficou a postos com suas armas e a Força Aérea martelou as bases inimigas. A Inglaterra estava à espera.

Na mesma sexta-feira, Knickerbocker e eu dirigimos até Dover. Partimos de Londres por volta das 11 horas. Embora houvesse blitze noturnas há quase uma semana, ficamos surpresos ao descobrir quão poucos danos haviam sido causados às principais estradas. No nosso caminho através dos subúrbios congestionados, fomos obrigados a pegar somente dois desvios. Passamos por várias casas que pareciam cenários sem paredes; vimos trabalhadores varrendo o vidro quebrado em frente a uma fileira de lojas; e encontramos um grupo de pessoas olhando curiosamente para uma cratera no meio da rua. Mas isso foi tudo. Depois dos terríveis ataques das últimas noites, parecia surpreendente que, comparativamente, houvesse tão poucos danos.

Em breve, estávamos na rodovia, com a área rural se abrindo diante de nós. Pegamos pouco trânsito até chegarmos a Maidstone, mas, de lá até Dover — 65 quilômetros —, encontramos uma atmosfera militar. Caminhões do Exército e da Força Aérea, motocicletas e tanques leves passavam a toda velocidade. Será que aquela estrada ressoaria sob as divisões blindadas alemãs, como tantas outras estradas improváveis haviam feito antes

494 A INGLATERRA ENTRA NA LUTA

dela? Olhamos para os insignificantes campos verdes se estendendo dos dois lados da estrada, nos perguntando se, em breve, homens dariam suas vidas para defendê-los centímetro a centímetro; se, um dia, professores levariam seus alunos — talvez até aquela pequena colina à distância — para ver o monumento erigido no local onde uma das grandes batalhas de 1940 fora lutada.

Era nisso que pensávamos naquela clara manhã de setembro. Subitamente, Knick perguntou:

— Você acha que, um dia, estaremos dirigindo como loucos na estrada para Norfolk, na Virgínia, ou para Portland, no Maine, ou Los Angeles, ou Chicago, a fim de cobrir uma invasão?

— Você, talvez, mas eu estarei indo na direção oposta.

— Bem, *poderia* acontecer. Com as frotas britânica e francesa nas mãos da Alemanha; com um Japão hostil; com a América do Sul e o Canadá sob o Eixo, é exatamente o que aconteceria. Você consegue imaginar? Consegue ver as colunas mecanizadas alemãs rodando por nossas rodovias longas e sem curvas? Os evacuados saindo de Nova York e Chicago? E os aviões mergulhando, bombardeando e metralhando essas pessoas? Consegue ver o pânico? Já aconteceu em todos os outros lugares, por que não nos Estados Unidos? Acho que iniciarei meu ciclo de palestras com essa imagem. O que você acha?

— Certamente manterá a plateia acordada...

Paramos em Canterbury para almoçar. Ali, a guerra parecia muito distante. O contorno da grande catedral nos levou de volta a outro século, e até mesmo a comida negava o fato de que a Inglaterra era uma fortaleza cercada e sitiada. Comemos maionese de lagosta, frango assado, salada de vegetais e sorvete. No cardápio de sundaes, encontramos "Knickerbocker Glory". Deliciado, Knick perguntou à garçonete como haviam escolhido o nome.

— Ah, não sei. Gostamos de dar nomes chiques a nossos doces.

Knick pagou a conta com uma nota de 5 libras, o que exigia sua assinatura no verso. A garçonete não achou graça: ela olhou para ele com ar zangado, sem dúvida pensando que se tratava de uma infeliz tentativa americana de humor.

FIM DE SEMANA DA INVASÃO

Nos últimos 25 quilômetros até Dover, passamos por muitas barricadas e blocauses. Os campos de ambos os lados estavam tomados por estacas de ferro, rolos de arame e até mesmo carroças velhas, para impedir a aterrissagem de aviões alemães. Em certo ponto, vimos um avião que aterrissara por engano — uma massa retorcida de aço com a suástica mais torta que nunca. Parecia um Messerschmitt 109, mas, não sendo especialista, perguntei ao guarda de vigia.

— Não sei dizer, senhorita — respondeu ele em tom entediado. — Há tantos tipos espalhados por aqui que as coisas ficam meio confusas.

Assenti e voltei ao carro. Pensei sobre o comentário que um jornalista americano fizera: "Não devemos exagerar. Kent não está afundado até os joelhos em aviões, somente até os tornozelos."

Alguns quilômetros antes de Dover, começava a área proibida. Uma patrulha rodoviária nos parou e mostramos nossos documentos. Meu carro fora registrado na polícia várias semanas antes, e a faixa amarela no para-brisa, com um número fornecido pela defesa costeira, permitiu que dirigíssemos até a cidade. Do topo de uma colina, vimos o acidentado contorno do castelo no penhasco, as casas sonolentas bem abaixo e as águas azuis do Canal se estendendo além. À distância, tudo parecia como sempre, mas, quando chegamos à linha d'água, descobrimos que a atmosfera vivaz dera lugar a outra, sombria e melancólica. O Grand Hotel, onde havíamos nos hospedado semanas antes, estava em ruínas. Metade de suas vísceras estava espalhada pela praça, e o pavilhão de patinação ao lado tinha somente o céu como cobertura. Os soldados dos balões de barragem ainda estavam acomodados em uma casa do outro lado do hotel. As janelas haviam quebrado, mas as paredes e o teto estavam intactos.

Caminhávamos em torno da praça quando O'Dowd Gallagher, do *Daily Express*, e H. A. Flower, do *Daily Telegraph*, chegaram de carro. Eles nos disseram que o bombardeio ocorrera somente alguns dias antes e, miraculosamente, somente duas pessoas haviam morrido. Dois soldados que estavam por perto disseram que os corpos ainda estavam sob os destroços. Exatamente nesse momento, um bombardeiro mergulhou por entre as nuvens, cerca de 300 metros acima de nós. Olhamos para ele, assustados, mas um dos soldados disse:

— É um Wellington.

Continuamos a conversar. Subitamente, vi quatro pontinhos pretos caindo do trem de pouso. Eles pareciam um punhado de uvas e, por um momento, pareceram ficar suspensos no ar.

— Bombas! — gritou um dos soldados. — Abaixem-se!

Nos jogamos na calçada, com o rosto virado para baixo. Enterrei minha cabeça entre os braços e esperei. A espera pareceu interminável. Então a terra estremeceu violentamente: uma, duas, três, quatro vezes. Levantamos com as roupas cobertas de lama. As bombas haviam caído na praia e na água, a 45 metros. O avião realmente era um Wellington — mas um que os alemães evidentemente haviam capturado na França.

Tentamos retomar a conversa, mas, duas outras vezes, caças solitários saíram das nuvens e, duas outras vezes, nos protegemos — dessa vez entrando em um pequeno abrigo de tijolos no meio da relva verde. Jamais me esquecerei da jovem gorda com cachos negros, que estivera na praça flertando com os soldados, respirando pesadamente em meu pescoço e dizendo:

— Jesus Cristo, isso é suficiente para estragar a digestão.

Certamente arruinou a minha. Decidi que tivera o bastante da praça de Dover. Os homens entraram em meu carro e dirigi até o penhasco de Shakespeare, onde, três semanas antes, havíamos observado as grandes batalhas aéreas sobre a costa. Encontramos Arthur Mencken, o fotógrafo da *Life*, tirando fotos do porto. Ventava muito e o Canal estava pontilhado por cristas espumosas. A costa da França parecia mais nítida que o normal e, com o binóculo, vi o farol perto de Calais, o campanário da igreja de Bolonha e o alto e fino monumento que fora erigido no fim da última guerra em memória da famosa Patrulha de Dover.

— Se apenas conseguíssemos ver uma daquelas barcaças de invasão! — disse Knick. — Daria uma matéria incrível...

— Eu sei — disse Arthur. — Ela começaria assim: "Hoje, quando estava nos acidentados penhascos de Dover, vi a vasta flotilha alemã levantando âncora e se preparando para o ataque letal do outro lado do estreito canal..."

— Espere aí — disse Knick, olhando pelo binóculo. — Quem é aquele gordo com todas as medalhas?

FIM DE SEMANA DA INVASÃO

— Por Deus! — exclamou O'Dowd. — E aquele baixinho corcunda e moreno ao lado dele?

— Sim! — disse Arthur. — E aquele com o bigode retorcido?

— Você acha que pode ser o Charlie Chaplin? — perguntou Knick.

Era óbvio que as bombas haviam surtido efeito.

* * *

Foram estranhas aquelas 48 horas que provavelmente entrarão para a história como o fim de semana em que Hitler não invadiu. As opiniões entre os especialistas navais e militares com quem conversei estavam divididas sobre a probabilidade de uma tentativa, mas, de modo geral, aceitava-se que qualquer plano de enviar barcos de fundo chato pelo Canal seria precedido por um intenso bombardeio por terra e ar e, simultaneamente, pelo envio de tropas de paraquedistas para o interior, a fim de atacar a retaguarda e, finalmente, conectar-se às forças marítimas na costa.

Era uma atmosfera estranha. Knick e eu nos estabelecemos em uma casa de campo a somente 5 quilômetros da costa, emprestada por um amigo. Depois da blitz em Londres, o silêncio era quase opressivo: nada de alarmes, aviões zumbindo, explosões de fuzilaria. Com exceção do caça ocasional ou de alguns projéteis aleatórios em Dover, a única exibição de fogos de artifício era o show noturno da Força Aérea Real. Quando o vento soprava na direção certa, era possível ouvir as bombas caindo do outro lado do Canal. Certa noite, dirigimos até a praia e vimos o céu se iluminando com explosões de estilhaços e o brilho vermelho dos sinalizadores com paraquedas.

Ainda que o Exército dormisse de botas e a população civil fosse para a cama todas as noites preparada para ouvir os sinos da igreja anunciando que a hora chegara, ninguém temia o resultado final. Quando eu conversava com os habitantes locais sobre o assunto, eles riam e diziam: "Eles que tentem." Embora a área rural reverberasse com o som de caminhões e motocicletas e os campos fervilhassem de patrulhas militares, os habitantes do vilarejo prosseguiam em sua rotina normal, como se estivessem muito

498 A INGLATERRA ENTRA NA LUTA

afastados da guerra. A qualquer momento, suas fazendas e pátios poderiam se transformar em campos de batalha, mesmo assim seus filhos brincavam nas estradas empoeiradas e eles aravam os campos calmamente. Quando a criada trouxe meu café pela manhã, perguntou sobre o bombardeio em Londres.

— Deve ser perturbador — disse ela. — A senhorita veio para cá descansar?

Enquanto isso, o dr. Goebbels informava a seus conterrâneos que os ingleses tremiam dentro das botas — assim como, em 1803, o *Moniteur* de Paris publicara matérias de jornalistas quinta-colunistas, criadas para agradar:

Correspondente em Londres, 13 de outubro:
Os habitantes abastados de Dover e de outros locais da costa têm tanto medo dos franceses que abandonaram precipitadamente suas habitações e se retiraram para Canterbury ou Londres. Concorda-se que a estação do ano e as longas noites serão extremamente favoráveis para os projetos do inimigo [...].
A opinião geral em Londres é de que a expedição ocorrerá entre agora e o meio de novembro.

Correspondente em Londres, 18 de outubro:
Grande número de trabalhadores está empregado na construção de diques no rio Lea, através dos quais parte de Essex poderia ser inundada, se necessário.

Do correspondente em Dover:
O alarme e a consternação com os rumores sobre uma visita do outro lado da água, com a qual somos ameaçados, crescem dia a dia.
[...] Quando fogueiras foram acesas em Bolonha, em honra à chegada do primeiro cônsul, a população na costa inglesa entre Sandgate e Folkestone se assustou e fugiu para o interior.

FIM DE SEMANA DA INVASÃO

Um comboio de cem navios chegando a Torquay, vindo dos Estados Unidos, foi confundido com a frota francesa e houve pânico.

* * *

No domingo, tanto de manhã quanto à tarde, o ar foi tomado pelo rugido pesado dos aviões; era um ruído profundo e gutural que significava volume; ocasionalmente, ouvíamos o lamento de um motor mergulhando e o matraquear em staccato das balas de metralhadora, mas nuvens baixas nos impediam de ver qualquer coisa. Mesmo no penhasco de Shakespeare, não havia como fugir da sólida cortina cinzenta. De fato, o único avião que vimos o dia todo foi um *nuisance raider*.* Isso foi à tarde, quando fomos ao castelo de Dover falar com um dos oficiais de Inteligência. O homem que queríamos ver não estava, mas um capitão mais velho perguntou se teria algo a mais que pudesse fazer por nós. Quando ouviu o nome de Knickerbocker, ele o encarou com ar zangado:

— Você é o homem que disse que os alemães tentarão invadir por aqui.

— Essa é a opinião em Londres.

— Bem, se é isso que pagamos nossos políticos para pensar, é melhor trocarmos de políticos. Invasão? Besteira! Os alemães só chegarão aqui se construirmos uma ponte para eles. Hitler está blefando.

Estávamos em pé em um pequeno promontório que se projetava do penhasco, com uma longa extensão do Canal abaixo de nós. O capitão mal terminara de dizer essas palavras quando um caça alemão mergulhou entre as nuvens e lançou bombas que pareceram assobiar bem diante de nossos narizes. Três atingiram a água e a quarta caiu no fim do píer, a cerca de 1,5 quilômetro.

— Não acho que *blefe* seja a melhor palavra — disse Knick.

O capitão pigarreou, mas não fez comentários.

---

* Aviões solitários ou em pequeno número enviados para confundir e irritar as defesas inimigas. (*N. da T.*)

500 A INGLATERRA ENTRA NA LUTA

Blefe ou não, ninguém corria riscos e, por quilômetros, cidades e vilarejos perto da costa estavam tomados por soldados. Nas três noites que passamos lá, Knick e eu jantamos com alguns oficiais dos Westminsters da Rainha, alojados ali perto. Tom Mitford era auxiliar do regimento e persuadiu a proprietária de um pub próximo a nos deixar entrar e preparar nosso jantar. Knick e eu passamos horas comprando comida enlatada: feijões cozidos, vegetais, cebolas e peras californianas. Os oficiais trouxeram ovos e manteiga e, com a confiança que todos os homens parecem ter em suas habilidades culinárias, encheram a cozinha, oferecendo-se para bater os omeletes e esquentar feijões. Parecia estranho ver os homens com quem eu jantara e dançara como membros de uma tropa de choque, esperando para enfrentar a invasão nazista. Eles pareciam achar a situação muito cômica, e um deles expressou dúvidas sobre a invasão. Anthony Winn disse animadamente:

— Bem, se eles não invadirem, vou pedir desligamento antes que hordas de civis bombardeados e furiosos comecem a nos entregar penas brancas.

Na segunda-feira, veio a ordem de que eles podiam tirar as botas quando fossem dormir. As coisas estavam relaxando. Knick e eu partimos para Londres com o "fim de semana da invasão" se desvanecendo pacificamente no background. O que acontecera? Na época, era difícil tirar conclusões, mas agora, à luz dos eventos passados, a resposta é mais óbvia. O domingo que passamos caminhando pelas ruas de Dover e comprando latas de feijões e vegetais foi 15 de setembro, o maior dia na história da Força Aérea Real. As ações daquele dia foram descritas pelo primeiro-ministro na Câmara dos Comuns como "mais brilhantes e frutíferas que quaisquer outras, em grande escala, até essa data, por parte dos combatentes da Força Aérea Real". O inimigo perdera 185 aeronaves.

Aquele fora somente a última pancada pesada sofrida pelos alemães. Quando o placar foi atualizado na noite do dia 15, os alemães haviam perdido 1.835 aviões — mais de três quartos do número total de perdas durante três meses de intensos ataques diurnos.

Aquele dia memorável marcou a virada da maré. A espinha dorsal da Força Aérea nazista fora quebrada e a Alemanha falhara em estabelecer

FIM DE SEMANA DA INVASÃO

a superioridade esmagadora essencial para uma invasão bem-sucedida. De acordo com um panfleto publicado pelo ministro do Ar, *A batalha da Grã-Bretanha*, o fracasso da Alemanha em destruir a força de combate britânica significava

[...] o fracasso da própria Força Aérea alemã, o fracasso de um plano estratégico cuidadosamente elaborado, o fracasso daquilo que Hitler mais desejava, a invasão desta ilha. A Luftwaffe, que, segundo Goebbels na véspera da batalha, estava "preparada para a conquista final do último inimigo, a Inglaterra", fez tudo que podia e pagou caro pela tentativa. Entre 8 de agosto e 31 de outubro, 2.375 aeronaves foram comprovadamente destruídas durante o dia. Esse número não leva em conta aquelas perdidas durante a noite e aquelas, que somam milhares, que voltaram aos solavancos para suas bases francesas, com as asas e a fuselagem cheias de buracos, os ailerons destruídos, os motores fumegando e vazando etilenoglicol e os trens de pouso quebrados — os remanescentes em recuo de uma armada destroçada e desordenada. Essa procissão melancólica dos derrotados foi observada não uma vez, mas muitas durante o verão e o outono de 1940. Foi realmente um grande livramento.

Abandonamos com pesar a paz da costa inglesa e voltamos para a blitz em Londres. No caminho, Knick disse:

— Estive pensando sobre o que aquele capitão de ar azedo nos disse no castelo. Não gostei muito dele, mas acho que estava certo. Hitler *realmente* precisa de uma ponte.

5. Somente unidos venceremos

Aqui em West End Farm, a 50 quilômetros de Londres, os problemas cotidianos imediatos são impedir que os patos fiquem no frio, que os porcos peguem febre suína e que as vacas mastiguem os galhos dos pessegueiros. É aqui que Maureen e Oliver Stanley vivem, e estive hospedada com eles durante os últimos meses, escrevendo este livro. A vida de Maureen foi imensamente alterada no último ano; *The Spectator* e *Harper's Bazaar* foram substituídas por *The Feathered World* e *The Egg*; embaixadores ficam esperando ao telefone enquanto ela argumenta com o faz-tudo sobre a nova mistura para as galinhas; e todos somos sábios o suficiente para saber que o leiloeiro e a leiteira locais devem ser tratados com grande deferência.

A casa de Maureen em Londres, no nº 58 da Romney Street, foi destruída no primeiro mês de blitz; logo depois, ela se mudou para cá e começou a cuidar da fazenda. De vez em quando, ela viaja para o norte a fim de discursar para o ministro da Alimentação ou da Informação. Há algumas semanas, vi no calendário dela, na data de 25 de março: "Quatro dos porcos mais gordos vão para o mercado e Maureen discursa no Queen's Hall. (Comentário de Oliver: "Assegure-se de não confundir as duas coisas.")

É pacífico aqui no interior. À noite, ouço os aviões alemães sobrevoando, mas, até agora, a vizinhança só foi atingida por uma bomba. Ela caiu no pasto, não muito longe da casa. Duff Cooper passava o fim de semana aqui e as fofocas do vilarejo insistem que essa foi a razão. Pela manhã, fui dar uma olhada na cratera e encontrei quatro vacas a encarando com olhos melancólicos. Vacas não entendem esse tipo de coisa.

Durante o inverno, fui a Londres uma vez por semana para trabalhar na biblioteca. As ruas estão mais desertas agora, e há muitas novas cavernas onde antes havia casas, mas o espírito permanece firme como sempre. No outro dia, fui ver a sra. Sullivan. Ela tinha o braço em uma tipoia e sua perna estava inchada por causa do reumatismo (ela não fora capaz de cumprir seus deveres como inspetora da ARP), mas seu moral permanecia inabalado. Quando perguntei quanto tempo ela achava que a guerra duraria, ela disse que terminaria este ano.

— Por quê?

— Ah, os alemães são sempre assim. Eles começam grande, mas Sullivan diz que, no fim, sempre fracassam. Além disso, com o lixo que é aquele Hitler, onde eles esperam acabar, senão na sarjeta? Mas eu lhe digo, a blitz, senhorita, aquilo foi uma coisa! Eles *tentaram* acabar conosco! Eu disse a Sullivan que era como se alguém estivesse sentado lá em cima descascando ervilhas. Eu dormia vestida. Não queria ir para a rua como algumas mulheres que vi por aí, só de camisola. E não me importo em dizer, senhorita, que aqueles apitos me fizeram parar e refletir como era a boa a vida que eu levava. Mas suponho que precisamos nos habituar a tudo. Como diz o velho Sullivan, a gente nunca ouve a bomba que nos atinge, então para que se preocupar?

Ela sorriu e eu fui invadida por uma sensação cálida e confortável por dentro.

* * *

Naquela manhã, eu estava voltando para a fazenda. Eu me lembro bem porque, quando passei pelo vilarejo de Datchet e entrei na estrada de acesso a Windsor, o grande castelo surgiu na colina com uma beleza de tirar o fôlego. As torres cinzentas se erguiam acima da pesada névoa branca, como se flutuassem no céu. Eu fizera o mesmo percurso muitas vezes e vira o castelo em todas as horas: ao meio-dia, delineado de modo proeminente contra o brilhante céu azul; à noite, com os fortes contornos suavizados pela luz desvanecente; no comecinho da manhã, brilhando com um esplendor que fizera Samuel Pepys descrevê-lo como "o castelo mais romântico do mundo". Mas jamais o vira mais belo que naquela manhã.

SOMENTE UNIDOS VENCEREMOS

Conforme dirigia pela estrada tortuosa, com o estreito fluxo do Tâmisa percorrendo os campos e Windsor Park, guardado por seus enrugados carvalhos, estendendo-se diante de mim, pensei na longa extensão da história humana marcada pelo castelo. O Censo Doomsday de 1086 menciona um castelo em uma colina, e foi lá que Guilherme, o Conquistador, manteve sua corte. Eduardo III construiu a Torre Redonda para receber a Mesa Redonda que acomodava os Cavaleiros da Jarreteira; Henrique VIII e Eduardo VI completaram a construção da capela St. George; Carlos I construiu a ponte levadiça; e Carlos II plantou as árvores do parque. Foi no castelo que o rei João assinou a Carta Magna; foi nele que a rainha Elizabeth passou a infância, caçando nas florestas, acompanhada por "meia centena de damas a cavalo"; foi nele que a rainha Victoria se estabeleceu e obteve o nome de "viúva de Windsor".

As muralhas do castelo viram quase mil anos de história, durante os quais nenhum invasor conseguiu pisar nas praias inglesas. Durante todo esse tempo, elas observaram a nação passar por muitas mudanças violentas e sobreviver a muitas guerras aleatórias. Mas agora, no ano 1941 de Nosso Senhor, elas se elevam da névoa de abril para testemunhar o momento mais perigoso de todos.

Não é somente a existência da Inglaterra que está em jogo, mas também tudo que ela obteve ao longo das eras. De sua vitória dependem as esperanças de pessoas de todos os cantos do mundo. Vi algumas delas, e elas passam por minha mente agora, em uma longa e vívida procissão: os soldados maltrapilhos lutando nas montanhas perto de Madri; as mulheres chorando nas ruas de Praga; os trágicos refugiados passando pela fronteira polonesa; as patrulhas finlandesas deslizando pelas florestas congeladas do Ártico; o aterrorizado fluxo de humanidade lotando as estradas de Paris a Tours.

Embora as consequências sejam muito mais extensas que em qualquer conflito prévio, o que acontece hoje não é novo. Durante toda a história, surgiram tiranos com um desejo de poder que tentaram saciar através da escravização de outros seres humanos. Durante toda a história, homens lutaram para manter seus pescoços livres do jugo. Com os ensinamentos

506   A INGLATERRA ENTRA NA LUTA

de Cristo, tivemos a primeira grande concepção da santidade da vida individual. Sobre essa concepção foram estabelecidas as fundações de nossa civilização. As pedras foram acrescentadas com sangue, suor e inspiração. Como o próprio castelo de Windsor, a estrutura foi suplementada e reconstruída através dos anos, com o esplendor de cada adição marcando nosso progresso.

Mas o progresso não é inevitável. Progredimos porque sempre vencemos todo desafio a nossa concepção de vida. Agora enfrentamos a ameaça de um selvagem retrocesso. Os tiranos de nosso tempo emprestaram seu credo de uma era de barbárie. Eles matam, saqueiam e torturam; eles negam ao homem o direito de reivindicar sua alma.

Embora a grande massa de pessoas civilizadas se sinta revoltada com esses preceitos, a ciência forneceu aos opressores armas tão formidáveis que, se eles obtiverem a vitória final, a resistência humana será vencida com terrível finalidade.

Ferrovias, estradas, máquinas e comunicações sem fio desempenham um papel nesse padrão familiar de corrupção, devastação e sujeição. Vastos Exércitos são mobilizados, vastas comunidades são destruídas e vastas áreas são sujeitadas. Se Napoleão possuísse o maquinário do século atual para impor suas conquistas, a história poderia ser diferente. Em vez disso, as nações que ele destruiu se ergueram novamente como fantasmas e, lideradas pela Grã-Bretanha, acabaram por destruí-lo. Agora nenhum país se ergue. Quando uma conquista é feita, ela é completa; somente a noite permanece.

Como coisas assim podem ter acontecido? Há pouco mais de vinte anos, pessoas de todo o mundo se regozijaram com o armistício. A guerra para pôr fim a todas as guerras foi lutada e vencida. "Naquela noite de novembro", escreveu Winston Churchill, "os três homens à frente da Grã-Bretanha, dos Estados Unidos e da França pareciam ser os mestres do mundo [...]. Juntos, haviam atingido seu objetivo. A vitória absoluta e incomparável estava em suas mãos. O que eles fariam com ela?".

Os três homens criaram a fundação do primeiro tribunal internacional de justiça que a civilização já conheceu. As pessoas haviam sofrido muito,

SOMENTE UNIDOS VENCEREMOS

e a paz era um prêmio mais cobiçado que nunca. Duas décadas depois, a estrutura está em ruínas e a harmonia mais uma vez deixou a terra. A parte que vi desse colapso é pequena, se comparada ao todo, mas sei que se deveu menos à negligência que à falta de entendimento sobre como preservá-la. Um por um, cada um de nós preferiu a expediência do momento ao padrão duradouro do futuro. Embora nosso pacifismo tenha fornecido aos ditadores uma poderosa arma e acelerado a guerra mais terrível de todas, nossa disseminada ligação com a paz não deve ser desprezada. Ela foi um tremendo avanço. Se, quando a paz renascer, nossa devoção a ela for fortificada pela sabedoria de saber como guardá-la e defendê-la desde sua infância, há muitas esperanças para o futuro.

Onde falhamos? Hoje, a metáfora é tão simples que até uma criança pode entendê-la. O mundo era nosso vilarejo, e havíamos lutado desesperadamente para livrar nossa comunidade de bandidos. Quando a luta foi vencida, nos desfizemos alegremente de nossas armas, convencidos de ter resolvido a questão de uma vez por todas. Porém, o fato de estarmos desarmados atraiu mais bandidos. Mesmo assim, somos mais numerosos que eles; se tivéssemos agido juntos e imediatamente, poderíamos tê-los destruído com pouco esforço, antes que ficassem fortes demais. Em vez disso, horrorizados com a perspectiva de mais derramamento de sangue, trancamos as portas e as janelas, acreditando que, embora nossos vizinhos pudessem ser roubados e saqueados, nós seríamos poupados. Não entendemos que o infortúnio de nossos vizinhos também era o nosso; que somos parte do todo; que, quando os sinos dobram, eles dobram por nós.

Mesmo agora, nós, o povo dos Estados Unidos, não parecemos entender isso. Já temos grande responsabilidade perante a história. Das três grandes potências que obtiveram a vitória em 1918, fomos a primeira a recusar nossas obrigações. Fomos a primeira a abandonar o todo. Como nossa casa foi retirada do centro da comunidade, nos sentimos mais seguros que nossos vizinhos. Uma a uma, as casas deles foram destruídas. Agora, para além da nossa, somente uma resiste. Ainda vivemos nas cercanias do vilarejo, mas, quando ele desaparecer, nosso telhado e nossas paredes podem permanecer, mas hesitaremos em caminhar pelos jardins

508   A INGLATERRA ENTRA NA LUTA

e campos, ou até mesmo em levar nossos porcos ao mercado, por medo
de sermos atacados. Nosso isolacionismo ainda sussurra para fecharmos
os olhos para a luta no vilarejo; mesmo que a nossos filhos e aos filhos de
nossos filhos seja negada toda liberdade de ação, sem campos nos quais
trabalhar ou brincar, ela nos aconselha a pensar somente na preservação
de nossa própria vida e propriedade. Mas é improvável que sejamos bem-
-sucedidos. As outras casas do vilarejo foram transformadas em cinzas;
por que a nossa seria poupada?

Em 15 de março, quatro dias antes de assinar a lei do Lend-Lease [Em-
préstimo e Arrendamento], o presidente Roosevelt disse em um discurso:

> As forças nazistas não buscam a mera modificação dos mapas colo-
> niais ou de fronteiras europeias menores. Eles buscam abertamente
> a destruição de todos os sistemas coletivos de governo, em todos os
> continentes, incluindo o nosso; buscam estabelecer sistemas de go-
> verno baseados na arregimentação de todos os seres humanos por um
> punhado de governantes individuais que tomaram o poder à força.
>
> Já não há a menor dúvida. O povo americano reconhece a su-
> prema seriedade da situação. É por isso que demandou e obteve
> uma política de auxílio irrestrito, imediato e total à Grã-Bretanha,
> à Grécia, à China e a todos os governos no exílio cujas pátrias estão
> temporariamente ocupadas pelos agressores.

> Não nos iludamos. Não estamos fornecendo "auxílio total" à Grã-
> -Bretanha. Não podemos comprar a vitória com nosso talão de cheques.
> Se, finalmente, entendemos que o progresso do mundo é indivisível e não é
> somente o futuro da civilização europeia que está em jogo, mas também o
> futuro de nossa própria civilização, por que nossos navios não estão lutando
> no Atlântico? Por que nossos soldados e aviadores não estão defendendo
> nosso modo de vida? Nossos antepassados criaram nosso legado com o
> suor de suas realizações; eles subjugaram poderosos rios e florestas, abriram
> trilhas para o oeste e acabaram com a falta de lei nos confins desertos do
> continente. Eles derramaram sangue para estabelecer o princípio da justiça

SOMENTE UNIDOS VENCEREMOS

e da igualdade que consideramos nosso direito. Lutaram na guerra mais selvagem pela concepção que nos transformou na mais poderosa democracia que o mundo já viu: "Unidos, venceremos; divididos, perderemos."

Hoje, em um horizonte mais amplo, o mesmo preceito se aplica. Divididos, perderemos. Unidos — e somente unidos —, venceremos. Com desesperada convicção, peço que recapturemos a virilidade de nossos antepassados e nos ergamos agora, antes que seja tarde demais, para declarar guerra contra as forças nazistas que ameaçam nosso modo de vida. Vamos nos erguer agora, em todo nosso esplendor, e lutar ao lado da Grã-Bretanha até chegarmos a uma vitória tão completa que a liberdade soará pelas eras futuras com uma força que nenhum homem ousará desafiar.

Índice onomástico

A

Abingdon, Lady, 140
Aguilera, capitão, 115-9, 121-6
Aguirre, José Antonio (presidente basco), 102
Aitken, honorável Max, 323
Alba, duque de, 224
Alfieri, Dino, 290, 298-9, 397
Anfuso, *signor*, 397
Angly, Edward, 450, 453
Astor, lorde, 140
Atholl, duquesa de, 56
Attlee, muito honorável C. R., 136

B

Balbo, Ítalo, 225, 294-6, 398
Baldwin, lorde, 27, 139
Balfour, Harold, 152
Beattie, Edward, 174, 176, 195, 221, 317, 361-2, 371, 377
Beaverbrook, lorde, 141-3, 149, 283
Bellville, Rupert, 91-3, 104, 127, 129-30
Benesch, presidente, 157, 201, 205, 208, 212-3

Bennett, Mellie, 33-4
Beriya, Lavrentiy, 260
Berry, honorável Seymour, 208, 322, 485
Biddle, Anthony (embaixador), 317
Birkenhead, Lady (Margaret), 224, 325
Birkenhead, Lady (Sheila), 152, 323
Birkenhead, lorde, 323
Bismarck, princesa, 396
Black, coronel, 307
Blum, Léon, 61
Boehmer, dr., 221, 305
Bohlen, Charles, 252, 254-6, 273, 274
Bohlen, sra. Charles, 252, 254-6
Bonnet, Georges, 194, 199, 205, 206, 226
Bowers, Claud (embaixador), 127
Brantes, capitão de, 312
Brocket, lorde, 189
Bullitt, William (embaixador), 430
Busvine, Richard, 384, 390
Butler, Euan, 174-5, 221, 231-2, 412
Butler, sra. Euan, 231-2
Byron, Robert, 187, 190, 192, 231

512 ÍNDICE ONOMASTICO

C

Cadogan, Sir Alexander, 137
Camrose, Lady, 484
Camrose, lorde, 484
Cappo Mazzo, marquês de, 397
Cardozo, Harold, 120
Carney, William, 120
Casa Maury, marquês de, 299, 301
Casa Maury, marquesa de, 299, 301, 321, 326, 487
Cassidy, Henry, 430
Chamberlain, Lady (Austen), 139, 224
Chamberlain, Neville [referências a contatos pessoais e entrevistas estão em itálico], 12-3, 27, 61, 137-41, 148-9, 164, 188, 198, 199, 201, 205-8, 211, 212, 220, *223-32*, 236, 277, 281, 285-6, 312, 326, 392-3, 404-5
Chamberlain, sra., 224, 227
Chambrun, conde de, 191
Charles, Sir Noel, 408
Chesterton, G. K., 410
Chetwode, honorável sra. Roger, 207-8
Chetwode, Roger, 207, 322
Chetwode, Sir Philip e Lady, 134
Chilton, Anne, 88-9
Chilton, Sir Henry, 88, 92
Cholerton, Alfred, 248
Churchill, Mary, 145
Churchill, muito honorável Winston [referências a contatos pessoais e entrevistas estão em itálico], 11, 13-21, 137-41, *145-6*, 150-2, 164, 206, 227, 285, 287, 324, 325-6, *392-3*, 405, 414, 439, 453-4, 458, 460, 468, 506,

Churchill, Randolph, 143-5, 194, 236, 243, 287, 324
Churchill, sra. Winston, 137
Churrucca, conde Cosme, 127-8
Ciano, conde, 297-9, 396-7
Cockburn, Claud, 61
Colbern, major, 317
Comert, Pierre, 193, 451
Cooper, muito honorável Alfred Duff, 223, 503
Costello, capitão, 111, 112
Coward, Noel, 27
Cowles, Mary, 88-90, 93
Cox, Geoffrey, 222
Crawley, Aidan, 323
Crowe, Sir Eyre, 138

D

Daladier, Édouard, 199, 205, 206
Daly, Colonel, 307
Davilla, general, 102
Decres, almirante, 460
Del Vayo, *señor*, 82
Delmer, Sefton (Tom), 14, 38, 46, 57, 58, 60, 62, 66, 81-3
Denny, Harold, 242, 247, 338, 339, 349-55
Denny, sra. Harold, 247
Desmond, Florence, 490
Dietrich, dr., 181, 183, 188
Dircksen, D. von, 188
Długoszowski, general, 299
Douglas-Home, Lady Margaret, 463
Drago, princesa del, 298

ÍNDICE ONOMÁSTICO

Drago, príncipe del, 298
Dufferin, lorde, 416, 486, 488
Dupree, Tom, 89
Duranty, Walter, 247

E

Eden, muito honorável Anthony, 140,
148, 164
Erkko, Juho Eljas (ministro finlandês
na Suécia), 378

F

Feversham, lorde, 165
Fleischer, Frau, 180, 185
Florida, conde, 107, 108
Flower, H. A., 495
Fontanges, Mme. de, 191
Forbes, lorde, 316
Franco, general, 27, 39, 56, 67, 70, 88-
9, 93, 95-6, 98, 101, 106, 108, 110,
149, 422
Franklin, Sydney, 61, 65
Frischauer, Paul, 460-1
Fuller, Colonel, 430

G

Gal, general, 72, 236, 242
Gallagher, O'Dowd, 495
Gellhorn, Martha, 46, 58, 62-3, 161-6,
284, 370, 387
Gilbert, Prentiss, 181
Goebbels, dr., 176-7, 189, 192, 200, 220,
401, 446, 498, 501

Goering, Hermann, 183, 189, 192, 202,
225, 306
Gonzalles, Ricardo, 129
Gorrell, Hank, 46
Griffiss, capitão (Pinky), 31
Guilhermina da Holanda, rainha, 486
Gunther, John, 139, 282, 320

H

Hadley, W. W., 156
Haldane, professor J. B. S., 48-51, 64
Halifax, lorde, 137, 139, 140, 285, 323,
405, 418
Harmsworth, honorável Esmond (ago-
ra lorde Rothermere), 390, 415,
478-80, 487
Haroldo, King, 440, 441, 444
Hartrich, Edwin, 361-2
Hayne, major Frank, 265-74, 370, 381-3
Healy, Tom, 430-1, 433-9, 451
Heidrich, Herr, 189
Helsinkius, srta., 375
Hemingway, Ernest, 46, 59-61, 63-4, 68
Henderson, muito honorável Sir Nevi-
le, 181, 286, 303, 306
Henlein, Konrad, 153, 154, 155, 157,
159, 189, 197, 198, 200
Herbst, Josephine, 46, 59
Hess, Rudolf, 189
Himmler, Heinrich, 141, 189, 192
Hindus, Maurice, 212
Hinzinger, major, 221-2
Hitler, Adolf [referências a contatos
e encontros pessoais estão em

514 ÍNDICE ONOMÁSTICO

itálico], 12, 90, 95, 108, 139-40, 146, 148, 149-51, 154, 155, 159, 165, 171-2, 174, 175, 176, 180, 181-2, 183, *184-92*, 193, 198, 200, 201, 202, 207-9, 220-1, 224-5, 226-9, 257, 265, 281-2, 285-6, 297, 299, 302-3, *307*, 310, 399-400, 401-2, 403, 404, 450, 453, 457, 460, 501
Holburn, Jimmy, 174
Holburn, sra. Jimmy, 231
Horthy, almirante, 176-7
Howard, Peter, 142
Hulton, Edward, 463
Huss, Pete, 305

I

Ironside, general, 409
Ivanov, Mr., 260
Izzard, Ralph, 153-6

J

Jarrett, David, 72-9
Jouvenel, Bertrand de, 182-3

K

Kajsa (uma jovem sueca), 61, 70-1, 74, 82
Kennedy, John, 139
Kennedy, Joseph (embaixador), 222
Kerr, Walter, 339, 356, 425-31
Kinch, sra. (zeladora), 414, 482, 487
Kirk, Alexander, 305

Knickerbocker, H. R., 38, 126, 174, 193-4, 210-9, 425, 439, 446, 450, 453, 465-73, 493-501
Kulczak, Ilse, 81, 84

L

Labouchère, George, 404-8
Lauer, Marc, 301
Laval, Pierre, 446
Leeper, Rex, 135
Lenin, 79, 236, 241, 252
Leopoldo, rei dos belgas, 27, 413, 414, 415
Leslie, sra. Jane, 304-5, 306-12
Lloyd George, muito honorável David, 143-4, 284, 389, 392
Lombarri, major, 120-3
Lombarte, Ignacio, 147-8
Londonderry Lady, 325
Londonderry, lorde, 491
Lösch, Herr von, 184-5, 188
Loyetha, Thomas, 46, 57

M

MacDonald, Ramsay, 283, 325
Macfarlane, coronel, 173
Mackeson, Tony, 92-3
Maclean, Fitzroy, 236, 238-9, 243, 247-9, 252
Mafalda, princesa, 399, 400
Maisky, I. M. (embaixador soviético), 236, 243
Mäkinen, Hugo, 350-1

ÍNDICE ONOMÁSTICO

Mamblas, conde de, 88

Mandel, Georges, 448-9

Mannerheim, general, 334, 382-3, 400

Margesson, muito honorável capitão David, 140-1, 285, 393

Maria da Romênia, rainha, 27

Masaryk, Jan, 222

Masaryk, presidente, 196

Matthews, Herbert, 46, 63

Matuszyński, Jan, 266, 270

Maxwell, sra. Terence, 224

Maxwell, Terence, 224

Meidner, Carl, 365

Mencken, Arthur, 496

Mendl, Sir Charles, 172, 206, 412

Merry del Val, Pablo, 97, 105, 126, 129

Metcalfe, Lady Alexandra (Baba), 418

Metcalfe, major E. D. (Fruity), 409, 413, 418

Miller, Webb, 126, 136, 337, 390

Mitford, honorável Tom, 187, 191, 228-9, 322, 500

Mitford, honorável Unity, 187, 189-92, 221

Montellano, duque de, 127

Montellano, duquesa de, 127

Mosley, Lady, 190

Mowrer, Edgar, 174

Muggeridge, Malcolm, 163

Munck, Ebbe, 339, 348

Murray, Ralph, 220-2

Mussolini, Benito [referência à entrevista pessoal em itálico], 90, 95, 100, 139, 148, 191, 208, 287, *290-4*, 298, 397

N

Napoleão, 138, 149, 150, 460-1, 506

Neil, Eddie, 128

O

O'Neill, Lady, 388, 389-91, 414, 418, 463, 477-80, 485, 486-7

Ogilvie-Forbes, Sir George, 305, 307

Ortego, Domingo, 127

P

Packard, Reynolds, 119, 156

Parsons, Lady Bridget, 390

Pétain, marechal, 446, 448-9, 450

Petroff (um russo Branco), 111

Philby, "Kim", 120, 128

Philipp de Hesse, príncipe, 399-402

Pitcairn, Frank, 61

Ponçet, François, 181

Post, Charles, 276

Price, Ward, 181, 189, 190, 379

Q

Quaglino, sr., 208

R

Ranck, T. V., 28

Reading, lorde, 283

Redesdale, Lady, 187, 192

Redesdale, lorde, 187, 192

516 ÍNDICE ONOMÁSTICO

Reynaud, Paul, 439, 446, 448
Ribbentrop, Herr von, 148, 188-9, 224
Riley, major Lowell, 157, 209, 211
Rodd, honorável F. J. R. (Taffy), 404-8
Rogers, sr. (da Cook's), 314, 418
Roosevelt, presidente, 61, 208, 284, 508
Roque, coronel de la, 378
Rosalles, Ignacio, 97-103
Rosenberg, dr., 183
Rosso, *signor*, 253
Ruspoli, princesa, 224
Ruspoli, príncipe, 224

S

Santiago (oficial espanhol), 71, 74-5, 77, 81
Sauerwein, Jules, 180-1, 185-6
Schulenburg, conde von der, 252
Schüssnig, Herr von, 148
Seldes, George, 46, 62
Seldes, Helen, 46, 62
Seraglio, capitão, 110
Shaw, G. Bernard, 237
Sheean, Vincent, 22, 135, 483, 485
Sheepshanks, Richard, 119-20, 122, 128
Silex, dr. Karl, 175, 178, 188
Simyonova, Mlle., 249
Sinclair, muito honorável Sir Archibald, 470
Slocombe, Joan, 441
Stalin, Joseph, 236, 246-7, 252, 259, 261, 262
Stamp, lorde, 189
Stanley, Lady Maureen, 303, 324-6, 390-1, 393, 503

Stanley, muito honorável Oliver, 286, 303, 324, 390, 503
Stoneman, William, 452
Streicher, Julius, 184
Strempel, Herr von, 175
Sullivan, sra. (zeladora), 133-4, 140, 144, 208, 281, 321, 388-9, 458, 504
Swinton, lorde, 141
Sysonby, lorde, 415-6

T

Tanner (ministro do Exterior finlandês), 380
Thompson, Gedefrey (Tommy), 89-94, 127-8, 130, 135, 170-1, 391
Thursby, sra. Peter, 390
Tighe, Desmond, 339, 349-56
Trotsky, Léon, 262, 263-4
Tukachevsky, Mikhail, 261
Tuompo, general, 340

U

Ulrich, Herr, 153-6, 159, 200
Uexküll, barão, 356-7

V

Vansittart, Lady, 136-7
Vansittart, Sir Robert, 135-7, 143, 206-7, 236, 243, 303, 443
Vernon (mordomo), 321, 487-8, 489
Villeneuve, almirante, 461
Vinogradov, general, 346
Voroshilov, Kliment, 263, 371

ÍNDICE ONOMÁSTICO

W

Ward, honorável Edward, 339, 356-7, 369, 377-84, 390, 425, 439, 440-2, 447, 450, 451, 463, 484, 490

Waterfield, Gordon, 440-1, 445, 449, 451

Werth, Alexander, 411

Westminster, Loelia, duquesa de, 415

Weygand, general, 417-8, 439, 453

Whitaker, John, 193-4, 210-9, 395, 403-8

Wiedemann, capitão, 189

Williams, Harrison, 297

Williams, sra. Harrison, 297, 399

Willis, Jerome, 70, 74

Wilson, Hugh (embaixador), 181

Wilson, Sir Horace, 208

Windsor, duque de, 409

Winn, Anthony, 500

Wintringham, Tom, 463

Woolton, lorde, 283

Y

Yeats-Brown, major, 93

Yezhov, Nikolai, 260

Young, Courtenay, 441

Young, Gordon, 378

Este livro foi composto na tipografia Minion Pro,
em corpo 11/15, e impresso em
papel off-white no Sistema Cameron da
Divisão Gráfica da Distribuidora Record.